24단계 실습으로 정복하는

쿠버네티스

**헬름 로키 프로메테우스 등 현장에서
바로 활용할 수 있는 쿠버네티스 도구 활용법**

24단계 실습으로 정복하는

쿠버네티스

**헬름 로키 프로메테우스 등 현장에서
바로 활용할 수 있는 쿠버네티스 도구 활용법**

지은이 **이정훈**

펴낸이 **박찬규**   엮은이 **이대엽**   디자인 **북누리**   표지디자인 **Arowa & Arowana**

펴낸곳 **위키북스**   전화 031-955-3658, 3659   팩스 031-955-3660
주소 경기도 파주시 문발로 115 세종출판벤처타운 311호

가격 28,000   페이지 492   책규격 188 x 240mm

1쇄 발행 2022년 11월 09일
2쇄 발행 2024년 06월 27일
ISBN 979-11-5839-371-7 (93000)

등록번호 제406-2006-000036호   등록일자 2006년 05월 19일
홈페이지 wikibook.co.kr   전자우편 wikibook@wikibook.co.kr

24단계 실습으로 정복하는

쿠버네티스

이정훈 지음

**헬름, 로키, 프로메테우스 등 현장에서
바로 활용할 수 있는 쿠버네티스 도구 활용법**

위키북스

들어가며

많은 IT 기술이 그렇듯이 새로운 기술을 익히는 가장 좋은 방법은 코드와 명령어를 하나씩 입력해 가면서 실습으로 배우는 것입니다. 하지만 쿠버네티스라는 주제는 인터넷에서 자료를 검색하면 실습 위주보다는 개념 설명이 많습니다. 개념 이해 역시 필요하지만 스스로 코드로 구현해보지 않는다면 실제 업무에서 사용할 만한 지식은 습득하기가 어렵습니다.

저는 현재 아틀라스랩스에서 DevOps 엔지니어로 일하고 있습니다. 현업에서 매일 쿠버네티스를 사용하면서 느끼는 것은 실제 코드로 구현할 때 배우는 바가 많다는 것입니다. 같은 지식이라도 단순히 글만 읽고 배우는 것과 스스로 직접 명령어를 실행해 보면서 익힌 것은 실제 업무에서 익힌 바를 응용할 때 큰 차이가 납니다.

저도 쿠버네티스를 처음 접할 때는 기존에 사용하던 가상 머신과 기본 개념 자체가 달라 어려운 것이 많았습니다. 자꾸 '예전에는 이렇게 했었는데 왜 안 되지?'라며 한숨을 쉴 일이 많았습니다. 하지만 실제로 실습하면서 조금씩 이해의 폭이 넓어졌습니다. 다행히 요즘은 코드와 동영상을 공유하기가 쉬운 환경이라 실습하기가 그리 어렵지 않습니다.

이 책의 독자 여러분도 쿠버네티스를 실습 위주로 배우는 것을 추천합니다.

이 책의 목표와 특징

이 책에서는 이론 설명은 최대한 핵심 위주로 간결하게 다루고, 실제 현업에서 경험한 사례를 위주로 다양한 실습을 진행하는 것을 목표로 합니다. 실습으로 독자가 스스로 이해할 수 있게 만드는 데 중점을 뒀습니다. 이론 설명은 독자마다 배경 지식이 달라 자칫 잘못 전달되기 싶지만 구체적인 실습은 오해의 여지가 줄고 이해의 폭과 깊이도 더욱 넓고 깊어집니다.

그리고 쿠버네티스는 기술 자체도 중요하지만 현업에서는 주로 쿠버네티스와 연관된 다양한 오픈소스 프로젝트를 함께 활용하고 있습니다. 쿠버네티스와 애플리케이션 설치에 사용하는 Kubespray[1]와 Helm[2], 네트워크와 스토리지에 사용하는 MetalLB[3], OpenEBS[4], 모니터링과 로그 시스템에 사용하는 프로메테우스, 그라파나, 로키[5] 등 다양한 컴포넌트에 대한 이해가 필수입니다.

---

1 Anisble 기반의 자동화된 쿠버네티스 설치 스크립트로서 1.2절에서 다룹니다.
2 리눅스 환경의 yum, apt처럼 다양한 쿠버네티스 리소스를 패키지 형태로 묶어 애플리케이션 설치를 용이하게 하는 도구입니다. 자세한 설명과 실습은 6장을 참고합니다.
3 쿠버네티스 환경에 사용할 수 있는 오픈소스 로드밸런서(load balancer)입니다. 자세한 실습은 8장을 참고합니다.
4 쿠버네티스 환경에 꼭 필요한 영구 볼륨(PVC; Persistent Volume Claim)을 제공하는 오픈소스 프로젝트입니다. 자세한 실습은 10장을 참고합니다.
5 프로메테우스, 그라파나, 로키 등은 쿠버네티스 모니터링에 사용하는 오픈소스 프로젝트입니다. 자세한 실습은 4부 '쿠버네티스 모니터링 및 로깅 시스템 구축'을 참고합니다.

이 책은 전체 24장으로 구성되며, 쿠버네티스와 관련된 다양한 컴포넌트에 대한 풍부한 실습을 포함했습니다. 실제 현업에서 사용하는 다양한 사례를 위주로 실습을 구성했고, 현업에 바로 적용할 수 있는 수준으로 다루고 있습니다. 다양한 컴포넌트 실습을 통해 체계적으로 지식을 습득할 수 있어 인터넷에서 자료를 검색할 때 필요한 시간을 크게 줄일 수 있습니다.

또한 공식 벤더에서 지원하는 AWS, Azure, 레드햇 오픈시프트(OpenShift) 등은 비교적 자료를 찾기가 쉽지만 오픈소스 온프레미스[6] 환경에 대한 자료는 부족합니다. 하지만 현업에서는 온프레미스 환경에서 사용하는 분들이 많습니다. 이 책의 모든 실습은 온프레미스 환경을 기본으로 진행했습니다.

대상 독자

이 책은 쿠버네티스를 현업에서 사용하는 또는 사용하려는 계획이 있는 독자를 대상으로 집필했습니다. 실습 위주의 책이라 리눅스와 네트워크에 대한 기본 지식이 있는 독자를 대상으로 합니다.

- 쿠버네티스를 배우고 싶거나 현재 운영 중인 현업 시스템/네트워크 엔지니어, DevOps
- 현업에서 쿠버네티스가 사용되는 환경을 파악하고 싶은 시스템 아키텍트 또는 기술 영업 담당자
- 쿠버네티스를 더욱 깊게 이해하고 싶은 개발자
- 앞으로 쿠버네티스를 사용하려는 계획이 있는 시스템 및 개발 담당자

소스코드

이 책의 모든 소스코드는 출판사 또는 저자의 깃허브 저장소에서 다운로드할 수 있습니다.

깃허브 저장소

- 위키북스 깃허브 저장소: https://github.com/wikibook/kubepractice
- 저자의 깃허브 저장소: https://github.com/junghoon2/kube—books

소스코드는 각 장별로 분류되어 있습니다. 각 장을 시작할 때 해당 장의 소스코드를 참고합니다.

예시: 1장의 소스코드

- https://github.com/wikibook/kubepractice/tree/main/ch01

---

6   온프레미스(on—premise)는 서비스로 제공받는 것이 아닌 자체 전산실이나 데이터센터에 IT 장비를 직접 설치해서 운영하는 방식을 말합니다.

감사의 글

어쩌면 감사의 글을 쓰기 위해 1년 넘게 이 책을 쓰는 시간을 견뎌냈는지 모릅니다. 한 문장조차 쓰기 어려웠을 때 감사의 글을 생각하며 속으로 미소 지었습니다. 모든 사람이 그렇겠지만 저 역시 능력이 많이 부족합니다. 그나마 사람 구실을 하면서 사는 것은 전적으로 주위의 많은 분들 덕분입니다. 고마운 사람들에게 감사의 말을 전할 기회가 생겨서 기쁩니다.

먼저 저에게 이 책을 출간할 기회를 주신 위키북스 관계자 분들께 진심으로 감사합니다. 특히 정말 수고하신 이대엽 편집자 님께 감사합니다. 저는 아직도 제 첫 번째 원고가 기억납니다. 빨간펜으로 가득한 제 첫 원고가 그나마 읽을 수 있는 원고로 바뀐 것은 전적으로 편집자님 덕분입니다.

제가 항상 긍정적이고 성실할 수 있었던 것은 4남매를 키우는 데 헌신하신 어머니 덕분입니다. 그리고 살아계실 때 '사랑합니다'라는 말을 못해드려 아버지에게 죄송합니다. 못난 막내 아들도 아이를 키우면서 속으로 사랑한다는 말을 많이 하면서 살고 있다고 꼭 전하고 싶습니다.

책이나 볼 줄 알지 밥 한번 차리지 않는 게으른 남편을 늘 잘 챙겨주는 아내 이린아에게 감사합니다. 아내를 잘 만난 것이 저에겐 커다란 행운이라고 생각하는데, 아내도 똑같이 느끼도록 해야겠습니다. 건강한 우리 아들 은찬이 덕분에 주말에도 가끔 책을 쓸 수 있었습니다. 아들에게 늘 좋은 친구가 될 수 있도록 노력하겠습니다. 늘 맛있는 음식을 챙겨주시는 장인, 장모님께 감사의 말씀을 전합니다.

저자 소개

이정훈

삼성 네트웍스(현 SDS), DELL, SPK 등에서 시스템 운영과 기획 업무를 담당했습니다. 현재는 No.1 통화녹음 앱 '스위치'를 개발하고 서비스하는 대화분석 AI 스타트업인 아틀라스랩스에서 DevOps 엔지니어로 일하고 있습니다. 은퇴할 때까지 콘솔 잡는 엔지니어를 목표로 천천히 생각하고 일합니다. 책을 읽고 글 쓰는 것을 즐기며 야구 보고 야구 하는 것을 좋아합니다.

IT 엔지니어는 늘 빚지고 있다고 생각합니다. IT 지식을 기꺼이 공유하는 다른 이들의 소중한 경험이 없었다면 어쩌면 저는 오늘 한 줄의 명령어도 입력하기 어려웠을 겁니다. 조금이라도 빚을 갚는다는 생각으로 블로그(https://jerryljh.tistory.com/)를 운영하고 있습니다.

실습 환경 구축

이 책의 실습을 위해서는 3대의 가상 머신이 필요합니다. 쿠버네티스의 장점은 다양한 운영체제를 지원한다는 것입니다. 따라서 각자 편한 운영체제를 사용할 수 있으며, 운영체제를 설치할 가상 머신 외에는 별도의 준비사항은 필요하지 않습니다. 하지만 운영 체제에 따라 원활한 실습 진행이 어려울 수 있으므로 아래 권장 구성에 따라 진행하시길 요청 드립니다.

가상 머신으로는 버추얼박스(VirtualBox[7]), VMware 등 다양한 도구를 사용할 수 있으며, 만약 상황이 여의치 않으면 AWS 같은 퍼블릭 클라우드도 사용할 수 있습니다. 다만, 쿠버네티스 클러스터와 원활한 애플리케이션의 실행을 위해 다음과 같은 시스템 제원 이상의 가상 머신을 준비하는 것을 권장합니다.

- 3대의 가상 머신[8]
  필수 사양: 2 Core CPU/4GB RAM/Disk 3ea(100GB 1ea + 10GB 2ea)
  권장 사양: 4 Core CPU/8GB RAM

- 권장 운영체제 및 버전: Ubuntu 20.04 Server[9]

- Kubespray[10] 작업을 위한 설정
  각 가상 머신의 IP 주소와 호스트네임을 3대의 서버 중 1번 서버의 /etc/hosts 파일에 등록
  각 서버에서 패스워드 없이 sudo 명령어를 실행하고 ssh를 통해 원격 서버에 접속할 수 있게 설정 및 방화벽 해제

- 로컬호스트 환경 설정
  WSL(Window Subsystem for Linux)과 윈도우 터미널 설치(윈도우10/11 사용자)
  iTerms2 설치(macOS 사용자)

먼저 가상 머신의 제원은 다음과 같습니다.

---

7 버추얼박스란 무료로 사용 가능한 오픈소스 가상 머신 생성 및 관리 도구입니다. 일반적으로 개발자분들이 가장 많이 사용하는 도구입니다. 버추얼박스에 대한 자세한 사용법은 이 책의 범위상 생략합니다. https://www.virtualbox.org/

8 24장의 실습은 가상 머신 한 대가 추가로 필요합니다. 추가 노드는 1 Core/2G 메모리도 가능합니다.

9 Ubuntu 18.04 또는 CentOS 8.x 등 Kubespray가 설치 가능한 임의의 운영체제도 가능합니다. 전체 운영체제 지원 목록은 아래 공식 페이지를 참조합니다. https://github.com/kubernetes-sigs/kubespray#supported-linux-distributions

10 kubespray란 앤서블 기반의 쿠버네티스 설치 도구로서 실제 기업의 운영 환경에서도 사용 가능한 다양한 설치 옵션과 추가 도구를 지원합니다. https://kubernetes.io/ko/docs/setup/production-environment/tools/kubespray/

표 1 가상 머신 정보 및 하드웨어 사양

IP 주소	호스트네임	사용자 계정	권장 운영체제 및 버전	하드웨어 사양
172.17.29.61	ubun20-01			
172.17.29.62	ubun20-02	spkr	Ubuntu 20.04	2 Core/4GB RAM/Disk 3ea(100GB 1ea + 10GB 2ea)
172.17.29.63	ubun20-03			

참고로 IP 주소, 호스트네임, 사용자 계정은 임의로 지정할 수 있습니다. 이 책의 실습은 위와 같은 정보를 기준으로 진행하므로 이 책에 실린 그림이나 본문 내용을 이해할 때 염두에 두기 바랍니다.

이 책에서는 운영체제로 Ubuntu를 사용합니다. 쿠버네티스는 CentOS, CoreOS 등 운영체제에 독립적으로 다양한 리눅스 환경에서 원활하게 실행됩니다. 만약 다른 운영체제를 사용한다면 쿠버네티스 설치를 위한 사전 준비에 필요한 일부 명령어(예: apt install -y python3-pip)를 각 운영체제에 적합한 명령어로 사용합니다.

최소 하드웨어 사양은 2 Core/4GB RAM/Disk 3ea이며, 총 3대를 준비합니다. 만약 하드웨어 사양에 여유가 있다면 개별 가상 머신당 4 Core/8GB RAM을 권장합니다. 4GB 메모리를 사용하면 애플리케이션을 설치할 때 메모리 용량이 부족할 수 있습니다. 그러면 자원 부족으로 다음 단계의 실습이 어려울 수 있으므로 다음 단계로 진행하기 전에 해당 장에서 설치한 애플리케이션을 수동으로 삭제합니다. 디스크는 향후 셰프(Ceph)[11]를 설치할 예정으로, 미리 3개의 여유 디스크를 준비합니다.

하드웨어가 준비되면 운영체제를 설치합니다.[12] 이 책에서 사용하는 운영체제와 버전은 Ubuntu 20.04입니다. 앞에서 언급했듯이 Ubuntu 18.04, CentOS 8.x 등도 사용 가능합니다. 일반적으로 운영체제가 이미 설치된 가상 머신이 있는 경우가 많은데 운영체제가 설치돼 있으면 아래 과정을 생략해도 됩니다.

먼저 다음의 Ubuntu 공식 사이트에서 운영체제 이미지를 다운로드합니다.

- https://releases.ubuntu.com/20.04/

---

11 단일 플랫폼에서 블록/파일/오브젝트 스토리지를 지원하는 오픈소스 스토리지입니다. https://en.wikipedia.org/wiki/Ceph_(software)

12 일반적인 운영체제 설치 가이드와 동일합니다. 운영체제 설치에 익숙하면 생략해도 됩니다.

Select an image

Ubuntu is distributed on three types of images described below.

Desktop image

The desktop image allows you to try Ubuntu without changing your computer at all, and at your option to install it permanently later. This type of image is what most people will want to use. You will need at least 1024MiB of RAM to install from this image.

64-bit PC (AMD64) desktop image
Choose this if you have a computer based on the AMD64 or EM64T architecture (e.g., Athlon64, Opteron, EM64T Xeon, Core 2). Choose this if you are at all unsure.

Server install image

The server install image allows you to install Ubuntu permanently on a computer for use as a server. It will not install a graphical user interface.

64-bit PC (AMD64) server install image   클릭
Choose this if you have a computer based on the AMD64 or EM64T architecture (e.g., Athlon64, Opteron, EM64T Xeon, Core 2). Choose this if you are at all unsure.

그림 1 Ubuntu 20.04 이미지 다운로드

그림 1과 같이 다운로드 페이지에서 '64-bit PC (AMD64) server install image'[13] 링크를 선택해 이미지를 내려받습니다. 이 책의 실습은 버추얼박스에서 진행했습니다. 버추얼박스를 실행하고 새로운 가상 머신을 만듭니다.

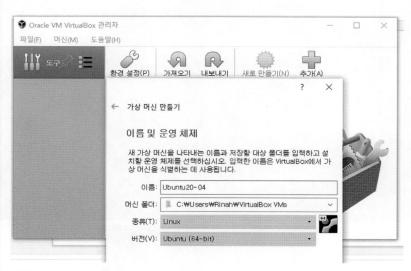

그림 2 버추얼박스 가상 머신 생성

---

13 Ubuntu Desktop 이미지(3.1GB)는 Ubuntu Server 이미지(1.2GB)에 비해 이미지 용량이 큽니다. 쿠버네티스 클러스터를 사용할 때는 GUI 등의 추가 기능이 필요없으므로 서버 버전을 사용합니다.

OS 설치를 위해 내려받은 우분투 이미지를 선택하고 OS 설치를 진행합니다.

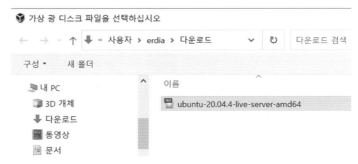

그림 3 Ubuntu20–04 이미지 선택

언어 선택 화면에서 'English' 항목을 선택하면 다음 그림과 같이 'Installer update' 화면이 나옵니다. 여기서 'Continue without updating' 항목을 선택해서 설치 프로그램을 업데이트하지 않고 그대로 진행해도 무방합니다.

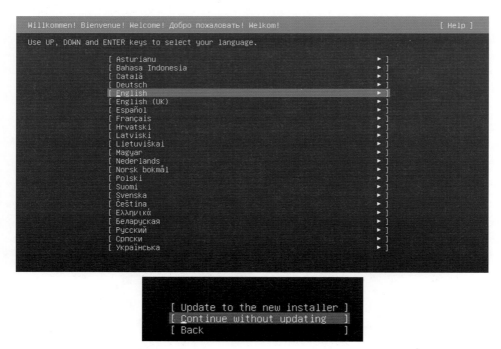

그림 4 운영체제 언어 선택 및 설치 프로그램 업데이트[14] 메뉴

---

14 이 책을 쓰는 2022년 5월 기준의 화면입니다. 이 메뉴는 설치 시기에 따라 달라질 수 있습니다.

다음으로 키보드 배열을 선택합니다. 기본값으로 지정된 'English(US)' 배열을 그대로 두고 진행합니다.

그림 5 키보드 배열 선택 – 'English(US)' 배열 선택

IP 주소는 운영체제를 설치할 때 자동으로 할당된 IP 주소를 사용해도 됩니다. 운영체제가 설치된 후에 원하는 IP 주소로 변경할 수 있습니다.

그림 6 IP 주소 할당

일반적으로 개인 PC에 설치하는 경우에는 프락시 주소를 입력하지 않습니다. 사내 네트워크 등 프락시를 사용하는 환경에서만 프락시 IP 주소 정보를 입력합니다.

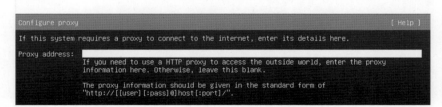

그림 7 프락시 설정

다음으로 운영체제 업데이트를 위한 우분투 아카이브 정보를 입력합니다. 별도의 아카이브를 사용하지 않는다면 기본 설정 정보를 사용합니다.

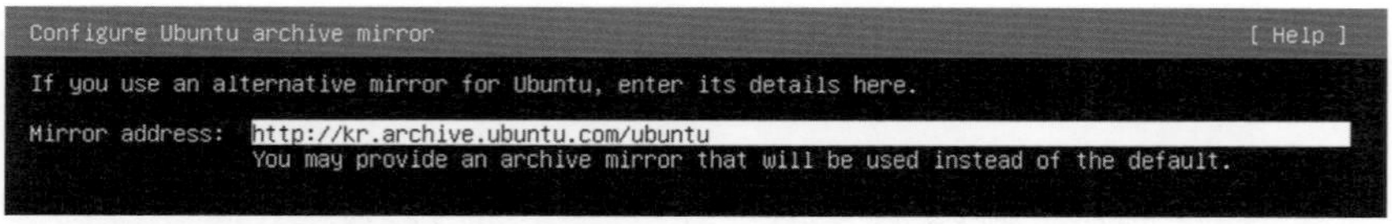

그림 8 우분투 아카이브 URL

이어서 각자 환경에 맞게 디스크 파티션 정보를 입력합니다. 이 책에서는 기본 설정 그대로 사용했습니다. 기본 설정으로도 안정적으로 쿠버네티스를 운영할 수 있습니다.

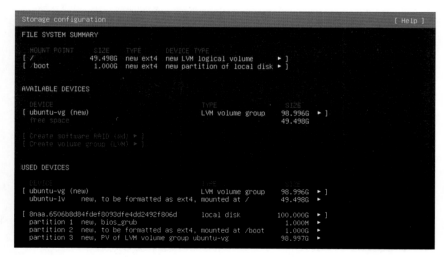

그림 9 디스크 파티션 설정

좀 더 상세한 디스크 파티션 정보는 다음과 같습니다.

그림 10 상세 디스크 파티션 정보

다음으로 사용자 이름, 패스워드 등의 정보를 입력합니다. 아래는 예시이며 사용자 이름은 임의로 선택할 수 있습니다.

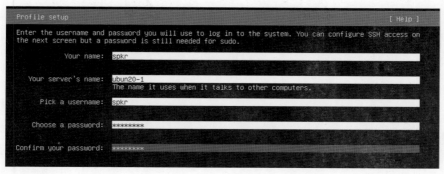

그림 11 Profile 설정

원격 서버 접속을 위해 OpenSSH를 설치합니다.

그림 12 Install OpenSSH

필요에 따라 추가 패키지를 설치합니다. 쿠버네티스 초기 설치에 필수적인 패키지는 없으므로 추가 패키지는 선택하지 않아도 됩니다.

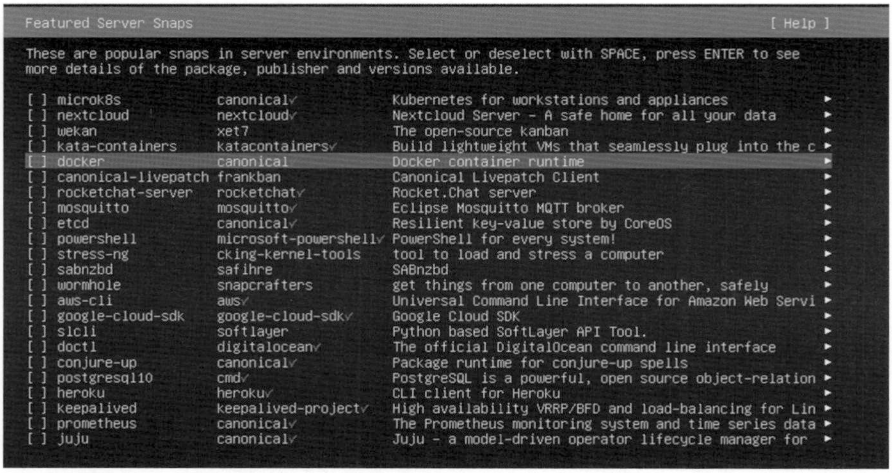

그림 13 추가 패키지 선택

이제 운영체제 설치에 필요한 옵션을 모두 지정해서 운영체제 설치를 시작합니다.

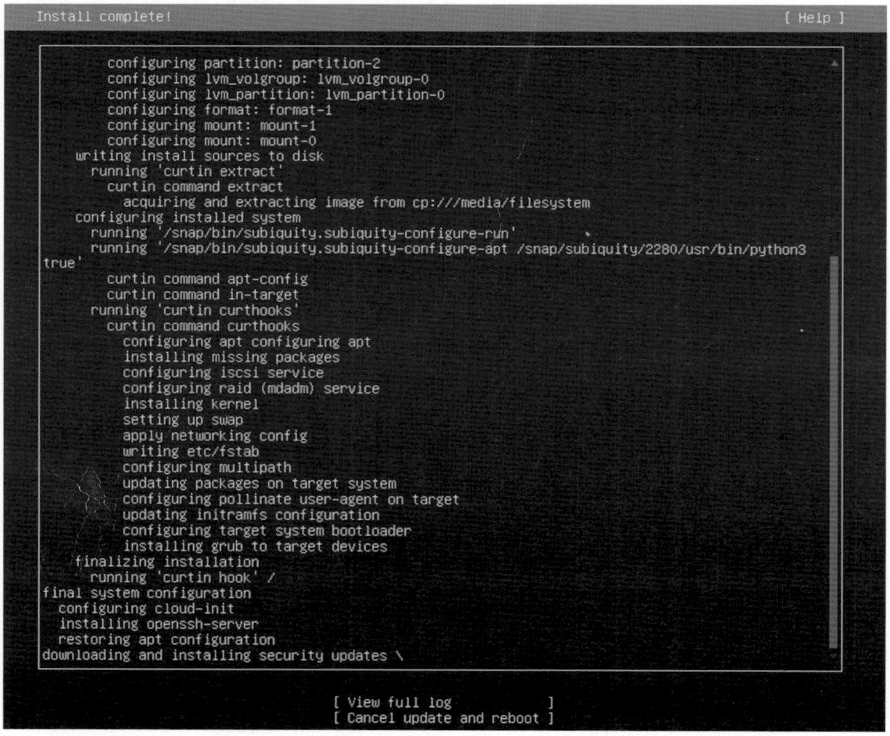

그림 14 운영체제 설치 화면

약 20분 정도 지나면 설치가 완료됩니다. 시스템을 재시작하면 다음과 같이 정상적으로 로그인 화면이 표시됩니다.

그림 15 설치 완료 후 로그인 화면

첫 번째 가상 머신의 운영체제 설치가 완료되면 이후 해당 운영체제 이미지를 기준으로 추가로 2개의 가상 머신을 복제합니다. 이미지를 복제하면 운영체제 설치에 필요한 20분 정도의 시간을 절약할 수 있습니다. 이미지 복제 메뉴는 다음 그림과 같이 해당 가상 머신을 선택하고 마우스 오른쪽 버튼을 클릭하면 나타나는 메뉴에서 '복제'를 선택하면 됩니다.

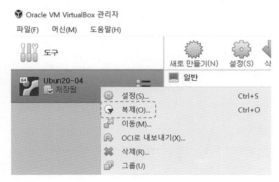

그림 16 가상 머신 복제 메뉴 선택

이후 이어지는 가이드에 따라 기본 설정으로 복제 작업을 진행하면 됩니다.

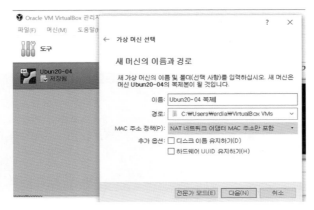

그림 17 가상 머신 복제 작업 진행

복제 작업이 완료되면 운영체제가 설치 완료된 3개의 가상 머신이 준비됩니다.

다음으로 클러스터 설치에 사용하는 Kubespray를 실행하기 위한 사전 준비 작업을 진행합니다.[15]

1. **패스워드 입력 없이 sudo 명령어 수행**
   visudo 명령어를 이용해 sudo 명령어를 패스워드를 입력하지 않고도 사용할 수 있도록 설정합니다. 다음의 'spkr
   ALL=(ALL)NOPASSWD:ALL' 라인을 3대의 가상 머신에 모두 추가합니다.

```
1. root 사용자로 전환
spkr@ubun20-01:~$ sudo su -

2. visudo로 파일 수정
[root@ubun20-01]# visudo
# This file MUST be edited with the 'visudo' command as root.
(생략)
-------------------
sprk ALL=(ALL) NOPASSWD:ALL
-------------------
[root@ubun20-01]# exit
```

- 이 작업은 root 계정으로 실행하며, 앞서 준비한 3대의 가상 머신에서 모두 수행합니다.

- spkr 계정은 이 책에서 사용한 계정입니다. 각자 개인별로 사용하는 계정 이름을 입력합니다.

---

15 일반적으로 앤서블을 사용하기 위한 옵션과 동일합니다.

2. 가상 머신의 IP 주소와 호스트네임 설정

1번 노드의 /etc/hosts 파일을 텍스트 편집기로 열어서 개별 가상 머신의 IP 주소와 호스트네임을 입력합니다.

```
spkr@ubun20-01:~$ sudo vi /etc/hosts
(생략)
172.17.29.61    ubun20-01
172.17.29.62    ubun20-02
172.17.29.63    ubun20-03
```

- 172.17.29.61/62/63이라는 IP 주소와 ubun20-01/20-02/20-03이라는 호스트네임을 개인별 IP 주소와 호스트네임으로 변경합니다.

3. 패스워드 없이 ssh 접속이 가능하도록 설정

ssh 접속 시 패스워드를 입력하지 않고도 암호화 키를 이용해 접속하도록 설정합니다. 먼저 1번 서버(ubun20-01)에서 ssh 접속에 사용하는 개인키/공개키를 ssh-keygen 명령어로 생성합니다. 이후로 해당 키로 인증해서 원격 서버에 ssh 접속할 것입니다. ssh-keygen 명령어를 실행할 때 다음과 같이 기본 설정값을 가지고 키를 생성합니다.

```
# 기본 설정으로 옵션을 추가하지 않고 계속 'Enter'만 입력합니다.
spkr@ubun20-01:~$ ssh-keygen
Generating public/private rsa key pair.
Enter file in which to save the key (/home/spkr/.ssh/id_rsa):
Enter passphrase (empty for no passphrase):
Enter same passphrase again:
Your identification has been saved in /home/spkr/.ssh/id_rsa
Your public key has been saved in /home/spkr/.ssh/id_rsa.pub
The key fingerprint is:
(생략)
```

기본값으로 키를 만들면 ${HOME}/.ssh/ 경로에 id_rsa와 id_rsa.pub라는 이름으로 개인키와 공개키 파일이 생성됩니다. ssh-copy-id 명령어로 생성한 키를 원격 가상 머신에 복사합니다. 같은 작업을 3대의 서버에서 모두 수행합니다.

```
spkr@ubun20-01:~$ ssh-copy-id ubun20-01
...
spkr@ubun20-01's password:
Now try logging into the machine, with:   "ssh 'ubun20-01'"
and check to make sure that only the key(s) you wanted were added.

spkr@ubun20-01:~$ ssh-copy-id ubun20-02
```

```
/usr/bin/ssh-copy-id: INFO: Source of key(s) to be installed: "/home/spkr/.ssh/id_rsa.pub"
...

spkr@ubun20-01:~$ ssh-copy-id ubun20-03
/usr/bin/ssh-copy-id: INFO: Source of key(s) to be installed: "/home/spkr/.ssh/id_rsa.pub"
...
```

- ubun20-01/20-02/20-03은 이 책에서 사용하는 가상 머신의 호스트네임입니다. 각자 자신의 가상 머신 이름을 입력합니다.

- 'spkr@ubun20-01:~$ ssh-copy-id ubun20-01'의 ubun20-01은 자기 자신의 호스트네임입니다. 다른 가상 머신에 접속할 때와 마찬가지로 자기 자신에 대한 ssh 접속도 동일하게 설정합니다.

가상 머신으로 키 복사가 완료되면 이후 ssh 접속할 때 패스워드를 입력하지 않고도 키 인증을 통해 자동으로 접속합니다. 즉, 다음과 같이 ssh를 실행하면 패스워드를 입력하지 않아도 가상 머신이 연결됩니다.

```
spkr@ubun20-01:~$ ssh ubun20-02
Welcome to Ubuntu 20.04.2 LTS (GNU/Linux 5.4.0-65-generic x86_64)
...
```

서버에 ssh로 접속할 때 일일이 패스워드를 입력하는 경우가 많은데 이처럼 키 기반 인증으로 변경하면 ssh 접속이 빨라집니다.

4. 방화벽 설정 해제

마지막으로 3대의 가상 머신에서 모두 방화벽 설정을 해제합니다.

```
spkr@ubun20-01:~$ sudo ufw disable
Firewall stopped and disabled on system startup
spkr@ubun20-01:~$ sudo ufw status
Status: inactive

spkr@ubun20-1:~$ ssh ubun20-02
Welcome to Ubuntu 20.04.2 LTS (GNU/Linux 5.4.0-113-generic x86_64)
spkr@ubun20-02:~$ sudo ufw disable
Firewall stopped and disabled on system startup
spkr@ubun20-02:~$ sudo ufw status
Status: inactive

spkr@ubun20-1:~$ ssh ubun20-03
```

```
Welcome to Ubuntu 20.04.2 LTS (GNU/Linux 5.4.0-113-generic x86_64)
spkr@ubun20-03:~$ sudo ufw disable
Firewall stopped and disabled on system startup
spkr@ubun20-03:~$ sudo ufw status
Status: inactive
```

참고로 운영체제 설치가 완료되면 다음과 같은 lshw 명령어를 사용해 자세한 하드웨어 사양을 확인할 수 있습니다.

```
spkr@ubun20-01:~$ sudo lshw -short
(생략)
     *-cpu:0
          product: Intel(R) Xeon(R) CPU E5-2670 0 @ 2.60GHz
```

이상으로 이 책의 실습을 위한 테스트 서버 구성이 완료됐습니다.

다음은 로컬호스트 설정입니다. 윈도우10/11 사용자 기준으로 WSL(Windows Subsystem for Linux)[16]과 윈도우 터미널을 설치합니다. macOS 사용자는 iTerm2를 설치합니다. 각각을 설치하는 작업은 간단하므로 아래 설치 URL로 대신합니다.

- 윈도우 10/11 환경
  - WSL 설치 URL: https://docs.microsoft.com/ko-kr/windows/wsl/install-win10
  - 윈도우 터미널 설치 URL: https://docs.microsoft.com/ko-kr/windows/terminal/install
  - 윈도우 Ubuntu 설치 URL: https://www.lainyzine.com/ko/article/how-to-install-wsl2-and-use-linux-on-windows-10/

- macOS 환경
  - iTerm2 설치 URL: https://iterm2.com/

윈도우 기준으로 간단히 WSL, 윈도우 터미널 설치 관련된 스크린샷을 첨부합니다.

---

16 WSL 추가 설치 및 사용 가이드: https://www.lainyzine.com/ko/article/how-to-install-wsl2-and-use-linux-on-windows-10/

그림 18 윈도우 WSL 설치 화면

그림 19 윈도우 터미널 설치 화면

윈도우 WSL, 터미널이 설치되면 이제 윈도우 환경에서 리눅스를 사용하기 위해서 Ubuntu를 설치합니다. 이전에 설치한 버추얼박스에서 Ubuntu를 실행하지 않고 윈도우에서도 바로 Ubuntu 실행이 가능합니다. 마이크로소프트 스토어(Microsoft Store)에 접속해 'ubuntu'를 검색합니다.

그림 20 마이크로소프트 스토어에서 'ubuntu'를 검색

검색한 Ubuntu를 로컬 PC에 설치합니다.

그림 21 윈도우에 Ubuntu를 설치

가이드에 따라 기본 설정으로 Ubuntu 설치를 진행합니다.

그림 22 윈도우에 Ubuntu를 설치 완료한 모습

이제 윈도우 터미널을 다시 실행합니다. 터미널을 실행하고 위 메뉴에서 아래 화살표를 선택하면 다음 그림과 같이 Ubuntu를 확인할 수 있습니다.

그림 23 윈도우 터미널에 추가된 Ubuntu 메뉴

Ubuntu 메뉴를 선택하면 이제 윈도우 환경에서 Ubuntu를 사용할 수 있습니다. 간단히 리눅스 커널 버전을 확인하면 마이크로소프트용 리눅스 커널을 확인할 수 있습니다.

그림 24 Ubuntu 커널 버전 확인

이렇게 해서 이 책의 실습을 위한 모든 환경 설정이 완료됐습니다.

2 부

쿠버네티스
네트워크 및
스토리지 인프라
환경 구성

쿠버네티스의 개념과 설치, 기본 관리 방법

1부에서는 쿠버네티스를 설치하고 이를 관리하는 기본적인 방법을 알아봅니다. 또한 원격 쿠버네티스 클러스터를 로컬 환경에서 편리하게 관리하는 방법도 소개합니다. 다음으로 쿠버네티스 기본 명령어 및 YAML 파일을 편리하게 사용하는 방법과 장애가 발생했을 때 대처하는 기본 프로세스를 알아봅니다.

1부의 구성

- 1장 쿠버네티스 개요와 클러스터 설치

- 2장 효율적인 쿠버네티스 클러스터 관리를 위한 kubectl CLI 환경 최적화

- 3장 kubectl 명령어로 익히는 쿠버네티스의 주요 오브젝트

- 4장 YAML 파일을 이용한 쿠버네티스 오브젝트 관리

- 5장 쿠버네티스 트러블슈팅의 기본 프로세스

- 6장 헬름 기반으로 애플리케이션 설치하기

쿠버네티스 개요와
클러스터 설치

1장에서는 쿠버네티스의 기본 개념을 알아보고 자동화된 설치 스크립트를 이용해 설치 작업을 진행합니다. 설치 후 로컬에서 원격 클러스터를 편리하게 관리하는 방법을 알아봅니다.

01 쿠버네티스란?

쿠버네티스는 대규모 클러스터 환경에서 컨테이너화된 애플리케이션을 자동으로 배포하고 확장, 관리하는 데 필요한 여러 가지 요소들을 자동화하는 오픈소스 플랫폼입니다.[1] 개발자가 컨테이너 환경으로 애플리케이션을 만들면 쿠버네티스로 여러 대의 서버로 구성된 클러스터 환경에 해당 프로그램을 편리하고 안정적으로 배포할 수 있습니다. 쿠버네티스는 사용자 부하에 따라 자동으로 애플리케이션과 서버의 규모를 확장할 수 있고, 네트워크, 스토리지, 모니터링 등 시스템 운영에 필수적인 여러 컴포넌트를 편리하게 구축, 관리할 수 있습니다.

데브옵스(DevOps) 혹은 시스템 운영자 관점에서 바라본 쿠버네티스의 가장 큰 특징은 1) 소스코드 기반으로 클러스터를 운영하고 2) 의도한 상태(desired state)[2]로 클러스터를 관리하는 것입니다. 먼저 쿠버네티스는 기존의 가상 머신 환경처럼 명령어를 이용해 순차적으로 설정을 변경하면서 시스템을 관리하는 것이 아니라 소스코드를 기반으로 클러스터를 관리합니다. 예를 들어, 스토리지를 연결하는 작

---

1 https://kubernetes.io/docs/concepts/overview/what-is-kubernetes/
2 https://kubernetes.io/docs/concepts/architecture/controller/#desired-vs-current

업은 다음과 같은 코드로 구현합니다. 시스템 운영자에게 익숙한 `mkfs`, `mount` 등의 명령어를 사용하지 않습니다.

예제 1.1 애플리케이션 볼륨 설정

```
volumeMounts:
- name: date-vol              # 볼륨 이름
  mountPath: /data            # 마운트 포인트 이름
volumes:
- name: date-vol              # 볼륨 이름
  persistentVolumeClaim:
    claimName: default01-pvc  # PVC 이름
```

이 같은 다양한 시스템 설정 및 애플리케이션 설치 등 쿠버네티스 환경에서 이뤄지는 모든 작업은 소스코드로 구현합니다.

모든 작업을 소스코드로 관리하면 여러 이점이 있습니다. 대표적으로 실제 운영 시스템에 적용하기 전에 코드로 구현할 수 있어 개발팀, 데브옵스팀, 보안팀 등 모든 이해관계자가 사전에 충분히 검토할 수 있다는 것입니다. 사전 검증 작업으로 장애를 예방하고 애플리케이션 배포 속도를 향상할 수 있습니다. 담당자 모두 동일한 코드를 기준으로 의사소통하므로 이전에 비해 훨씬 효율적입니다. 기존 환경은 시스템을 구현하기 전에 다같이 검토 가능한 공통의 도구가 없어 의사소통이 쉽지 않았습니다.

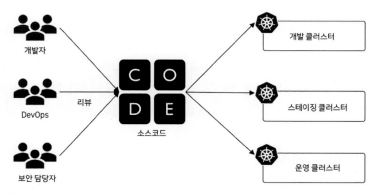

그림 1.1 소스코드 기반의 클러스터 관리

다음으로 쿠버네티스는 클러스터를 '의도한 상태'를 기준으로 관리합니다. 코드 형태로 배포된 클러스터는 최초 의도한 상태와 현재 실행 중인 상태를 쿠버네티스 컨트롤러가 자동으로 끊임없이 확인(Go 언어의 'watch' 모듈을 사용)합니다. 만약 차이점을 발견하면 현재 상태를 자동으로 처음에 의도한 상

태로 변경합니다(self-healing). 예를 들어, 다음과 같이 실행 중인 nginx가 예상치 않게 종료되면 쿠버네티스는 자동으로 새로운 파드를 생성합니다.

```
예제 1.2 nginx 자동 생성(상태 변경 : Running → Terminating → ContainerCreating → Running)
nginx-6799fc88d8-z85xb   1/1   Running            0   2m10s   10.233.104.152   ubun20-01
<none>          <none>
nginx-6799fc88d8-z85xb   1/1   Terminating        0   2m17s   10.233.104.152   ubun20-01
<none>          <none>
nginx-6799fc88d8-bmlff   0/1   ContainerCreating  0   0s      <none>           ubun20-01
<none>          <none>
nginx-6799fc88d8-bmlff   1/1   Running            0   6s      10.233.104.153   ubun20-01
<none>          <none>
```

위에서 확인할 수 있듯이 'Teminating' 상태의 파드를 쿠버네티스가 새롭게 파드[3]를 생성(ContainerCreating)해서 자동으로 'Running' 상태로 변경합니다. 이러한 쿠버네티스의 자동 복구(self-healing) 기능은 IT 운영팀의 생산성을 획기적으로 향상시킵니다. 자동으로 재시작하므로 운영자가 일일이 개입하지 않아도 됩니다.

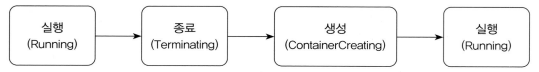

그림 1.2 쿠버네티스 자동 복구 기능

쿠버네티스는 클러스터의 전체 상태를 지속적으로 확인하면서 문제가 생긴 애플리케이션은 자동으로 재시작합니다. 또한 시스템의 자원 사용 현황을 모니터링해서 자원 여유가 있는 노드에 애플리케이션을 적절하게 배치하고 필요한 물리 리소스는 자동으로 증가시킵니다. 이러한 탁월한 클러스터 기본 관리 기능을 무료로 사용 가능한 오픈소스로 제공합니다. 글로벌 환경의 수많은 기업과 조직의 검증을 받았기에 안정성 또한 매우 뛰어납니다.

더욱이 쿠버네티스가 발전하고 새로운 선도 기술로 자리잡으면서 쿠버네티스는 단순 클러스터 관리 기능을 넘어서 일종의 데이터센터 운영의 표준이 되고 있습니다. 애플리케이션을 안정적이고 확장 가능하도록 운영하는 데 필요한 스토리지, 네트워크, 모니터링 등을 위한 다양한 부가 기능들이 쿠버네티스

---

3 파드(pod)란 쿠버네티스에서 애플리케이션을 실행하는 가장 작은 컴퓨팅 단위입니다. 하나 이상의 컨테이너를 가질 수 있으며, 같은 파드 내 컨테이너는 스토리지와 네트워크를 공유하는 것이 특징입니다. 참고: https://kubernetes.io/docs/concepts/workloads/pods/#what-is-a-pod

를 중심으로 발전하고 있습니다. 저와 주위 개발자분들도 서비스가 발전하면서 필요한 기능이 있어 인터넷에서 검색하면 이미 쿠버네티스 기반에서 사용 가능한 다양한 솔루션들을 어렵지 않게 발견할 수 있었습니다. 이제 쿠버네티스는 리눅스 커널처럼 일종의 클라우드 환경의 표준 운영체제가 되어 가고 있다는 언급도 나오고 있습니다. AWS, 마이크로소프트, 구글, 레드햇, 델, HP 등 수많은 벤더들이 쿠버네티스를 기반의 다양한 솔루션을 지원하고 있습니다.

필자의 다수의 프로젝트 경험으로는 오히려 쿠버네티스를 도입하지 않을 이유를 찾는 것이 더 어려워 보입니다.

물론 기업 환경에서 기술 진입장벽이 있는 쿠버네티스를 바로 도입하기는 쉽지 않습니다. 먼저 가상 머신 환경이 아닌 컨테이너 기반이라 애플리케이션 자체를 재설계해야 합니다. 기존의 가상 머신을 도입하는 경우에는 물리 머신과 가상 머신이 차이가 없어 개발자가 사용하기에 거부감이 없었습니다. 심지어 개발자들은 현재 사용 중인 머신이 물리 머신인지 가상 머신인지 구분조차 할 필요가 없었습니다. 하지만 컨테이너 환경은 애플리케이션을 컨테이너에 맞게 새롭게 배포해야 하는 어려움이 있습니다.

그리고 컨테이너 환경의 쿠버네티스는 기존 가상 머신 환경과 몇 가지 기본 철학이 다릅니다. 대표적으로 '애완 동물 vs. 가축'[4]의 개념입니다. 가상 머신 환경에서는 각 가상 머신마다 이름을 부여하고 문제가 생겼을 때 서버에 접속한 후 설정을 변경해서 문제를 해결했지만 애플리케이션을 실행하는 기본 단위인 파드는 임의의 이름을 지정하고(마치 가축은 번호로 이름을 지정하듯이) 문제가 발생하면 즉각 새로운 파드로 교체합니다. 전통적인 운영 관점에서 문제가 발생한 애플리케이션을 수정하지 않고 빠르게 교체한다는 것은 쉽게 납득하기 어려운 문제 해결 방법입니다. 이처럼 쿠버네티스를 도입하기 위해서는 초기에 여러 가지 변화가 필요합니다.

애완동물

vs.

가축

그림 1.3 애완 동물 vs. 가축(출처: https://unsplash.com/)

---

4 https://traefik.io/blog/pets-vs-cattle-the-future-of-kubernetes-in-2022

하지만 적절한 교육과 실습으로 성공적으로 쿠버네티스를 도입하면 기업이 당면한 많은 문제를 해결할 수 있습니다.

현재 기업의 디지털 환경이 가진 가장 큰 과제는 고객의 요구사항을 빠르고 장애없이 구현하는 것입니다. 쿠버네티스는 코드로 애플리케이션과 인프라 구성이 가능합니다. 새로운 프로그램을 이미지를 찍어내듯이 빠르게 확장할 수 있습니다. 또한 애플리케이션 확장(롤아웃)과 원복(롤백) 등 배포와 관련된 다양한 옵션을 제공함으로써 문제가 발생했을 때 빠르게 복구할 수 있습니다. 운영 중인 서비스를 중단하지 않고도 롤링 업데이트(rolling update) 방식으로 새로운 애플리케이션을 배포할 수 있습니다. 이러한 특징은 기업이 안정적이면서도 빠르게 고객의 요구사항을 수용해야 한다는 양립하기 어려운 과제를 해결하도록 도와줍니다.

또한 온프레미스 또는 클라우드 환경에서도 동일하게 쿠버네티스 기반으로 애플리케이션이 실행됩니다. 서비스 확장 또는 보안 요구사항에 따라 기업은 온프레미스나 멀티 클라우드 환경으로 이동해야 할 때가 많습니다. 이러한 요구사항에 대응해 쿠버네티스 환경에서 개발한 애플리케이션은 동일한 인터페이스와 개발 환경을 사용해서 확장이 용이합니다. 이는 기업의 운영환경에 엄청난 장점입니다. 또한 특정 기업에 종속되지 않는 표준 오픈소스라서 향후 벤더 락인(lock-in) 문제도 없습니다.

초기 시스템 구축 비용도 크게 줄일 수 있습니다. 쿠버네티스 클러스터 구축은 가상 머신 3대로도 가능합니다. 최소한의 스펙으로 구성해도 동일한 클러스터 기능을 제공함으로써 충분한 테스트가 가능합니다. 향후 서비스가 확장되면 단순한 설정 변경으로 서비스 다운타임 없이 빠르게 시스템을 확장할 수 있습니다. 만약 AWS 등의 퍼블릭 클라우드 서비스를 사용한다면 개발 및 스테이지 환경은 AWS Spot 인스턴스[5] 등을 사용하여 운영 비용도 추가로 줄일 수 있습니다.

이제 쿠버네티스를 실제로 설치하면서 이러한 특징을 좀 더 자세히 알아보겠습니다.

02 Kubespray를 이용해 3개의 노드로 구성된 클러스터 구축

먼저 온프레미스 테스트 가상 머신에서 Kubespray와 K3s[6]를 이용해 쿠버네티스를 설치하고 단일 지점 로컬호스트에서 여러 원격 클러스터를 관리하는 방법을 알아보겠습니다.

---

5   AWS Spot 인스턴스는 기존 요금 대비 90%까지 저렴하게 사용할 수 있습니다. 참고: https://aws.amazon.com/ko/ec2/spot/
6   K3s는 경량화된 쿠버네티스 설치 도구로서 Edge, IoT, 단일 노드 등 시스템 자원이 부족한 다양한 환경에 적합합니다.

참고로 쿠버네티스는 온프레미스 환경에서 kubeadm[7], Kubespray 등으로 설치해서 이용하거나 추가 비용을 내고 AWS, Azure, GCP 같은 퍼블릭 클라우드에서 쿠버네티스 설치 및 관리까지 직접 서비스로 제공하는 매니지드 쿠버네티스 서비스(Managed Kubernetes Service)를 이용할 수 있습니다.

쿠버네티스는 설치 자체는 어렵지 않고 설치가 핵심 요소는 아니므로 설치가 완료된 매니지드 쿠버네티스 서비스를 이용해도 무방합니다. 필자가 생각하는 중요한 요소는 나만의 테스트 클러스터를 갖는 것입니다. 쿠버네티스는 가상 머신 환경과 다르게 컨테이너 환경이라서 처음 접하는 분들은 초기 단계에 많은 연습이 필요합니다. 테스트 과정에서는 여러 번에 걸쳐 클러스터를 삭제하고 생성하는 작업을 반복하게 되는데, 매번 작업할 때마다 다른 사람에게 영향을 끼치지 않고 자유롭게 작업할 수 있도록 자신만의 클러스터가 필요합니다.

 각자의 상황에 맞는 클러스터를 선택하고 2~3번 설치와 삭제 작업을 반복해서 클러스터 설치 작업에 자신감을 가집니다. 회사 내부 혹은 고객에게 작업 내용을 공유하고 발표하면 학습 효과가 높습니다. 블로그, 동영상, 깃허브에 소스코드를 공유하는 것도 좋은 방법입니다. 부끄럽지만(?) 저의 'Kubespray 이용한 쿠버네티스 설치' 동영상 링크를 공유합니다.

– Kube Cluster 생성(Kubespray) & 원격 Cluster 관리: https://youtu.be/DVgsrrfU9Wc

그럼 Kubespray를 이용해 클러스터를 설치하는 실습을 시작합니다.

📟 실습 과제

1. Kubespray를 이용해 3대의 가상 머신으로 구성된 쿠버네티스 클러스터를 설치합니다. 설치할 때 적용할 옵션은 1) 컨테이너 런타임으로 containerd 사용 2) 쿠버네티스 감사(audit) 로그 활성화 3) 쿠버네티스 로드밸런서 용도의 MetalLB 사용을 위한 설정 추가입니다.

2. k3s를 이용해 단일 노드에 쿠버네티스 클러스터를 설치합니다.

3. kubectl은 쿠버네티스를 관리하기 위한 커맨드라인 도구로서 로컬호스트에 이를 설치합니다. 앞의 실습으로 설치한 원격 쿠버네티스 클러스터의 정보를 로컬호스트의 ${HOME}/.kube/config 파일에 등록해 원격 클러스터를 로컬호스트에서 관리합니다.

〈/〉 소스코드

아래 깃허브 저장소에서 소스코드를 내려받으면 각 장에서 사용한 모든 코드를 확인할 수 있습니다. 1장의 코드는 ch01 디렉터리에서 확인할 수 있습니다.

- https://github.com/wikibook/kubepractice/tree/main/ch01/

---

7 kubeadm은 쿠버네티스에서 기본적으로 제공되는 쿠버네티스 설치 도구입니다.

Kubespray는 다양한 설치 옵션 및 운영체제를 지원하는 앤서블(Ansible)[8] 기반의 쿠버네티스 설치 자동화 도구입니다. 실제로 운영 가능한 수준의 다양한 쿠버네티스 클러스터 설치 옵션을 지원하며 현업에서 많이 사용합니다.

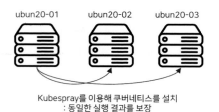

그림 1.4 Kubespray를 이용한 쿠버네티스 클러스터 설치

이때 설치 옵션으로 먼저 쿠버네티스 컨테이너 런타임을 도커 대신 containerd를 사용하도록 지정합니다. 쿠버네티스는 1.20 버전부터 컨테이너 런타임으로 도커를 사용하면 경고 메시지가 발생합니다.[9] 대안으로 사용 가능한 containerd는 쿠버네티스용 OCI(Open Container Initiative)를 준수하는 컨테이너 런타임으로서, CRI(Container Runtime Interface) 표준 컴포넌트를 쿠버네티스 환경에 맞게 가볍게 구현한 것이 특징입니다.

다음 설치 옵션은 쿠버네티스 감사 로그를 활성화하는 것입니다. 사용자와 애플리케이션의 모든 API 활동 이력이 감사 로그에 기록됩니다. 이것은 쿠버네티스 보안의 기본 설정으로, 대부분의 기업에서 요구하는 항목이기도 합니다.

마지막으로 온프레미스 로드밸런서의 용도로 사용 가능한 MetalLB[10] 설치를 위한 옵션을 추가합니다.

이번 실습 과제의 주요 작업 순서는 다음과 같습니다.

1. 깃허브 저장소에서 Kubespray 소스 내려받기

2. 앤서블, Jinja 등 필수 모듈 설치

3. 앤서블 인벤토리 파일(inventory/mycluster/hosts.yaml)에 클러스터 노드 정보를 등록하고 상세 설치 옵션을 수정

4. 쿠버네티스 클러스터 설치

---

8 애플리케이션 배포와 설정을 자동화하는 오픈소스 프로젝트입니다. 참고: https://www.ansible.com/

9 도커 지원이 종료될 예정입니다. 참고: https://kubernetes.io/blog/2020/12/02/dont-panic-kubernetes-and-docker/

10 MetalLB의 자세한 사항은 7장에서 다룹니다.

위와 같은 주요 작업 순서를 기준으로 아래의 설명을 보지 않고 먼저 실습해 보는 것을 권장합니다. 단순하게 따라하지 않고 중간 과정을 하나하나 검색을 통해 시도하는 것이 처음에는 시간이 많이 걸려도 결국에는 가장 빠른 길입니다.

먼저 Kubespray 소스코드를 깃허브에서 내려받습니다.

- Kubespray 깃허브 저장소 주소: https://github.com/kubernetes-sigs/kubespray.git

준비한 3대의 가상 머신 중 1번 노드(ubun20-01)에 접속한 후 다음과 같은 `git clone` 명령어를 실행해 Kubespray 소스코드를 내려받습니다.

```
$ (* ¦ubun01:guestbook) ssh spkr@ubun20-01
spkr@ubun20-01:~$ git clone https://github.com/kubernetes-sigs/kubespray.git
Cloning into 'kubespray'...
(생략)
spkr@ubun20-01:~$ ls
kubespray
```

Kubespray 깃허브 페이지[11]의 쿠버네티스 설치 공식 가이드에 따라 pip3를 설치하고 `requirements.txt`에 명시된 필수 모듈을 설치합니다. `requirements.txt` 파일에는 앤서블, Jinja 등 Kubespray 설치에 필요한 다양한 모듈 목록이 포함돼 있어 한번에 필요한 요소들을 설치할 수 있습니다.

```
spkr@ubun20-01:~$ sudo apt update -y
spkr@ubun20-01:~$ sudo apt install -y python3-pip
spkr@ubun20-01:~$ pip3 --version
pip 20.0.2 from /usr/lib/python3/dist-packages/pip (python 3.8)
spkr@ubun20-01:~$ cd kubespray/

## 다양한 모듈이 설치되어 약 3분 정도 소요됩니다.
spkr@ubun20-01:~/kubespray$ sudo pip3 install -r requirements.txt
(생략)
Successfully installed MarkupSafe-1.1.1 ansible-5.7.1 ansible-core-2.12.5 cffi-1.15.0
cryptography-3.4.8 jinja2-2.11.3 jmespath-0.9.5 netaddr-0.7.19 packaging-21.3 pbr-5.4.4
pycparser-2.21 pyparsing-3.0.9 resolvelib-0.5.4 ruamel.yaml-0.16.10 ruamel.yaml.clib-0.2.6
```

---

11 Kubespray 공식 설치 가이드: https://github.com/kubernetes-sigs/kubespray

다음으로 쿠버네티스가 설치될 노드를 지정하고 설치 옵션을 수정합니다. 내려받은 소스 파일 중 inventory/sample 디렉터리 전체를 inventory/mycluster 경로로 복사합니다.

```
spkr@ubun20-01:~/kubespray$ cp -rfp inventory/sample inventory/mycluster
```

클러스터가 설치될 노드에 대한 정보가 담긴 inventory/mycluster/hosts.yml 인벤토리 파일을 vi 편집기를 이용해 새롭게 만듭니다. 내용이 길어 입력하기가 불편하므로 저자의 깃허브 저장소에서 소스코드를 복사해서 붙여 넣는 방법을 권장합니다.

예제 1.3 Kubespray 노드 정보가 담긴 hosts.yml 파일(inventory/mycluster/hosts.yml)[12]

```
spkr@ubun20-01:~/kubespray$ vi inventory/mycluster/hosts.yml
all:
  hosts:
    ubun20-01:
      ansible_host: ubun20-01
    ubun20-02:
      ansible_host: ubun20-02
    ubun20-03:
      ansible_host: ubun20-03
  children:
    kube_control_plane:
      hosts:
        ubun20-01:
        ubun20-02:
        ubun20-03:
    kube_node:
      hosts:
        ubun20-01:
        ubun20-02:
        ubun20-03:
    etcd:
      hosts:
        ubun20-01:
        ubun20-02:
```

---

12 이 책의 모든 소스코드는 저자의 깃허브에서 내려받을 수 있습니다. 위 hosts.yml 파일의 위치는 다음과 같습니다.
https://github.com/wikibook/kubepractice/blob/main/ch01/kubespray-v2.19.0/inventory/mycluster/hosts.yml

```
      ubun20-03:
  k8s_cluster:
    children:
      kube_control_plane:
      kube_node:
      calico_rr:
  calico_rr:
    hosts: {}
```

- hosts.yml 파일은 YAML 형식으로 작성돼 있으므로 반드시 들여쓰기에 유의해서 정확하게 입력합니다. 기본적인 YAML 파일 문법에 대해서는 4장을 참조합니다.

- all.hosts.ubun20-01/ubun20-02/ubun20-03
  실습 환경을 구축할 때 /etc/hosts에 등록한 각 노드의 호스트명을 차례대로 입력합니다.

- all.children.kube_control_plane
  컨트롤 플레인 노드 리스트로 실제 애플리케이션이 실행되는 워커 노드를 관리하는 역할을 합니다. 컨트롤 플레인 혹은 마스터 노드에는 apiserver, controller-manager, scheduler, etcd 등이 실행됩니다. 컨트롤 플레인 노드에 대한 자세한 사항은 3장을 참조합니다.

- all.children.kube_node.hosts
  워커 노드 리스트입니다. 현재 구성은 3개의 노드(ubun20-01, ubun20-02, ubun20-03)가 컨트롤 플레인 노드와 워커 노드의 역할을 동시에 수행합니다.

- all.children.etcd.hosts
  etcd 데이터베이스 노드 리스트입니다. 클러스터의 모든 정보는 키-값 형식의 etcd 데이터베이스에 보관합니다.

위 소스코드 중 호스트명을 각 개인별로 설정한 호스트명으로 변경한 후 inventory/mycluster/hosts.yml 파일을 생성합니다.

다음으로 inventory/mycluster/group_vars/k8s_cluster/k8s-cluster.yml 파일에서 쿠버네티스 설치 관련 옵션을 수정합니다.

예제 1.4 쿠버네티스 클러스터 환경 설정 파일: inventory/mycluster/group_vars/k8s_cluster/k8s-cluster.yml[13]

```
spkr@ubun20-01:~/kubespray$ vi inventory/mycluster/group_vars/k8s_cluster/k8s-cluster.yml
(생략)
```

---

13 https://github.com/wikibook/kubepractice/blob/main/ch01/kubespray-v2.19.0/inventory/mycluster/group_vars/k8s_cluster/k8s-cluster.yml

```
# configure arp_ignore and arp_announce to avoid answering ARP queries from kube-ipvs0 interface
# must be set to true for MetalLB to work
kube_proxy_strict_arp: true
# [1] MetalLB 설정

## docker for docker, crio for cri-o and containerd for containerd.
container_manager: containerd
# [2] 컨테이너 런타임 설정

# audit log for kubernetes
kubernetes_audit: true
# [3] 클러스터 감사 로그 설정
```

- kube_proxy_strict_arp: true

  쿠버네티스 로드밸런서 용도로 MetalLB를 사용하기 위한 설정입니다. MetalLB에 대한 자세한 사항은 8장을 참고합니다.

- container_manager: containerd

  컨테이너 런타임 설정이 'containerd'인지 확인합니다. 기본 설정으로 변경하지 않아도 됩니다.

- kubernetes_audit: true

  클러스터 감사 로그(예: 파드의 생성과 삭제 등)를 활성화합니다.

이제 쿠버네티스 클러스터를 설치하기 위한 모든 준비가 끝났습니다. 이제 본격적으로 쿠버네티스 설치 작업을 시작합니다. 가상 머신의 사양과 네트워크 환경 등에 따라 시간은 약 10분에서 30분 정도까지 소요됩니다.

```
spkr@ubun20-01:~/kubespray$ ansible-playbook -i inventory/mycluster/hosts.yml --become --become-
user=root -v cluster.yml
(생략)
Thursday 16 June 2022  18:06:48 +0000 (0:00:00.133)        0:16:19.121 ********
================================================================================
kubernetes/control-plane : Joining control plane node to the cluster. ------------------------
--------------------------------------------------------------------------------
43.95s
(생략)
```

자동화 스크립트로 대부분의 환경에서 특별한 에러 없이 정상 설치가 됩니다. 필자는 로그에서 확인할 수 있듯이 약 16분 소요됐습니다.

이제 자세한 쿠버네티스 정보를 확인해 봅시다.

```
# kubectl 명령어는 root 계정으로 실행합니다.
spkr@ubun20-01:~/kubespray$ sudo bash

# 다음 명령으로 현재 클러스터의 노드 정보를 확인합니다.
root@ubun20-01:/home/spkr# kubectl get nodes -o wide
NAME           STATUS     ROLES           AGE      VERSION    INTERNAL-IP    EXTERNAL-IP    OS-IMAGE
KERNEL-VERSION        CONTAINER-RUNTIME
ubun20-01      Ready      control-plane   5m38s    v1.24.1    172.17.29.61   <none>         Ubuntu
20.04.2 LTS    5.4.0-113-generic    containerd://1.6.4
ubun20-02      Ready      control-plane   5m2s     v1.24.1    172.17.29.62   <none>         Ubuntu
20.04.2 LTS    5.4.0-113-generic    containerd://1.6.4
ubun20-03      Ready      control-plane   4m43s    v1.24.1    172.17.29.63   <none>         Ubuntu
20.04.2 LTS    5.4.0-113-generic    containerd://1.6.4
```

보다시피 root 계정으로 kubectl get nodes -o wide 명령어가 정상적으로 실행됩니다. 위와 같이 각 노드의 정보가 출력되면 쿠버네티스 클러스터가 정상적으로 설치된 것입니다. 이제 나만의 쿠버네티스 클러스터가 준비됐습니다. 축하합니다!

이 클러스터는 3대의 control-plane(마스터) 노드로 구성됐습니다. control-plane 노드에 taint 설정을 해제해서 control-plane 노드에도 파드가 실행되도록 설정했습니다.[14]

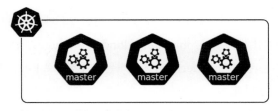

그림 1.5 3대의 control-plane(마스터) 노드로 구성된 쿠버네티스 클러스터

---

14 기본적으로 control-plane 노드에는 파드가 실행되지 않도록 taint(Taints: node-role.kubernetes.io/master:NoSchedule)가 설정돼 있습니다. 해당 설정을 해제하면 control-plane 노드에도 워커 노드와 동일하게 파드 실행이 가능합니다. 참고로 현업에서는 가상 머신이 아닌 베어메탈 서버 환경에서 taint 설정을 제거하고 사용할 때가 많습니다.

이상으로 Kubespray를 이용해 쿠버네티스를 설치했습니다. Kubespray는 설치와 관련된 모든 작업을 자동화해서 여러 번 설치를 반복해도 매번 동일하게 정상적으로 설치되는 것이 가장 큰 장점입니다. 설치 작업을 2~3번 반복해서 쿠버네티스 설치에 자신감을 갖기를 바랍니다.

참고로 외부 인터넷이 차단된 환경[15]에서 쿠버네티스 클러스터를 설치하려면 rpm 파일과 컨테이너 이미지용 내부 리포지토리를 별도로 만들어야 합니다.

이제 3개의 노드에 설치 작업을 완료했고, 다음으로 단일 노드에 쿠버네티스를 설치하는 실습을 진행하겠습니다.

03 K3s를 이용해 단일 노드로 구성된 클러스터 구축

사정상 여러 대의 가상 머신을 준비하기가 여의치 않으면 단일 노드에 쿠버네티스를 설치합니다. 단일 노드에 쿠버네티스를 설치할 때는 K3s, minikube, kind(Kubernetes in Docker container) 등을 이용할 수 있습니다. K3s는 랜처(Rancher)에서 지원하는 솔루션으로 Edge, IoT 등 리소스가 부족한 환경에서 사용하기에 적합합니다.

참고로 단일 노드로 구성된 클러스터도 기본적인 쿠버네티스 명령어 및 작업 수행은 가능하지만 각 노드 간 워크로드 분배, 노드 페일오버(failover) 등의 클러스터 관리 업무는 수행하기가 어렵습니다. 따라서 테스트 용도로만 사용하길 권고합니다.

---

15 오프라인 환경에서 쿠버네티스 설치: https://github.com/kubernetes-sigs/kubespray/blob/master/docs/offline-environment.md

그럼 준비된 단일 가상 머신에 K3s[16] 공식 가이드에 따라 쿠버네티스를 설치합니다. 아래 명령어만 실행하면 설치가 이뤄지고 보통 2분 안에 설치가 완료됩니다.

```
[root@localhost ~]# curl -sfL https://get.k3s.io | sh -
(생략)
```

설치가 완료되면 root 계정으로 'kubectl get pod -A' 명령어를 실행해 쿠버네티스의 전체 파드 현황을 확인합니다.

```
[root@localhost ~]# kubectl get pod -A
NAMESPACE     NAME                                    READY   STATUS      RESTARTS   AGE
kube-system   coredns-d76bd69b-2gt5s                  1/1     Running     0          68s
kube-system   local-path-provisioner-6c79684f77-hndcg 1/1     Running     0          68s
kube-system   helm-install-traefik-crd-jr2gz          0/1     Completed   0          68s
kube-system   metrics-server-7cd5fcb6b7-6qw5w         1/1     Running     0          68s
kube-system   helm-install-traefik-r8mmg              0/1     Completed   2          68s
kube-system   svclb-traefik-4sjc5                     2/2     Running     0          20s
kube-system   traefik-df4ff85d6-vncq8                 0/1     Running     0          20s
```

정상적으로 설치가 완료되어 쿠버네티스의 전체 파드가 조회됩니다.

참고로 다음은 Kubespray를 이용해서 설치한 클러스터에서 실행한 'kubectl get pod -A' 명령의 출력 결과입니다. K3s의 출력 결과와 비교하면 파드 수량에서 큰 차이가 있습니다. K3s는 경량화 버전으로 최소한의 파드만 실행되기 때문입니다.

```
root@ubun20-01:/home/spkr/kubespray# kubectl get pod -A
NAMESPACE     NAME                                       READY   STATUS    RESTARTS   AGE
kube-system   calico-kube-controllers-8575b76f66-ln6p6   1/1     Running   0          83m
kube-system   calico-node-8jmvv                          1/1     Running   0          84m
kube-system   calico-node-pjqf6                          1/1     Running   0          84m
(생략)
```

이상으로 K3s를 이용해 단일 노드에 쿠버네티스를 설치했습니다.

---

16 https://k3s.io/

04 로컬호스트에서 원격 쿠버네티스 관리하기

쿠버네티스의 모든 작업은 컨트롤 플레인 노드의 API[17] 파드와 통신하는 과정을 거쳐 실행됩니다. 원격 서버와 로컬호스트에서 실행하는 모든 명령어는 동일하게 쿠버네티스의 API가 처리합니다. 따라서 원격 서버에 접속해서 작업하는 것보다 로컬호스트[18]에서 작업하는 것이 편리합니다. 로컬호스트에서 작업하면 동일한 환경에서 여러 클러스터를 관리할 수 있고, 단축키나 자동완성, 각 클러스터별로 앨리어스(alias)를 지정해 클러스터 관리 작업에 드는 시간과 노력을 크게 줄일 수 있습니다. 그럼 실습을 통해 알아보겠습니다.

1.4.1 로컬호스트에 쿠버네티스 명령어 실행 도구인 kubectl 설치

kubectl을 이용하면 파드를 생성하고 조회하고 삭제하는 등 쿠버네티스 관리 업무를 수행할 수 있습니다. 여기서는 윈도우 10 환경을 기준으로 리눅스용 kubectl 관리 도구를 윈도우 터미널에 설치합니다(macOS 사용자는 iTerm2[19]을 이용합니다). 설치에 사용하는 URL이 복잡하므로 검색 엔진에서 'kubectl install'의 검색 결과를 활용해 설치를 진행하거나 다음과 같은 kubectl 설치 페이지 URL을 참조합니다.

- kubectl 설치: https://kubernetes.io/docs/tasks/tools/install-kubectl-linux/#install-kubectl-binary-with-curl-on-linux

먼저 다음과 같은 명령으로 최신 버전의 kubectl을 내려받습니다.

```
[spkr@erdia22 ~ ]$ curl -LO "https://dl.k8s.io/release/$(curl -L -s https://dl.k8s.io/release/
stable.txt)/bin/linux/amd64/kubectl"
(생략)
[spkr@erdia22 ~ ]$ sudo install -o root -g root -m 0755 kubectl /usr/local/bin/kubectl
```

다음과 같이 kubectl 버전이 정상적으로 출력되면 설치가 완료된 것입니다.

```
[spkr@erdia22 ~ ]$ kubectl version --client
WARNING: This version information is deprecated and will be replaced with the output from
```

---

17 API란 프로그램들이 상호작용할 수 있도록 만든 표준화된 매개체입니다. 참고: https://youtu.be/We8JKbNQeLo

18 보안상의 이유로 로컬호스트에서 클러스터에 접속되지 않으면 배스천 서버 등 중앙 관리 서버에서 쿠버네티스 작업을 진행하기를 권장합니다.

19 https://iterm2.com/

```
kubectl version --short.  Use --output=yaml|json to get the full version.
Client Version: version.Info{Major:"1", Minor:"24", GitVersion:"v1.24.1",
GitCommit:"3ddd0f45aa91e2f30c70734b175631bec5b5825a", GitTreeState:"clean", BuildDate:"2022-05-
24T12:17:11Z", GoVersion:"go1.18.2", Compiler:"gc", Platform:"darwin/arm64"}
Kustomize Version: v4.5.4
```

1.4.2 원격 클러스터 정보를 kubeconfig 파일에 등록

쿠버네티스는 원격 클러스터의 API 서버 통신에 필요한 인증 정보를 kubeconfig(${HOME}/.kube/config)
파일에서 관리합니다. 이 파일에는 원격 클러스터의 관리에 필요한 인증 정보가 저장됩니다. 그럼 원격
클러스터에 접속해서 해당 파일을 확인합니다.

```
[spkr@erdia22 ~ ]$ ssh spkr@ubun20-01

#  root 계정에서 확인합니다.
spkr@ubun20-01:~$ sudo bash
root@ubun20-01:/home/spkr# cat /root/.kube/config
apiVersion: v1
clusters:                                        # [1] clusters
- cluster:
    certificate-authority-data:
(생략)
    server: https://127.0.0.1:6443
  name: cluster.local
contexts:                                        # [2] contexts
- context:
    cluster: cluster.local
    user: kubernetes-admin
  name: kubernetes-admin@cluster.local
current-context: kubernetes-admin@cluster.local
kind: Config
preferences: {}
users:                                           # [3] users
- name: kubernetes-admin
  user:
    client-certificate-data:
(생략)
    client-key-data:
(생략)
```

- [1] clusters – 원격 클러스터 API 서버의 인증서 정보와 IP 정보입니다.

- [2] contexts – 여러 클러스터 중 현재 사용 중인 클러스터와 유저/네임스페이스의 정보를 포함합니다.

- [3] users – 사용자 이름과 키 정보입니다.

위 정보를 바탕으로 로컬호스트에서 ${HOME}/.kube/config 파일을 생성합니다. 앞에서 확인한 원격 클러스터의 kubeconfig 파일을 그대로 로컬호스트에 복사한 후 서버 IP와 클러스터, 사용자, context 이름만 다음 내용을 참고해서 변경합니다.

```
# 숨김 디렉터리인 .kube를 생성합니다. 이 디렉터리에서 .kube/config 파일을 생성합니다.
[spkr@erdia22 ~ ]$ mkdir ~/.kube

# 작업 편의를 위해 위의 /root/.kube/config 파일을 복사해서 다음과 같이 수정합니다.
[spkr@erdia22 ~ ]$ vi ~/.kube/config
apiVersion: v1
clusters:
- cluster:
    certificate-authority-data:
(생략)
    server: https://172.17.29.61:6443      # 원격 서버의 IP 정보
  name: ubun01                             # 임의의 클러스터 이름
contexts:
- context:
    cluster: ubun01                        # 임의의 클러스터 이름
    user: ubun01                           # 임의의 사용자 이름
  name: ubun01                             # 임의의 context 이름
current-context: ubun01                    # 임의의 현재 context 이름
kind: Config
preferences: {}
users:
- name: ubun01                             # 임의의 사용자 이름
  user:
    client-certificate-data:
(생략)
    client-key-data:
(생략)
```

- server: https://172.17.29.61:6443

  로컬 IP(127.0.0.1) 주소 대신 원격 가상 머신의 IP를 입력합니다. 로컬호스트에서 원격 가상 머신의 IP의 6443[20] 포트로 쿠버네티스 API 서버와 통신합니다.

- cluster, context, user의 이름은 임의의 이름을 사용할 수 있습니다. 이후 여러 클러스터를 구분하는 용도로 사용하므로 다른 클러스터와 구분되는 고유한 이름이면 어떤 이름을 사용해도 됩니다.

로컬 호스트에서 kubeconfig 파일을 생성하는 작업을 완료하면 다음과 같이 명령어 창에서 'kubectl get nodes'를 입력합니다. 아래와 같이 정상적으로 결과가 출력되면 로컬호스트에서 원격 클러스터를 관리할 수 있습니다.

```
[spkr@erdia22 ~ ]$ kubectl get nodes
NAME        STATUS    ROLES           AGE     VERSION
ubun20-01   Ready     control-plane   23m     v1.24.1
ubun20-02   Ready     control-plane   22m     v1.24.1
ubun20-03   Ready     control-plane   22m     v1.24.1
```

이제 원격 가상 머신에 접속해서 클러스터 관리 작업을 하는 것과 동일하게 로컬호스트에서 원격 쿠버네티스 클러스터를 관리하는 작업을 할 수 있습니다.

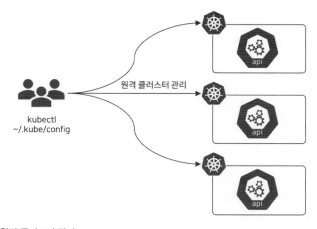

그림 1.6 로컬호스트에서 원격 클러스터 관리

---

20 공인 IP와 사설 IP 대역으로 분리되어 로컬호스트와 원격 서버의 IP 대역이 다른 경우에는 네트워크 주소 변환(NAT; Network Address Translation)에 따른 원격 서버 접속이 가능한 IP 주소와 포트를 입력합니다.

참고로 ${HOME}/.kube/config 파일의 정보는 kubectl config view 명령어를 통해 조회할 수 있습니다.

```
[spkr@erdia22 ~ ]$ kubectl config view
apiVersion: v1
clusters:
- cluster:
    certificate-authority-data: DATA+OMITTED
    server: https://172.17.29.61:6443
  name: ubun01
contexts:
- context:
    cluster: ubun01
    user: ubun01
  name: ubun01
current-context: ubun01
kind: Config
preferences: {}
users:
- name: ubun01
  user:
    client-certificate-data: REDACTED
    client-key-data: REDACTED
```

정리

이번 장의 핵심적인 내용을 정리합니다.

- Kubespray를 이용해 쿠버네티스 클러스터를 설치했습니다. Kubespray는 앤서블 기반의 쿠버네티스 설치 자동화 스크립트로 여러 번 실행해도 항상 동일한 실행 결과를 보장합니다. 사용자는 이 같은 자동화 도구를 이용해 편리하게 쿠버네티스를 설치할 수 있습니다.

- 쿠버네티스 클러스터의 설치 자체는 어렵지 않고 핵심적인 요소가 아닙니다. 여러 방법 중 각자 편리한 방법을 이용해 설치하거나 쿠버네티스 클러스터가 이미 설치된 퍼블릭 클라우드의 매니지드 쿠버네티스 서비스를 사용해도 됩니다. 핵심은 여러 번 반복해서 설치에 대한 자신감을 갖는 것입니다. 블로그나 깃허브에 기록을 남기거나 동영상을 만들어 유튜브에 공유하는 것을 추천합니다(필자의 쿠버네티스 설치 실습 영상: https://youtu.be/DVgsrrfU9Wc).

- 현업에서는 다수의 클러스터를 동시에 운영하는 경우가 대부분입니다. 로컬호스트에 kubectl을 설치하고 쿠버네티스 컨텍스트 파일({HOME}/.kube/config)에 원격 클러스터의 인증 정보를 등록해서 다수의 클러스터를 한곳에서 관리하면 쿠버네티스 관리에 필요한 작업 시간과 노력을 크게 줄일 수 있습니다.

1장에서는 쿠버네티스 클러스터 설치 및 원격 클러스터를 로컬 호스트에서 관리하는 방법을 알아보았습니다. 2장에서 좀 더 효과적으로 kubectl 명령어 도구를 사용하는 방법을 알아보겠습니다.

CHAPTER

02

효율적인 쿠버네티스 클러스터 관리를
위한 kubectl CLI 환경 최적화

시간은 가장 소중한 자원이므로 엔지니어는 항상 시간을 줄일 수 있는 방법과 도구를 찾아야 합니다. 특히 일분 일초가 기업의 매출과 직결되는 장애 상황을 처리해야 하는 기업의 IT 담당자라면 더욱 그렇습니다. 매일 반복되는 업무를 빠르게 처리하는 방법을 끊임없이 찾는 노력이 필요합니다.

오늘 하는 일의 대부분은 어제도 했고 내일도 해야 할 일입니다(니체의 영원회귀[1]는 참 맞는 말입니다). 따라서 매번 작업을 할 때마다 어떻게 하면 다음에 더 빠르고 정확하게 할 수 있을까를 생각하는 습관이 필요합니다. 오늘 조금이라도 더 생각하고 명령어를 입력하면 내일의 퇴근을 앞당길 수 있습니다.

쿠버네티스는 가상 머신과 달라 처음 사용하면 여러 복잡한 테스트가 필요합니다. 첫 단계에서 길고 복잡한 명령어를 여러 번 반복하다 보면 아무래도 지치기 쉽습니다. 하지만 여러 도구를 잘 활용하면 시간을 꽤 단축할 수 있습니다. 쿠버네티스는 모든 명령어가 API 서버 기반[2]이라 다른 플랫폼에 비해 도구를 만들기가 쉽습니다. 따라서 관련 도구를 잘 활용하면 작업 시간을 많이 줄일 수 있어, 최대한 많은 도구를 사용하고 여러 도구 중 자기에게 잘 맞는 최적화된 조합을 찾는 것이 필요합니다. 팀원들이 자신의 도구를 공유하는 문화를 만드는 것도 아주 효과적입니다.

이번 장에서는 kubectl 명령어를 좀 더 효율적으로 사용할 수 있는 방법과 도구를 알아보겠습니다.

---

1 https://bit.ly/3oTA3Vd
2 https://kubernetes.io/ko/docs/concepts/overview/kubernetes-api/

1. kubectl 명령어의 자동 완성 기능을 설정하고 자주 사용하는 kubectl 명령어를 {HOME}/.bashrc[3] 파일에 앨리어스 (alias)로 지정합니다.

2. kubectl 명령어 환경에 필요한 플러그인의 설치와 관리를 도와주는 krew 도구를 설치합니다.

3. 클러스터와 네임스페이스를 정보를 편리하게 변경해주는 쿠버네티스 컨텍스트[4] 관리도구(kube-ctx), 네임스페이스 관리도구(kube- ns), Prompt Status 관리도구(kube-ps1)를 설치합니다.

- https://github.com/wikibook/kubepractice/tree/main/ch02/

그럼 일곱 글자의 긴 kubectl 명령어를 편리하게 사용하는 방법을 실습을 통해 알아봅니다.

01 kubectl 자동 완성과 명령어 앨리어스 활용

kubectl 명령어는 길어서 매번 일일이 입력하기가 번거롭고 오타가 자주 발생합니다. 이때 명령어 앨리어스로 'alias k=kubectl'를 지정하면 'k' 한 글자로 'kubectl'이라는 7글자의 명령어를 대신할 수 있습니다. 또한 'kubectl' 관련 명령어는 '자동 완성' 기능을 지원합니다. 실습으로 해당 기능을 테스트해 봅니다.

실습에 앞서 이 기능과 관련된 내용을 인터넷에서 검색합니다. 인터넷에서 먼저 검색해 보면 대부분의 문제와 관련된 도움을 받을 수 있습니다. 잘 아시겠지만 검색은 영어로 하는 것을 추천합니다. 먼저 '자동 완성'을 나타내는 'kubectl autocomplete'라는 키워드로 검색합니다.

---

3 bashrc(bash run commands). {HOME}/.bashrc 파일은 bash 실행 시 자동으로 실행되는 파일입니다. macOS Zshell 사용자는 ~/.zshrc를 사용합니다. 참고: https://en.wikipedia.org/wiki/Run_commands

4 쿠버네티스 컨텍스트는 클러스터, 사용자, 네임스페이스 정보를 포함합니다. 참고: https://cloud.google.com/kubernetes-engine/docs/how-to/cluster-access-for-kubectl#kubeconfig

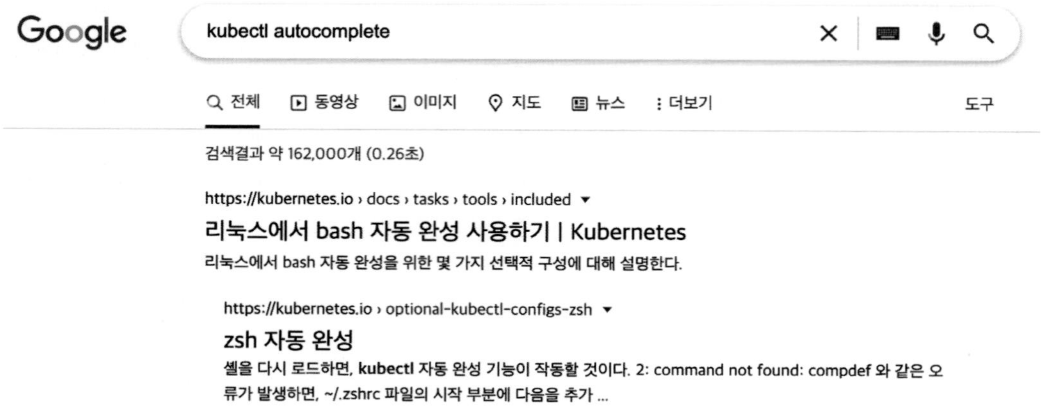

그림 2.1 구글에서 'kubectl autocomplete'를 검색한 결과

첫 번째 검색 결과를 클릭하면 쿠버네티스 공식 홈페이지로 이동합니다. 해당 페이지[5]에 나오는 가이드에 따라 bash-completion을 설정합니다. (macOS의 zsh 사용자는 각주에 기재된 URL[6]을 확인합니다.)

```
spkr@erdia22:~$ sudo apt -y install bash-completion
spkr@erdia22:~$ type _init_completion
spkr@erdia22:~$ echo 'source <(kubectl completion bash)' >>~/.bashrc
spkr@erdia22:~$ echo 'alias k=kubectl' >>~/.bashrc
spkr@erdia22:~$ echo 'complete -F __start_kubectl k' >>~/.bashrc
spkr@erdia22:~$ source ~/.bashrc
```

이제 kubectl 자동 완성 기능을 사용할 수 있습니다. kubectl get 'dep'로 3글자까지 입력하고 탭(tab) 키를 누르면 'dep' 부분이 자동으로 'deployments.apps'로 바뀝니다.

```
spkr@erdia22:~$ kubectl get deployments.apps
```

이처럼 전체 명령어를 입력하지 않고 탭 키를 누르면 편리하게 전체 명령어가 자동으로 완성됩니다. 다른 예로 'kubectl api-'까지 입력하고 탭 키를 누르면 역시 다음과 같이 관련 명령어가 자동으로 완성됩니다. 이제 일일이 전체 명령어를 외우지 않아도 됩니다.

```
spkr@erdia22:~$ kubectl api-
api-resources   api-versions
```

---

5 https://kubernetes.io/docs/tasks/tools/included/optional-kubectl-configs-bash-linux/
6 https://kubernetes.io/ko/docs/tasks/tools/included/optional-kubectl-configs-zsh/

그리고 앞선 설정에서 'alias k=kubectl'를 적용했습니다. 따라서 'k'만 입력해도 'kubectl'을 입력하는 것과 같습니다. 그리고 자주 사용하는 kubectl 명령어는 명령어 앨리어스로 지정하면 전체 명령어를 입력하지 않아도 됩니다. 다음은 제가 사용하는 단축 명령어[7] 목록입니다. 아래 내용을 {home}/.bashrc 파일에 추가합니다.

```
spkr@erdia22:~$ cat <<EOF>> ~/.bashrc
> alias ka='kubectl apply --recursive -f'
> alias kgp='kubectl get pods -o wide'
> alias kgd='kubectl get deploy -o wide'
> alias kgs='kubectl get service -o wide'
> alias kgn='kubectl get nodes -o wide'
> alias kge='kubectl get events -w --field-selector type=Warning'
> alias kgv='kubectl get pvc -o wide'
> alias kgpa='kubectl get pods -o wide -A'
> alias kgpw='kubectl get pods -o wide -w'
> alias kgpaw='kubectl get pods -o wide -A -w'
>
> alias krn='kubectl run nginx --image=nginx --restart=Never'
> alias kcn='kubectl create deployment nginx --image=nginx'
> alias krb='kubectl run busybox --image=busybox --restart=Never -- sleep 1d'
> EOF

## Bash 재시작
spkr@erdia22:~$ source ~/.bashrc
```

이제 'kubectl get pods -o wide' 명령어 대신 'kgp'로 3글자만 입력하면 전체 파드 현황을 확인할 수 있습니다. 이 명령어는 자주 사용되는 명령어이기에 앨리어스를 설정하면 굉장히 유용합니다.

```
spkr@erdia22:~$ kgp
NAMESPACE      NAME            READY   STATUS    RESTARTS   AGE    IP            NODE
NOMINATED NODE    READINESS GATES
kube-system    calico-node-25vf6   1/1     Running   0          34m    172.17.29.63   ubun20-03
<none>            <none>
```

다음은 앞에서 앨리어스로 등록한 단축 명령어의 예입니다.

---

7   제가 사용하는 전체 앨리어스 목록: https://github.com/wikibook/kubepractice/tree/main/ch02/alias

기존 명령어	단축 명령어
kubectl	k
kubectl get pod -o wide	kgp
kubectl get node -o wide	kgn
kubectl run nginx --image=nginx --restart=Never	krn
kubectl run busybox --image=busybox --restart=Never -- sleep 1d	kcb

참고로 'kubectl get pods'는 현재 네임스페이스에서 실행 중인 파드(pod) 현황을 나타냅니다. 이와 비슷하게 kgn(node), kgv(pvc), kgs(service) 등 현황을 확인하는 명령어를 앨리어스를 설정할 수 있습니다. 각 명령어에 대한 자세한 설명은 이어지는 3장에서 다룹니다.

앞으로 쿠버네티스 사용 경험이 쌓이면 개인마다 자주 사용하는 명령어가 있습니다. 그럴 때 자신만의 앨리어스[8]로 만드는 것을 권고합니다. 앨리어스를 만들고 조금씩 쌓아나가는 것이 사소한 일처럼 보여도 이러한 작은 노력이 쌓여 분초를 다투는 장애 상황을 빠르게 처리하는 데 결정적인 도움을 줄 수 있습니다.

다음으로 플러그인을 사용해 작업을 효율화하는 방법을 알아보겠습니다.

02 쿠버네티스 krew를 이용한 플러그인 관리

krew[9]는 kubectl 플러그인 매니저입니다. 여기서 플러그인(plugin)은 기존 소프트웨어에 특별한 기능을 편리하게 추가하는 옵션을 의미합니다. krew는 kubectl 커맨드라인 환경에서 사용 가능한 다양한 플러그인을 설치, 삭제, 조회하는 기능을 제공합니다.

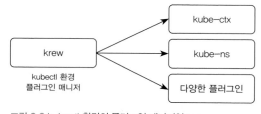

그림 2.2 kubectl 환경의 플러그인 매니저인 krew

---

8 https://github.com/ahmetb/kubectl-aliases에서는 무려 800개에 달하는 명령어 앨리어스를 확인할 수 있습니다.

9 https://krew.sigs.k8s.io/. 참고로 crew(승무원)와 발음이 유사합니다.

그럼 krew를 설치합니다. 설치 명령어가 단순하지 않아 공식 krew 설치 페이지인 https://krew. sigs.k8s.io/docs/user-guide/setup/install/을 참고해서 아래 코드를 실행합니다.[10] (구글 검색창에서 'kubernetes krew install'을 입력하면 설치 명령어를 좀 더 편리하게 조회할 수 있습니다.)

```
spkr@erdia22:~$ (
>   set -x; cd "$(mktemp -d)" &&
>   OS="$(uname | tr '[:upper:]' '[:lower:]')" &&
>   ARCH="$(uname -m | sed -e 's/x86_64/amd64/' -e 's/\(arm\)\(64\)\?.*/\1\2/' -e 's/aarch64$/
arm64/')" &&
>   KREW="krew-${OS}_${ARCH}" &&
>   curl -fsSLO "https://github.com/kubernetes-sigs/krew/releases/latest/
download/${KREW}.tar.gz" &&
>   tar zxvf "${KREW}.tar.gz" &&
>   ./"${KREW}" install krew
> )
(생략)
```

안내에 따라 ~/.bashrc 파일에 다음 내용을 추가하고 bash를 재시작합니다.

```
## .bashrc 파일을 수정합니다.
spkr@erdia22:~$ vi ~/.bashrc
export PATH="${KREW_ROOT:-$HOME/.krew}/bin:$PATH"

## bash를 재시작합니다.
spkr@erdia22:~$ source ~/.bashrc
```

이제 krew를 사용할 수 있습니다. 먼저 인자 없이 'k krew' 명령어만 입력해서 전체 명령어 구조를 확인합니다. 항상 새로운 도구를 설치하면 인자 없이 명령어만 단독으로 입력하거나 --help 명령어로 먼저 도움말을 확인하는 습관을 들입니다. 그럼 명령어의 전체 구조를 익힐 수 있어 다음 번에 명령어를 실행할 때 큰 도움이 됩니다.

```
spkr@erdia22:~$ k krew
...
Available Commands:
  help       Help about any command
```

---

10 macOS 사용자는 brew install krew를 사용할 수 있습니다.

```
index       Manage custom plugin indexes
info        Show information about an available plugin
install     Install kubectl plugins
list        List installed kubectl plugins
search      Discover kubectl plugins
uninstall   Uninstall plugins
update      Update the local copy of the plugin index
upgrade     Upgrade installed plugins to newer versions
version     Show krew version and diagnostics
```

주요 krew 명령어는 search, install, list입니다. search 명령어로 필요한 플러그인을 검색하고, install 명령어로 설치합니다. list로 현재 로컬호스트에 설치돼 있는 플러그인 현황을 확인할 수 있습니다.

'k krew search' 명령어로 설치 가능한 전체 플러그인 목록을 조회합니다. 2022년 6월 현재, 총 185개의 플러그인이 있습니다. 쿠버네티스 운영 업무를 수행할 때 불편한 점이 있으면 관련 플러그인을 검색해서 원하는 기능을 지원하는 플러그인을 설치해서 문제를 해결할 수 있습니다. 혹은 쿠버네티스 뉴스레터[11] 등에서 추천하는 플러그인을 활용하면 큰 도움을 받을 수 있습니다.

```
spkr@erdia22:~$ kubectl krew search
NAME              DESCRIPTION                                        INSTALLED
access-matrix     Show an RBAC access matrix for server resources     no
(생략)
```

이제 krew를 이용해 플러그인을 설치하겠습니다.

03 kube-ctx(컨텍스트), kube-ns(네임스페이스), kube-ps1(프롬프트) 활용

실제 쿠버네티스 관리 업무를 하면 여러 가지 클러스터를 동시에 관리하는 경우가 일반적입니다. 개발/스테이징/운영의 각 단계별로 클러스터는 분리돼 있고 AWS, 애저, 구글 등 다양한 클라우드 서비스와 각 서비스의 다양한 리전을 동시에 사용하는 것이 일반적입니다. 참고로 필자는 현재 14개의 클러스터를 운영하고 있습니다.

---

11 https://www.cncf.io/kubeweekly/. 뉴스레터를 신청하면 쿠버네티스 업무에 사용할 수 있는 여러 기술 자료를 받을 수 있습니다.

여러 클러스터를 관리하면 현재 내가 작업하는 클러스터가 여러 클러스터 중 어떤 클러스터인지 혼동될 수 있습니다. 예를 들어, 스테이징 클러스터의 파드를 삭제해야 하는데 운영 클러스터의 파드를 삭제하는 경우가 발생할 수 있습니다. 스테이징 클러스터는 운영 단계가 아니라 파드를 삭제해도 크게 문제가 되지 않지만 운영 클러스터는 서비스 장애와 직결되므로 큰 문제가 발생할 수 있습니다. 이 같은 상황에서 kube-ctx, kube-ns[12], kube-ps1 플러그인을 사용하면 큰 도움이 됩니다.

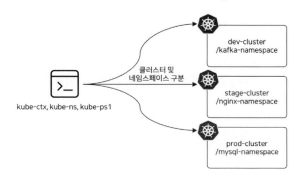

그림 2.3 kube-ctx, kube-ns, kube-ps1 기능

kube-ctx(context, 문맥)는 쿠버네티스 컨텍스트를 선택하는 플러그인으로, 여러 클러스터 중 내가 원하는 클러스터를 선택할 수 있는 플러그인입니다. 예를 들어, kube-ctx를 사용하면 개발, 스테이징, 운영 클러스터 중에서 필요한 클러스터를 지정할 수 있습니다.

아래 krew 명령어로 kube-ctx를 설치합니다.

```
spkr@erdia22:~$ kubectl krew install ctx
(생략)
```

이처럼 krew를 사용하면 간단히 한 줄의 명령어로 플러그인을 설치할 수 있습니다.

다음은 kube-ctx의 사용 예입니다. 먼저 현재 로컬호스트에 등록돼 있는 클러스터 목록을 확인합니다.

```
[spkr@erdia22 ~]$ k ctx
ubun01
```

---

12 https://github.com/ahmetb/kubectx

만약 로컬호스트에 등록한 클러스터가 하나이면 위와 같이 하나의 클러스터만 보입니다. 하지만 실제 운영 환경이면 다음과 같이 여러 개의 클러스터를 확인할 수 있습니다.

```
spkr@erdia22:~$ k ctx
ubun-dev
ubun-stg
ubun01
(생략)
```

kube-ctx로 여러 클러스터 중 하나를 입력합니다. k ctx 명령어와 클러스터 이름을 입력하면 해당 클러스터로 변경됩니다. k ctx 명령어로 여러 클러스터 중 내가 원하는 클러스터를 편리하게 선택할 수 있습니다.

```
spkr@erdia22:~$ k ctx ubun01
Switched to context "ubun01".

spkr@erdia22:~$ k get pod -n kube-system
NAME                READY   STATUS    RESTARTS   AGE
calico-node-25vf6   1/1     Running   0          39m
```

다음은 kube-ns입니다. 쿠버네티스 네임스페이스[13]는 단일 클러스터 내에서 각 네임스페이스별 자원을 격리할 수 있어 가상 클러스터로 구분하는 용도로 사용할 수 있습니다. 일반적으로 nginx, Redis, MySQL 등 애플리케이션 단위로 네임스페이스를 분리합니다.

kube-ns 설치는 동일하게 krew를 사용합니다. kube-ns를 설치한 후 k ns를 입력하면 현재 클러스터의 전체 네임스페이스 현황이 출력됩니다.

```
spkr@erdia22:~$ k krew install ns
(생략)

spkr@erdia22:~$ k ns
default
kube-node-lease
kube-public
kube-system
```

---

13 https://kubernetes.io/docs/concepts/overview/working-with-objects/namespaces/

처음 쿠버네티스를 설치하면 기본 애플리케이션 외에 다른 애플리케이션이 아직 설치되지 않아 네임스페이스가 앞 페이지와 같이 4개만 보입니다. 하지만 일반적인 운영 환경에서는 다음과 같이 다양한 네임스페이스가 조회됩니다.

```
spkr@erdia22:~$ k ns
gitlab
harbor
kafka
kasten-io
(생략)
```

kube-ns 플러그인을 사용하면 네임스페이스를 편리하게 이동할 수 있습니다. 다음과 같이 명령어 옵션으로 원하는 네임스페이스를 입력하면 해당 네임스페이스로 변경됩니다.

```
## 기본 설정은 default 네임스페이스 결과가 출력됩니다.
spkr@erdia22:~$ k get pod
No resources found in default namespace.

## kube-system 네임스페이스 변경
spkr@erdia22:~$ k ns kube-system
Context "ubun01" modified.
Active namespace is "kube-system".

## default 네임스페이스와 다르게 kube-system 네임스페이스에서는
## 동일한 명령어 'k get pod'로 다양한 파드를 확인할 수 있습니다.
spkr@erdia22:~$ k get pod
NAME                                        READY   STATUS    RESTARTS   AGE
calico-kube-controllers-5b4d7b4594-hxxtx    1/1     Running   0          19d
calico-node-lxg7c                           1/1     Running   0          19d
...
```

위와 같이 k ns 명령어로 네임스페이스가 변경되어 동일한 k get pod 명령어로 서로 다른 결과가 나타납니다. k get pod 명령어는 현재 네임스페이스에서 실행 중인 파드의 정보만 보여줍니다. 만약 k ns로 네임스페이스를 변경하지 않는다면 매번 명령어를 입력할 때마다 네임스페이스 이름을 -n {네임스페이스 이름} 옵션으로 직접 지정해야 합니다.

```
spkr@erdia22:~$ k get pod -n kube-system
NAME                                        READY   STATUS    RESTARTS   AGE
calico-kube-controllers-76955d5b58-9f4vb    1/1     Running   0          7h8m
calico-node-5c9gh                           1/1     Running   0          7h9m
...
```

다음은 현재 클러스터와 네임스페이스의 이름을 리눅스 프롬프트(prompt, 사용자에게 보여지는 메시지)에 표시하는 kube-ps1[14] 플러그인입니다. kube-ps1을 사용하면 커맨드라인의 프롬프트에서 클러스터와 네임스페이스 이름을 확인할 수 있습니다. 클러스터와 네임스페이스 이름을 명령어 프롬프트에서 명확하게 확인할 수 있어 다른 클러스터와 네임스페이스에서 명령어를 실행하는 실수를 예방할 수 있습니다. 설치를 위해 공식 가이드에 따라 소스코드를 내려받고 kube-ps1.sh 파일에 실행 권한을 추가합니다.

```
spkr@erdia22:~$ git clone https://github.com/jonmosco/kube-ps1.git
Cloning into 'kube-ps1'...
(생략)
spkr@erdia22:~$ chmod +x ./kube-ps1/kube-ps1.sh
```

~/.bashrc 파일에 관련 설정을 추가합니다.

```
## ~/.bashrc 파일을 수정합니다.
spkr@erdia22:~$ vi ~/.bashrc
(생략)
source $HOME/kube-ps1/kube-ps1.sh
PS1='[\u@\h \W $(kube_ps1)]\$ '
KUBE_PS1_SYMBOL_ENABLE=false

## bashrc 파일을 재실행하면 프롬프트가 변경된 것을 확인할 수 있습니다.
spkr@erdia22:~$ source ~/.bashrc
[spkr@erdia22 ~ (ubun01:default)]$
```

참고로 kube-ps1이 설치된 디렉터리는 개인별 소스코드를 내려받는 디렉터리입니다. 따라서 개인별로 설정에 따라 설치 위치가 다를 수 있습니다. 'ubun01'이라는 쿠버네티스 컨텍스트 이름 역시 개인별 설정에 따라 다르게 표시됩니다.

---

14 https://github.com/jonmosco/kube-ps1

이제 k ns 명령어로 네임스페이스를 default에서 kube-system으로 변경하면 다음과 같이 명령어 프롬프트도 변경됩니다.

```
[spkr@erdia22 ~ (ubun01:default)]$ k ns kube-system
Context "ubun01" modified.
Active namespace is "kube-system".

## 프롬프트가 default에서 kube-system으로 변경됩니다.
[spkr@erdia22 ~ (ubun01:kube-system)]$
```

동일하게 k ctx 명령어를 이용해 다른 클러스터로 변경[15]하면 프롬프트도 함께 변경됩니다.

```
## 클러스터가 여럿인 경우 'k ctx' 명령어를 이용해 클러스터를 변경할 수 있습니다.
[spkr@erdia22 ~ (ubun01:kube-system)]$ k ctx
OREGON-01
ubun01

## 필자는 ubun01이라는 클러스터 이외에 Oregon 지역에
## OREGON-01이라는 클러스터를 운영하고 있습니다.
[spkr@erdia22 ~ (ubun01:kube-system)]$ k ctx OREGON-01
Switched to context "OREGON-01".
[spkr@erdia22 ~ (OREGON-01:default)]$
```

이상으로 kubectl 명령어의 실행 환경을 최적화하는 방법을 알아봤습니다. 다음 장에서는 본격적으로 kubectl 명령어에 대해 알아보겠습니다.

참고로 앞으로 쿠버네티스 krew를 사용해 neat(YAML 파일 익스포트 도구), df-pv(PV 용량 확인) 등의 추가 플러그인을 설치합니다.

---

15 만약 클러스터가 하나면 다른 클러스터로 변경할 수 없습니다.

정리

이번 장에서는 다음과 같은 내용을 배웠습니다.

- kubectl 명령어는 길어서 오타가 자주 발생하고 매번 입력하기가 번거롭습니다. 명령어 앨리어스 기능을 사용해 k로 줄여서 사용하면 편리합니다. 그 밖에 자동 완성 기능과 자주 사용하는 명령어 조합을 추가해서 명령어 앨리어스(예: kgp=k get pod -o wide)로 지정하면 작업 시간이 더욱 줄어듭니다.

- kubectl의 krew는 쿠버네티스 CLI 환경에서 이용할 수 있는 다양한 플러그인을 설치 및 관리하는 도구입니다. 플러그인을 이용하면 운영 환경에서 발생하는 여러 어려움과 문제를 해결할 수 있습니다. 클러스터 컨텍스트 관리 도구(kube-ctx), 네임스페이스 변경 도구(kube-ns), 클러스터/네임스페이스 프롬프트 표시 도구(kube-ps) 등이 대표적입니다. 이밖에 사용자 환경에 따라 다양한 플러그인을 활용할 수 있습니다.

kubectl 명령어로 익히는 쿠버네티스의
주요 오브젝트

이번 장에서는 kubectl의 주요 명령어와 쿠버네티스의 주요 오브젝트(파드, 디플로이먼트, 네임스페이스 등)를 알아봅니다.

쿠버네티스에서는 kubectl 명령어로 쿠버네티스 오브젝트를 생성하고 생성한 리스트를 확인할 수 있습니다. 다음은 이번 장에서 알아볼 주요 kubectl 명령어입니다.

- run, create: 파드와 디플로이먼트 생성

- get, exec: 생성된 파드 현황 조회 및 파드 내 bash 스크립트 실행(파드 접속)

- scale, delete: 파드의 수량 증가/감소 및 오브젝트 삭제

- create namespace: 네임스페이스 생성

위에서 언급한 파드, 디플로이먼트, 네임스페이스는 모두 쿠버네티스에서 사용하는 오브젝트[1]입니다. 쿠버네티스 오브젝트란 쿠버네티스 API 서버로 생성하는 영속성을 가지는 모든 실체를 말합니다. 애플리케이션을 실행하고 애플리케이션에 필요한 추가 리소스를 지정하고 고가용성 관련 설정을 하는 등 일련의 모든 쿠버네티스 작업은 다양한 오브젝트와 해당 오브젝트 옵션의 조합으로 실행합니다.

---

1   https://kubernetes.io/docs/concepts/overview/working-with-objects/kubernetes-objects/

쿠버네티스 오브젝트의 정확한 개념은 쉽게 이해하기 어렵습니다. 하지만 개념을 완전히 이해하지 못해도 관련 작업을 실행하는 데 큰 문제는 없습니다. 많은 IT 분야가 그렇듯이 명령어를 익히고 경험이 쌓이면 자연스럽게 개념도 이해할 수 있습니다.

쿠버네티스의 모든 오브젝트는 API 서버로 생성합니다. 사용자가 쿠버네티스 명령어를 실행하면 쿠버네티스는 해당 명령어의 API를 호출해서 오브젝트를 실행하는 방식으로 동작합니다. 참고로 복잡한 옵션의 오브젝트 API 호출이 필요한 경우에는 명령어가 아니라 YAML 파일을 사용합니다.[2]

01 NGINX 파드 실행과 배시 실행

이번 절에서는 파드를 생성하고 파드에 접속하는 실습을 진행해 보겠습니다. 이번 실습을 통해 쿠버네티스의 기본 단위인 파드의 속성을 알아봅니다.

> ▶_ **실습과제**
>
> 1. NGINX 파드를 만들고 해당 파드에 배시(bash)를 실행해 파드에 접속합니다.
> 2. NGINX 디플로이먼트를 실행하고 파드의 개수를 10개 → 0개 → 1개 순으로 변경합니다.
> 3. default01이라는 이름의 네임스페이스를 생성합니다. kube-ns 도구를 사용해 네임스페이스를 변경하면서 파드, 디플로이먼트 등의 리소스를 생성합니다. 네임스페이스가 다른 경우 명령어가 어떻게 달라지는지 확인합니다.

파드[3]는 쿠버네티스 환경에서 컨테이너 애플리케이션을 실행하는 기본 단위입니다. 일반적으로 단일 컨테이너만 실행하지만 2개 이상의 컨테이너도 하나의 파드 안에서 실행 가능합니다. IT 업계에서 흔히 사용하는 파드[4]라는 용어는 컴퓨팅, 네트워크, 스토리지를 모듈 형태로 묶어서 시스템 확장 시 사용하는 기본 단위를 의미합니다. '2개의 랙으로 이뤄진 파드 단위로 증설한다' 같은 표현을 흔히 사용하는데, 이와 비슷하게 쿠버네티스에서도 파드는 다른 파드와 구분되는 고유한 네트워크와 스토리지를 가집니다. 또한 애플리케이션 확장 시 파드 단위로 증설합니다.

---

2 YAML 파일은 이어지는 4장에서 자세히 다룹니다.
3 쿠버네티스 파드: https://kubernetes.io/docs/concepts/workloads/pods/
4 일반적인 IT 환경에서의 파드의 개념: https://en.wikipedia.org/wiki/Point_of_delivery_(networking)

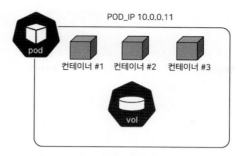

그림 3.1 쿠버네티스 파드의 구성 요소 – 각 파드는 고유한 IP 주소와 볼륨을 소유

그럼 파드를 자세히 알아보기 위해 파드를 직접 만들어 보겠습니다. 도커와 유사하게 쿠버네티스에서 컨테이너 형태의 애플리케이션을 실행하는 명령어는 kubectl run입니다.

명령어를 실행하기 앞서 먼저 --help 옵션으로 대략적인 용법을 파악합니다. 쿠버네티스의 장점 중 하나는 개별 명령어의 도움말이 직관적이고 이해하기 쉽다는 것입니다. --help 옵션으로 명령어의 전체적인 구조를 이해하면 굳이 명령어의 모든 옵션을 외우지 않아도 어렵지 않게 사용할 수 있습니다.

```
[spkr@erdia22 ~ (ubun01:default)]$ k run --help
Examples:
  # Start a nginx pod
  kubectl run nginx --image=nginx
(생략)

## 예제에 따라 nginx 이미지를 가진 파드를 실행합니다.
[spkr@erdia22 ~ (ubun01:default)]$ k run nginx --image=nginx
pod/nginx created
```

k run --help 명령어를 실행하면 관련 예제가 잘 나와 있습니다. 예제에 따라 k run nginx --image=nginx 명령어를 입력하면 nginx라는 이름의 NGINX 컨테이너 이미지를 갖는 파드가 실행됩니다.

실행 중인 파드의 목록을 확인하는 명령어는 kubectl get pod입니다. 쿠버네티스 상의 모든 오브젝트 목록을 확인할 때는 k get {오브젝트 이름} 명령어를 사용합니다. IP 주소를 포함한 더 상세한 정보는 -o wide를 추가해서 kubectl get pod -o wide로 확인합니다.

그럼 이번에는 파드의 이름만 다르게 해서(nginx01) 추가 파드를 실행해 보겠습니다.

```
[spkr@erdia22 ~ (ubun01:default)]$ k run nginx01 --image=nginx
pod/nginx01 created


## 앨리어스인 kgp='k get pod -o wide'를 사용하면 편리합니다.
[spkr@erdia22 ~ (ubun01:default)]$ kgp
NAME      READY    STATUS    RESTARTS    AGE    IP               NODE        NOMINATED NODE
READINESS GATES
nginx     1/1      Running   0           54m    10.233.69.38     ubun20-02   <none>          <none>
nginx01   1/1      Running   0           53s    10.233.104.40    ubun20-03   <none>          <none>
```

위와 같이 동일한 NGINX 이미지를 사용하는 2개의 파드를 실행했습니다. 이름은 각각 nginx, nginx01 이며, 각 파드는 서로 다른 IP 주소를 가집니다.

모든 네임스페이스의 파드[5]를 조회하는 k get pod -A -o wide 명령어로 확인하면 모든 파드가 각기 고유의 IP 주소를 가지는 것을 확인할 수 있습니다.

```
## -A(--all-namespaces)
[spkr@erdia22 ~ (ubun01:default)]$ k get pod -A -o wide
NAMESPACE      NAME                                READY    STATUS    RESTARTS    AGE    IP
NODE           NOMINATED NODE    READINESS GATES
kube-system    coredns-666959ff67-chzln            1/1      Running   0           29h
10.233.88.2       ubun20-03    <none>             <none>
kube-system    coredns-666959ff67-hbwkt            1/1      Running   0           29h
10.233.99.1       ubun20-01    <none>             <none>
kube-system    dns-autoscaler-59b8867c86-2dc7p     1/1      Running   0           29h
10.233.88.1       ubun20-03    <none>             <none>
(생략)
```

이처럼 파드는 고유의 IP 주소를 가집니다. 그리고 각 파드는 각각 고유의 볼륨(데이터)을 사용합니다. 기본적으로 개별 파드가 사용하는 볼륨은 호스트 노드의 /var/lib/containers/{파드 이름} 디렉터리입니다. 해당 디렉터리에 각 파드별로 디렉터리가 구분돼 있습니다. 이처럼 파드별로 각기 고유한 네트워크와 스토리지를 가집니다.

---

5 k get pod -A -o wide의 -A(--all-namespaces) 옵션은 전체 네임스페이스 파드 현황을 확인하는 명령어입니다. 네임스페이스의 의미는 이어지는 절에서 알아봅니다.

다음으로 파드에 접속해서 좀 더 자세한 정보를 확인하겠습니다. 쿠버네티스에서는 파드 접속이 파드에 배시(bash)를 실행(exec)하는 것과 동일합니다. 가상 머신 환경에서 원격 가상 머신에 ssh로 접속하는 것과 유사합니다.

```
## 파드 접속(파드의 bash 실행)은 'exec -it - bash' 명령어를 사용합니다.
[spkr@erdia22 ~ (ubun01:default)]$ k exec -it nginx -- bash
root@nginx:/# ps6
bash: ps: command not found

## ps를 실행하기 위해 procps 패키지를 설치합니다.
root@nginx:/# apt -y update && apt -y install procps
Get:1 http://deb.debian.org/debian bullseye InRelease [116 kB]
(생략)

## 전체 프로세스 목록 확인
root@nginx:/# ps aux
USER        PID %CPU %MEM    VSZ   RSS TTY      STAT START   TIME COMMAND
root          1  0.0  0.0  10656  6200 ?        Ss   04:35   0:00 nginx: master process nginx
-g daemon off;
nginx        31  0.0  0.0  11100  2732 ?        S    04:35   0:00 nginx: worker process
nginx        32  0.0  0.0  11100  2732 ?        S    04:35   0:00 nginx: worker process
root         38  0.0  0.0   3864  3344 pts/0    Ss   04:46   0:00 bash
root        365  0.0  0.0   7636  2748 pts/0    R+   04:49   0:00 ps aux
```

NGINX 파드에서 실행 중인 전체 프로세스 목록을 확인(ps aux)하면 nginx 프로세스만 실행 중이고 다른 프로세스는 없는 것을 확인할 수 있습니다. 일반 가상 머신과 실행 중인 프로세스 목록을 비교하면 실행 중인 프로세스의 수가 아주 적은 것을 확인할 수 있습니다.

예제 3.1 일반 가상 머신에서 실행 중인 프로세스 목록

```
[spkr@erdia22 ~ (ubun01:default)]$ ssh ubun20-1

## 새롭게 운영체제를 설치한 환경에서도 가상 머신에서 기본적으로
## 약 170개의 프로세스가 실행 중입니다. 설치 시 옵션에 따라
## 실행되는 프로세스 수는 달라집니다.
spkr@ubun20-1:~$ ps aux
```

---

6   기본 NGINX 파드는 ps 명령어가 실행되지 않습니다. 따라서 관련 패키지(procps)를 수동으로 설치합니다.

```
USER        PID %CPU %MEM    VSZ   RSS TTY      STAT START   TIME COMMAND
root          1  0.1  0.1 105664 14016 ?        Ss   Aug25  17:05 /lib/systemd/systemd --system
--deserialize 29
root          2  0.0  0.0      0     0 ?        S    Aug25   0:00 [kthreadd]
root          3  0.0  0.0      0     0 ?        I<   Aug25   0:00 [rcu_gp]
...
pspkr@ubun20-01:~$ ps aux|wc -l
173
```

이처럼 컨테이너는 가상 머신과 다르게 특정 프로세스만 실행 중입니다. 따라서 이미지 크기가 작고 실행 속도 역시 몇 초 내외로 매우 빠릅니다.

다음으로 파드의 수량을 변경해서 파드 단위로 확장하는 쿠버네티스의 특성을 확인해 보겠습니다.

02 디플로이먼트의 파드 개수 변경과 삭제

이번 절에서는 파드의 개수를 변경하고 삭제하는 작업을 합니다. 파드의 개수를 변경하려면 쿠버네티스 오브젝트 타입을 파드가 아닌 디플로이먼트(deploypment)로 실행합니다. 디플로이먼트는 파드가 배포(deploy)되는 방법을 정의하는 오브젝트로서 파드의 개수, 이미지 종류, 배포 방법 등을 정의합니다.[7]

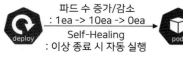

그림 3.2 디플로이먼트 주요 기능

디플로이먼트는 파드처럼 kubectl run이 아닌 kubectl create deployment 명령어를 사용합니다. 참고로 'dep'까지 입력하고 탭 키를 누르면 명령어가 자동 완성됩니다. 다음과 같이 아파치 웹서버(httpd) 이미지를 사용하는 디플로이먼트를 생성합니다.

```
[spkr@erdia22 ~ (ubun01:default)]$ k create deployment httpd --image=httpd
deployment.apps/httpd created

# kgp = 'k get pod -o wide'
[spkr@erdia22 ~ (ubun01:default)]$ kgp
NAME                  READY   STATUS   RESTARTS   AGE   IP       NODE      NOMINATED
NODE   READINESS GATES
```

---

7 https://kubernetes.io/docs/concepts/workloads/controllers/deployment/

```
httpd-757fb56c8d-n5fww    1/1    Running   0         40s   10.233.69.39   ubun20-02  <none>
<none>
```

httpd라는 이름의 디플로이먼트를 실행해 httpd-757fb56c8d-n5fww라는 이름의 파드가 실행됐습니다. 이처럼 디플로이먼트는 '{디플로이먼트 이름} + {임의 해쉬값}'으로 파드의 이름을 지정합니다.

디플로이먼트를 자세히 설명하기에 앞서 kubectl 명령어 구조를 확인합니다. kubectl 명령어 구조는 대부분 다음과 비슷한 구조를 띱니다.

```
kubectl + create + deployment + httpd + --image=httpd

create            만들다. 무엇을? (동사가 먼저 위치합니다.)
deployment        디플로이먼트 오브젝트를. 어떤 이름으로?
httpd             httpd라는 이름으로. 옵션은?
--image=httpd     이미지는 httpd로 지정
```

약간 억지스럽지만 위와 같이 이해하면 kubectl 명령어의 구조를 좀 더 쉽게 이해할 수 있습니다. 그럼 kubectl scale 명령어를 사용해 파드 개수를 변경합니다.

```
## --replicas에 원하는 파드의 수량을 입력합니다.
[spkr@erdia22 ~ (ubun01:default)]$ k scale deployment httpd --replicas 10
deployment.apps/httpd scaled


## -w(waiting)
[spkr@erdia22 ~ (ubun01:default)]$ k get pod -w
NAME                      READY   STATUS             RESTARTS   AGE
httpd-757fb56c8d-8nw7j    1/1     Running            0          17s
httpd-757fb56c8d-dr4gr    0/1     ContainerCreating  0          17s
(생략)


[spkr@erdia22 ~ (ubun01:default)]$ k get pod
httpd-694d7c7586-2njrg    1/1     Running   0         39s
httpd-694d7c7586-58vvm    1/1     Running   0         39s
httpd-694d7c7586-7jgzq    1/1     Running   0         39s
httpd-694d7c7586-bhjg8    1/1     Running   0         39s
httpd-694d7c7586-km65w    1/1     Running   0         39s
httpd-694d7c7586-pwt7f    1/1     Running   0         39s
httpd-694d7c7586-qr2xz    1/1     Running   0         39s
```

```
httpd-694d7c7586-rsc9w    1/1    Running    0        2m17s
httpd-694d7c7586-tv6kz    1/1    Running    0        39s
httpd-694d7c7586-wwbh8    1/1    Running    0        39s
```

kubectl scale 명령어는 인자로 디플로이먼트 이름과 수량을 받습니다. 실행 후 k get pod -w 명령어로 실시간으로 변경되는 파드의 수량을 확인할 수 있습니다. 약 10초 내외로 10개의 파드가 빠르게 실행 됐습니다. 만약 가상 머신 환경이라면 10개의 가상 머신에 httpd 웹서버를 설치한다면 훨씬 오랜 시간 이 소요될 것입니다.

파드 수량을 줄일 때도(10개 → 0개 → 1개) 동일한 명령어 형식을 사용합니다.

```
## --replicas=0이면 파드 수량이 0개가 됩니다.
[spkr@erdia22 ~ (ubun01:default)]$ k scale deployment httpd --replicas=0
deployment.apps/httpd scaled

## httpd 파드가 없고 기존에 설치한 nginx 파드가 남아 있습니다.
[spkr@erdia22 ~ (ubun01:default)]$ kgp
NAME       READY    STATUS    RESTARTS    AGE    IP            NODE        NOMINATED NODE
READINESS GATES
nginx      1/1      Running   0           8m48s  10.233.118.1  ubun20-02   <none>
<none>
nginx01    1/1      Running   0           7m6s   10.233.99.2   ubun20-01   <none>
<none>

## 다시 1개로 변경합니다.
[spkr@erdia22 ~ (ubun01:default)]$ k scale deployment httpd --replicas=1
deployment.apps/httpd scaled
[spkr@erdia22 ~ (ubun01:default)]$ kgp
NAME                READY    STATUS    RESTARTS    AGE    IP            NODE        NOMINATED
NODE    READINESS GATES
httpd-676d9bc46d-x5xvt   1/1    Running   0        14s    10.233.118.6  ubun20-02   <none>
<none>
(생략)
```

이처럼 디플로이먼트를 사용하면 임의로 파드의 수량을 늘리고 줄일 수 있습니다.

다음으로 파드를 삭제하겠습니다. 참고로 앞으로 배우게 될 컨피그맵(ConfigMap), 시크릿(secret) 등 쿠버네티스의 모든 오브젝트는 동일하게 kubectl delete 명령어로 삭제할 수 있습니다.

```
## 파드를 삭제합니다.
[spkr@erdia22 ~ (ubun01:default)]$ k delete pod httpd-676d9bc46d-t846v
pod "httpd-676d9bc46d-t846v" deleted

## 기존 파드는 삭제되고 자동으로 새로운 파드가 생성됩니다.
[spkr@erdia22 ~ (ubun01:default)]$ k get pod -w
NAME                     READY   STATUS             RESTARTS   AGE
httpd-676d9bc46d-t846v   1/1     Running            0          49s
httpd-676d9bc46d-t846v   1/1     Terminating        0          53s
httpd-676d9bc46d-hcsc9   0/1     ContainerCreating  0          1s
httpd-676d9bc46d-hcsc9   1/1     Running            0          4s
```

k delete pod를 실행하면 기존 파드(httpd-676d9bc46d-**t846v**)가 삭제되고 새로운 파드(httpd-676d9bc46d-**hcsc9**)가 자동으로 생성됩니다. 왜 자동으로 다시 파드가 생성될까요?

1장을 시작할 때 설명한 것처럼 쿠버네티스는 항상 의도한 상태를 자동으로 유지하려고 하기 때문입니다. 디플로이먼트는 속성으로 파드의 수량을 가집니다. 앞의 예제에서는 파드의 수량을 1로 (--replicas=1) 지정했습니다. 의도한 상태의 파드 수량이 1이므로 시스템 장애 등에 의해 파드가 삭제되면 쿠버네티스는 해당 파드를 감시하고 있다가 자동으로 처음 의도한 상태인 파드 수량을 1로 유지하기 위해 자동으로 파드를 생성합니다.[8] 이처럼 자동으로 파드를 의도한 상태로 복구하는 것을 자동 복구라고 합니다.

디플로이먼트에서 현재 지정한 파드 수량과 실행 중인 파드 수량은 k get deployment 명령어로 확인할 수 있습니다.

```
[spkr@erdia22 ~ (ubun01:default)]$ k get deployments.apps
NAME    READY   UP-TO-DATE   AVAILABLE   AGE
httpd   1/1     1            1           12m
```

이렇게 해서 이번 절에서는 scale, delete 명령어와 쿠버네티스의 의도한 상태의 특징을 알아봤습니다. 다음으로 쿠버네티스 오브젝트를 생성하는 명령어인 create와 네임스페이스에 대해 알아봅니다.

---

8 쿠버네티스에서는 내부적으로 replication-controller 파드가 현재 상태를 체크(watch 모듈을 이용)해서 의도한 상태와 다르면 자동으로 파드를 재기동합니다. 쿠버네티스는 각 오브젝트별 컨트롤러 모듈이 오브젝트의 상태를 확인합니다.

03 네임스페이스 생성

쿠버네티스 오브젝트는 create 명령어로 생성할 수 있습니다. 대부분의 오브젝트는 주로 YAML 파일을 이용해서 생성하지만 간단한 오브젝트는 kubectl 명령으로도 생성할 수 있습니다. 대표적으로 디플로이먼트(deployment), 시크릿(secret)[9], 네임스페이스(namespace) 등이 있습니다. 예제로 알아보겠습니다.

```
## ns=namespaces, 네임스페이스를 줄여서 ns로 사용할 수 있습니다.
[spkr@erdia22 ~ (ubun01:default)]$ k create ns default01
namespace/default01 created
```

네임스페이스는 클러스터를 구분하는 가상 클러스터 단위입니다. 같은 네임스페이스 내에서는 같은 이름의 오브젝트를 만들지 못하지만 네임스페이스가 다르면 같은 이름의 오브젝트를 생성할 수 있습니다.

예제 3.12 한 네임스페이스 내에서 같은 이름의 파드(nginx) 생성 시 발생하는 에러

```
## 원활한 실습 진행을 위해 앞서 생성한 nginx, nginx01 파드를 삭제합니다.
[spkr@erdia22 ~ (ubun01:default)]$ k delete pod nginx nginx01
pod "nginx" deleted
pod "nginx01" deleted

## httpd 디플로이먼트 리소스도 삭제합니다.
[spkr@erdia22 ~ (ubun01:default)]$ k delete deployments.apps httpd
deployment.apps "httpd" deleted

## 같은 네임스페이스 내에서는 동일한 이름으로 파드를 중복으로 생성할 수 없습니다.
[spkr@erdia22 ~ (ubun01:default)]$ k run nginx --image=nginx
pod/nginx created
[spkr@erdia22 ~ (ubun01:default)]$ k run nginx --image=nginx
Error from server (AlreadyExists): pods "nginx" already exists
```

하지만 네임스페이스를 변경하면(default → default01) 같은 이름(nginx)의 파드를 생성할 수 있습니다.

---

9 시크릿은 패스워드 등 민감한 정보를 저장하는 쿠버네티스 오브젝트입니다. https://kubernetes.io/docs/concepts/configuration/secret/

예제 3.3 다른 네임스페이스에서 같은 이름의 파드 생성

```
## 네임스페이스를 변경합니다.
[spkr@erdia22 ~ (ubun01:default)]$ k ns default01
Context "ubuns" modified.
Active namespace is "default01".

## 네임스페이스가 다르면 같은 파드 이름을 사용할 수 있습니다.
[spkr@erdia22 ~ (ubun01:default01)]$ k run nginx --image=nginx
pod/nginx created
```

k ns default01 명령으로 현재 사용 중인 네임스페이스를 변경할 수 있습니다. 또는 -n(namespace) 옵션을 추가해서 k run nginx --image=nginx -n default01과 같이 특정 네임스페이스를 지정하면 해당 네임스페이스를 대상으로 명령어를 실행할 수 있습니다.

현업에서는 네임스페이스를 주로 애플리케이션을 구분하는 단위로 사용합니다. 예를 들어, 웹(NGINX), 웹 애플리케이션 서버(Tomcat), 데이터베이스(MySQL), 레디스(Redis) 등 각 애플리케이션마다 네임스페이스를 별도로 지정합니다. 그림 3.3은 이처럼 애플리케이션별로 네임스페이스를 구분한 구조를 보여줍니다.

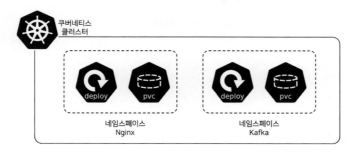

그림 3.3 애플리케이션별 네임스페이스 구분

다음은 제가 실제로 서비스 중인 클러스터의 네임스페이스 목록입니다.

```
[spkr@erdia22 ~ (kr-stage:default)]$ k ns
kafka
mysql
nginx
rabbitmq
redis
```

```
tomcat
...
```

이처럼 k ns 명령어로 전체 네임스페이스 현황을 확인할 수 있습니다.

추가로 22장 '역할 기반 접근 제어 설정'에서 다룰 쿠버네티스 RBAC(Role-Based Access Control)를 이용하면 각 애플리케이션별로 개발자의 역할을 분리해서 각 개발자별로 특정 네임스페이스의 권한 (create, get, delete 등)만 갖도록 설정할 수 있습니다. 현업에서 네임스페이스는 주로 각 개발 담당자별로 권한을 제한할 때 구분하는 단위로 사용합니다.

하지만 네임스페이스는 클러스터를 가상으로 구분하는 단위라서 물리적으로 완전하게 분리하지는 못합니다. 예를 들어, 기본 설정으로 임의의 네임스페이스에서 다른 네임스페이스로 네트워크 연결이 가능합니다.[10] 다음과 같이 2개의 네임스페이스에서 실행 중인 파드는 각 파드 간에 통신이 가능합니다.

```
## default, default01 파드에 nginx라는 이름의 파드가 각각 실행 중입니다.
[spkr@erdia22 ~ (ubuns:default01)]$ kgp -n default
NAME     READY   STATUS    RESTARTS   AGE   IP             NODE       NOMINATED NODE   READINESS
GATES
nginx    1/1     Running   0          18m   10.233.69.42   ubun20-02  <none>           <none>

[spkr@erdia22 ~ (ubuns:default01)]$ kgp -n default01
NAME     READY   STATUS    RESTARTS   AGE   IP             NODE       NOMINATED NODE   READINESS
GATES
nginx    1/1     Running   0          16m   10.233.104.44  ubun20-03  <none>           <none>
```

위와 같이 2개의 네임스페이스(default, default01)에서 파드가 실행 중입니다. 이때 default01 네임스페이스의 파드(10.233.104.44)에서 default 네임스페이스 파드(10.233.69.42)로 통신이 가능합니다.

```
[spkr@erdia22 ~ (ubuns:default01)]$ k exec -it nginx -- bash
## ping을 실행하기 위해 iputils-ping 패키지를 설치합니다.
root@nginx:/# apt-get update -y
root@nginx:/# apt-get install iputils-ping -y
root@nginx:/# ping 10.233.69.42 -c 1
PING 10.233.69.42 (10.233.69.42) 56(84) bytes of data.
```

---

10 쿠버네티스의 네트워크 정책(network policy)을 사용하면 네임스페이스 또는 파드 단위로 네트워크 접근을 차단할 수 있습니다. https://kubernetes.io/docs/concepts/services-networking/network-policies/

```
 64 bytes from 10.233.69.42: icmp_seq=1 ttl=62 time=0.373 ms


 --- 10.233.69.42 ping statistics ---
 1 packets transmitted, 1 received, 0% packet loss, time 0ms
 rtt min/avg/max/mdev = 0.373/0.373/0.373/0.000 ms
```

이처럼 네임스페이스는 네트워크까지 차단되어 물리적으로 완전히 분리되는 환경을 제공하지는 않고 가상 수준에서 클러스터를 분리할 수 있습니다.

이번 장에서는 명령어를 이용해 주요 쿠버네티스 오브젝트를 생성, 변경, 삭제했습니다. 하지만 명령어만으로 각 오브젝트의 복잡한 옵션을 상세하게 지정하기는 어렵습니다. 다음 장에서는 YAML 파일로 다양한 옵션을 가진 오브젝트를 생성하는 방법을 알아봅니다.

정리

이번 장에서는 다음과 같은 내용을 배웠습니다.

- 쿠버네티스 환경에서 사용하는 주요 명령어를 살펴봤습니다. 파드 생성은 kubectl run이나 kubectl create 명령어를 사용합니다. 파드는 쿠버네티스 애플리케이션의 기본 요소로서 각 애플리케이션별로 확장 시 사용하는 기본 단위입니다. 개별 파드는 각각 고유한 네트워크 IP 주소와 데이터 볼륨을 가집니다.

- 생성된 파드의 목록은 get 명령어로 조회하며, 개별 파드는 bash를 실행(exec)해서 접속할 수 있습니다. 파드 개수는 scale 명령어로 증가/감소가 가능하며, delete 명령어로 오브젝트를 삭제할 수 있습니다.

- create 명령어로 네임스페이스, 시크릿, 디플로이먼트 등의 비교적 간단한 오브젝트를 생성할 수 있습니다. 네임스페이스는 클러스터 내 오브젝트를 구분하는 단위로 사용하며, 같은 네임스페이스에서는 동일한 이름을 가진 리소스를 생성할 수 없습니다. kube-ns 도구를 사용하면 좀 더 편리하게 네임스페이스를 변경할 수 있습니다.

YAML 파일을 이용한 쿠버네티스
오브젝트 관리

3장에서는 kubectl 명령어로 쿠버네티스 오브젝트를 관리하는 방법을 알아봤습니다. 하지만 복잡한
옵션을 사용해야 할 때가 많은데 이를 명령어에 추가하기는 쉽지 않습니다. 복잡한 옵션은 코드로 구현
하는 편이 가독성이 높고 재사용도 용이합니다.

다음은 특정 노드에 파드가 실행되지 않고 여러 노드에 파드를 분산해서 배치하는(anti-affinity) 예제
입니다. 이처럼 복잡한 설정을 명령어로 구현하면 명령어가 길어져서 가독성이 떨어지지만 코드로 구
현하면 훨씬 보기가 낫습니다.

예제 4.1 파드의 안티 어피니티(anti-affinity) 설정 예

```
affinity:
  podAntiAffinity:
    preferredDuringSchedulingIgnoredDuringExecution:
    - podAffinityTerm:
        labelSelector:
          matchExpressions:
          - key: app
            operator: In
            values:
            - nginx
        topologyKey: kubernetes.io/hostname
      weight: 100
```

이와 비슷하게 복잡한 옵션을 사용해야 하는 쿠버네티스 오브젝트가 많습니다. 파드를 연결하는 방식을 정의하는 서비스(service), 개별 애플리케이션의 환경변수 설정을 정의하는 컨피그맵(ConfigMap), 자원을 많이 사용해서 동일한 노드를 사용하는 다른 파드에 영향을 끼치지 않도록 하는 리소스 리미트(limits)/리퀘스트(requests) 설정 등이 대표적입니다. 이러한 오브젝트는 대부분 코드를 사용해서 구현합니다. 사실상 쿠버네티스 작업을 한다는 것은 이처럼 각 기능을 구현하는 코드를 찾아서 작성하는 것을 의미합니다.

쿠버네티스 코드를 작성하는 데는 주로 YAML 파일[1]을 사용합니다. 모든 쿠버네티스 리소스[2]와 해당 옵션은 YAML 파일로 구현할 수 있습니다. 명령어에 익숙한 시스템 운영자는 코드와 YAML파일에 익숙하지 않을 수 있습니다. 하지만 조금만 사용하면 명령어보다 YAML 파일이 더 편리하다는 사실을 알게 됩니다. 쿠버네티스 공식 홈페이지에서 원하는 오브젝트 템

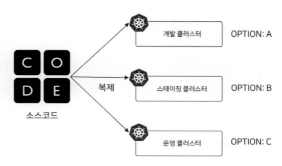

그림 4.1 동일 소스코드의 반복 사용

플릿 파일을 쉽게 찾을 수 있고, 자주 사용하는 템플릿 파일은 네이밍 규칙을 정의해서 잘 저장해 두면 로컬 환경에서 다시 찾기도 어렵지 않습니다.

모든 쿠버네티스 오브젝트와 옵션이 코드 형태로 구현되어 반복 사용하기가 아주 쉽습니다. 즉, 한번 구현한 코드는 다시 사용할 때 복사해서 사용하면 됩니다. 대부분의 기능을 기존 코드에서 특정한 옵션 1~2개만 변경하는 식으로 편리하게 구현할 수 있습니다. 또한 검색을 통해 다른 회사에서 사용하고 있는 모범사례도 쉽게 참고할 수 있습니다.

▶_ 실습 과제

1. 쿠버네티스 리소스를 가독성이 뛰어난 YAML 파일 형태로 익스포트하는 kube-neat 플러그인을 설치합니다.

2. 명령어를 사용해 busybox 파드를 실행합니다. busybox 파드를 YAML 파일 형태로 출력하고, YAML 파일을 비주얼 스튜디오 코드(Visual Studio Code) 등의 텍스트 편집기를 이용해 command 옵션과 resource limits/requests 옵션을 추가합니다. 수정된 파일로 busybox 파드를 재배포합니다.

3. 쿠버네티스 환경에서 필요한 YAML 파일의 기본 문법을 정리합니다.

---

1 https://ko.wikipedia.org/wiki/YAML, 참고로 JSON도 사용 가능하지만 사용하기가 좀 더 편리한 YAML을 주로 이용합니다.
2 이 책에서는 쿠버네티스 오브젝트와 리소스를 같은 의미로 사용합니다. 상세한 쿠버네티스 오브젝트와 리소스의 차이는 다음 URL을 참고하기 바랍니다. https://stackoverflow.com/questions/52309496/difference-between-kubernetes-objects-and-resources

4. 쿠버네티스 서비스 리소스의 YAML 파일 템플릿을 공식 홈페이지에서 검색합니다. 해당 템플릿 파일을 네이밍 규칙에 따라 개인 PC에 저장합니다.

> 📑 **소스코드**
>
> - https://github.com/wikibook/kubepractice/tree/main/ch04

자주 말씀드리지만 과제만 보고 직접 검색해 보면서 스스로 실습해 보시길 권장합니다. 실제 업무에서도 문제만 주어지고 해결책은 주어지지 않습니다.

01 YAML 파일 익스포트 플러그인 kube-neat 설치

모든 쿠버네티스 오브젝트는 YAML 파일로 실행하고, 실행 중인 모든 오브젝트는 YAML 파일로 익스포트(export)할 수 있습니다. 이때 kube-neat[3](neat, 단정한) 플러그인을 사용하면 YAML 파일의 가독성이 향상됩니다.

먼저 kubectl 명령어로 busybox 파드를 실행합니다. busybox 이미지는 1~5MB[4]의 작은 용량에 많이 사용하는 유닉스 유틸리티(ping, nc, nslookup)를 포함하고 있어 문제가 발생했을 때 디버깅 용도로 많이 사용합니다.

```
[spkr@erdia22 ~ (ubun01:default)]$ k run busybox --image=busybox
pod/busybox created

[spkr@erdia22 ~ (ubun01:default)]$ k get pod
NAME            READY   STATUS      RESTARTS    AGE
busybox         0/1     Completed   1           5s
nginx           1/1     Running     0           65m
```

busybox 파드를 실행하면 nginx 파드와 다르게 실행 중(Running) 상태가 아니고 완료된(Completed) 상태로 나타납니다. 왜 그럴까요?

---

3 https://github.com/itaysk/kubectl-neat
4 참고로 Ubuntu 20.04 버전의 가상 머신은 이미지 크기가 814MB입니다. 그에 비해 busybox 컨테이너 이미지는 약 1~5MB로서, 약 300배 이상 차이가 납니다.

busybox 이미지는 nginx 프로세스처럼 계속 실행되는 프로세스가 없기 때문입니다. 따라서 command 옵션으로 계속 실행되는 프로세스를 추가해야 합니다. command 옵션을 추가하기 위해 실행 중인 파드를 YAML 파일로 익스포트합니다.

```
[spkr@erdia22 ~ (ubun01:default)]$ k get pod busybox -o yaml
...
status:
  conditions:
  - lastProbeTime: null
    lastTransitionTime: "2021-09-20T20:40:03Z"
    status: "True"
    type: Initialized
  - lastProbeTime: null
    lastTransitionTime: "2021-09-20T20:40:03Z"
    message: 'containers with unready status: [busybox]'
    reason: ContainersNotReady
    status: "False"
    type: Ready
```

앞에서 설명했듯이 모든 쿠버네티스 리소스는 YAML 파일 형태로 익스포트할 수 있습니다. YAML 파일 형태로 익스포트할 때는 -o yaml(-o output) 옵션을 사용합니다. -o yaml 옵션은 실무에서 현재 실행 중인 상세 설정을 YAML 파일로 확인하는 용도로 자주 사용합니다. 하지만 앞의 출력 결과와 같이 불필요한 status 정보까지 포함돼 있어 YAML 파일을 보기가 불편합니다.

kube-neat 플러그인은 익스포트된 YAML 파일에서 불필요한 정보를 제거합니다. kube-neat을 사용하면 가독성이 향상되어 익스포트한 YAML을 재사용하기가 쉽습니다. kube-neat 역시 앞 장에서 설치한 플러그인 매니저인 krew로 설치합니다.

```
[spkr@erdia22 ~ (ubun01:default)]$ k krew install neat
Updated the local copy of plugin index.
...
```

앞에서 설명한 -o yaml 옵션에 kube-neat 명령어를 추가해서 익스포트하면 훨씬 간결한 YAML 파일을 확인할 수 있습니다. 다음과 같이 기존 명령어에 파이프를 이용해 '|k neat' 명령을 추가합니다. grep에서 파이프를 이용해 앞 명령어의 출력 결과를 뒤 명령어의 표준 입력으로 받는 것과 같은 방법입니다.

```
[spkr@erdia22 ~ (ubun01:default)]$ k get pod busybox -o yaml|k neat
apiVersion: v1
kind: Pod
(생략)
```

위와 같이 익스포트된 YAML 파일이 훨씬 간결해졌습니다. 이제 해당 파일에 command 옵션을 추가해서
busybox 파드를 재실행하면 됩니다.

02 YAML 파일을 이용한 파드 배포

이번 절에서는 앞에서 익스포트한 busybox 파드의 YAML 파일에 command 옵션을 추가해서 재배포하
겠습니다. 이를 위해 YAML 문법을 간단하게 알아보고 비주얼 스튜디오 코드 같은 텍스트 편집기를 사
용해 편리하게 YAML 파일을 작성하는 방법을 실습을 통해 알아보겠습니다.

앞서 익스포트한 busybox 파드의 YAML 파일을 busybox-pod.yml이라는 이름으로 저장하고 이 파일을
열어서 command 옵션을 추가합니다.

```
[spkr@erdia22 ~ (ubun01:default)]$ k get pod busybox -o yaml|k neat > busybox-pod.yml

[spkr@erdia22 ~ (ubun01:default)]$ vi busybox-pod.yml
(생략)
spec:
  containers:
  - image: busybox
    name: busybox
    command:
    - "/bin/sh"
    - "-c"
    - "sleep inf"
(생략)
```

- spec.containers.command

    name: busybox 행 아래에 command, "bin/sh", "-c", "sleep inf"(infinite, 무한의)를 추가합니다. 이때 반드시 들여쓰
    기에 주의해서 모든 행이 같은 간격을 유지해야 합니다. sleep inf는 시간 제한을 두지 않고 sleep 명령어를 실행합니다.

새로운 busybox 파드를 실행하기 위해 기존 busybox 파드를 삭제합니다. 삭제가 완료되면 YAML 파일을 이용해 새로운 리소스를 생성합니다. kubectl apply -f {파일이름}[5] 명령어를 사용합니다.

```
[spkr@erdia22 ~ (ubun01:default)]$ k delete pod busybox
pod "busybox" deleted
[spkr@erdia22 ~ (ubun01:default)]$ k apply -f busybox-pod.yml
pod/busybox created
[spkr@erdia22 ~ (ubun01:default)]$ k get pod -o wide
NAME            READY   STATUS    RESTARTS   AGE    IP             NODE       NOMINATED NODE
READINESS GATES
busybox         1/1     Running   0          15s    10.233.69.47   ubun20-5   <none>
<none>
```

기존 명령어로 실행한 busybox 파드와 다르게 이번에는 상태(Status)가 '실행 중(Running)'입니다. busybox 파드의 YAML 파일에 sleep inf 옵션으로 계속 실행되는 프로세스를 추가해서 파드가 기존처럼 '완료(Completed)' 상태가 아니라 '실행 중(Running)' 상태를 유지합니다. 이처럼 YAML 파일을 이용하면 복잡한 옵션이라도 쉽게 추가할 수 있습니다.

모든 쿠버네티스 오브젝트는 위와 같이 YAML 파일로 만듭니다. 따라서 쿠버네티스를 사용하려면 YAML 파일의 기본적인 문법에 익숙해져야 합니다. 다행히 쿠버네티스에서 사용하는 YAML 파일의 문법은 들여쓰기, 배열 정의, 주석 처리의 세 가지만 알아도 사용하는 데 아무런 어려움이 없습니다.

먼저 들여쓰기입니다. YAML 파일은 각 개별 요소를 들여쓰기를 사용해 계층을 서로 구분합니다. 들여쓰기가 다르면 다른 계층에 속한 내용으로 인식해서 명령어를 인식하지 못하므로 정확한 들여쓰기가 필요합니다. 들여쓰기는 2칸 혹은 4칸 등이 가능한데 다음과 같이 대부분 2칸을 기본값으로 사용합니다.

그림 4.2 두 칸씩 들여쓰기된 YAML 파일

다음으로 YAML 파일에서 사용하는 배열(list) 데이터 타입은 '-' 기호를 사용하고 위에서부터 순서대로 항목을 나열합니다. 다음 예시를 보면 쉽게 이해할 수 있습니다.

---

5 YAML 파일로 쿠버네티스 오브젝트를 만드는 명령어로는 kubectl apply와 kubectl create가 있습니다. kubectl apply를 사용하면 기존 오브젝트 수정이 가능하나 kubectl create는 기존에 생성한 오브젝트를 수정할 수 없다는 차이점이 있습니다. https://stackoverflow.com/questions/47369351/kubectl-apply-vs-kubectl-create

```
...
    command:
    - "/bin/sh"
    - "-c"
    - "sleep inf"
```

마지막으로 주석은 '#' 기호를 사용합니다. 주석은 문장을 시작하거나 문장 중간에 '#' 기호를 사용하고, '#'으로 시작하는 부분은 실행되지 않습니다.

```
    # volumeMounts:
    # - name: date-vol
    #   mountPath: /data
volumes:                    # 어떤 Volume을 사용할 것인지
- name: date-vol
  persistentVolumeClaim:
    claimName: default01-pvc
```

앞에서 vi를 이용해 busybox-pod.yml 파일을 편집했습니다. 하지만 vi를 사용해서 들여쓰기나 주석 처리 등의 YAML 파일 문법을 지키기는 쉽지 않습니다. 비주얼 스튜디오 코드 등 각자 즐겨 사용하는 텍스트 편집기를 이용하면 훨씬 편리하게 파일을 편집할 수 있습니다. 이 책에서는 비주얼 스튜디오 코드[7]를 사용했습니다. 비주얼 스튜디오 코드에서는 들여쓰기/내어쓰기, 주석 등을 편리하게 단축키를 사용할 수 있으며, 파일 비교(diff) 등의 여러 편리한 기능이 많습니다.

busybox-pod.yml 파일을 vi가 아닌 비주얼 스튜디오 코드로 열어서 좀 더 복잡한 옵션을 추가해 봅시다.[8] 쿠버네티스에서는 리소스 limits/requests 옵션을 이용해 파드 리소스 사용량을 제한합니다. 가령 다음과 같이 busybox 파드의 최대 메모리 사용량을 512Mi로 제한하고 메모리 최소 사용량을 128Mi으로 보장할 수 있습니다.

---

6 https://github.com/wikibook/kubepractice/blob/main/ch04/busybox-pod.yml

7 https://code.visualstudio.com/download

8 참고로 윈도우 환경에서 WSL의 파일 경로는 \\wsl$\Ubuntu-20.04\home\(또는 \\wsl$\Ubuntu\home)이며, 원하는 파일을 사용자 홈 디렉터리를 기준으로 쉽게 찾을 수 있습니다. 이 경로를 파일 탐색기에 입력하면 파일 목록을 확인할 수 있습니다. 윈도우 파워셸의 경우 해당 디렉터리에서 code .를 입력하면 해당 경로에서 비주얼 스튜디오 코드가 실행됩니다.

```
...
spec:
  containers:
  - name: busybox
    image: busybox
    resources:
      limits:
        memory: 512Mi
      requests:
        memory: 128Mi
```

vi가 아닌 비주얼 스튜디오 코드 등의 문서 편집기를 이용하면 좀 더 편리하게 들여쓰기[9] 등의 문법을 지키면서 복잡한 옵션을 추가할 수 있습니다.

그런데 앞의 예제는 기존 실행 중인 파드를 YAML 파일로 익스포트한 사례입니다. 새로운 오브젝트는 어떻게 YAML 파일을 만들 수 있을까요? 다음 절에서 쿠버네티스 YAML 파일을 검색하는 방법을 알아봅니다.

03 쿠버네티스 YAML 템플릿 파일 검색 및 네이밍 규칙을 적용해 파일 저장하기

이번 절에서는 YAML 파일 템플릿을 검색하고, 검색을 통해 찾은 파일을 다음에 좀 더 빠르게 사용할 수 있도록 네이밍 규칙을 적용해서 저장하는 방법을 알아보겠습니다.

쿠버네티스 YAML 파일은 처음에 비어있는 파일에서 처음부터 하나씩 입력해서 만들지 않고 검색을 통해 원하는 템플릿 파일을 빠르게 찾아 템플릿을 사용해 만들 수 있습니다. 템플릿 파일을 바탕으로 한두 가지 옵션만 변경하면 필요한 기능을 빠르게 구현할 수 있습니다. 쿠버네티스 공식 홈페이지[10]에서는 거의 모든 오브젝트(서비스, 시크릿, 컨피그맵)의 템플릿 파일과 각 오브젝트의 상세 옵션을 제공합니다.

---

9 비주얼 스튜디오 코드의 들여쓰기 또는 내어쓰기 단축키는 'Ctrl + [,]'입니다. 편리한 단축키를 비롯해 확장 프로그램, 배시 실행 등 여러 편리한 기능을 지원하기에 비주얼 스튜디오 코드를 즐겨 사용합니다.

10 https://kubernetes.io/docs/home/

검색할 때 한 가지 유의할 사항은 가능하면 개인 블로그 등에서 한글로 된 자료를 찾지 말고 쿠버네티스 공식 홈페이지를 참조하라는 것입니다. 쿠버네티스는 아직 버전 업데이트가 잦은 편이라서[11] 블로그 등에서 제공하는 정보는 이전 버전의 다소 부정확한 정보를 포함하는 경우가 있습니다. 공식 홈페이지의 내용이 너무 방대하고 설명이 친절하지 않아 처음에는 다소 읽기가 불편하지만 항상 최신의 정확한 정보를 제공하므로 가능하면 공식 홈페이지를 참조하는 습관을 들이는 편이 낫습니다. 이는 다른 솔루션도 마찬가지입니다. 처음에는 공식 홈페이지가 불편하지만 자주 봐서 익숙해지는 것이 결국에는 빠른 길입니다. 더욱이 쿠버네티스는 한국어 번역팀을 통해 한글 번역도 빠르게 이뤄지는 편이므로 영어 문서가 불편하다면 한글 문서를 봐도 무방합니다.

7장에서 다룰 쿠버네티스 서비스 YAML 파일을 찾아봅니다. 영문으로 'kubernetes service yaml example'을 검색하면 공식 홈페이지로 안내합니다. 다음 템플릿에서 `metadata.name`과 `spec.selector` 등의 항목만 변경하면 내가 원하는 기능의 서비스 오브젝트를 빠르게 생성할 수 있습니다.

예제 4.4 쿠버네티스 공식 홈페이지에서 제공하는 service.yml[12] 파일

```
apiVersion: v1
kind: Service
metadata:
  name: my-service
spec:
  selector:
    app: MyApp
  ports:
    - protocol: TCP
      port: 80
      targetPort: 9376
```

- 거의 모든 쿠버네티스 오브젝트 YAML 파일은 AKMS(apiVersion, kind, metadata, spec) 필드를 포함하고, 해당 필드는 들여쓰기상 첫 번째에 위치합니다. 각 필드에 대한 자세한 설명은 쿠버네티스 공식 홈페이지를 참조합니다.[13]

- apiVersion: 오브젝트를 생성하기 위해 사용하고 있는 쿠버네티스 API의 버전 정보입니다.[14]

- kind: 생성할 오브젝트의 종류를 나타냅니다.

---

11 2021년부터 쿠버네티스는 메이저 버전의 업데이트 주기를 기존의 '1년에 4번'에서 '1년에 3번'으로 변경했습니다. https://kubernetes.io/ko/blog/2021/08/04/kubernetes-1-22-release-announcement/

12 https://kubernetes.io/docs/concepts/services-networking/service/#defining-a-service

13 https://kubernetes.io/docs/concepts/overview/working-with-objects/kubernetes-objects/#required-fields

14 `kubectl api-versions` 명령어로 현재 지원하는 전체 API 목록을 확인할 수 있습니다.

- metadata: 이름, UID, 네임스페이스를 포함해서 각 오브젝트를 식별할 데이터 등을 지정합니다.

- spec: 오브젝트에 대한 상세한 상태를 지정합니다.

한번 사용한 YAML 파일은 다음에 한두 가지 변수만 변경해서 다시 사용하는 경우가 많습니다. 이때 네이밍 규칙을 정해서 파일을 저장해 두면 다음번에 사용할 때 쉽게 찾을 수 있습니다. 특히 현업에서 쿠버네티스 프로젝트를 진행하면 다른 사람들과 같이 공통의 Git 디렉터리에서 YAML 파일을 사용하는 경우가 많으므로 더더욱 네이밍 규칙이 필요합니다. 제가 진행한 프로젝트에서는 다음과 같은 네이밍 규칙을 사용했습니다.

```
{앱 이름}-{옵션}-{오브젝트이름}.yml
```

디렉터리도 비슷한 종류의 오브젝트를 묶어서 번호를 지정하면 더욱 빠르게 사용할 수 있습니다. 다음은 제가 쓰는 디렉터리와 YAML 파일 이름의 예입니다.

그림 4.3 쿠버네티스 YAML 파일과 디렉터리에 대한 네이밍 규칙 예시

이번 장에서는 kube-neat 플러그인을 사용해 편리하게 쿠버네티스 오브젝트를 YAML 파일로 익스포트하고 YAML 파일의 옵션을 수정해서 새로운 쿠버네티스 오브젝트를 생성하는 실습을 진행했습니다. 다음 장에서는 쿠버네티스 오브젝트를 생성할 때 발생하는 에러 상황에 대처하는 기본 프로세스를 알아봅니다.

정리

이번 장에서는 다음과 같은 내용을 배웠습니다.

- 쿠버네티스 명령어를 이용하면 다양한 리소스를 생성할 수 있습니다. 하지만 복잡한 옵션을 모두 명령어로 실행하는 것은 비효율적입니다. 쿠버네티스는 YAML 파일 기반의 코드를 사용해 복잡한 옵션을 가진 리소스를 생성할 수 있습니다. 또한 실행 중인 모든 리소스는 YAML 파일로 익스포트할 수 있습니다. 사실상 쿠버네티스 작업은 필요한 리소스를 생성하기 위한 YAML 파일을 만드는 것과 같은 의미입니다.

- YAML 파일을 사용하려면 들여쓰기, 배열, 주석 처리와 같은 세 가지 기본적인 YAML 문법을 익혀야 합니다. 그리고 작업의 편의를 위해 vi가 아닌 비주얼 스튜디오 코드 등의 텍스트 편집기의 사용이 필수적입니다.

- kube-neat를 사용하면 가독성이 좋은 YAML 파일로 익스포트할 수 있습니다. kube-neat를 사용해 실행 중인 리소스를 익스포트하고 원하는 옵션을 변경해서 편리하게 리소스를 재배포할 수 있습니다.

- 다양한 쿠버네티스 리소스에 대한 템플릿 파일을 쿠버네티스 공식 홈페이지에서 쉽게 검색할 수 있습니다. 템플릿 파일을 로컬 PC에 적절한 네이밍 규칙을 적용해서 저장하면 다음에 재사용하기가 쉽습니다. 네이밍 규칙을 적용한 파일은 Git을 통해 다른 사람들과 공동 작업하기에도 용이합니다.

쿠버네티스 트러블슈팅의
기본 프로세스

이번 장에서는 실전 사례를 토대로 쿠버네티스 트러블슈팅(troubleshooting)의 기본 프로세스를 알아봅니다.

일반적으로 쿠버네티스 작업 순서는 다음과 같습니다.

```
Apply → Get → Describe → Logs → Get Event
```

1. YAML 파일을 이용해 오브젝트를 생성(apply)하고 생성한 오브젝트 리스트는 get 명령어로 확인합니다.

2. 만약 파드가 정상적으로 생성되지 않으면 상세한 설정 정보를 describe 명령어로 확인합니다.

3. 이후 애플리케이션 관련 에러는 로그 명령어(logs)로 확인하고 쿠버네티스 클러스터 관련 메시지는 이벤트 명령어(get event)로 확인합니다.

쿠버네티스 환경에서 발생하는 대부분의 문제는 위와 같은 순서의 디버깅 프로세스(Apply → Get → Describe → Logs → Get Event)로 해결할 수 있습니다.

쿠버네티스의 여러 장점 중 하나는 에러 메시지가 굉장히 직관적이라 이해하기 쉽다는 것입니다. 또한 쿠버네티스는 기존 가상 머신 환경과 달리 컨테이너 기반이라 이식성(portability)이 뛰어납니다. 호스트의 운영체제나 환경설정 등에 관계없이 컨테이너는 대부분의 환경에서 동일하게 동작합니다. 에러 상황 및 관련 조치도 마찬가지로 다양한 환경에서 동일한 방법으로 처리할 수 있습니다.

쿠버네티스는 자동 복구 등 기본적인 컨테이너 오케스트레이션 기능이 뛰어납니다. 사전에 준비를 잘 하면 운영 단계에서 별다른 문제가 없는 경우가 많습니다. 흔히 쿠버네티스를 '구축이 어렵지, 운영은 어렵지 않다'라고 많이들 이야기합니다. 즉, 중요한 것은 사전 준비입니다. 부하 테스트, 고가용성 테스트(카오스 엔지니어링), 모니터링/로깅 시스템을 잘 갖추는 것이 장애 대처를 빠르게 할 수 있습니다. 이에 대해서는 4부와 5부에서 자세히 알아봅니다.

⌨ 실습 과제

1. 임의로 잘못된 이미지 버전을 사용해(nginx:1.19.19) NGINX 파드를 배포합니다.
2. Describe 명령어로 상세한 에러 메시지를 확인합니다. 클러스터 이벤트 메시지를 확인하는 Get Event 명령어로 동일한 메시지를 확인해 봅니다. 추가로 Logs 명령어를 이용해 NGINX 웹서버 로그를 확인합니다.

〈/〉 소스코드

- https://github.com/wikibook/kubepractice/tree/main/ch05

01 기본 에러 조치 프로세스의 이해: Apply – Get – Describe –Logs – Get Event 순으로 조치

실제 업무에서 발생하는 사례를 기준으로 문제 발생 시 대처하는 프로세스[1]를 알아봅니다. 현업에서는 고객의 요구사항에 따라 이미지 버전을 자주 업그레이드합니다. 이때 간혹 버전 정보를 잘못 기입하기도 합니다. 이러한 사례를 가정하고 YAML 파일에서 이미지 버전을 임의로 수정하겠습니다.

잘못된 이미지 버전을 사용하는 간단한 사례지만 실제 발생하는 대부분의 문제가 여기서 설명하는 프로세스로 해결할 수 있습니다.

예제 5.1 잘못된 버전의 NGINX 이미지 파드 YAML 파일(nginx-error-pod.yml)[2]

```
apiVersion: v1
kind: Pod
metadata:
  name: nginx-19
spec:
```

---

1 https://kubernetes.io/docs/tasks/debug-application-cluster/
2 https://github.com/wikibook/kubepractice/blob/main/ch05/nginx-error-pod.yml

```
  containers:
  - name: nginx-pod
    image: nginx:1.19.19  # 존재하지 않는 이미지 버전입니다.
```

이 파일로 파드를 생성합니다.

```
## Alias ka='k apply -f'
[spkr@erdia22 ch05 (ubun01:default)]$ k apply -f https://raw.githubusercontent.com/wikibook/
kubepractice/main/ch05/nginx-error-pod.yml³
pod/nginx-19 created


[spkr@erdia22 ch05 (ubun01:default)]$ k get pod -o wide
NAME               READY    STATUS            RESTARTS   AGE   IP            NODE        NOMINATED NODE
READINESS GATES
nginx-19           0/1      ImagePullBackOff  0          9s    10.233.94.5   ubun20-03   <none>
<none>
nginx              1/1      Running           0          1h    10.233.94.6   ubun20-03   <none>
<none>
```

기존 NGINX 파드와 다르게 상태 메시지를 보면 'READY 0/1'이고 STATUS는 'ImagePullBackOff'입니다.
에러는 ImagePullBackOff, 즉 이미지를 가져오는 데(Pull)에 실패했다는 의미입니다. 이렇게 파드를 실
행했는데 에러가 발생하면 추가로 상세한 정보 확인이 필요합니다. 상세 정보는 describe 명령어를 사
용해 확인할 수 있습니다(describe가 '묘사하다'의 의미라 어렵지 않게 이해할 수 있습니다).

```
[spkr@erdia22 ~ (ubun01:default)]$ k describe pod nginx-19
(생략)
    Image:          nginx:1.19.19
(생략)
Events:
  Type     Reason   Age                    From          Message
  ----     ------   ----                   ----          -------
  Warning  Failed   7m20s (x3 over 8m14s)  kubelet       Failed to pull image
"nginx:1.19.19": rpc error: code = Unknown desc = Error response from daemon: manifest for
nginx:1.19.19 not found: manifest unknown: manifest unknown
  Warning  Failed   7m20s (x3 over 8m14s)  kubelet       Error: ErrImagePull
```

---

3   쿠버네티스는 로컬 파일뿐만 아니라 인터넷에 있는 파일을 이용해 직접 오브젝트를 생성할 수도 있습니다.

describe 명령어는 모든 쿠버네티스 오브젝트의 상세한 정보를 출력합니다. 'k describe pod'로 파드가
실행되는 노드의 정보와 파드의 시작 시간, 이미지 정보 등 상세한 추가 정보를 확인할 수 있습니다. 그
리고 중요한 이벤트 관련 정보는 명령어 출력 결과의 하단에 별도로 분리되었습니다. 에러 메시지를 확
인하면 'nginx:1.19.19 not found', 즉 '1.19.19 이미지 버전을 찾을 수 없다'는 메시지를 확인할 수 있습
니다. 메시지만으로 이해하기 쉽고 직관적이라 이미지 버전이 잘못된 것을 바로 알 수 있습니다. 따라
서 YAML 파일에서 이미지 버전을 수정(1.19)하고 다시 실행하면 정상적으로 파드가 실행됩니다. 이처
럼 describe 명령어로 에러 메시지를 확인하고 에러 메시지에 따라 조치하면 해결 가능한 문제가 많습
니다.

그럼 다음과 같이 YAML 파일에서 이미지 버전을 수정하겠습니다.

예제 5.2 이미지 버전 정보 수정(nginx-modify-pod.yml)[4]

```
containers:
- name: nginx-pod
  image: nginx:1.19  # 이미지 버전을 수정합니다.
```

수정된 YAML 파일로 NGINX 파드를 재배포합니다.

```
## 기존의 실행 중인 nginx-19 파드를 삭제합니다.
[spkr@erdia22 ch05 (ubun01:default)]$ k delete pod nginx-19

## 수정된 버전으로 재배포합니다.
[spkr@erdia22 ch05 (ubun01:default)]$ k apply -f nginx-modify-pod.yml

## 정상적으로 nginx-19 파드가 실행됩니다.
[spkr@erdia22 ch05 (ubun01:default)]$ kgp
NAME        READY    STATUS      RESTARTS    AGE    IP            NODE        NOMINATED NODE
READINESS GATES
nginx-19    1/1      Running     1           21m    10.233.94.5   ubun20-03   <none>          <none>
```

다음으로 파드의 YAML 파일 설정 문제가 아닌 애플리케이션 자체의 문제는 k logs 명령어로 애플리케
이션 로그를 확인해서 조치할 수 있습니다. 문제 발생 시 가장 먼저, 그리고 가장 중요하게 해야 할 행
동은 바로 로그 확인입니다. 가상 머신 환경에서 애플리케이션 로그는 해당 가상 머신에 접속해서 각

---

4 https://github.com/wikibook/kubepractice/blob/main/ch05/nginx-modify-pod.yml

애플리케이션별 로그 파일을 일일이 찾아야 확인할 수 있습니다. 하지만 쿠버네티스에서는 간단하게 k logs 명령어로 모든 애플리케이션의 로그를 확인할 수 있습니다. 컨테이너는 이미지를 생성할 때 로그를 표준 출력으로 보내도록 설정하므로 동일한 명령어로 로그를 확인할 수 있습니다.[5] 따라서 장애가 발생해도 빠르게 대처할 수 있으므로 커다란 장점입니다.

그럼 NGINX 파드의 로그를 확인합니다. 참고로 명령어는 'k log'처럼 단수형이 아니라 'k logs'로 복수형입니다.

```
[spkr@erdia22 ~ (ubun01:default)]$ k logs -f nginx-19
/docker-entrypoint.sh: /docker-entrypoint.d/ is not empty, will attempt to perform configuration
...
## 'Ctrl + C'를 입력해서 빠져나옵니다.
^C
```

- 'k logs + {POD 이름}': 탭 키를 통한 자동 완성을 지원하므로 파드 이름 중 일부분만 입력해도 특정 파드의 이름을 빠르게 입력할 수 있습니다.
- -f(follow) 옵션으로 실시간 로그를 확인할 수 있습니다. 자주 사용하는 옵션입니다.

현재 NGINX는 테스트 용도라서 별다른 로그가 없습니다. 하지만 실제로 운영 중인 파드의 로그를 확인하면 다음과 같이 많은 양의 로그를 볼 수 있습니다.

```
[spkr@erdia22 ~ (ubun01:kube-system)]$ kubectl logs -l component=kube-apiserver -n kube-system
...
I0924 01:35:36.444131       1 clientconn.go:948] ClientConn switching balancer to "pick_first"
```

애플리케이션 레벨에서 발생하는 로그는 위와 같이 'k logs' 명령어로 확인합니다. 그럼 특정 애플리케이션 수준이 아닌 전체 클러스터 레벨의 에러는 어떻게 확인할까요?

클러스터 이벤트는 'k get event' 명령어를 사용해 확인합니다. 해당 네임스페이스와 관계된 호스트 노드, 네트워크, 스토리지 등 클러스터 전반의 이벤트가 출력됩니다. 또한 이벤트를 심각도 수준에 따라 필터링하면 에러만 빠르게 확인할 수 있습니다.

---

5   '12 Factor 애플리케이션 개발 권고 사항' 중 로그 부문: https://12factor.net/logs

```
[spkr@erdia22 ~ (ubun01:default)]$ k get events
LAST SEEN   TYPE      REASON    OBJECT          MESSAGE
15s         Normal    Pulling   pod/nginx-19    Pulling image "nginx:1.19.19"
11s         Warning   Failed    pod/nginx-19    Failed to pull image "nginx:1.19.19": rpc error:
code = Unknown desc = Error response from daemon: manifest for nginx:1.19.19 not found: manifest
unknown: manifest unknown
11s         Warning   Failed    pod/nginx-19    Error: ErrImagePull
```

- 'k get event' 명령어로 'k describe'와 동일하게 NGINX 이미지 버전과 관련된 에러를 직관적으로 확인할 수 있습니다.

'k get' 명령어는 특정 네임스페이스의 결과만 출력합니다. 각 네임스페이스별 이벤트는 옵션으로 네임스페이스 이름(-n 네임스페이스이름)을 지정하고, 전체 네임스페이스의 이벤트는 -A(--all-namespaces) 옵션을 지정해서 확인합니다.

```
## -n 옵션으로 특정 네임스페이스를 지정할 수 있습니다.
[spkr@erdia22 ~ (ubun01:default)]$ k get events -n kube-system
LAST SEEN   TYPE      REASON      OBJECT                  MESSAGE
20m         Warning   Unhealthy   pod/calico-node-8jmvv   Readiness probe failed:
(생략)


## -A 옵션을 지정하면 전체 네임스페이스 이벤트를 확인합니다.
[spkr@erdia22 ~ (ubun01:default)]$ k get events -A
NAMESPACE   LAST SEEN   TYPE      REASON    OBJECT          MESSAGE
default     4m22s       Normal    Pulling   pod/nginx-19    Pulling image
"nginx:1.19.19"
(생략)
```

물론 현업에서 발생하는 문제는 다양하므로 위와 같이 한두 가지 방법으로 해결할 수 없는 경우도 많습니다. 하지만 위와 같은 기본 프로세스를 이해하고 에러 메시지를 주의깊게 살펴보는 습관을 기르는 것만으로도 많은 문제를 해결할 수 있습니다.

다음 절에서는 실전에서 자주 발생하는 사례를 토대로 쿠버네티스 트러블슈팅 실습을 진행합니다.

실제 서비스를 제공하는 클러스터에서 호스트 노드의 자원 부족은 흔히 발생하는 문제입니다. 단일 노드에 보통 수십 개의 파드를 서비스하면 특정 파드의 사용량에 따라 해당 호스트 노드의 전체 CPU, 메모리, 디스크 용량이 부족한 상황이 발생하곤 합니다. 특히 특정 파드의 로그가 계속 쌓여 파드가 할당된 노드의 디스크 용량이 부족해지는 현상이 대표적입니다.

이 같은 사례를 가정해서 어떤 현상이 발생하고 어떤 절차로 로그를 확인해야 하는지 실습을 통해 알아봅니다.

📟 실습 과제

1. 노드의 사용 가능한 디스크 용량이 부족한 경우 발생하는 에러와 에러 처리 프로세스를 알아봅니다.
2. 파드 숫자를 10개로 하는 busybox 디플로이먼트를 생성합니다.
3. 호스트 노드에 접속해서 파일 시스템의 90% 이상을 차지하는 임의의 큰 파일을 생성합니다(fallocate 명령어 사용).
4. 실행 중인 busybox 파드의 상태를 관찰하고, 에러 상황이 발생했을 때 어떻게 에러 메시지를 확인하는지 알아봅니다.

다음은 호스트 노드의 디스크 용량이 초과하는 상황을 보여주는 그림입니다.

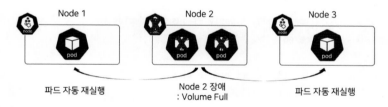

그림 5.1 호스트 노드의 디스크 용량 초과 예

먼저 YAML 파일을 이용해 파드 개수가 10개인 busybox 디플로이먼트를 실행합니다.

예제 5.3. 파드 개수 10개인 busybox 디플로이먼트 YAML 파일(busybox-deploy.yml)[6]

```
apiVersion: apps/v1
kind: Deployment
metadata:
  name: busybox
```

---

6 https://github.com/wikibook/kubepractice/blob/main/ch05/busybox-deploy.yml

```
    labels:
      app: busybox
spec:
  replicas: 10
  selector:
    matchLabels:
      app: busybox   # POD label과 일치
  template:
    metadata:
      labels:
        app: busybox # Selector label과 일치
    spec:
      containers:
      - name: busybox
        image: busybox
        command:
        - "/bin/sh"
        - "-c"
        - "sleep inf"
```

디플로이먼트를 실행합니다. 10개의 파드가 각 노드에 고르게 분배됩니다.

```
[spkr@erdia22 ch05 (ubun01:default)]$ k apply -f busybox-deploy.yml
deployment.apps/busybox created


[spkr@erdia22 ~ (ubun01:default)]$ k get pod -o wide
NAME                     READY   STATUS    RESTARTS   AGE     IP             NODE
NOMINATED NODE    READINESS GATES
busybox-6d8496d56f-4krcg  1/1    Running   0          3m33s   10.233.66.9    ubun20-02   <none>
<none>
busybox-6d8496d56f-6zmg9  1/1    Running   0          3m33s   10.233.104.6   ubun20-01   <none>
<none>
busybox-6d8496d56f-9rgbl  1/1    Running   0          3m33s   10.233.104.7   ubun20-01   <none>
<none>
busybox-6d8496d56f-bnqlg  1/1    Running   0          3m33s   10.233.66.7    ubun20-02   <none>
<none>
busybox-6d8496d56f-dvcll  1/1    Running   0          3m33s   10.233.94.8    ubun20-03   <none>
<none>
```

```
busybox-6d8496d56f-kkr54    1/1    Running    0    3m33s    10.233.66.10    ubun20-02    <none>
<none>
busybox-6d8496d56f-rfgvh    1/1    Running    0    3m33s    10.233.104.5    ubun20-01    <none>
<none>
busybox-6d8496d56f-rrg68    1/1    Running    0    3m33s    10.233.104.4    ubun20-01    <none>
<none>
busybox-6d8496d56f-tsxwj    1/1    Running    0    3m33s    10.233.66.8     ubun20-02    <none>
<none>
busybox-6d8496d56f-vmwmz    1/1    Running    0    3m33s    10.233.94.7     ubun20-03    <none>
<none>
```

2번 노드에 접속해 용량이 큰 파일을 만듭니다. 용량이 큰 파일을 만듦과 동시에 파드의 상태를 확인하기 위해 일단 바로 파일을 만들지 않고 준비만 합니다.

```
[spkr@erdia22 ~ (ubun01:default)]$ ssh spkr@172.17.29.62[7]
spkr@ubun20-02:~$ df -h
Filesystem                       Size   Used   Avail   Use%   Mounted on
/dev/mapper/ubuntu--vg-ubuntu--lv  49G    15G    32G     33%    /
```

컨테이너 런타임으로 containerd를 사용하는 쿠버네티스 환경의 파드는 노드의 '/var/lib/containerd' 디렉터리를 파드의 루트 디렉터리로 사용합니다. 임의로 해당 파일 시스템의 90%를 차지하는 파일을 만들어서 에러를 발생시키겠습니다. 원하는 특정 용량의 파일을 생성하는 리눅스 명령어는 fallocate입니다.

실시간으로 로그를 확인하기 위해 터미널의 화면을 위아래로 나눕니다. 첫 번째 화면에서는 ubun20-02 서버에 접속해 fallocate 명령어를 실행합니다.

```
spkr@ubun20-02:~$ fallocate -l 30g 30g-file
spkr@ubun20-02:~$ df -h
Filesystem                       Size   Used   Avail   Use%   Mounted on
(생략)
/dev/mapper/ubuntu--vg-ubuntu--lv  49G    44G    3.0G    94%    /
```

두 번째 화면에서는 'k get pod -o wide -w' 명령어를 실행해 실시간으로 변경되는 파드의 상태를 확인합니다. 2번 노드(ubun20-02)에서 큰 파일을 생성해서 2번 노드에서 실행 중인 모든 busybox 파드가 사라지고 새로운 노드(ubun20-01, ubun20-03)에서 새로운 파드가 생성됩니다.

---

7   IP와 유저 정보는 개별 설정에 따라 다릅니다.

```
[spkr@erdia22 ~ (ubun01:default)]$ k get pod -o wide -w
busybox-6b5c698b45-5pbhw    0/1    ContainerStatusUnknown    1        5m26s    10.233.118.12
ubun20-02    <none>         <none>
busybox-6d8496d56f-7p4bp    0/1    Pending                   0        0s       <none>
ubun20-03    <none>         <none>
busybox-6d8496d56f-7p4bp    0/1    ContainerCreating         0        1s       <none>
ubun20-03    <none>         <none>
```

약 10초가 지나면 2번 노드에서 실행 중이던 busybox 파드가 사라지고 다른 노드에 분배되어 다음과 같이 이전처럼 전체 10개의 파드가 1번과 3번 노드에서 실행됩니다.

```
[spkr@erdia22 ~ (ubun21:default)]$ kgp  ## kgp for k get pod -o wide
NAME                                    READY  STATUS                         RESTARTS
AGE    IP          NODE         NOMINATED NODE   READINESS GATES
busybox-6b5c698b45-5pbhw    0/1         ContainerStatusUnknown    1            11m
10.233.118.12   ubun20-02    <none>                      <none>
busybox-6b5c698b45-6r2nv    0/1         Error                                  0
11m      10.233.118.13   ubun20-02    <none>                <none>
busybox-6d8496d56f-rfgvh    1/1         Running                                0
35m      10.233.104.5    ubun20-01    <none>                <none>
busybox-6d8496d56f-rrg68    1/1         Running                                0
35m      10.233.104.4
ubun20-03    <none>                    <none>
...
```

쿠버네티스는 위와 같이 자원이 부족한 노드가 발생하면 자동으로 해당 노드의 파드를 자원의 여유가 있는 다른 노드로 이전합니다. busybox 디플로이먼트의 최초 의도한 상태가 파드 수량 10개이므로 이를 계속 유지하기 때문입니다. 이처럼 쿠버네티스는 특정 노드에 문제가 발생하면 다른 노드로 자동으로 이전한 후 실행해서 항상 애플리케이션을 의도한 상태로 유지합니다.[8] 또한 이식성이 뛰어난 컨테이너 환경이라서 다른 노드에서 애플리케이션이 실행돼도 이전 노드와 같이 정상적으로 실행됩니다.

이제 에러 로그를 확인합니다. 애플리케이션의 문제가 아니고 노드의 문제이므로 클러스터 이벤트로 확인합니다.

---

8 디플로이먼트 컨트롤러가 watch 기능을 통해 API 서버의 변경 상태를 확인해서 항상 의도한 상태로 유지합니다. 참고: https://kubernetes.io/docs/reference/using-api/api-concepts/

```
디렉터리
    templates/NOTES.txt   # 차트 사용법을 설명하는 텍스트 파일
```

다음으로 헬름 리포지토리는 다양한 헬름 차트를 저장하고 공유하는 저장소입니다. 리눅스 패키지 관리 도구인 yum의 리포지토리와 동일한 기능입니다. 많은 솔루션 업체들이 직접 헬름 리포지토리를 제공합니다. 솔루션 업체가 제공하는 리포지토리가 없는 애플리케이션은 주로 ArtifactHub[4] 등에서 찾을 수 있습니다. ArtifactHub는 사용자가 단일 헬름 장소에서 다양한 헬름 차트를 사용할 수 있도록 헬름 차트 허브를 제공합니다.

헬름 리포지토리는 로컬에 원격 리포지토리 주소를 등록해서 사용할 수 있습니다. 각 리포지토리별로 지원하는 애플리케이션 목록은 helm search 명령어로 확인할 수 있습니다.

```
## 리포지토리 목록 조회
$ (*  ¦ubun01:default) helm repo list
NAME                    URL
bitnami                 https://charts.bitnami.com/bitnami
...

## 리포지토리 내 설치 가능한 애플리케이션 조회
$ (*  ¦ubun01:default) helm search repo bitnami
NAME                                   CHART VERSION     APP VERSION
DESCRIPTION
bitnami/airflow                        12.5.5            2.3.2            Apache
Airflow is a tool to express and execute...
```

헬름은 템플릿[5]을 사용해 설치와 관련된 파일을 관리합니다. 템플릿이란 일정한 형식 또는 포맷을 의미하며, 사용자는 이름, 날짜 등의 특정 변수만 수정하면 해당 파일을 사용할 수 있습니다. 헬름은 여러 템플릿 파일에서 공통으로 사용하는 변수를 단일 values.yaml 파일에서 관리합니다. 해당 파일만 수정하면 전체 템플릿 파일에서 사용하는 변수를 한꺼번에 수정할 수 있습니다.

다음 예제와 같이 values.yaml[6] 파일 내의 변수를 키-값 형태로 등록하면 실제 템플릿 파일에서 해당 변수를 공통으로 적용할 수 있습니다.

---

4   헬름 차트를 모아놓은 곳입니다. https://artifacthub.io/
5   https://whatis.techtarget.com/definition/template
6   https://helm.sh/docs/chart_template_guide/values_files/

```
favoriteDrink: coffee
```

템플릿 파일에 변수를 적용하려면 다음과 같이 원하는 쿠버네티스 오브젝트 파일에 {{ .Values.
favoriteDrink }} 형식으로 지정합니다. Values는 템플릿 변수 파일을 의미하고 favoriteDrink는 values.
yaml에 등록한 키를 의미합니다.

```
apiVersion: v1
kind: ConfigMap
metadata:
  name: {{ .Release.Name }}-configmap
data:
  myvalue: "Hello World"
  drink: {{ .Values.favoriteDrink }}
```

적용된 변수 파일은 다음과 같이 실제로 생성된 쿠버네티스 리소스에서 확인할 수 있습니다.

```
helm install geared-marsupi ./mychart --dry-run --debug
...
# Source: mychart/templates/configmap.yaml
apiVersion: v1
kind: ConfigMap
metadata:
  name: geared-marsupi-configmap
data:
  myvalue: "Hello World"
    drink: coffee
```

이처럼 헬름 차트는 템플릿 파일을 이용하면 개별 환경에 따라 달라지는 변수를 편리하게 적용할 수 있
습니다.

02 헬름 차트를 이용한 NGINX 웹서버 설치

이번 절에서는 헬름을 이용해 애플리케이션 라이프사이클을 관리하고 헬름 템플릿 변수 파일인 values.
yaml을 사용하는 방법을 알아보겠습니다.

6.2.1 헬름을 이용한 애플리케이션 라이프사이클 관리

헬름을 사용해 NGINX 애플리케이션을 설치하고 각 설치 단계에서 사용하는 헬름 명령어를 알아봅니다. 이해를 돕기 위해 먼저 애플리케이션을 설치할 때 사용하는 주요 헬름 명령어를 정리했습니다.

- `helm repo add`

  애플리케이션 설치에 사용하는 헬름 리포지토리를 로컬 환경에 추가합니다.

- `helm pull`

  헬름 차트 파일을 로컬호스트로 내려받습니다.

- `cp values.yaml my-values.yaml`

  원본 템플릿 변수 파일의 이력 관리를 위해 템플릿 변수 파일(`values.yaml`)을 새로운 파일(`my-values.yaml`)로 복사합니다. 새롭게 생성한 파일에서 필요한 옵션을 수정합니다.

- `helm install {helm 이름} -f my-values.yaml .`

  수정한 파일을 템플릿 옵션 파일로 지정해 원하는 애플리케이션을 설치합니다.

- `helm ls`

  설치된 헬름 차트 목록을 확인합니다.

- `helm get manifest`

  주로 디버깅 용도로 사용하며, 현재 실행 중인 헬름 차트의 전체 YAML 파일 목록 및 상세 설정을 확인할 수 있습니다.

- `helm upgrade`

  기존 헬름 차트의 변수 등을 수정해서 재배포합니다.

- `helm delete`

  헬름 차트를 삭제합니다.

그럼 실습을 위해 먼저 로컬호스트에 `helm` 유틸리티[7]를 설치합니다.

```
[spkr@erdia22 ~ (ubun01:default)]$ curl -fsSL -o get_helm.sh https://raw.githubusercontent.com/
helm/helm/main/scripts/get-helm-3
[spkr@erdia22 ~ (ubun01:default)]$ chmod 700 get_helm.sh
[spkr@erdia22 ~ (ubun01:default)]$ ./get_helm.sh
(생략)
[spkr@erdia22 ~ (ubun01:default)]$ helm version
```

---

7   헬름 설치 안내 페이지(https://helm.sh/docs/intro/install/)에서 관련 명령어를 붙여넣으면 좀 더 편리합니다. 맥 사용자도 동일하며, snap, homebrew 등을 사용해도 됩니다.

```
version.BuildInfo{Version:"v3.9.0", GitCommit:"7ceeda6c585217a19a1131663d8cd1f7d641b2a7",
GitTreeState:"clean", GoVersion:"go1.17.5"}
```

이제 헬름을 이용해 NGINX를 설치합니다. 먼저 검색을 통해 해당 애플리케이션의 헬름 차트를 포함하는 리포지토리를 추가합니다. 브라우저 검색 창에 'helm chart nginx web server'를 입력합니다.[8] 검색을 하면 NGINX 웹서버는 제조 업체(F5 Comapny)에서 직접 헬름 차트를 제공하지 않지만 앞에서 언급한 ArtifactHUB 사이트에서 NGINX 헬름 차트를 사용할 수 있습니다. NGINX 헬름 차트를 포함하는 bitnami 헬름 리포지토리를 로컬호스트에 추가합니다.

```
[spkr@erdia22 ~ (ubun01:default)]$ helm repo add bitnami https://charts.bitnami.com/bitnami
"bitnami" has been added to your repositories
```

리포지토리를 추가하면 이제 bitnami 벤더에서 제공하는 다양한 헬름 차트를 사용할 수 있습니다. 'helm search' 명령어를 이용해 사용 가능한 NGINX 헬름 차트를 확인합니다.

```
[spkr@erdia22 ~ (ubun01:default)]$ helm search repo nginx
NAME                          CHART VERSION    APP VERSION      DESCRIPTION
bitnami/nginx                 12.0.4                            1.22.0          NGINX Open
Source is a web server that can be a...
```

> **참고**
>
> NGINX 헬름 차트를 포함해서 모든 헬름 차트는 설치 시점에 따라 버전 정보가 달라질 수 있습니다. 최신 버전으로 설치해도 무방합니다.

정상적으로 NGINX 헬름 차트가 검색됩니다. 이제 해당 헬름 차트를 로컬호스트에 내려받습니다. 헬름 차트를 로컬호스트에 내려받지 않고 원격 헬름 리포지토리 차트 그대로 설치하는 것도 가능합니다. 하지만 로컬에 내려받지 않으면 어떤 버전의 차트를 사용했는지, values.yaml은 어떻게 수정했는지 관리하기가 쉽지 않습니다. 그래서 필자는 헬름 차트를 로컬호스트에 내려받고 필요한 변수를 수정해서 애플리케이션을 설치하는 방법을 권장합니다. 헬름 차트 다운로드는 'helm pull' 명령어를 사용합니다.

---

8 NGINX 헬름 차트를 검색하면 웹서버가 아닌 인그레스 컨트롤러가 검색됩니다. 인그레스 컨트롤러가 아닌 NGINX 웹서버 헬름 차트를 설치합니다.

```
[spkr@erdia22 ch06 (ubun01:default)]$ helm pull bitnami/nginx
```

압축된 파일을 풀고 디렉터리 이름을 헬름 차트의 버전 이름[9]으로 수정합니다. 버전별로 관리하면 향후 관리하기가 용이합니다.

```
[spkr@erdia22 ch06 (ubun01:default)]$ tar xvfz nginx-12.0.4.tgz
[spkr@erdia22 ch06 (ubun01:default)]$ rm -rf nginx-12.0.4.tgz
[spkr@erdia22 ch06 (ubun01:default)]$ mv nginx nginx-12.0.4
[spkr@erdia22 ch06 (ubun01:default)]$ cd nginx-12.0.4/
[spkr@erdia22 nginx-12.0.4 (ubun01:default)]$
```

앞에서 말씀드렸듯이 헬름 차트는 다양한 쿠버네티스 리소스를 포함합니다. NGINX 헬름 차트가 포함하는 리소스는 어떻게 확인할 수 있을까요?

모든 헬름 차트는 유사한 디렉터리 구조를 가집니다. 다른 애플리케이션과 마찬가지로 NGINX 헬름 차트도 templates 디렉터리에서 헬름 차트에서 설치할 전체 쿠버네티스 리소스 목록을 확인할 수 있습니다.

```
[spkr@erdia22 nginx-12.0.4 (ubun01:default)]$ ls templates/
deployment.yaml  health-ingress.yaml  hpa.yaml        ldap-daemon-secrets.yaml  pdb.yaml
serviceaccount.yaml  svc.yaml
extra-list.yaml  _helpers.tpl         ingress.yaml  NOTES.txt                 server-block-
configmap.yaml  servicemonitor.yaml  tls-secrets.yaml
```

디플로이먼트, 인그레스, hpa 등 다양한 리소스가 있습니다. 헬름 차트는 이처럼 다양한 오브젝트를 각각 설치하지 않고 단일 헬름 차트로 일괄 설치할 수 있습니다. 각 오브젝트별 옵션 설정에 필요한 변수는 별도의 템플릿 변수 파일(values.yaml)을 사용해 일괄 적용합니다. 하나의 변수 파일만 수정하면 해당 변수를 포함하는 모든 템플릿 파일에 공통으로 적용되어 편리합니다.

개별 환경마다 클러스터 규모, 지원하는 네트워크, 스토리지 종류에 따라 다양한 변수 파일을 수정해야 합니다. 변경 내역을 관리하기 위해 기본적으로 제공되는 헬름 템플릿 변수 파일(values.yaml)을 복사해서 임의의 새로운 파일(my-values.yaml)을 생성합니다.

9　헬름 차트의 설치 일자에 따라 버전 정보가 다릅니다. 버전 정보는 해당 설치 일자에 따른 정보를 사용합니다. 이 책에서는 2022년 6월 기준으로 12.0.4입니다. 버전은 설치 일자에 따라 해당 버전으로 변경합니다.

```
[spkr@erdia22 nginx-12.0.4 (ubun01:default)]$ cp values.yaml my-values.yaml
```

새로 생성한 my-values.yaml 파일의 변수를 수정해서 현재 환경에 적합한 클러스터의 스토리지, 네트워크 설정을 입력합니다. 각 애플리케이션마다 다양한 설정 값을 가지며, 이를 헬름 템플릿 변수 파일에서 적용할 수 있습니다. 이때 각 변수의 정확한 의미를 알고 적절하게 설정하는 것이 필요하며, 일반적으로 기존 가상 머신 환경에서 사용 중인 애플리케이션의 설정 파일을 참고해서 헬름 템플릿 변수 파일을 수정합니다.

이 책에서는 간단한 실습을 위해 단순히 파드의 개수만 1개에서 2개로 변경하도록 replicaCount 변수만 수정합니다. my-values.yaml을 비주얼 스튜디오 코드 등으로 열고 다음 항목을 수정합니다.

```
replicaCount: 2
```

변경된 파일로 NGINX 애플리케이션을 설치합니다. 설치 전 NGINX 애플리케이션 전용 네임스페이스를 생성합니다. 관리 편의와 자원 효율화를 위해 일반적으로 쿠버네티스는 각 애플리케이션별로 네임스페이스를 구분합니다. 네임스페이스를 생성하고 생성한 네임스페이스로 변경합니다.

```
## nginx 네임스페이스 생성
[spkr@erdia22 ~ (ubun01:default)]$ k create ns nginx

## 네임스페이스 변경
[spkr@erdia22 ~ (ubun01:default)]$ k ns nginx
Context "ubuns" modified.
Active namespace is "nginx".
```

생성한 네임스페이스에 NGINX 헬름 차트를 설치합니다. 헬름 차트의 이름은 임의로 정할 수 있으나 애플리케이션 이름을 사용하는 것을 권장합니다.

```
[spkr@erdia22 ~ (ubun01:nginx)]$ helm install nginx -f my-values.yaml .
```

- -f 옵션으로 헬름 차트 설치에 사용할 템플릿 파일 이름을 지정합니다.
- '.'를 지정해 현재 디렉터리 위치의 헬름 차트를 이용해 설치합니다.

생성한 헬름 차트는 'helm ls'로 확인합니다. 정상적으로 설치되면 관련 파드도 확인할 수 있습니다.

```
[spkr@erdia22 nginx-12.0.4 (ubun01:nginx)]$ helm ls
NAME      NAMESPACE      REVISION UPDATED                                    STATUS    CHART
APP VERSION
nginx     nginx          1        2022-06-18 05:13:39.84657984 +0000 UTC     deployed
nginx-12.0.4    1.22.0


## alias kgp='k get pod -o wide'
[spkr@erdia22 ~ (ubun01:nginx)]$ kgp
NAME                   READY   STATUS    RESTARTS   AGE   IP            NODE         NOMINATED
NODE    READINESS GATES
nginx-856c8c8bc8-pzd9s   1/1     Running   0          36s   10.233.88.9   ubun20-03    <none>
<none>
nginx-856c8c8bc8-v7mns   1/1     Running   0          36s   10.233.99.11  ubun20-01    <none>
<none>
```

헬름 차트를 이용해 NGINX 설치를 완료했습니다. 그러면 기존 사용자가 임의로 생성한 NGINX 파드와 어떤 차이가 있을까요?

먼저 헬름 차트에는 기본으로 다양한 쿠버네티스 리소스를 포함합니다. NGINX 헬름 차트는 디플로이먼트 외에도 컨피그맵, 서비스 등을 기본으로 포함합니다.

```
## deploy, svc, configmap 등을 쉼표(',')로 구분해서 여러 개의 리소스를 동시에 조회 가능
[spkr@erdia22 ~ (ubun01:nginx)]$ k get deploy,svc,configmap
NAME                   READY   UP-TO-DATE   AVAILABLE   AGE
deployment.apps/nginx   2/2     2            2           9m18s


NAME            TYPE           CLUSTER-IP      EXTERNAL-IP     PORT(S)        AGE
service/nginx   LoadBalancer   10.233.48.129   172.17.29.67    80:31047/TCP   9m18s


NAME                       DATA   AGE
configmap/nginx-server-block   1      9m18s
```

헬름 차트로 설치된 전체 리소스 목록은 'helm get manifest'로 확인할 수 있습니다. 설치가 완료되면 리소스 목록 확인과 개별 리소스의 상세 옵션을 확인할 수 있어 디버깅 용도로 주로 사용합니다.

```
[spkr@erdia22 ~ (ubun01:nginx)]$ helm get manifest nginx
```

다음으로 파드의 상세 설정을 확인하면 Liveness/Readiness Probe[10] 등이 포함돼 있습니다. 이러한 설정은 헬름 차트로 설치된 애플리케이션이 헬름 차트를 사용하지 않은 다른 애플리케이션에 비해 좀 더 안정적으로 동작하게 합니다. 헬름 차트를 사용하지 않으면 해당 설정을 직접 일일이 추가해야 합니다.

```
[spkr@erdia22 ~ (ubun01:nginx)]$ k describe pod nginx-856c8c8bc8-pzd9s
...
    Liveness:    tcp-socket :http delay=0s timeout=5s period=10s #success=1 #failure=6
    Readiness:   tcp-socket :http delay=5s timeout=3s period=5s #success=1 #failure=3
```

이상으로 NGINX 웹서버를 헬름 차트로 설치했습니다.

6.2.2 헬름 템플릿 변수 파일 사용하기

이번에는 NGINX 헬름 차트를 설치할 때 사용한 템플릿 변수 파일에 대해 좀 더 자세히 알아보겠습니다. 앞에서 복사한 my-values.yaml 파일의 내용을 확인하면 키–값 형식으로 구성된 다양한 변수를 확인할 수 있습니다.

```
resources:
  limits:
      cpu: 1000m
      memory: 512Mi
  requests:
      cpu: 100m
      memory: 128Mi
```

위 예제는 리소스 설정에 관한 변수입니다. 해당 변수가 어떻게 사용되는지 확인하기 위해 헬름 차트의 templates 디렉터리에 있는 deployment.yaml 파일을 살펴보겠습니다. 이 파일을 열어보면 앞에서 사용된 변수(resources)를 확인할 수 있습니다.

```
[spkr@erdia22 ~ (ubun01:nginx)]$ vi templates/deployment.yaml
...
        {{- if .Values.resources }}
```

---

10 Liveness/Readiness Probe는 주기적으로 파드의 이상 여부를 확인합니다. 참조: https://kubernetes.io/docs/tasks/configure-pod-container/
    configure-liveness-readiness-startup-probes/

```
resources: {{- toYaml .Values.resources | nindent 12 }}
{{- end }}
```

- {{- if .Values.resources }}

  if 문을 사용해 resources 변수가 정의돼 있으면 해당 변수를 사용하도록 설정할 수 있습니다.

- {{- toYaml .Values.resources | nindent 12 }}

  toYaml 함수를 사용해 해당 변수의 내용을 들여쓰기 12칸 형식의 YAML 형식으로 전환합니다.

위와 같은 형식으로 values.yaml 파일에 정의된 변수는 개별 리소스의 매니페스트 파일에 적용됩니다. 사전에 정의된 values.yaml 파일의 다양한 변수를 변경해서 사용자는 원하는 기능을 추가할 수 있습니다. 이렇게 사전에 설정된 다양한 변수 중 필요한 변수만 변경해서 사용자는 애플리케이션을 새롭게 구성합니다. 만약 원하는 옵션이 없다면 템플릿 양식 문법에 맞게 직접 변수를 추가하거나 임의로 오브젝트 매니페스트 파일에 직접 추가할 수 있습니다.

6.2.3 리소스 Requests/Limits 이해

헬름 차트로 설정한 변수 중 리소스 Requests/Limits에 대해 좀 더 자세히 알아보겠습니다. 쿠버네티스는 하나의 노드에 여러 개의 파드를 실행합니다. 같은 노드에 실행 중인 여러 파드는 동일한 호스트 노드의 자원을 공유하므로 특정 파드가 자원을 많이 사용하면 공통으로 사용 중인 노드 자원이 줄어들어 다른 파드의 성능에 영향을 끼칩니다. 이러한 상황에 대비해 파드가 사용 가능한 자원을 제한할 수 있도록 리소스 **Requests/Limits** 옵션을 사용할 수 있습니다.

Limits(제한)는 이름 그대로 사용 가능한 자원을 제한하는 것입니다. 예를 들어, limits.cpu: 1000m, limits.memory: 512Mi 설정은 해당 파드가 1 CPU(1,000m은 1 CPU), 512Mi 메모리 이상의 자원을 사용하지 못하도록 제한합니다. 이처럼 Limits 설정은 직관적입니다.

하지만 Requests(요청량)는 조금 이해하기 어렵습니다. Requests 옵션은 처음 노드에 파드를 할당할 때 해당 요청량(Requests) 이상의 여유 자원이 있는 노드에 파드를 할당하게 하는 옵션입니다. 그리고 파드가 배치된 이후 각 파드 간 자원 사용량이 증가해서 노드에서 할당 가능한 자원 이상을 사용해 자원 경합이 발생하면 파드는 Requests에서 할당한 자원만큼 사용이 가능하도록 보장받습니다.[11] Requests라는 단어의 의미를 파드가 보장받을 수 있는 자원 요청량으로 이해하면 좀 더 이해하는 데 도움이 됩니다. 실제 파드를 실행해 상세한 내용을 알아보겠습니다.

---

11 https://kubernetes.io/docs/concepts/configuration/manage-resources-containers/#how-pods-with-resource-requests-are-scheduled

먼저 메모리 제한 사용량(limits)을 초과한 파드를 실행하는 경우를 알아봅니다. 부하 실행 도구 (stress)를 포함한 컨테이너를 실행해 추가 부하를 발생시켜 보겠습니다.

```
apiVersion: v1
kind: Pod
metadata:
  name: memory-demo-1
spec:
  containers:
  - name: memory-demo-1
    image: polinux/stress
    resources:
      requests:
        memory: "3Gi"
      limits:
        memory: "6Gi"
    command: ["stress"]
    args: ["--vm", "1", "--vm-bytes", "6500M", "--vm-hang", "1"]
```

- spec.resources.limits.memory: "6Gi"
  컨테이너의 메모리 사용량을 6Gi로 제한합니다.

- spec.resources.command: ["stress"]
  stress 도구를 사용해 제한 사용량 6Gi를 초과한 6500M의 메모리를 사용하도록 리소스 부하를 발생시킵니다.

그럼 해당 파드를 실행합니다. 제한 사용량을 초과해서 메모리를 사용하면 해당 파드는 어떻게 될까요?

```
[spkr@erdia22 ch06 (ubun01:default)]$ k apply -f mem-limits01-pod.yml
pod/memory-demo-1 created

[spkr@erdia22 ch06 (ubun01:default)]$ k get pod
NAME            READY   STATUS      RESTARTS    AGE
memory-demo-1   1/1     Running     1 (6s ago)  17s
memory-demo-1   0/1     OOMKilled   0           22s
```

---

12 https://github.com/wikibook/kubepractice/blob/main/ch06/mem-limits01-pod.yml

사용 가능한 메모리 제한을 초과해서 파드에 'OOMKilled'(Out Of Memory) 에러가 발생합니다. 이전 장에서 배운 describe 명령어로 에러 메시지를 확인할 수 있습니다.

```
[spkr@erdia22 ch06 (ubun01:default)]$ k describe pod memory-demo-1
...
  Warning  BackOff    0s (x7 over 2m7s)    kubelet        Back-off restarting failed
container
```

처음에는 파드가 실행되지만 메모리 사용량이 증가하면서 제한(limits) 사용량을 초과하면 해당 파드의 실행은 중단되고 다시 시작되는 상황을 반복합니다.

메모리 Limits 설정을 가진 파드의 테스트가 완료됐으므로 해당 파드를 삭제합니다.

```
[spkr@erdia22 ch06 (ubun01:default)]$ k delete pod memory-demo-1
pod "memory-demo-1" deleted
```

이제 2개의 파드를 실행해 메모리 요청량(requests) 설정을 알아봅니다. requests는 앞에서 언급했듯이 다른 파드의 사용량에 관계없이 파드가 요청(requests)해서 사용 가능한 자원 사용량입니다.

예제 6.3 메모리 사용량 요구사항(Requests)을 설정한 파드(mem-requests01-pod.yml)[13]

```
apiVersion: v1
kind: Pod
metadata:
  name: memory-demo-1
spec:
  containers:
  - name: memory-demo-1
    image: polinux/stress
    resources:
      requests:
        memory: "3Gi"
      limits:
        memory: "6Gi"
    command: ["stress"]
    args: ["--vm", "1", "--vm-bytes", "100M", "--vm-hang", "1"]
```

---

13 https://github.com/wikibook/kubepractice/blob/main/ch06/mem-requests01-pod.yml

```
nodeSelector:
  kubernetes.io/hostname: ubun20-01
```

- spec.containers.resources.requests.memory: 3Gi

  메모리 Requests를 3Gi로 설정합니다.

- spec.cotainers.command: ["stress"]

  100M의 메모리 부하로 파드를 실행합니다.

- spec.nodeSelector

  테스트를 위해 특정 노드(ubun20-01)에 파드를 할당합니다.

그럼 파드를 실행합니다. nodeSelector에서 정의한 ubun20-01 노드에 실행됩니다.

```
$ (* |ubun01:nginx) k apply -f mem-requests01-pod.yml
pod/memory-demo-1 created


$ (* |ubun01:nginx) k get pod -o wide
NAME                     READY   STATUS    RESTARTS   AGE   IP            NODE        NOMINATED
NODE    READINESS GATES
memory-demo-1            1/1     Running   0          9s    10.233.99.12  ubun20-01   <none>
<none>
```

이제 메모리 제한 사용량(6Gi)를 초과하지 않게 메모리 부하를 실행하는 파드를 실행합니다.

예제 6.4.5500MB 용량의 메모리 부하를 실행하는 파드(mem-stress-pod.yml[14], mem-requests01-pod.yml)

```
apiVersion: v1
kind: Pod
metadata:
  name: memory-demo-2
spec:
  containers:
  - name: memory-demo-2
    image: polinux/stress
    resources:
      requests:
```

---

14 https://raw.githubusercontent.com/wikibook/kubepractice/main/ch06/mem-stress-pod.yml

```
        memory: "3Gi"
      limits:
        memory: "6Gi"
    command: ["stress"]
    args: ["--vm", "1", "--vm-bytes", "5500M", "--vm-hang", "1"]
  nodeSelector:
    kubernetes.io/hostname: ubun20-01
```

- spec.containers.resources.limts.memory: 6Gi

  메모리 제한 사용량을 6Gi 설정합니다.

- spec.cotainers.command: ["stress"]

  5500M의 메모리 부하로 파드를 실행합니다.

제한 사용량 6Gi를 넘지 않은 5500M 부하를 실행하므로 파드는 정상적으로 실행됩니다. 앞에서 실행한 파드(memory-demo-1)와 지금 실행한 파드(memory-demo-2)의 메모리 사용량이 100M + 5.5Gi여서 두 파드 모두 정상적으로 실행됩니다.

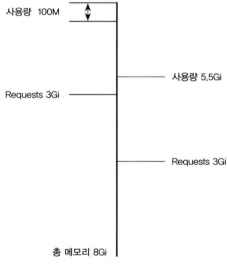

그림 6.1 Requests 메모리 사용량을 초과하기 전의 메모리 사용량

```
## 메모리 부하를 발생시키는 파드를 생성합니다.
$ (* |ubun01:nginx) k apply -f mem-stress-pod.yml
pod/memory-demo-2 created
```

```
## 2개의 파드가 실행 중입니다.
$ (* ¦ubun01:nginx) kgp
NAME                    READY   STATUS    RESTARTS   AGE    IP             NODE        NOMINATED
NODE     READINESS GATES
memory-demo-1           1/1     Running   0          5m34s  10.233.99.12   ubun20-01   <none>
<none>
memory-demo-2           1/1     Running   0          62s    10.233.99.13   ubun20-01   <none>
<none>
```

이제 1번 파드에서 사용하는 메모리 사용량을 2900M까지 올립니다. 메모리 사용량이 증가해서 이제 2개의 파드 메모리 사용량 합계가 8.4Gi(2.9Gi + 5.5Gi)가 되어 호스트 노드의 전체 메모리 용량인 8Gi을 초과합니다. 그럼 2개의 파드 중 어떤 파드가 종료될까요?

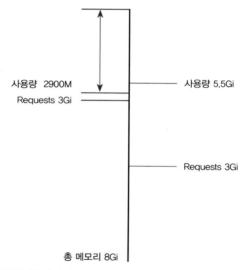

그림 6.2 Requests 메모리 사용량을 초과한 후의 파드 실행 예시

직접 파드에 접속해 메모리 사용량을 증가시킵니다. 창을 위아래로 2개의 창으로 나누고 한 곳에서 아래와 같이 메모리 부하를 증가하는 명령어를 실행합니다.

```
[spkr@erdia22 ch06 (ubun01:nginx)]$ k exec -it memory-demo-1 -- bash
bash-5.0#  stress --vm 1 --vm-bytes 2900M --vm-hang 1
stress: info: [13] dispatching hogs: 0 cpu, 0 io, 1 vm, 0 hdd
```

이제 다른 창에서 아래와 같이 실시간으로 파드의 상태 변화를 확인할 수 있습니다.

```
[spkr@erdia22 ~ (ubun01:default)]$ k get pod -w -o wide
NAME            READY   STATUS           RESTARTS    AGE
memory-demo-1   1/1     Running          0           2m19s
memory-demo-2   0/1     CrashLoopBackOff 2           2m28s    10.233.96.90    ubun20-1    <none>
<none>
memory-demo-2   1/1     Running          3           2m42s    10.233.96.90    ubun20-1    <none>
<none>
memory-demo-2   0/1     Error            3           3m14s    10.233.96.90    ubun20-1    <none>
<none>
memory-demo-2   0/1     CrashLoopBackOff 3           3m26s    10.233.96.90    ubun20-1    <none>
<none>
memory-demo-2   1/1     Running          4           3m59s    10.233.96.90    ubun20-1    <none>
<none>
memory-demo-2   0/1     Error            4           4m26s    10.233.96.90    ubun20-1    <none>
<none>
```

1번 파드는 메모리 Requests만큼 사용할 수 있어 시간 변화에 상관없이 정상적으로 실행됩니다. 메모리 부하를 2900M로 설정해서 메모리 Requests 설정인 3Gi 이내이므로 이상 없습니다.

하지만 2번 파드는 현재 메모리 Requests(3Gi)를 초과해서 5500m를 사용함으로써 파드가 종료되고 다시 시작하는 상황을 반복합니다. 이처럼 노드에서 사용 가능한 자원을 초과하는 경우 각 파드는 requests에 설정한 용량만큼만 노드의 자원을 사용할 수 있습니다.

이상으로 부하를 생성하는 파드를 실행해 리소스 요청량(Requests) 설정을 검증했습니다. 테스트를 완료했으므로 부하 테스트용 파드를 반드시 삭제합니다.

```
## --all 옵션을 지정하면 실행 중인 모든 파드와 디플로이먼트를 삭제합니다.
$ (* |ubun01:nginx) k delete pod --all
$ (* |ubun01:nginx) k delete deployments.apps --all
deployment.apps "nginx" deleted
```

이상으로 1부 '쿠버네티스 설치와 클러스터 기본 관리 업무 실습'에서 실습을 통해 쿠버네티스의 기본 개념과 운영 업무를 알아봤습니다. 이어지는 2부 '쿠버네티스 네트워크 및 스토리지 인프라 환경 구성하기'에서는 좀 더 구체적으로 들어가서 쿠버네티스 환경의 네트워크와 스토리지를 알아봅니다.

정리

이번 장에서 배운 내용을 정리합니다.

- 쿠버네티스 환경에서 애플리케이션을 구동하려면 디플로이먼트, 서비스, 컨피그맵 등의 다양한 리소스가 필요합니다. 헬름은 이러한 다양한 리소스를 하나의 패키지로 묶어서 단일 차트로 설치 및 관리할 수 있도록 합니다. 많은 업체들이 헬름 차트를 지원하므로 헬름은 현재 쿠버네티스 환경의 애플리케이션 설치의 표준으로 사용되고 있습니다.

- 헬름의 주요 구성 요소는 여러 쿠버네티스 리소스를 묶어 놓은 헬름 차트, 다양한 애플리케이션 및 버전의 헬름 차트를 저장하는 헬름 리포지토리, 다양한 환경변수 설정을 템플릿 형태로 제공하는 헬름 차트 템플릿 파일이 있습니다.

- NGINX 애플리케이션을 헬름 차트를 이용해 설치했습니다. 헬름을 이용해 리포지토리 등록, 템플릿 변수 설정, 애플리케이션 설치 및 삭제 등 전반적인 쿠버네티스 헬름 환경의 애플리케이션 라이프사이클 관리 프로세스를 알아봤습니다.

- 헬름 템플릿 변수 파일을 이용해 리소스 Requests/Limits를 설정하고 자원 사용량을 초과했을 때 해당 설정 변수가 어떻게 동작하는지 확인했습니다.

쿠버네티스 네트워크 및 스토리지 인프라 환경 구성

2부에서는 쿠버네티스 클러스터를 구성하는 데 필요한 기반 하드웨어 인프라인 네트워크 구성 요소(서비스, 로드밸런서, 인그레스)와 스토리지 구성 요소(PV, PVC, SC, 스냅샷, 공유 스토리지)를 알아보겠습니다. 네트워크와 스토리지 관련 구성 요소를 설치하면 쿠버네티스 운영에 필요한 기본적인 하드웨어 구성 요소가 준비됩니다.

2부의 구성

- 7장 쿠버네티스 서비스 사용하기

- 8장 MetalLB를 이용한 로드밸런서 타입 서비스 구축

- 9장 Traefik을 이용한 쿠버네티스 인그레스 구축

- 10장 쿠버네티스의 스토리지

- 11장 스토리지 볼륨 스냅샷 사용하기

- 12장 쿠버네티스 환경에서 공유 파일 스토리지 사용하기

쿠버네티스
서비스 사용하기

이번 장에서는 파드 간 네트워크 연결을 담당하는 쿠버네티스 서비스(Service) 리소스를 알아봅니다.

먼저 쿠버네티스 환경에서 파드 간 연결(혹은 노출[1])을 담당하는 서비스가 왜 필요한지 알아봅니다. 1
부에서 말씀드렸듯이 쿠버네티스는 파드에 문제가 발생하면 문제가 발생한 파드를 수정하지 않고 문제
가 생긴 파드를 곧바로 종료(terminate)하고 새로운 파드를 만듭니다. 실시간으로 파드를 새롭게 생성
하므로 애플리케이션의 장애 대응 시간이 대폭 줄어듭니다.

웹 애플리케이션 서버(혹은 데이터베이스) 환경 등 대부분의 애플리케이션은 서로 연결되어 있습니
다. 상호 연결된 환경에서 파드는 실시간으로 새롭게 생성되는데, 각 파드를 연결하는 작업은 수동으
로 해야 한다면 상당한 시간이 걸릴 것입니다. 예를 들어, 기존 가상 머신 환경처럼 파드 간 연결에 고
정된 IP 주소를 이용하면 쿠버네티스 환경에서 새롭게 생성되는 파드는 기존 파드와 IP 주소가 다르므
로 IP 주소를 다시 환경변수 파일 등에서 수정해야 하므로 추가 시간이 소요됩니다. 쿠버네티스 서비스
(Service)는 이처럼 실시간으로 파드가 종료되고 생성되는 환경에서 파드 간 연결을 자동으로 가능하
게 합니다.[2]

---

1 쿠버네티스 서비스에서는 파드 간 연결을 가리켜 파드를 '노출(expose)한다'라고 표현하기도 합니다. 실제 서비스를 생성하는 kubectl 명령어도 'k
expose'입니다.

2 쿠버네티스 서비스의 사용 배경: https://kubernetes.io/docs/concepts/services-networking/service/#motivation

쿠버네티스 서비스는 동적으로 각 파드 간 연결을 제공합니다. IT 업계에서는 이러한 개념을 서비스 디스커버리(Service Discovery, 서비스 발견)[3]라고 합니다. 쿠버네티스 서비스가 어떤 방식으로 서비스 디스커버리를 구현했는지 이해하면 쿠버네티스 서비스를 이해하는 데 큰 도움이 됩니다.

그럼 간단히 서비스 용어부터 알아보겠습니다.

흔히 IT 환경에서 말하는 서비스란 웹서비스나 데이터베이스처럼 애플리케이션을 의미합니다. 하지만 쿠버네티스는 파드의 연결을 제공(serve)한다는 의미로 서비스라는 용어를 사용합니다. 처음에는 많은 분들이 쿠버네티스에서 사용하는 서비스라는 용어가 잘 와 닿지 않는다고 합니다. 흔히 사용하는 서비스의 용어 개념과 달라서 익숙해지는 데 시간이 조금 필요합니다.

쿠버네티스는 클러스터 내부 혹은 외부 연결에 따라 서비스 타입을 다음과 같이 구분합니다.

- 클러스터 내부에서 파드와 파드를 연결: 클러스터IP(ClusterIP), 헤드리스(Headless)
- 클러스터 외부에서 클러스터 내부의 파드를 연결: 노드포트(NodePort), 로드밸런서(LoadBalancer)[4]

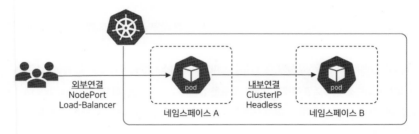

그림 7.1 내부, 외부 연결에 따른 서비스 타입 구분

서비스 타입은 다르지만 내부 구현 방법을 살펴보면 노드포트는 클러스터IP 방식을 내부에 포함하고 로드밸런서 역시 내부에 노드포트 방식을 포함하고 있습니다. 즉, 3가지 타입 모두 서로 독립적이지 않고 서로 연관돼 있습니다.

이러한 서비스의 공통적인 주요 특징은 다음과 같습니다.

- 서비스는 쿠버네티스 리소스의 한 종류입니다.
- 다이내믹하게 종료되고 생성되는 파드를 자동으로 발견(Service Discovery)합니다.

---

3   https://en.wikipedia.org/wiki/Service_discovery

4   서비스 타입에는 추가로 외부 도메인 네임을 제공하는 ExternalName 타입도 있지만 많이 사용하지는 않습니다. 참고: https://kubernetes.io/docs/concepts/services-networking/service/#publishing-services-service-types

- 변경이 잦은 IP 주소가 아닌 지속 가능한 도메인 레코드(DNS) 기반의 쿠버네티스 서비스 이름을 이용해 통신합니다.

- 노드 내 실행 중인 여러 파드로 부하를 분산하는 로드밸런싱 기능을 자체적으로 지원합니다.

그럼 쿠버네티스 서비스 타입과 주요 특징을 실습을 통해 알아보겠습니다.

01 클러스터 내부 파드 간 통신

이번 절에서는 실습을 통해 클러스터 내부 파드 간 연결을 알아봅니다.

⌨ 실습 과제

1. 클러스터 내부 파드와 파드 간 연결을 이해하기 위해 클러스테IP 타입의 서비스를 생성합니다. 서비스에서 기존 파드가 삭제되고 파드가 새로 생성될 때 자동으로 새로운 파드를 인식하는지 확인합니다. 그리고 파드 수량을 증가시켜 서비스가 새로운 파드를 자동으로 등록하는지 확인합니다(서비스 디스커버리).
2. NGINX 디플로이먼트를 생성합니다. 파드 레이블을 app:nginx로 지정합니다.
3. 클러스터 IP(ClusterIP) 타입의 NGINX 서비스를 생성합니다. 정상적으로 서비스 엔드포인트(endpoint)가 추가되는지 확인합니다.
4. busybox 파드를 실행합니다. 기존의 실행 중인 NGINX 파드와 서비스 이름을 도메인으로 사용해 연결합니다.
5. 실행 중인 NGINX 파드를 강제로 종료해서 새로운 파드를 실행합니다. 새로운 파드가 busybox 파드에서 서비스 이름으로 자동 발견되는지 확인합니다. 이후 파드의 수량을 증가시킵니다(1개에서 2개로). 동일하게 busybox 파드에서 연결 테스트를 수행합니다.

⟨/⟩ 소스 코드

- https://github.com/wikibook/kubepractice/tree/main/ch07

7.1.1 클러스테IP 타입의 서비스 생성

실습을 위해 app:nginx 레이블(label)을 가진 NGINX 디플로이먼트를 생성합니다. 이번 디플로이먼트 YAML 파일은 기존 YAML 파일과 다르게 레이블 항목을 추가합니다. 간단히 레이블[5]이 필요한 이유를 설명하면, 쿠버네티스는 파드와 서비스를 각각 별개의 리소스로 생성합니다. 이렇게 서로 다른 리소스 간에 선택을 해야 한다면, 즉 서비스 리소스가 실행되고 있는 많은 파드 중에서 필요한 파드를 선택하

---

5   https://kubernetes.io/docs/concepts/overview/working-with-objects/labels/

기 위해 쿠버네티스는 셀렉터(Selector, 선택자) 옵션을 사용합니다. 이때 셀렉터는 내부적으로 레이블을 기준으로 리소스를 선택합니다.

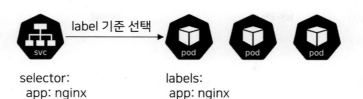

그림 7.2 서비스 셀렉터와 파드 라벨의 연결

그럼 예제 코드로 자세한 내용을 확인해 보겠습니다.

예제 7.1 app:nginx 레이블을 가진 NGINX 디플로이먼트 파일(nginx-deploy.yml)[6]

```yaml
apiVersion: apps/v1
kind: Deployment
metadata:
  name: nginx-hello
  namespace: default
  labels:
    app: nginx
spec:
  replicas: 1
  selector:
    matchLabels:
      app: nginx
  template:
    metadata:
      labels:
        app: nginx
    spec:
      containers:
      - name: nginx
        image: nginxdemos/hello
```

---

6 https://github.com/wikibook/kubepractice/blob/main/ch07/nginx-deploy.yml

- spec.template.metadata.labels

  app: nginx와 같은 키-값 형식의 레이블을 추가합니다. 앞으로 생성할 서비스는 해당 레이블의 키-값을 기준으로 셀렉터에서 연결합니다.

- spec.template.spec.containers.image

  일반 NGINX 이미지 대신 클라이언트 요청에 호스트네임을 응답하는 nginxdemos/hello 이미지를 사용합니다.

이제 앞에서 살펴본 nginx-deploy.yml 파일로 디플로이먼트를 생성합니다.

```
## 먼저 기존의 실행 중인 파드를 모두 삭제합니다.
[spkr@erdia22 ch07 (ubun01:default)]$ k delete pod --all

[spkr@erdia22 ch07 (ubun01:default)]$ k apply -f https://raw.githubusercontent.com/wikibook/
kubepractice/main/ch07/nginx-deploy.yml
deployment.apps/nginx-hello created

[spkr@erdia22 ch07 (ubun01:default)]$ k get pod --show-labels
NAME                           READY   STATUS      RESTARTS   AGE   LABELS
nginx-hello-c97cdb45c-sxf7c    1/1     Running     0          33s   app=nginx,pod-tem-
plate-hash=c97cdb45c
```

'k get pod' 명령어에 --show-labels 옵션을 추가하면 각 파드의 레이블을 확인할 수 있습니다. 출력 결과에서 YAML 파일에 추가한 app: nginx 레이블을 확인할 수 있습니다.

이제 YAML 파일을 이용해 클러스터IP 타입의 NGINX 서비스를 만듭니다.

예제 7.2 클러스터IP 타입의 NGINX 서비스(nginx-ClusterIP-svc.yml)[7]

```
apiVersion: v1
kind: Service
metadata:
  name: nginx-svc
spec:
  selector:
    app: nginx          # 파드 레이블과 동일
  type: ClusterIP
  ports:
```

---

7 https://github.com/wikibook/kubepractice/blob/main/ch07/nginx-ClusterIP-svc.yml

```
  - name: tcp
    port: 80          # 서비스로 연결하는 포트
    targetPort: 80    # 타깃 파드의 포트
```

- spec.selector.

  앞에서 생성한 NGINX 파드를 선택하기 위해 셀렉터 라인을 추가합니다. 기존 NGINX 파드의 레이블(app: nginx)을 동일하게 사용합니다.

- spec.type.

  클러스터 내부의 파드 간 연결은 서비스 타입을 ClusterIP로 지정합니다. 참고로 type을 명시하지 않으면 기본 설정으로 클러스테IP 타입을 사용합니다.

- spec.ports.port.

  클라이언트가 요청하는 서비스 포트 번호를 명시합니다.

- spec.ports.targetPort.

  목적지 파드가 사용 중인 포트 번호를 명시합니다.

YAML 파일을 이용해 서비스를 생성합니다. 생성한 서비스는 동일하게 'k get service' 명령어로 확인합니다.

```
[spkr@erdia22 ch07 (ubun01:default)]$ k apply -f https://raw.githubusercontent.com/wikibook/
kubepractice/main/ch07/nginx-ClusterIP-svc.yml
service/nginx-svc created


[spkr@erdia22 ~ (ubun01:default)]$ k get service
NAME          TYPE         CLUSTER-IP       EXTERNAL-IP    PORT(S)    AGE
nginx-svc     ClusterIP    10.233.46.155    <none>         80/TCP     1m
```

'nginx-svc'라는 이름으로 클러스터IP 타입의 서비스가 정상적으로 생성됐습니다. 셀렉터를 이용해 서비스가 생성되면 자동으로 **엔드포인트(endpoint)**가 만들어집니다. 엔드포인트란 쿠버네티스 서비스에서 관리하는 도착 종료 지점(endpoint)입니다.[8] 클라이언트가 서비스 이름 또는 CLUSTER-IP로 호출 시 도착하는 실제 파드의 IP 주소를 확인할 수 있습니다. 엔드포인트 역시 하나의 쿠버네티스 리소스로서 'k get endpoints' 명령어로 확인할 수 있습니다.

---

8 https://stackoverflow.com/questions/52857825/what-is-an-endpoint-in-kubernetes

```
[spkr@erdia22 ~ (ubun01:default)]$ k get endpoints
NAME            ENDPOINTS                                      AGE
nginx-svc       10.233.69.50:80                                11m
```

참고로 서비스를 생성하고 나서 서비스가 정상적으로 생성됐는지 확인하기 위해 엔드포인트를 조회하는 습관을 들이는 것이 좋습니다. 위와 같이 NGINX 파드의 IP 주소(예: 10.233.69.50)가 조회되면 서비스가 정상적으로 생성된 것입니다. 이제 추가로 busybox:1.28[9] 버전의 busybox 파드를 실행해 파드 간 연결을 확인합니다.

```
[spkr@erdia22 ~ (ubun01:default)]$ k run busybox --image=busybox:1.28 --restart=Never -- sleep
1d
pod/busybox created
```

busybox 파드에서 NGINX 파드에 연결할 때 서비스 이름을 이용합니다. 가상 머신 환경과 다르게 파드 간 연결은 고정적이지 않은 IP 주소를 사용하는 것이 아니라 변하지 않는 서비스 이름 도메인으로 연결하는 것이 차이점입니다.

그림 7.3 서비스 이름을 이용한 파드 간 연결

이번에는 서비스 이름인 'nginx-svc'로 ping 연결을 테스트해 봅시다.

```
[spkr@erdia22 ~ (ubun01:default)]$ k exec -it busybox -- sh
/ # ping nginx-svc -c 1
PING nginx-svc (10.233.46.155): 56 data bytes
64 bytes from 10.233.46.155: seq=0 ttl=64 time=0.048 ms
(생략)

/ # wget -O- nginx-svc|grep nginx-svc
Connecting to nginx-svc (10.233.46.155:80)
-                    100%
```

---

9   busybox latest 버전을 실행하면 nslookup 에러가 발생합니다. 따라서 busybox 1.28 버전을 명시해서 파드를 실행합니다.

보다시피 ping 응답도 정상이고 wget도 잘 실행됩니다[10]. 이처럼 쿠버네티스는 파드 간 연결 시 IP 주소가 아닌 서비스 이름으로 연결합니다. 물론 IP 주소로도 연결이 가능합니다. 내부적으로 서비스 이름을 호출하면 쿠버네티스 DNS가 서비스를 생성할 때 등록된 CLUSTER-IP[11]를 IP 주소로 응답합니다. 클라이언트는 해당 CLUSTER-IP로 요청을 전달합니다.

busybox 파드에서 서비스 이름에 대해 도메인 이름 레코드 질의를 하면 다음과 같은 응답을 받습니다 (쿠버네티스 도메인에 관한 자세한 내용은 다음 절에서 살펴보겠습니다).

```
## busybox 파드에 접속해 nslookup 명령어를 실행합니다.
/ # nslookup nginx-svc
Server:    169.254.25.10
Address 1: 169.254.25.10


Name:      nginx-svc
Address 1: 10.233.46.155 nginx-svc.default.svc.cluster.local
/ # exit
```

앞에서 실행한 ping과 여기서 실행한 nslookup nginx-svc(서비스 이름)의 결과로 IP 주소(10.233.46.155)가 출력됩니다. 이 IP 주소는 어떤 IP 주소이며 용도는 무엇일까요?

앞에서 실습한 서비스 확인 명령어인 'k get service'를 다시 실행합니다.

```
[spkr@erdia22 ~ (ubun01:default)]$ k get service
NAME         TYPE         CLUSTER-IP      EXTERNAL-IP   PORT(S)   AGE
nginx-svc    ClusterIP    10.233.46.155   <none>        80/TCP    5h1m
```

출력 결과에서 CLUSTER-IP 항목인 10.233.46.155인 것을 확인할 수 있습니다. 이 CLUSTER-IP는 서비스 이름의 도메인 이름 레코드 응답 결과입니다. 이 IP 주소는 실제 파드와 연결을 담당하는 가상 IP(Virtual IP)입니다. 클라이언트가 CLUSTER-IP로 접속하면 이 가상 IP 주소가 실제 파드의 실제 IP 주소로 리다이렉트합니다. 서비스 타입의 이름이 CLUSTER-IP인 이유가 이렇게 CLUSTER-IP를 사용하기 때문입니다.

이해를 돕기 위해 그림으로 정리합니다.

---

10 kube-proxy 타입이 ipvs가 아닌 iptables 모드이면 ping 연결은 실패합니다. wget 실행이 정상적이면 ping 연결은 생략해도 됩니다.
11 서비스 타입 이름인 클러스터IP와의 혼동을 피하기 위해 실제 물리 IP 주소를 의미하면 CLUSTER-IP라고 하겠습니다.

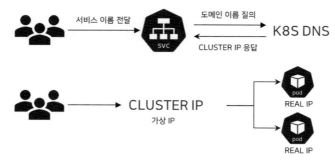

그림 7.4 Cluster-IP 서비스 타입의 통신 프로세스

이처럼 서비스 이름을 도메인 이름으로 문의하면 가상 IP(CLUSTER-IP)를 응답합니다. 이 가상 IP는 다시 실제 파드의 실제 IP로 리다이렉트되어 사용자는 실제 파드의 IP와 연결할 수 있습니다.

그럼 클러스터IP의 상세 기능에 대해 알아보겠습니다.

7.1.2 서비스 디스커버리의 이해

이번 절에서는 서비스 엔드포인트로 등록된 기존 파드가 종료되고 새로운 파드가 생성됐을 때 서비스가 어떻게 새로운 파드를 발견(서비스 디스커버리)하는지 알아보겠습니다.

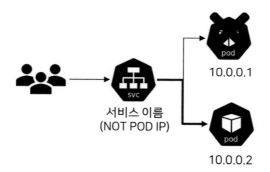

그림 7.5 서비스 디스커버리

먼저 NGINX 파드를 삭제합니다.

```
## NGINX 파드의 이름은 자동 완성되므로 'nginx-'까지 입력하고 탭을 누릅니다.
[spkr@erdia22 ~ (ubun01:default)]$ k delete pod nginx-hello-c97cdb45c-sxf7c
pod "nginx-hello-c97cdb45c-sxf7c" deleted
```

```
[spkr@erdia22 ~ (ubun01:default)]$ k get pod -o wide
NAME                            READY    STATUS             RESTARTS    AGE    IP                NODE
NOMINATED NODE    READINESS GATES
nginx-hello-c97cdb45c-sxf7c     0/1      Terminating        0           43m    10.233.69.50
ubun20-5    <none>            <none>
nginx-hello-c97cdb45c-vqf2n     0/1      ContainerCreating  0           9s     <none>
ubun20-6    <none>            <none>
nginx-hello-c97cdb45c-vqf2n     1/1      Running            0           24s    10.233.104.48
ubun20-6    <none>            <none>
```

위와 같이 기존 IP 주소(10.233.69.50)의 파드가 삭제되고 새로운 IP 주소(10.233.104.48)를 가지는
파드가 생성됩니다. 이제 busybox 파드에서 새로운 파드로 연결해 보겠습니다.

```
[spkr@erdia22 ~ (ubun01:default)]$ k exec -it busybox -- sh
/ # wget -O- nginx-svc|grep nginx
Connecting to nginx-svc (10.233.46.155:80)
Server name:</span> <span>nginx-hello-c97cdb45c-vqf2n</span></p>
/ # exit
```

새로운 파드(nginx-hello-c97cdb45c-**vqf2n**)는 기존 파드(nginx-hello-c97cdb45c-**sxf7c**)와 달리 새로운 IP
주소를 할당받았지만 파드 간 연결은 기존과 동일하게 서비스 이름인 nginx-svc를 이용해 정상적으로
접속됩니다. 도메인 응답 결과인 클러스터 IP(10.233.46.155)는 변화가 없고 해당 IP 주소가 가상 IP 주
소로 동작해서 실제 IP 주소인 새로 생성된 파드의 IP 주소(10.233.104.48)로 리다이렉트하기 때문
입니다.[12]

변경된 실제 IP 주소는 엔드포인트로도 조회됩니다. 엔드포인트는 쿠버네티스 API 서버의 etcd 데이
터베이스의 변경 내역을 실시간으로 반영해서 새로운 값으로 갱신합니다.

```
[spkr@erdia22 ~ (ubun01:default)]$ k get endpoints
NAME           ENDPOINTS                              AGE
nginx-svc      10.233.104.48:80                       5h28m
```

이처럼 서비스는 파드의 IP 주소가 변경돼도 동일하게 서비스 이름으로 통신이 가능합니다. 파드의 수
량이 하나 더 증가해도 마찬가지입니다.

---

12 CLUSTER-IP가 관리하는 실제 서버의 실제 IP 엔트리는 kube-proxy가 API 서버와 통신(watch)해서 관리합니다. watch 기능으로 API 서버의 변
    경 내역을 알 수 있습니다. kube-proxy에 관한 자세한 내용은 다음 절에서 설명합니다.

```
[spkr@erdia22 ~ (ubun01:default)]$ k scale deployment nginx-hello --replicas=2
deployment.apps/nginx-hello scaled

[spkr@erdia22 ~ (ubun01:default)]$ k get pod -o wide
NAME                            READY   STATUS    RESTARTS   AGE     IP              NODE
NOMINATED NODE    READINESS GATES
busybox                         1/1     Running   0          5h15m   10.233.69.51    ubun20-5
<none>            <none>
nginx-hello-c97cdb45c-vqf2n     1/1     Running   0          5h4m    10.233.104.48   ubun20-6
<none>            <none>
nginx-hello-c97cdb45c-zc5gq     1/1     Running   0          13s     10.233.69.52    ubun20-5
<none>            <none>
```

파드 증가에는 scale 명령어를 사용합니다. 정상적으로 파드의 수량이 2개로 바뀌었습니다. 동일하게
서비스 이름으로 접속하면 이제 2개의 파드로 부하분산(로드밸런싱)되어 처리됩니다.

```
[spkr@erdia22 ~ (ubun01:default)]$ k exec -it busybox -- sh
/ # for i in $(seq 1 10)13;do wget -O- nginx-svc|grep nginx; done
Connecting to nginx-svc (10.233.46.155:80)
...
ver name:</span> <span>nginx-hello-c97cdb45c-zc5gq</span></p>
...
ver name:</span> <span>nginx-hello-c97cdb45c-vqf2n</span></p>
/ # exit
```

2개의 파드가 돌아가면서 응답합니다. 엔드포인트 리소스를 확인하면 파드 IP 주소가 추가된 것을 확
인할 수 있습니다.

```
[spkr@erdia22 ~ (ubun01:default)]$ k get endpoints
NAME         ENDPOINTS                                AGE
nginx-svc    10.233.104.48:80,10.233.69.52:80         5h47m
```

이처럼 CLUSTER-IP는 가상 IP로 동작하므로 실제 파드가 삭제되고 생성돼도 클라이언트는 동일하게
서비스 이름으로 연결하면 CLUSTER-IP를 통해 정상적으로 변경된 실제 IP 주소로 연결됩니다. 쿠버
네티스 서비스는 이렇게 DNS를 이용해 변경되는 파드의 IP 내역을 관리합니다.

---

13 셸 스크립트로 10번 반복 실행은 이처럼 for i in $(seq 1 10)나 for 반복문 스크립트를 사용합니다.

이어서 쿠버네티스 DNS 설정에 대해 자세히 알아보겠습니다.

02 쿠버네티스 DNS 기능 이해

이번 절에서는 쿠버네티스 코어 DNS(CoreDNS)와 로컬 DNS(LocalDNS) 파드 및 파드 내부의 상세 DNS 설정에 대해 알아보겠습니다.

7.2.1 CoreDNS 및 LocalDNS 설정 이해

앞에서 살펴봤듯이 쿠버네티스는 서비스 이름을 기준으로 도메인 이름(DNS)으로 관리합니다. 쿠버네티스는 이러한 DNS 기능을 코어 DNS와 로컬 DNS라는 두 가지로 나눠서 사용합니다. 이러한 두 가지 DNS 모두 마스터 노드의 파드로 관리합니다. 해당 파드는 kube-system 네임스페이스에서 확인할 수 있습니다.

```
[spkr@erdia22 ~ (ubun01:default)]$ k get pod -o wide -n kube-system
NAME                                 READY   STATUS    RESTARTS   AGE   IP
NODE            NOMINATED NODE   READINESS GATES
coredns-8474476ff8-rnhct             1/1        Running    0                 32d
10.233.104.1    ubun20-6    <none>         <none>
coredns-8474476ff8-zs758             1/1        Running    0                 32d
10.233.96.2     ubun20-4    <none>         <none>
...
nodelocaldns-7rr7v                   1/1        Running    0                 32d
172.17.29.112[14]  ubun20-5   <none>         <none>
nodelocaldns-c98xs                   1/1        Running    0                 32d
172.17.29.111   ubun20-4    <none>         <none>
nodelocaldns-vvvm5                   1/1        Running    0                 32d
172.17.29.113   ubun20-6    <none>         <none>
```

코어 DNS는 이중화를 위해 2개의 파드가 디플로이먼트로 실행됩니다. 로컬 DNS는 쿠버네티스 전체 노드에 데몬셋(DaemonSet)으로 실행됩니다. 만약 DNS 조회 및 응답에 문제가 발생했을 때 위 파드를 재시작하면 문제가 해결되는 경우가 많습니다.

---

14 사정상 테스트 노드의 IP 주소가 기존의 172.17.29.61/62/63에서 172.17.29.111/112/113으로 변경됐습니다.

```
[spkr@erdia22 ~ (ubun01:default)]$ k get deployments.apps -n kube-system
NAME                    READY   UP-TO-DATE   AVAILABLE   AGE
coredns                 2/2     2            2           32d


[spkr@erdia22 ~ (ubun01:default)]$ k get daemonsets.apps -n kube-system
NAME          DESIRED   CURRENT   READY   UP-TO-DATE   AVAILABLE   NODE SELECTOR          AGE
nodelocaldns  3         3         3       3            3           kubernetes.io/os=linux 32d
```

데몬셋[15]은 쿠버네티스가 실행되는 모든 노드에서 자동으로 실행하는 파드입니다. 기존 클러스터에 노드가 추가되면 해당 노드에 데몬셋으로 등록된 파드가 자동으로 실행됩니다. 스토리지, 로깅, 모니터링 용도의 파드가 주로 데몬셋으로 실행합니다.

로컬 DNS는 DNS 성능 향상을 목적으로 쿠버네티스 1.18 버전부터 정식으로 도입됐습니다. 로컬 DNS는 코어 DNS의 캐시로 사용합니다. 캐시를 이용해 DNS 요청을 처리함으로써 DNS 응답 성능을 향상하고 코어 DNS의 부하를 감소합니다.

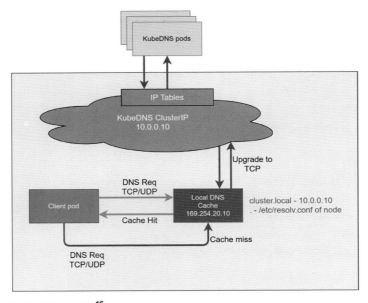

그림 7.6 쿠버네티스의 로컬 DNS 아키텍처[16]

---

15 https://kubernetes.io/docs/concepts/workloads/controllers/daemonset/
16 출처: https://kubernetes.io/docs/tasks/administer-cluster/nodelocaldns/

그럼 쿠버네티스의 구체적인 DNS 설정을 알아보겠습니다. 다시 busybox 파드에 접속해 네임 서버 설정을 확인합니다.

```
[spkr@erdia22 ~ (ubun01:default)]$ k exec -it busybox -- sh
/ # cat /etc/resolv.conf
search default.svc.cluster.local svc.cluster.local cluster.local
nameserver 169.254.25.10
options ndots:5
/ # exit
```

네임 서버의 IP 주소가 169.254.25.10입니다. 해당 IP 주소는 노드가 실행되고 있는 호스트노드가 사용하는 로컬 DNS IP 주소입니다.

```
## 172.17.29.61이라는 IP 주소를 가지는 호스트노드에 접속합니다.
[spkr@erdia22 ~ (ubun01:default)]$ ssh spkr@172.17.29.61
spkr@ubun20-1:~$ ip a show|grep -A1 -i dns
7: nodelocaldns: <BROADCAST,NOARP> mtu 1500 qdisc noop state DOWN group default
    link/ether 4a:2c:25:5f:31:c9 brd ff:ff:ff:ff:ff:ff
    inet 169.254.25.10/32 scope global nodelocaldns
       valid_lft forever preferred_lft forever
spkr@ubun20-01:~$ exit
```

쿠버네티스를 설치하면 각 노드에 위와 같이 로컬 DNS IP 주소가 가상 네트워크 IP 주소로 자동으로 등록됩니다.

7.2.2 쿠버네티스 DNS의 Search 옵션 설정 이해

쿠버네티스는 같은 네임스페이스 내에서는 단순히 서비스 이름만으로 파드 간에 연결할 수 있습니다. 하지만 서로 다른 네임스페이스에서 연결하기 위해서는 서비스 이름에 네임스페이스 이름까지 포함해서 연결해야 합니다.[17] 관련 설정을 쿠버네티스 DNS 설정의 search 옵션에서 확인합니다.

---

17 DNS 서비스의 네임스페이스 설정 규칙: https://kubernetes.io/docs/concepts/services-networking/dns-pod-service/#namespaces-of-services

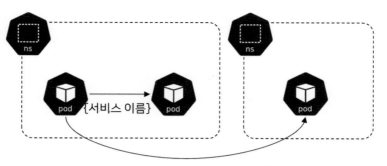

{서비스 이름}.{네임스페이스 이름}

그림 7.7 쿠버네티스 DNS 네임스페이스 설정

임의의 네임스페이스(busybox)를 만들고 busybox 파드를 실행합니다. 해당 busybox 파드에서 default 네임스페이스의 NGINX 파드를 서비스 이름으로 연결해 보겠습니다.

```
## 네임스페이스 생성
[spkr@erdia22 ~ (ubun01:default)]$ k create ns busybox
namespace/busybox created

## busybox 네임스페이스로 변경합니다.
[spkr@erdia22 ~ (ubun01:default)]$ k ns busybox
Context "ubuns" modified.
Active namespace is "busybox".

## busybox 파드 실행
[spkr@erdia22 ~ (ubun01:busybox)]$ k run busybox --image=busybox --restart=Never -n busybox --
sleep 1d
pod/busybox created

## 네임스페이스가 다르면 서비스 이름으로 nslookup 명령어 실행이 실패합니다.
[spkr@erdia22 ~ (ubun01:busybox)]$ k exec -it -n busybox busybox -- sh

/ # nslookup nginx-svc
Server:         169.254.25.10
Address:        169.254.25.10:53


** server can't find nginx-svc.busybox.svc.cluster.local: NXDOMAIN
/ # exit
```

하지만 앞에서 봤듯이 같은 네임스페이스(default)에서는 서비스 이름으로 도메인 확인이 가능합니다.

```
## default 네임스페이스로 변경합니다.
[spkr@erdia22 ~ (ubun01:busybox)]$ k ns default
Context "ubuns" modified.
Active namespace is "default".

## 같은 default 네임스페이스에서는 서비스 이름으로 조회할 수 있습니다.
[spkr@erdia22 ~ (ubun01:default)]$ k exec -it busybox -n default -- sh
/ # nslookup nginx-svc
Server:    169.254.25.10
Address 1: 169.254.25.10

Name:      nginx-svc
Address 1: 10.233.29.155 nginx-svc.default.svc.cluster.local
```

상세 도메인 이름을 확인하면 nginx-svc.busybox와 nginx-svc.default로 서로 다릅니다. 그 이유는 busybox 파드의 DNS search 옵션에 다음과 같이 네임스페이스 이름(default)이 포함돼 있기 때문입니다.

```
/ # cat /etc/resolv.conf
search default.svc.cluster.local svc.cluster.local cluster.local
nameserver 169.254.25.10
options ndots:5
/ # exit
```

즉, 서비스 이름인 nginx-svc로 DNS 요청을 하면 자동으로 **nginx-svc.default**.svc.cluster.local까지 포함됩니다. 하지만 다른 네임스페이스에서는 자신의 네임스페이스, 예를 들어 busybox의 경우 busybox 네임스페이스를 포함한 DNS 요청(**nginx-svc.busybox**.svc.cluster.local)을 전달합니다. 서비스 이름인 nginx-svc는 busybox 네임스페이스가 아닌 default 네임스페이스에서 실행 중이어서 **nginx-svc.default**.svc.cluster.local 요청에만 응답합니다.

```
## busybox 네임스페이스에서 실행 중인 파드에서 네임서버 설정을 확인합니다.
[spkr@erdia22 ~ (ubun01:default)]$ k exec -it -n busybox busybox -- sh
/ # cat /etc/resolv.conf
search busybox.svc.cluster.local svc.cluster.local cluster.local
```

```
nameserver 169.254.25.10
options ndots:5
```

실행 중인 네임스페이스가 서로 다르면 네임스페이스 이름까지 포함한 서비스 도메인 이름으로 요청해야 합니다. 해당 요청은 **nginx-svc.default**.svc.cluster.local이 되어 정상적으로 default 네임스페이스에서 실행 중인 서비스를 호출합니다.

```
## busybox 네임스페이스의 busybox 파드에서 실행합니다.
/ # ping nginx-svc.default -c 1
PING nginx-svc.default (10.233.46.155): 56 data bytes
64 bytes from 10.233.46.155: seq=0 ttl=64 time=0.081 ms
...
/ # exit
```

쿠버네티스 클러스터는 일반적으로 네임스페이스별로 애플리케이션을 분리합니다. 이처럼 네임스페이스로 애플리케이션을 분리한 환경에서 다른 네임스페이스에서 실행 중인 파드와 연결하려면 해당 파드의 서비스 이름에 네임스페이스 이름까지 포함해서 연결합니다. 예를 들어, 웹 서버에서 데이터베이스 파드를 연결하기 위한 설정 파일에 데이터베이스 연결은 {서비스이름}.{네임스페이스이름} 형식으로 mysql-svc.mysql과 같이 네임스페이스 이름까지 포함해서 등록합니다.

지금까지 쿠버네티스 클러스터 내 파드 연결과 DNS를 알아봤습니다. 그럼 클러스터 외부에서 클러스터 내부에 실행 중인 파드를 연결하는 방법을 알아봅니다.

03 클러스터 외부에서 내부의 파드 연결

쿠버네티스 클러스터 외부에서 내부의 파드로 연결하려면 노드포트(NodePort)[18]와 로드밸런서(LoadBalancer) 타입의 서비스를 이용합니다. 로드밸런서 타입에 대해서는 다음 장에서 알아보고 이번 장에서는 노드포트를 알아봅니다.

노드포트 타입 서비스는 노드의 인터페이스 중 하나의 포트를 사용합니다. 노드의 포트를 이용하기에 이름이 노드포트입니다. 이번 절은 노드포트를 구성할 때 현업에서 많이 사용하는 옵션을 알아보고 부하분산은 어떻게 이뤄지는지 확인합니다. 추가로 노드포트의 한계와 대안도 함께 알아보겠습니다.

---

18 https://kubernetes.io/docs/concepts/services-networking/service/#type-nodeport

7.3.1 노드포트 타입의 서비스 생성

클러스터 내부 파드 간 연결은 CLUSTER-IP를 가상 IP 주소로 사용해 실제 파드의 실제 IP 주소로 연결합니다. 이처럼 CLUSTER-IP를 이용하는 서비스 타입을 클러스터IP라 합니다. 이에 반해 노드포트 타입의 서비스는 클러스터 외부에서 클러스터 노드의 네트워크 카드 인터페이스의 포트를 통해 내부의 파드와 연결합니다.

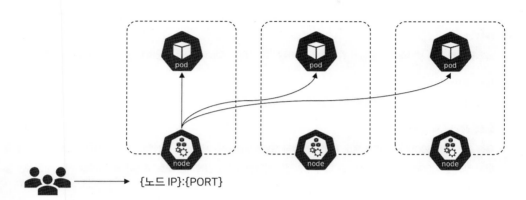

그림 7.8 노드포트 타입의 서비스

기존에 생성한 NGINX 디플로이먼트 파드에 노드포트 타입의 서비스를 추가합니다.

```
## 기존에 생성한 nginx-hello 디플로이먼트를 확인합니다.
[spkr@erdia22 12.kube-books (ubun01:default)]$ k get deployments.apps
NAME          READY   UP-TO-DATE   AVAILABLE   AGE
nginx-hello   2/2     2            2           13h
```

위 nginx-hello 디플로이먼트를 사용하는 노드포트 타입의 서비스를 생성합니다.

예제 7.3 NodePort 타입의 NGINX 서비스(nginx-nodeport-svc.yml)[19]

```
apiVersion: v1
kind: Service
metadata:
  name: nginx-nodeport-svc
spec:
  type: NodePort
```

---

19 https://github.com/wikibook/kubepractice/blob/main/ch07/nginx-nodeport-svc.yml

```
  selector:
    app: nginx
  ports:
  - name: http
    port: 80
    protocol: TCP
    nodePort: 30080
```

- spec.type.

  노드포트 타입의 서비스를 생성하기 위해 타입 이름을 기본 설정인 ClusterIP를 사용하지 않고 NodePort로 지정합니다.

- spec.selector.

  ClusterIP 타입 서비스와 동일하게 NGINX 파드의 레이블 키-값을 입력합니다.

- spec.ports.nodePort.

  특정 포트 번호(30080)를 노드포트로 지정하면 해당 포트를 사용하는 서비스가 생성됩니다. 명시적으로 포트 번호를 설정하지 않으면 30000 ~ 32767 포트 중 하나가 임의로 할당됩니다. 현업에서는 포트 고정이 필요하므로 자주 사용하는 옵션입니다.

이 파일로 노드포트 타입의 서비스를 생성합니다. 기존 클러스터IP 타입의 서비스 외에 추가로 노드포트 타입의 서비스가 생성됐습니다.

```
[spkr@erdia22 ch07 (ubun01:default)]$ k apply -f nginx-nodeport-svc.yml
service/nginx-nodeport-svc created


[spkr@erdia22 ch07 (ubun01:default)]$ k get svc
NAME                 TYPE       CLUSTER-IP       EXTERNAL-IP     PORT(S)        AGE
nginx-nodeport-svc   NodePort   10.233.36.171    <none>          80:30080/TCP   24s


[spkr@erdia22 ch07 (ubun01:default)]$ k get endpoints
NAME                 ENDPOINTS                                  AGE
nginx-nodeport-svc   10.233.104.48:80,10.233.69.52:80           29s
nginx-svc            10.233.104.48:80,10.233.69.52:80           13h
```

정상적으로 서비스가 생성되면 엔드포인트를 확인할 수 있습니다. 서비스 출력 결과를 확인하면 'PORT(S)' '80: 30080/TCP'를 확인할 수 있습니다. 서비스 YAML 파일에 지정한 30080 포트로 노드포트 서비스가 오픈됐습니다.

```
TCP  10.233.46.155:80 rr
  -> 10.233.69.57:80          Masq   1      0       0
  -> 10.233.69.58:80          Masq   1      0       0
  -> 10.233.96.40:80          Masq   1      0       0
  -> 10.233.104.48:80         Masq   1      0       0
  -> 10.233.104.53:80         Masq   1      0       0
```

동일하게 노드포트 30080 포트에 대해 라우팅 테이블을 확인하면 동일하게 부하분산되는 것을 확인할 수 있습니다.

```
## 172.17.29.61은 노드 IP입니다.
spkr@ubun20-01:~$ sudo ipvsadm -Ln | grep -A5 30080
TCP  172.17.29.61:30080 rr
  -> 10.233.69.57:80          Masq   1      0       0
  -> 10.233.69.58:80          Masq   1      0       0
  -> 10.233.96.40:80          Masq   1      0       0
  -> 10.233.104.48:80         Masq   1      0       0
  -> 10.233.104.53:80         Masq   1      0       0
(생략)
```

출력 결과에서 확인할 수 있듯이 노드 IP와 노드 포트인 172.17.29.61:30080으로 접속하면 5개의 파드 IP로 부하분산되도록 라우팅 설정이 적용된 것을 확인할 수 있습니다.

이번 절에서는 쿠버네티스 노드포트 서비스에 대해 알아봤습니다. 하지만 쿠버네티스 노드포트는 실제 서비스에 바로 사용하기에는 몇 가지 한계가 있습니다. 첫 번째는 웹서비스에서 사용하는 80, 443 등 well-known 포트의 사용이 불가능하다는 것입니다(30000 ~ 32767 포트 중 하나를 사용 가능). 두 번째는 노드의 IP 중 하나를 지정해야 하므로 서비스 안정성 및 부하분산 문제가 있다는 것입니다.[26] 그리고 노드의 IP 주소가 변경되면 외부 접속용 IP 주소도 함께 변경해야 하는 문제도 있습니다. 이를 해결할 수 있는 로드밸런서 타입의 서비스에 대해서는 다음 장에서 알아보겠습니다.

---

26 현업에서는 별도의 물리 L4 스위치를 사용해 부하분산 기능을 사용하기도 합니다. 물리 L4 스위치의 VIP에 할당하는 Real IP에 전체 클러스터 노드의 IP를 각각 등록합니다.

정리

이번 장에서 배운 내용을 정리합니다.

- 쿠버네티스는 서비스 디스커버리 기능을 활용해 파드가 재시작되어도 자동으로 파드를 서비스에 등록합니다. 파드 간 통신에는 변경 가능한 IP 주소를 사용하지 않고 고정된 서비스 이름 도메인을 사용합니다.

- 서비스 타입은 클러스터 내부 파드 간에 통신하는 클러스터IP와 헤드리스(Headless), 클러스터 외부에서 내부의 파드로 통신하는 노드포트(NodePort)와 로드밸런서(LoadBalancer)로 나뉩니다.

- NGINX, busybox 파드와 클러스터IP 타입의 서비스를 이용해 파드 간 통신을 검증했습니다. NGINX 파드를 삭제하고 증가시키는 실습으로 자동으로 파드를 등록하는 서비스 디스커버리 기능을 검증했습니다.

- 파드 간 통신에 사용되는 쿠버네티스 코어DNS, 로컬DNS 설정을 확인했습니다. 서비스 이름을 DNS 도메인으로 등록하며, 서로 다른 네임스페이스에서는 네임스페이스 이름까지 서비스 이름에 추가해서 파드 간에 연결합니다.

- 노드포트 타입의 서비스를 생성해서 클러스터 외부의 개인 PC에서 내부의 NGINX 파드를 연결하는 실습을 진행했습니다. 쿠버네티스 서비스는 호스트 운영체제의 커널 레벨의 넷필터(netfilter) 기능을 이용해 IPVS 모드로 파드의 부하분산 기능을 제공합니다.

MetalLB를 이용한
로드밸런서 타입 서비스 구축

이전 장에서 살펴본 노드포트 타입 서비스는 외부 클라이언트에서 접속했을 때 특정 도메인이 아닌 특정 노드가 실제로 사용하는 IP 주소를 지정해서 접속합니다. 하지만 노드의 IP는 변경될 수 있고 80, 443 등 기본 포트가 아닌 특수 포트 30000 ~ 32767 중 하나의 포트를 사용해야 하므로 실제 서비스에 적용하기는 어렵습니다. 이를 해결하기 위해 쿠버네티스는 부하분산이 가능한 로드밸런서 타입의 서비스를 제공합니다.

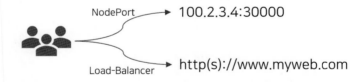

NodePort ➔ 100.2.3.4:30000

Load-Balancer ➔ http(s)://www.myweb.com

그림 8.1 노드포트 vs. 로드밸런서 서비스 타입의 비교

EKS(Elastic Kubernetes Service), AKS(Azure Kubernetes Service) 등 퍼블릭 클라우드 업체가 제공하는 매니지드 쿠버네티스 서비스는 로드밸런서 타입의 서비스를 자체적으로 제공합니다.[1] 하지만 온프레미스 환경은 외부 업체가 제공하는 별도의 솔루션이 필요합니다. 오픈소스 기반의 로드밸런서

---

1   하지만 퍼블릭 클라우드의 로드밸런서를 사용하면 추가 비용이 발생합니다. 현업에서는 주로 Ingress를 사용해 비용을 절감합니다.

서비스를 제공하는 대표적인 솔루션으로 MetalLB[2]와 Porter[3]가 있습니다. 아직 현업에서는 전용 로드 밸런서 장비의 성능 우위와 관리 편의성 등의 이유로 쿠버네티스 환경에서도 상용 물리 L4 스위치를 사용하는 경우가 있습니다. 하지만 소규모 또는 관리 역량이 있는 업체라면 오픈소스 솔루션을 사용할 수 있습니다. 필자도 MetalLB를 소규모의 실 서비스에 적용하고 있습니다. 이번 장에서는 로드밸런서 타입의 서비스를 지원하는 MetalLB를 알아봅니다.

MetalLB는 쿠버네티스 자체 솔루션에 포함되지 않은 외부 솔루션입니다. 쿠버네티스는 현재 클러스터 관리 솔루션에서 일종의 데이터센터 전체를 운영하는 베스트 프랙티스의 집합으로 발전하고 있습니다. 따라서 다양한 기능을 지원하는 외부 솔루션 조합이 필수입니다. 다행히 쿠버네티스를 중심으로 다양한 오픈소스 생태계가 활성화되었습니다. CNCF(Cloud Native Computing Foundation)는 벤더 중립적인 오픈소스 프로젝트를 육성하고 유지해서 오픈소스 생태계 활성화에 기여하는 비영리 단체로서 쿠버네티스 운영에 필수적인 다양한 솔루션을 지원하고 있습니다. 프로메테우스(Prometheus), 헬름 (Helm), 하버(Harbor) 등이 대표적인 CNCF 프로젝트입니다.[4] MetalLB와 Porter도 CNCF 프로젝트이며, 이 책에서도 MetalLB 외 다양한 CNCF 프로젝트를 다룹니다.

01 헬름을 이용한 MetalLB 설치

이번 절에서는 온프레미스에 사용 가능한 로드밸런서 타입의 서비스를 지원하는 MetalLB를 설치합니다. MetalLB를 이용해 로드밸런서 타입의 서비스를 생성하고 정상적으로 부하분산이 되는지 확인합니다.

실습 과제

1. 로드밸런서에 할당할 외부에서 접속 가능한 IP 대역을 지정합니다.

2. 헬름을 이용해 MetalLB를 설치합니다.

3. 테스트 용도의 데모 'voting-app' 애플리케이션을 설치합니다. 프런트엔드 웹에서 사용하는 서비스 타입(vote)을 로드 밸런서(LoadBalancer)로 지정합니다. 각 파드에 정상적으로 부하분산이 되는지 확인합니다.

---

2 https://metallb.universe.tf/

3 https://porter.sh/install/

4 전체 CNCF 프로젝트 목록: https://landscape.cncf.io/

MetalLB는 오픈소스로서 무료로 사용할 수 있습니다. 온프레미스 환경에서 사용 가능한 로드밸런서로 다양한 곳에서 사용되고 있으며, 국내에서도 커뮤니티 발표 사례도[5] 있고 블로그 등을 통해 사용법도 많이 공유되고 있습니다.

MetalLB 설치에 앞서 로드밸런서 용도로 사용할 IP 대역을 지정합니다. 이때 IP 주소는 클러스터 외부에서 접속 가능한 대역으로 할당합니다. 이 책에서는 노드 IP 대역과 동일한 172.17.29.70~79 대역을 사용했으며, 각자 환경에 맞게 IP 대역을 할당합니다. 할당할 로드밸런서 IP 대역이 다른 서버 등에서 사용하지 않는지 검증하기 위해 'ping + for 반복문' 명령어를 사용해 확인합니다.

```
## 노드가 사용하는 IP 대역을 확인합니다.
[spkr@erdia22 ~ (ubun01:default)]$ k get nodes -o wide
NAME        STATUS    ROLES          AGE    VERSION   INTERNAL-IP    EXTERNAL-IP    OS-IMAGE
KERNEL-VERSION      CONTAINER-RUNTIME
ubun20-01   Ready     control-plane  2d2h   v1.24.1   172.17.29.61   <none>         Ubuntu
20.04.2 LTS    5.4.0-113-generic    containerd://1.6.4
(생략)


## 할당하려는 IP 대역을 사용하지 않는지 확인합니다.
[spkr@erdia22 ~ (ubun01:default)]$ for i in {0..9};do ping -c 1 172.17.29.7$i;done
PING 172.17.29.70 (172.17.29.70) 56(84) bytes of data.

From 172.17.29.65 icmp_seq=1 Destination Host Unreachable
(생략)
```

다음으로 MetalLB의 공식 홈페이지에 안내된 내용에 따라 헬름을 이용해 설치합니다. 앞서 살펴봤듯이 헬름은 애플리케이션 패키지 설치 도구로 리눅스의 yum, apt와 유사합니다.

```
[spkr@erdia22 ch08 (ubun01:default)]$ helm repo add metallb https://metallb.github.io/metallb
"metallb" has been added to your repositories
[spkr@erdia22 ch08 (ubun01:default)]$ helm pull metallb/metallb --version -v0.12.1
[spkr@erdia22 ch08 (ubun01:default)]$ tar xvfz metallb-0.12.1.tgz
```

---

5 MetalLB 등 온프레미스 로드밸런서 사용 사례 발표: https://youtu.be/jNr4l7KmSi4

```
[spkr@erdia22 ch08 (ubun01:default)]$ rm -rf metallb-0.12.1.tgz
[spkr@erdia22 ch08 (ubun01:default)]$ mv metallb/ metallb-0.12.1
[spkr@erdia22 ch08 (ubun01:default)]$ cd metallb-0.12.1/
[spkr@erdia22 metallb-0.12.1 (ubun01:default)]$ cp values.yaml my-values.yaml
```

my-values.yaml 파일을 수정하기 위해 비주얼 스튜디오 코드에서 파일을 엽니다. my-values.yaml의 24번째 줄에 있는 'configInline' 부분에 아래 내용을 추가합니다.

예제 8.1 MetalLB 헬름 템플릿 파일(my-values.yaml)[6]

```
# configInline: {}
configInline:
  address-pools:
  - name: default
    protocol: layer2
    addresses:
    - 172.17.29.70 - 172.17.29.85
```

- configInline.

  MetalLB 설정 파일은 컨피그맵(ConfigMap)를 사용합니다.

- configInline.address-pools.protocol: layer2[7]

  MetalLB 모드에는 레이어2 모드와 BGP 모드가 있습니다. 레이어2 모드는 클러스터 노드 중 하나가 외부에서 접속 가능한 IP의 ARP 리퀘스트를 네트워크 인터페이스에 할당해서 처리합니다. 구성이 단순해서 테스트 용도로 적합합니다. 실제 운영 환경에서는 고가용성 구성이 가능한 BGP 모드를 사용하는 것을 권장합니다.

- configInline.address-pools.address

  사전에 준비한 외부에서 접속 가능한 IP 대역을 입력합니다. Private IP를 사용하므로 가능하다면 환경에 따라 10개 이상 넉넉하게 준비합니다.

my-values.yaml 파일을 위와 같이 수정하고 헬름으로 MetalLB를 설치합니다. 별도의 MetalLB 전용 네임스페이스를 생성해서 설치합니다.

```
[spkr@erdia22 metallb-0.12.1 (ubun01:default)]$ k create ns metallb
namespace/metallb created
```

---

6 https://github.com/wikibook/kubepractice/blob/main/ch08/metallb-0.12.1/my-values.yaml
7 https://metallb.universe.tf/concepts/layer2/

```
[spkr@erdia22 metallb-0.12.1 (ubun01:default)]$ k ns metallb
Context "ubun01" modified.
Active namespace is "metallb".


[spkr@erdia22 metallb-0.12.1 (ubun01:metallb)]$ helm install metallb -f my-values.yaml .

## 설치가 완료되면 다음과 같이 정상적으로 파드가 실행됩니다.
[spkr@erdia22 metallb-0.12.1 (ubun01:metallb)]$ k get pod -o wide
NAME                                 READY   STATUS    RESTARTS   AGE    IP               NODE
NOMINATED NODE    READINESS GATES
metallb-controller-6c9749d779-wbcmx  1/1     Running   0          66s    10.233.118.24
ubun20-02     <none>            <none>
metallb-speaker-m49qz                1/1     Running   0          66s    172.17.29.63
ubun20-03     <none>            <none>
metallb-speaker-q87c2                1/1     Running   0          66s    172.17.29.61
ubun20-01     <none>            <none>
metallb-speaker-rs55p                1/1     Running   0          66s    172.17.29.62
ubun20-02     <none>            <none>
```

설치가 정상적으로 완료되면 metallb 네임스페이스에 위와 같이 `metallb-controller`, `metallb-speaker` 파드를 확인할 수 있습니다. 파드가 Running 상태로 설치가 완료되면 로드밸런서 타입의 서비스를 사용할 수 있습니다. 그럼 데모 용도의 애플리케이션을 배포해서 정상적으로 로드밸런서 타입의 서비스를 사용 가능한지 확인합니다.

데모 용도로 사용할 쿠버네티스 애플리케이션은 voting-app[8]입니다. 사용자가 선호하는 후보를 선택하고 그 결과를 출력하는 애플리케이션입니다. 깃허브에서 소스코드를 내려받습니다.

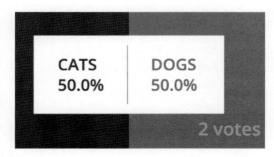

그림 8.2 voting-app 애플리케이션

---

8 https://github.com/dockersamples/example-voting-app

```
## 이전 metallb 디렉터리에서 위치를 변경합니다.
[spkr@erdia22 metallb-0.12.1 (ubun01:metallb)]$ cd ..
[spkr@erdia22 ch08 (ubun01:metallb)]$ git clone https://github.com/dockersamples/example-vot-
ing-app.git
[spkr@erdia22 ch08 (ubun01:metallb)]$ cd example-voting-app/
```

vote 네임스페이스를 생성하고 YAML 파일로 쿠버네티스 애플리케이션을 실행합니다. 'k apply -f {디렉
터리 이름}/' 명령어를 이용하면 디렉터리 전체의 YAML 파일을 동시에 생성할 수 있습니다.

```
[spkr@erdia22 example-voting-app (ubun01:metallb)]$ k create ns vote
namespace/vote created
[spkr@erdia22 example-voting-app (ubun01:metallb)]$ k ns vote
Context "ubun01" modified.
Active namespace is "vote".

## k8s-specifications 디렉터리를 확인하면 다양한 매니페스트를 확인할 수 있습니다.
[spkr@erdia22 example-voting-app (ubun01:vote)]$ ls k8s-specifications/
db-deployment.yaml   redis-deployment.yaml   result-deployment.yaml   vote-deployment.yaml
vote-namespace.yml
db-service.yaml      redis-service.yaml      result-service.yaml      vote-lb-service.yaml   work-
er-deployment.yaml

## apply -f로 특정 파일이 아니라 디렉터리를 지정하면 디렉터리 전체의 YAML 파일을 설치합니다.
[spkr@erdia22 example-voting-app (ubuns:vote)]$ k apply -f k8s-specifications/
```

설치가 완료되면 vote 애플리케이션의 다양한 파드를 확인할 수 있습니다.

```
[spkr@erdia22 example-voting-app (ubun01:vote)]$ k get pod
NAME                      READY   STATUS    RESTARTS   AGE
db-f9d96b9d6-hs5qt        1/1     Running   0          2m24s
redis-549d6f9fc6-gdg8j    1/1     Running   0          2m24s
result-f54c6cbd7-lgmwn    1/1     Running   0          2m24s
vote-5796468bb7-plsfx     1/1     Running   0          2m24s
worker-f54cd56ff-7cg8q    1/1     Running   0          2m23s
```

이제 vote의 서비스 타입을 이전 절에서 설치한 MetalLB의 로드밸런서 타입으로 변경합니다. 로드밸
런서 타입의 서비스를 이용하려면 서비스 YAML 파일의 서비스 타입을 NodePort에서 LoadBalancer로 변

경합니다. vote 서비스 설정 파일은 k8s-specifications/vote-service.yaml입니다. 이 파일을 비주얼 스튜디오 코드로 열어서 수정합니다.

예제 8.2 로드밸런서 타입의 Vote 서비스[9]

```
(생략)
spec:
  type: LoadBalancer
  ports:
  - name: "vote-service"
    port: 80
    targetPort: 80
    # nodePort: 31000
```

- spec.type: LoadBalancer

  로드밸런서 타입의 서비스는 클러스터IP, 노드포트와 동일한 문법입니다. type만 LoadBalancer로 변경하면 됩니다.

- spec.ports.port: 80

  외부에서 접속하는 포트 번호입니다. 기존의 5000번 포트를 80번 포트로 변경합니다.

- spec.ports.nodePort: 31000

  노드 포트 타입의 서비스가 아니기 때문에 주석 처리 또는 라인을 삭제합니다.

변경된 YAML 파일로 서비스를 적용합니다.

```
[spkr@erdia22 example-voting-app (ubun01:vote)]$ k apply -f k8s-specifications/vote-service.yaml
service/vote configured

## 기존 노드포트 타입의 vote 서비스가 로드밸런서로 변경됩니다.
[spkr@erdia22 example-voting-app (ubun01:vote)]$ k get svc
NAME    TYPE           CLUSTER-IP      EXTERNAL-IP     PORT(S)       AGE
vote    LoadBalancer   10.233.29.123   172.17.29.71    80:31000/TCP  4m51s
```

기존 노드포트, 클러스터IP 타입과 다르게 EXTERNAL-IP에 172.17.29.71이라는 IP 주소가 할당된 것을 확인할 수 있습니다. 헬름 차트로 MetalLB를 생성할 때 사용한 my-values.yaml 파일에 입력한 IP가 할당됐습니다. EXTERNAL-IP는 말그대로 외부에서 접속 가능한 IP 주소로 해당 IP 주소를 입력하면 클러스터 외부에서 접속 가능합니다.

---

9 https://github.com/wikibook/kubepractice/blob/main/ch08/example-voting-app/k8s-specifications/vote-service.yaml

웹브라우저에서 해당 IP 주소를 입력합니다.

그림 8.3 로드밸런서 타입 서비스 접속

로드밸런서 타입의 서비스를 생성한 후 할당된 EXTERNAL-IP를 입력하면 위와 같이 정상적으로 서비스가 지정하는 파드로 접속됩니다. 기존의 물리 L4 스위치에서 L4의 가상 IP로 외부에서 접속하는 것과 동일합니다. 그럼 파드에 정상적으로 부하분산이 되는지 확인합니다. vote 파드 수량을 3개로 변경합니다.

```
[spkr@erdia22 example-voting-app (ubun01:vote)]$ k scale deployment vote --replicas 3
deployment.apps/vote scaled

[spkr@erdia22 example-voting-app (ubun01:vote)]$ k get pod
NAME                      READY   STATUS    RESTARTS   AGE
vote-5796468bb7-pdrt7     1/1     Running   0          27s
vote-5796468bb7-plsfx     1/1     Running   0          9m8s
vote-5796468bb7-qd6kj     1/1     Running   0          27s
```

for 반복문으로 curl을 통해 접속하면 3개의 vote 파드에 정상적으로 분산되어 접속됩니다. 다음과 같은 스크립트를 이용해 각 파드에 접속한 내역을 세어 보면 각각 4개, 3개, 3개로 균등하게 접속한 것을 확인할 수 있습니다.

```
[spkr@erdia22 example-voting-app (ubun01:vote)]$ for i in {1..10}; do curl -s 172.17.29.71|grep
ID; done | sort | uniq -c | sort -nr

    4        Processed by container ID vote-5796468bb7-pdrt7
    3        Processed by container ID vote-5796468bb7-qd6kj
    3        Processed by container ID vote-5796468bb7-plsfx
```

로드밸런서 타입의 서비스 역시 노드포트 타입의 서비스와 동일하게 각각의 파드에 잘 분산됩니다.

이렇게 이번 절에서는 MetalLB를 사용해 로드밸런서 타입의 서비스를 생성하고 데모용 쿠버네티스 애플리케이션을 설치해서 부하분산 기능을 검증했습니다. 다음 절에서는 MetalLB 파드의 로그를 분석해서 좀 더 상세한 MetalLB 구조를 확인합니다.

02 MetalLB 파드 아키텍처 확인

이번 절에서는 여러 파드의 로그를 동시에 확인할 수 있는 kubetail 플러그인을 설치하고 MetalLB 전체 파드의 로그를 동시에 확인해서 MetalLB가 어떻게 동작하는지 알아보겠습니다.

8.2.1 kubetail 설치

하나의 쿠버네티스 파드 로그는 k logs 명령어로 확인합니다. 그러면 여러 파드의 로그를 동시에 확인하려면 어떻게 해야 할까요?

'kubernetes multiple pod log' 키워드로 검색하면 다양한 결과가 나옵니다. 몇몇 페이지[10]를 확인하면 k logs -f deployment/{app-name}, stern, kubetail 등의 방법이 나옵니다. k logs에 비해 편리하고 stern보다 이름을 기억하기가 쉬워서 저는 kubetail[11]을 사용합니다. kubetail 플러그인을 설치[12]합니다.

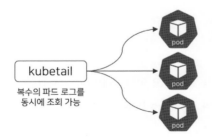

그림 8.4 kubetail의 기능

---

10 쿠버네티스의 여러 파드의 로그를 확인할 수 있는 다양한 방법: https://theiconic.tech/tail-logs-from-multiple-kubernetes-pods-the-easy-way-71401b84d7f

11 https://github.com/johanhaleby/kubetail

12 macOS 사용자는 brew를 사용할 수 있습니다: brew tap johanhaleby/kubetail && brew install kubetail

```
[spkr@erdia22 example-voting-app (ubun01:vote)]$ sudo apt -y install kubetail
[spkr@erdia22 example-voting-app (ubun01:vote)]$ kubetail --version
1.6.5
```

kubetail의 사용법은 간단합니다. 'kubetail'을 입력한 후 원하는 파드 이름 또는 네임스페이스 이름을 입력하면 해당 파드의 실시간 로그(k logs -f)를 확인할 수 있습니다. 먼저 metallb 네임스페이스에 실행 중인 파드의 목록을 확인합니다.

```
[spkr@erdia22 example-voting-app (ubun01:vote)]$ k ns metallb
Context "ubun01" modified.
Active namespace is "metallb".
[spkr@erdia22 example-voting-app (ubun01:metallb)]$ k get pod
NAME                                READY   STATUS    RESTARTS   AGE
metallb-controller-6c9749d779-wbcmx  1/1    Running   0          20m
metallb-speaker-m49qz                1/1    Running   0          20m
metallb-speaker-q87c2                1/1    Running   0          20m
metallb-speaker-rs55p                1/1    Running   0          20m
```

'speaker'라는 이름을 포함하는 모든 파드의 로그는 'speaker'를 인자로 사용해서 확인합니다.

```
[spkr@erdia22 example-voting-app (ubun01:metallb)]$ kubetail speaker
Will tail 3 logs...
metallb-speaker-m49qz
metallb-speaker-q87c2
metallb-speaker-rs55p
(생략)
```

위와 같이 'speaker'라는 이름을 포함하고 있는 3개의 파드 로그를 실시간으로 동시에 확인할 수 있습니다. 네임스페이스 전체 파드의 로그는 -n {네임스페이스} 옵션으로 확인합니다.

```
[spkr@erdia22 example-voting-app (ubun01:metallb)]$ kubetail -n metallb
Will tail 4 logs...
metallb-controller-6c9749d779-wbcmx
metallb-speaker-m49qz
metallb-speaker-q87c2
metallb-speaker-rs55p
(생략)
```

controller 로그를 포함해서 전체 파드의 로그가 조회됩니다. 이렇게 'kubetail'[13]을 이용하면 여러 파드의 로그를 실시간으로 확인할 수 있습니다. 각 파드 별 로그 메시지의 색깔이 달라서 파드별 로그를 구분하기도 쉽습니다.

8.2.2 MetalLB 파드 로그 확인

이번 절에서는 MetalLB 파드의 로그를 분석해서 MetalLB의 아키텍처를 확인합니다. 이번 절의 내용은 다소 복잡하므로 먼저 그림으로 설명하겠습니다. 사용자가 로드밸런서 타입으로 서비스를 생성하면 레이어2 모드 MetalLB의 controller 파드가 API 서버를 확인해서 새로 생성된 로드밸런서의 EXTERNAL-IP를 특정 'speaker' 파드에 할당합니다. 'speaker' 파드는 해당 IP 주소의 ARP[14] 요청을 호스트 노드의 특정 네트워크 카드에 할당합니다.

이제 외부에서 클라이언트가 EXTERNAL-IP로 접속하면 'speaker' 파드가 실행 중인 호스트 노드에서 해당 IP에 대한 요청을 처리합니다.

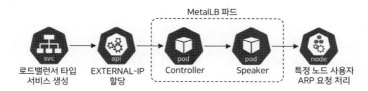

그림 8.5 레이어2 모드의 MetalLB EXTERNAL-IP 처리 흐름

MetalLB 파드의 로그를 확인하기 위해 기존에 실행 중이던 서비스를 삭제하고 재생성합니다. 터미널 화면을 둘로 나누고 다음 화면에서 MetalLB 로그를 확인하면 좀 더 편리합니다.

```
## 먼저 기존의 실행 중인 vote 로드밸런서 서비스를 삭제합니다.
[spkr@erdia22 example-voting-app (ubun01:metallb)]$ k delete -f k8s-specifications/vote-service.
yaml
service "vote" deleted

## 동일한 서비스를 다시 생성합니다.
[spkr@erdia22 example-voting-app (ubun01:metallb)]$ k apply -f k8s-specifications/vote-service.
```

---

13 kubectl krew로 설치 가능한 tail과 유사하지만 명령어 옵션 설정 및 출력 형식이 조금 다릅니다. krew로 설치 가능한 k tail이 아닌 패키지로 설치하는 kubetail을 이용하는 편이 편리합니다.

14 ARP(Address Resolution Protocol)는 네트워크 상에서 IP 주소를 물리적 네트워크 주소로 대응(bind)시키는 프로토콜입니다. 참고: https://en.wikipedia.org/wiki/Address_Resolution_Protocol

```
yaml
service/vote created
```

다른 창에서는 MetalLB 파드 로그를 확인합니다.[15]

```
[spkr@erdia22 ~ (ubun01:metallb)]$ kubetail -n metallb
Will tail 4 logs...
(생략)
[metallb-controller-6c9749d779-wbcmx] {"caller":"level.go:63","event":"ipAllocated","ip":[
"172.17.29.71"],"level":"info","msg":"IP address assigned by controller","service":"vote/
vote","ts":"2022-06-18T20:54:59.772733107Z"}

[metallb-speaker-m49qz] {"caller":"level.go:63","event":"serviceAnnounced","ips":["172.17.29.71
"],"level":"info","msg":"service has IP, announcing","pool":"default","protocol":"layer2","ser-
vice":"vote/vote","ts":"2022-06-18T20:54:59.815435471Z"}
```

로드밸런서 타입의 서비스가 시작되자 controller 파드가 EXTERNAL-IP를 특정 speaker 파드에 할
당합니다. speaker 파드인 'metallb-speaker-m49qz'가 해당 요청을 받아서 172.17.29.71을 처리합니다.

```
## metallb-speaker-m49qz 파드는 ubun20-3 노드에서 실행 중입니다.
[spkr@erdia22 ~ (ubun01:metallb)]$ k get pod -o wide
NAME                                 READY  STATUS   RESTARTS  AGE  IP            NODE
NOMINATED NODE   READINESS GATES
(생략)
metallb-speaker-m49qz                1/1    Running  0         29m  172.17.29.63
ubun20-03      <none>           <none>

## ubun20-03 노드에 접속하면 로드밸런서 IP를 확인할 수 있습니다.
[spkr@erdia22 ~ (ubun01:metallb)]$ ssh spkr@ubun20-03

spkr@ubun20-03:~$ ip a |grep -A 1 172.17.29.71
    inet 172.17.29.71/32 scope global kube-ipvs0
       valid_lft forever preferred_lft forever
```

---

15 20장의 쿠버네티스 로그 분석 시스템인 로키를 설치하면 위와 같이 실시간으로 확인하지 않고 이전 로그도 로키에서 확인할 수 있습니다.

외부에서 EXTERNAL-IP를 요청하면 speaker 파드가 할당된 ubun20-03 노드에서 응답합니다. 해당 요청은 kube-proxy를 통해 내부의 다른 파드로 전달합니다. 간단히 그림으로 나타내면 다음과 같습니다.

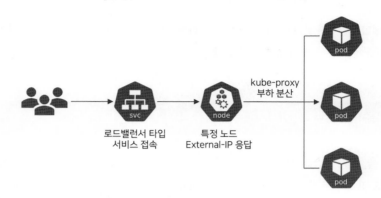

그림 8.6 외부에서 로드밸런서 타입 서비스에 접속할 때의 흐름

서버에 접속해서 EXTERNAL-IP의 kube-proxy ipvs 라우팅 정보를 확인하면 다음과 같이 개별 파드의 IP를 확인할 수 있습니다. 외부 EXTERNAL-IP(172.17.29.71)로 요청하면 클러스터 내부에서는 개별 파드의 IP 10.233.88.20, 10.233.99.20, 10.233.118.25가 응답합니다. 이렇게 개별 IP로 부하분산이 이뤄집니다.

```
## ubun20-03 노드에서 ipvsadm 명령어를 실행합니다.
spkr@ubun20-03:~$ sudo ipvsadm -Ln | grep -A 3 172.17.29.71
TCP  172.17.29.71:80 rr
  -> 10.233.88.20:80            Masq    1       0           0
  -> 10.233.99.20:80            Masq    1       0           0
  -> 10.233.118.25:80           Masq    1       0           0
spkr@ubun20-03:~$ exit
logout

## vote 프런트엔드 IP는 다음과 같습니다.
[spkr@erdia22 ~ (ubun01:metallb)]$ k get pod -o wide -n vote
NAME                    READY   STATUS   RESTARTS    AGE    IP              NODE         NOMI-
NATED NODE   READINESS GATES
(생략)
vote-5796468bb7-pdrt7   1/1     Running  0           24m    10.233.88.20    ubun20-03
<none>                  <none>
```

```
vote-5796468bb7-plsfx        1/1      Running     0              32m   10.233.118.25   ubun20-02
<none>                <none>
vote-5796468bb7-qd6kj        1/1      Running     0              24m   10.233.99.20    ubun20-01
<none>                <none>
```

지금가지 MetalLB의 파드 로그로 MetalLB가 EXTERNAL-IP를 어떻게 처리하는지 알아봤습니다. 이어서 실제 서비스에 적용하기 전에 검토해야 할 MetalLB의 성능 및 고가용성 구조를 알아봅니다.

03 MetalLB 부하 테스트 및 고가용성 시나리오 검증

새로운 솔루션을 실 서비스에 적용하려면 항상 성능과 고가용성을 미리 검증할 필요가 있습니다. 상세한 부하 테스트 및 고가용성 테스트 방안은 23장에서 다루고 이번 절에서는 간략하게 결과 위주로 살펴보겠습니다.

8.3.1 k6를 이용한 부하 테스트

부하 테스트용 솔루션에는 JMeter[16], locust[17], k6[18] 등이 있습니다. 이번 절에서는 커맨드라인에서 사용 가능해서 자동화 스크립트를 구성하기에 용이한 k6를 이용해 부하 테스트를 실행합니다. 먼저 k6를 설치[19]하고 바로 MetalLB에 대한 부하 테스트를 수행하겠습니다.

```
[spkr@erdia22 example-voting-app (ubun01:metallb)]$ sudo apt-key adv --keyserver hkp://
keyserver.ubuntu.com:80 --recv-keys C5AD17C747E3415A3642D57D77C6C491D6AC1D69
[spkr@erdia22 example-voting-app (ubun01:metallb)]$ echo "deb https://dl.k6.io/deb stable main"
| sudo tee /etc/apt/sources.list.d/k6.list
[spkr@erdia22 example-voting-app (ubun01:metallb)]$ sudo apt-get -y update
[spkr@erdia22 example-voting-app (ubun01:metallb)]$ sudo apt-get install k6
```

k6를 이용해 부하 테스트를 수행하려면 스크립트가 필요합니다. 다음은 이번 테스트에 사용한 스크립트입니다.

---

16 JMeter는 GUI 기반으로 사용하기 쉬워서 많이 사용하지만 자동화 구성이 어렵습니다. 참고: https://jmeter.apache.org/
17 locust도 스크립트 작성이 용이하므로 추천합니다. 참고: https://locust.io/
18 k6(https://k6.io/)에 관한 자세한 내용은 23장에서 다룹니다.
19 macOS 사용자는 'brew install k6'를 이용해 설치합니다.

Traefik을 이용한
쿠버네티스 인그레스 구축

8장에서는 로드밸런서 타입의 서비스를 알아봤습니다. 하지만 로드밸런서 타입 서비스는 네트워크 레이어4 기능까지만 지원하므로 몇 가지 한계가 있습니다. 쿠버네티스는 인그레스(Ingress)라는 별도의 오브젝트로 네트워크 레이어7 기능을 제공합니다. 인그레스의 주요한 기능은 다음과 같습니다.

- URL 및 경로별 백엔드 서비스 분리

- SSL/TLS 인증서 연동

- 애플리케이션 관리 효율을 위해 외부 접속에 관한 상세 규칙을 별도 인그레스 리소스로 분리

일반적으로 인그레스의 뜻은 '입장하다', '들어가다'입니다. 흔히 IT 분야에서는 인그레스가 외부에서 내부로 들어가는 네트워크를 의미합니다.[1] 쿠버네티스 인그레스는 외부의 HTTP 요청에 대한 서비스 처리 규칙을 정의한 리소스입니다.[2] 관리자는 SSL/TLS 인증서 등 외부 접속에 관한 규칙을 애플리케이션 설정에서 분리해서 별도의 인그레스 리소스로 관리함으로써 애플리케이션 설정이 좀 더 편리해지는 이점이 있습니다.

쿠버네티스 인그레스는 많이 사용하는 네트워크 7 계층을 지원하는 스위치(L7 스위치)[3]와 유사한 기

---

1 반대로 내부에서 외부로 나가는 것은 이그레스(Egress)라고 합니다.

2 인그레스 설명, https://kubernetes.io/docs/concepts/services-networking/ingress/

3 L7 스위치 설명, https://en.wikipedia.org/wiki/Multilayer_switch

능을 제공합니다. 이번 장에서는 쿠버네티스 인그레스 컨트롤러인 Traefik의 설치와 활용을 비롯해 현업에서 사용하는 추가 옵션 설정까지 실습을 통해 알아보겠습니다.

실습 과제

1. 헬름을 이용해 인그레스 컨트롤러인 Traefik을 설치합니다.

2. 인그레스의 백엔드 분리 기능을 확인하기 위해 4개의 서로 다른 디플로이먼트 및 서비스를 설치합니다.

3. Traefik 인그레스 설정을 검증합니다.

    A. 가상 호스트 및 경로로 4가지 서비스를 분기

        coffee.myweb.com

        tea.myweb.com

        www.myweb.com/juice

        www.myweb.com/water

    B. SSL/TLS 인증서 적용

소스코드

- https://github.com/wikibook/kubepractice/tree/main/ch09

---

01   Traefik 인그레스 컨트롤러 설치

쿠버네티스 인그레스는 설정에 관련된 부분만 포함하고 실제 네트워크 트래픽 처리는 인그레스 컨트롤러[4]가 담당합니다. 이처럼 쿠버네티스에서는 설정과 처리 부분을 따로 분리해서 사용할 때가 있습니다. 유사한 사례로 이어지는 10장에서 다루는 PV(PersistentVolume)와 PVC(PersistentVolumeClaim)가 있습니다.

인그레스 컨트롤러는 쿠버네티스 자체에서 제공하지 않고 NGINX, haproxy, traefik 등 별도의 솔루션을 사용합니다. 가장 많이 사용하는 솔루션은 NGINX 인그레스 컨트롤러입니다. 하지만 필자는 NGINX가 제공하지 않는 관리자 페이지를 제공하고 전용 CRD를 이용해 옵션 설정이 쉽고 사례가 풍부한 Traefik을 실 서비스에 사용하고 있습니다. 그래서 이 책에서도 Traefik을 알아보겠습니다.

---

4   https://kubernetes.io/docs/concepts/services-networking/ingress-controllers/

Traefik을 설치하려면 공식 가이드에 따라 다음과 같은 순서에 따라 헬름[5]을 이용해 설치합니다.

```
[spkr@erdia22 ch09 (ubun01:metallb)]$ helm repo add traefik https://helm.traefik.io/traefik
"traefik" has been added to your repositories
[spkr@erdia22 ch09 (ubun01:metallb)]$ helm repo update
[spkr@erdia22 ch09 (ubun01:metallb)]$ helm pull traefik/traefik
[spkr@erdia22 ch09 (ubun01:metallb)]$ tar xvfz traefik-10.21.1.tgz
[spkr@erdia22 ch09 (ubun01:metallb)]$ rm -rf traefik-10.21.1.tgz
[spkr@erdia22 ch09 (ubun01:metallb)]$ mv traefik traefik-10.21.1
[spkr@erdia22 ch09 (ubun01:metallb)]$ cd traefik-10.21.1/
```

기존의 values.yaml 설정 파일을 복사해서 새로운 헬름 Traefik 변수 파일(my-values.yaml)을 만듭니다. 이 파일을 비주얼 스튜디오 코드를 이용해 편집합니다.

```
[spkr@erdia22 traefik-10.21.1 (ubun01:metallb)]$ cp values.yaml my-values.yaml
```

my-values.yaml을 테스트 환경에 맞게 다음과 같이 수정합니다.

예제 9.1 헬름 Traefik 변수 파일(my-values.yaml)[6]

```
...
deployment:
  replicas: 2
...
ports:
  traefik:
    expose: true
...
affinity:
  podAntiAffinity[7]:
    requiredDuringSchedulingIgnoredDuringExecution:
    - labelSelector:
        matchExpressions:
        - key: app
          operator: In
```

---

5 https://doc.traefik.io/traefik/getting-started/install-traefik/#use-the-helm-chart
6 https://github.com/wikibook/kubepractice/blob/main/ch09/traefik-10.21.1/my-values.yaml
7 비주얼 스튜디오 코드에서는 주석 설정/해제 키인 'Ctrl + /(macOS: cmd + /)'를 사용합니다.

```
        values:
        - traefik
          # - {{ template "traefik.name" . }}
      topologyKey: failure-domain.beta.kubernetes.io/zone
```

- deployment.replicas.

  Traefik 파드 장애에 대비해 파드를 이중화합니다.

- ports.traefik.expose.

  Traefik 관리자 페이지를 외부에 접속 가능하도록 설정합니다.

- affinity.podAntiAffinity[8]

  같은 노드에 Traefik 파드가 추가 실행되지 않도록 affinity 설정을 합니다. 먼저 affinity의 '{}' 설정을 지웁니다. 다음 기본 템플릿 파일 오류로 'values: - traefik' 부분을 별도로 추가합니다.

Traefik용으로 별도의 네임스페이스를 만들고 설치를 진행합니다.

```
[spkr@erdia22 traefik-10.21.1 (ubun01:metallb)]$ k create ns traefik
namespace/traefik created
[spkr@erdia22 traefik-10.21.1 (ubun01:metallb)]$ k ns traefik
Context "ubun01" modified.
Active namespace is "traefik".

## traefik 헬름 차트를 설치합니다.
[spkr@erdia22 traefik-10.21.1 (ubun01:traefik)]$ helm install traefik -f my-values.yaml .
NAME: traefik
LAST DEPLOYED: Sat Jun 18 21:57:35 2022
NAMESPACE: traefik
STATUS: deployed
REVISION: 1
TEST SUITE: None
```

별다른 문제가 없으면 정상적으로 파드가 설치되고 실행 중인 파드와 서비스를 확인할 수 있습니다.

```
[spkr@erdia22 traefik-10.21.1 (ubun01:traefik)]$ k get pod
NAME                     READY   STATUS   RESTARTS   AGE
```

---

8 traefik 헬름 차트 관련 버그: https://github.com/traefik/traefik-helm-chart/issues/468

```
traefik-6d5d6cbdbd-9fmdj    1/1    Running    0         34s
traefik-6d5d6cbdbd-gg75k    1/1    Running    0         34s

[spkr@erdia22 traefik-10.21.1 (ubun01:traefik)]$ k get svc
NAME       TYPE          CLUSTER-IP      EXTERNAL-IP     PORT(S)
AGE
traefik    LoadBalancer  10.233.25.84    172.17.29.72    9000:30293/TCP,80:30085/TCP,443:30253/TCP
49s
```

Traefik 관리자 페이지에 접속해 최종적으로 이상 유무를 확인합니다. 기본 설정으로 로드밸런서 타입
으로 실행되며 접속 URL은 다음과 같습니다.

- http://{로드밸런서 EXTERNAL-IP}:9000/dashboard/#
  ※ 포트 번호 및 /dashboard/#까지 추가합니다.

위 예제에서는 External-IP가 172.17.29.72이므로 브라우저에 'http://172.17.29.72:9000/dashboard/#'을
입력합니다.

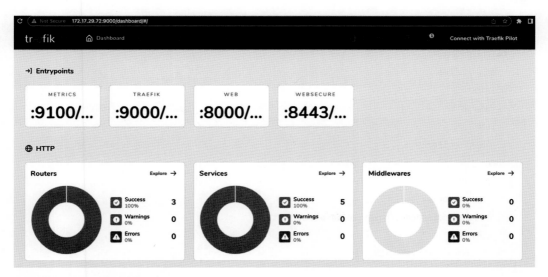

그림 9.1 Traefik 관리자 페이지 화면

정상적으로 설치가 완료되면 관리자 페이지를 확인할 수 있습니다. 이제 Traefik 인그레스 설정을 위해
서비스 분기 검증용 테스트 웹페이지를 생성합니다.

02 인그레스 테스트용 애플리케이션 설치

인그레스의 주요 용도는 사용자의 URL 경로에 따라 백엔드 웹서버를 구분해서 응답하는 것입니다. 예를 들어, www.myweb.com/products와 auth.myweb.com/services 등으로 사용자가 접속하는 URL과 하위 경로가 다르면 서로 다른 웹서버에서 응답하도록 설정할 수 있습니다.[9]

이 같은 테스트를 위해 서로 다른 4개의 디플로이먼트와 서비스를 생성합니다. 이미지로 'image: nginxdemos/nginx-hello:plain-text'를 사용합니다. 이 NGINX 이미지는 서비스 호출 시 각각의 호스트 네임을 응답하므로 개별 요청을 구분하기가 쉽습니다.

예제 9.2 서로 다른 4개의 디플로이먼트와 서비스 YAML 파일(cafe-svc-deploy.yml)[10]

```
apiVersion: apps/v1
kind: Deployment
metadata:
  name: coffee
  namespace: default
spec:
  replicas: 2
  selector:
    matchLabels:
      app: coffee
  template:
    metadata:
      labels:
        app: coffee
    spec:
      containers:
      - name: coffee
        image: nginxdemos/nginx-hello:plain-text
        ports:
        - containerPort: 8080
---
apiVersion: v1
```

---

9 저는 현재 운영 중인 환경에 Argocd, Grafana, K8s Dashboard 등의 각 서비스를 인그레스를 이용해 같은 URL에 경로만 서로 분리해서 서비스하고 있습니다. Argocd, Grafana, K8s Dashboard 등에 대해서는 이후 장에서 다룹니다.

10 https://github.com/wikibook/kubepractice/blob/main/ch09/cafe-svc-deploy.yml

```
kind: Service
metadata:
  name: coffee-svc
  namespace: default
spec:
  ports:
  - port: 80
    targetPort: 8080
    protocol: TCP
    name: http
  selector:
    app: coffee
---
kind: Deployment
  name: tea
...
      - name: tea
        image: nginxdemos/nginx-hello:plain-text
---
kind: Service
  name: tea-svc
...
    app: tea
---
kind: Deployment
  name: juice
...
      - name: juice
        image: nginxdemos/nginx-hello:plain-text
---
kind: Service
  name: juice-svc
...
    app: juice
---
kind: Deployment
  name: water
...
      - name: water
```

```
        image: nginxdemos/nginx-hello:plain-text
---
kind: Service
  name: water-svc
...
    app: water
```

- kind: Deployment, Service

  서로 다른 4개의 디플로이먼트, 서비스 파일을 생성합니다. 4개의 파일을 디플로이먼트 이름, 컨테이너 이름, 이미지 이름, 서비스 이름, 셀렉터 키-값만 변경해서 생성합니다.

작업 편의를 위해 이 책의 깃허브 저장소에서 예제 파일을 내려받거나 필자가 관리하는 깃허브 저장소 (https://github.com/wikibook/kubepractice.git)를 복제(clone)해서 ch09 디렉터리의 파일을 실행합니다. 작성한 YAML 파일로 4개의 디플로이먼트와 서비스를 생성합니다.

```
## default 네임스페이스에서 실행합니다.
[spkr@erdia22 ch09 (ubun01:traefik)]$ k ns default
Context "ubun01" modified.
Active namespace is "default".

## ch09 디렉터리에서 'cafe-svc-deploy.yml' 파일을 확인할 수 있습니다.
[spkr@erdia22 traefik-10.21.1 (ubun01:traefik)]$ cd ..
[spkr@erdia22 ch09 (ubun01:default)]$ k apply -f cafe-svc-deploy.yml

## 이전 테스트에 사용한 nginx-hello 디플로이먼트와 busybox 파드를 삭제합니다.
[spkr@erdia22 ch09 (ubun01:default)]$ k delete deployments.apps nginx-hello
[spkr@erdia22 ch09 (ubun01:default)]$ k delete pod busybox

## 새롭게 설치한 파드와 서비스를 확인할 수 있습니다.
[spkr@erdia22 ch09 (ubun01:default)]$ k get pod,svc
NAME                            READY   STATUS    RESTARTS   AGE
pod/coffee-7b9b4bbd99-6hsdl     1/1     Running   0          5m28s
(생략)


NAME                 TYPE        CLUSTER-IP     EXTERNAL-IP   PORT(S)    AGE
service/coffee-svc   ClusterIP   10.233.14.41   <none>        80/TCP     5m29s
(생략)
```

4개의 서로 다른 IngressRoute가 생성됐습니다. 설정한 가상 호스트와 URL 경로로 HTTP 요청이 정상적으로 분기되는지 확인합니다. 공인 도메인이 아니고 사설 도메인 네임과 주소를 사용하므로 로드밸런서 IP와 가상 호스트 이름을 개별 PC의 /etc/hosts 파일에 추가합니다. 외부 클라이언트는 traefik ingress−controller를 통해 접속하므로 traefik 로드밸런서의 EXTERNAL−IP 주소를 호스트 파일에 등록합니다.

```
## /etc/hosts 파일에 등록할 traefik 서비스의 external-ip를 먼저 확인합니다.
[spkr@erdia22 ch09 (ubun01:default)]$ k get svc -n traefik
NAME        TYPE          CLUSTER-IP      EXTERNAL-IP     PORT(S)
AGE
traefik     LoadBalancer  10.233.25.84    172.17.29.72    9000:30293/TCP,80:30085/TCP,443:30253/TCP
3h9m


[spkr@erdia22 ch09 (ubun01:default)]$ sudo vi /etc/hosts
172.17.29.72    www.myweb.com
172.17.29.72    coffee.myweb.com
172.17.29.72    tea.myweb.com
```

curl 명령어로 인그레스가 정상적으로 서비스를 분기하는지 확인합니다.

```
[spkr@erdia22 ~ (ubun01:default)]$ curl http://coffee.myweb.com
Server address: 10.233.118.27:8080
Server name: coffee-7b9b4bbd99-lffck

## tea.myweb.com 서비스는 HTTP로 접속 시 다음과 같이 에러가 발생합니다.
[spkr@erdia22 ~ (ubun01:default)]$ curl http://tea.myweb.com
404 page not found

## tea.myweb.com은 HTTPS로 접속하고 curl 옵션에 -k(사설 인증서 경고 무시)를 추가합니다.
[spkr@erdia22 ~ (ubun01:default)]$ curl https://tea.myweb.com -k
Server address: 10.233.118.28:8080
Server name: tea-7f5799695f-8ftg6

## 동일한 www.myweb.com URL의 /juice, /water 경로에 대해 서로 다른 파드가 응답합니다.
## https + '-k'로 접속합니다.
[spkr@erdia22 ~ (ubun01:default)]$ curl https://www.myweb.com/juice -k
Server address: 10.233.118.29:8080
```

```
Server name: juice-fd558f9-rj5xl

[spkr@erdia22 ~ (ubun01:default)]$ curl https://www.myweb.com/water -k
Server address: 10.233.118.30:8080
Server name: water-565ff89485-kbfg2
```

4개의 가상 호스트와 URL 경로에 대해 Traefik에서 설정한 대로 서로 다른 서비스로 정상적으로 분리되어 접속됩니다. 이처럼 Traefik IngressRoute CRD를 이용하면 쿠버네티스에서 제공하는 기본 인그레스 리소스를 사용하는 것보다 더욱 쉽게 설정할 수 있습니다.

IngressRoute는 관리자 페이지에서도 확인 가능합니다.

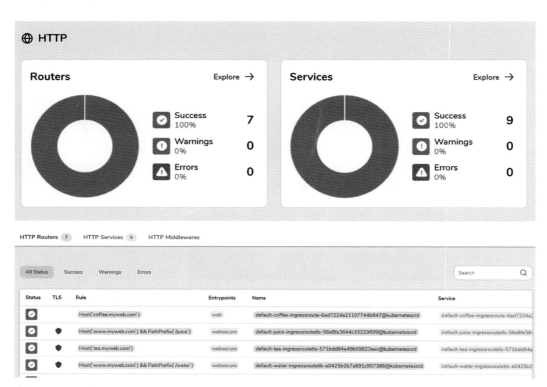

그림 9.4 Traefik 관리자 페이지의 Routers, Services 추가 내역

관리자 페이지에서 [HTTP Routers] → [Explore]를 차례로 선택하면 추가한 가상 호스트와 URL 경로에 따라 연결된 개별 Rule을 확인할 수 있습니다. 이처럼 관리자 페이지로 정상 동작 여부와 설정 내역을 확인할 수 있습니다.

물론 같은 서비스 내 서로 다른 파드로(juice-fd558f9-sjmr5, juice-fd558f9-rj5xl) 부하분산하는 기능도 정상입니다.

```
[spkr@erdia22 ~ (ubun01:default)]$ curl https://www.myweb.com/juice -k
(생략)
Server name: juice-fd558f9-sjmr5

[spkr@erdia22 ~ (ubun01:default)]$ curl https://www.myweb.com/juice -k
(생략)
Server name: juice-fd558f9-rj5xl
```

이상과 같은 사용자 트래픽 흐름을 그림으로 표현하면 다음과 같습니다.

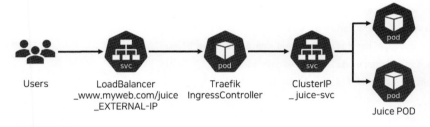

그림 9.5 인그레스 트래픽 흐름도

간단히 정리하면 사용자는 트래픽 인그레스 컨트롤러의 로드밸런서 서비스의 EXTERNAL-IP를 도메인 IP로 가진 URL 요청을 보냅니다. 해당 요청은 Traefik 인그레스 컨트롤러 파드를 거쳐서 인그레스에서 지정한 서비스 파드로 최종 전달됩니다. 각 노드에서 파드로 부하분산은 각 노드에 설치된 kube-proxy 파드에 의해 처리됩니다.

다음으로 사용자 SSL/TLS 인증서 적용에 대해 알아보겠습니다.

9.3.3 사용자 SSL/TLS 인증서 적용

Traefik 인그레스는 사용자 정의 SSL/TLS 인증서 설치를 지원합니다. 사용자는 인증서를 다수의 웹서버 설정에서 별도로 등록할 필요 없이 단일 Traefik 설정 파일에서 관리할 수 있습니다. 이처럼 쿠버네티스는 애플리케이션과 네트워크에 관한 설정을 서로 분리해서 애플리케이션 설정을 변경하지 않고 애플리케이션을 배포할 수 있습니다. 만약 인증서 설정이 애플리케이션에 포함된다면 인증서 설정 추가, 변경 등의 작업을 할 때 애플리케이션 설정을 변경하고 재시작하는 작업이 필요합니다. 하지만 서로 분리하면 애플리케이션 설정 변경이 필요 없습니다. 관리자는 다양한 애플리케이션이 아니라 단일 인그레스 설정에서 관리할 수 있으므로 인증서 만료 기한 등 관리 작업이 편리합니다.

먼저 openssl[17]을 사용해 테스트 용도의 사용자 인증서를 생성합니다.

```
[spkr@erdia22 ~ (ubun01:default)]$ sudo openssl req -x509 -nodes -days 365 -newkey rsa:2048
-keyout myweb01.key -out myweb01.crt
Generating a RSA private key
.................+++++
..................................................................................................
...........+++++
writing new private key to 'myweb01.key'
-----
You are about to be asked to enter information that will be incorporated
into your certificate request.
What you are about to enter is what is called a Distinguished Name or a DN.
There are quite a few fields but you can leave some blank
For some fields there will be a default value,
If you enter '.', the field will be left blank.
-----
Country Name (2 letter code) [AU]:kr
State or Province Name (full name) [Some-State]:seoul
Locality Name (eg, city) []:seoul
Organization Name (eg, company) [Internet Widgits Pty Ltd]:myweb
Organizational Unit Name (eg, section) []:myweb
Common Name (e.g. server FQDN or YOUR name) []:www.myweb.com
Email Address []:myweb@myweb.com

[spkr@erdia22 ~ (ubun01:default)]$ ls myweb01.crt myweb01.key
myweb01.crt   myweb01.key
```

- 인증서 생성에 필요한 'Country Name' 등의 정보는 임의로 지정할 수 있습니다. 하지만 'Common Name'은 도메인 접속에 사용할 'www.myweb.com'으로 지정합니다.

myweb01.key, myweb01.crt 파일이 생성됩니다. 이 파일을 이용해 CSR(Certificate Signing Request)과 서버 인증서를 생성합니다.

---

17 openssl은 우분투 리눅스에 기본적으로 포함돼 있습니다. 만약 설치돼 있지 않다면 sudo apt-get install libssl-dev로 설치합니다.

```
[spkr@erdia22 ~ (ubun01:default)]$ sudo openssl req -new -newkey rsa:2048 -nodes -keyout
myweb01.key -out myweb01.csr
Generating a 2048 bit RSA private key
(생략)
[spkr@erdia22 ~ (ubun01:default)]$ sudo openssl x509 -req -days 365 -signkey myweb01.key -in
myweb01.csr -out www.myweb.com.crt
Signature ok
subject=C = kr, ST = seoul, L = seoul, O = myweb, OU = myweb, CN = www.myweb.com, emailAddress
= myweb@myweb.com
Getting Private key
```

이제 서버 인증서에 사용할 www.myweb.com.crt 파일이 만들어졌습니다. 이 인증서를 Traefik에 연동합니다.

쿠버네티스는 SSL/TLS 인증서를 시크릿으로 저장하며, Traefik은 시크릿 타입의 인증서를 사용합니다. 생성한 인증서를 시크릿으로 저장합니다.

```
## 사용자 계정에서 key 파일을 읽을 수 있도록 key 파일 권한을 변경합니다.
[spkr@erdia22 ~ (ubun01:default)]$ sudo chmod 664 myweb01.key

## 인증서 파일로 쿠버네티스 secret 리소스를 생성합니다.
[spkr@erdia22 ~ (ubun01:default)]$ kubectl create secret tls myweb-tls --key  myweb01.key
--cert www.myweb.com.crt
secret/myweb-tls created

[spkr@erdia22 ~ (ubun01:default)]$ k get secret
NAME          TYPE                DATA   AGE
myweb-tls     kubernetes.io/tls   2      55s
```

myweb-tls 시크릿이 생성됐습니다. 이 시크릿을 Traefik의 IngressRoute 설정 파일에 추가합니다.

예제 9.4 사용자 지정 SSL/TLS 인증서를 추가한 IngressRoute 파일(cafe-tls-crd-ingressroute.yml)[18]

```
apiVersion: traefik.containo.us/v1alpha1
kind: IngressRoute
metadata:
  name: juice-ingressroutetls
```

---

[18] https://github.com/wikibook/kubepractice/blob/main/ch09/cafe-tls-crd-ingressroute.yml

```
  namespace: default
spec:
  entryPoints:
    - websecure
  routes:
  - match: Host(`www.myweb.com`) && PathPrefix(`/juice`)
    kind: Rule
    services:
    - name: juice-svc
      port: 80
  tls:
    secretName: myweb-tls
```

같은 설정으로 water-ingressroute까지 생성합니다.

기존에 생성한 IngressRoute를 삭제하고 새로운 cafe-tls-crd-ingressroute.yml 파일로 IgressRoute CRD를 생성합니다.

```
[spkr@erdia22 ch09 (ubun01:default)]$ k delete ingressroute --all

[spkr@erdia22 ch09 (ubun01:default)]$ k apply -f cafe-tls-crd-ingressroute.yml
ingressroute.traefik.containo.us/juice-ingressroutetls created
ingressroute.traefik.containo.us/water-ingressroutetls created
```

이제 새로 생성한 인증서를 확인합니다. 웹브라우저를 사용하므로 윈도우 hosts 파일[19]에 traefik 로드 밸런서 타입의 EXTERNAL-IP를 등록합니다(관리자 권한으로 파일을 열어 수정합니다).

```
172.17.29.72  www.myweb.com
```

웹브라우저에서 'https://www.myweb.com/juice'로 접속합니다. 브라우저에서 인증서 정보를 확인하면 테스트 용도로 생성한 'www.myweb.com' 인증서를 확인할 수 있습니다. 이로써 사용자 지정 인증서가 정상적으로 Traefik 설정에 추가된 것을 확인할 수 있습니다.

---

19 참고: https://ldne.tistory.com/240

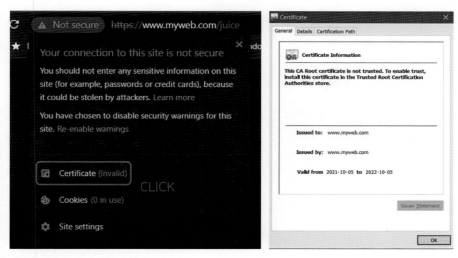

그림 9.6 사용자 지정 SSL/TLS 인증서 확인

이상으로 Traefik 인그레스의 추가 옵션 설정을 알아봤습니다. 이러한 기능 외에도 Traefik은 HTTP to HTTPS 리다이렉트, 추가 포트 사용 등의 다양한 기능을 지원합니다. 추가 기능은 Traefik 홈페이지에서 확인할 수 있습니다.[20]

이번 장에서는 헬름을 이용해 Traefik 인그레스 컨트롤러를 설치했습니다. Traefik은 CRD를 이용해 설정도 간편하고 관리자 페이지까지 제공함으로써 NGINX 인그레스 컨트롤러를 대체해서 사용하기에 편리한 솔루션입니다.

7, 8, 9장에서는 서비스와 인그레스로 쿠버네티스 네트워크를 알아보았습니다. 다음 장부터는 쿠버네티스 스토리지를 알아보겠습니다.

정리

이번 장에서 배운 내용을 정리합니다.

- 쿠버네티스 인그레스는 1) URL과 경로에 따른 웹 서비스 분기 2) SSL/TLS 적용 등 L4 로드밸런서 타입의 서비스가 처리하지 못하는 네트워크 L7 레이어 계층의 추가 기능을 지원합니다.

- Traefik은 오픈소스 인그레스 컨트롤러 솔루션으로, 편리하게 사용할 수 있는 자체 인그레스 설정 CRD(ingressroute)와 관리자 페이지를 제공한다는 장점이 있습니다. 헬름 설치 실습을 통해 별도의 데모 사이트를 생성해서 가상 호스트, URL 분기, 사용자 SSL/TLS 인증서 추가 기능을 실습했습니다.

---

20 https://doc.traefik.io/traefik/providers/kubernetes-crd/

쿠버네티스 스토리지

이전 장에서 다룬 쿠버네티스 네트워크를 구성하는 서비스 오브젝트에 이어 이번 장부터는 쿠버네티스 스토리지를 알아봅니다.

컨테이너 환경에서는 별도 설정을 하지 않으면 데이터는 호스트 노드의 임시 디스크(ephemeral disk)에 보관됩니다. 컨테이너를 삭제하면 임시 디스크에 있는 데이터는 저장되지 않고 컨테이너와 함께 삭제됩니다.[1] 이러한 문제를 쿠버네티스에서는 파드와 데이터를 분리해서 영구 볼륨이라는 별도의 추상화된 리소스로 해결합니다.

쿠버네티스 볼륨을 구성하는 주요 리소스로 영구볼륨(PersistentVolume), PVC(PersistentVolumeClaim, 영구볼륨 요청자), 스토리지 클래스(StorageClass)가 있습니다. 클러스터 관리자와 사용자(개발자)의 역할에 따라 쿠버네티스 볼륨에 관련된 작업이 서로 다릅니다. 클러스터 관리자는 클라우드 서비스 제공업자, 상용 혹은 오픈소스 솔루션 중에서 원하는 성능과 기능을 제공하는 스토리지를 선택해서 개발자에게 적절한 솔루션을 제공하는 역할을 합니다. 개발자는 애플리케이션에서 필요한 스토리지 용량과 특성(액세스 모드 – ReadWriteOnce/ReadWriteMany 등)을 고려해 애플리케이션에 연결하는 작업을 진행합니다.

이번 장에서는 오픈소스 OpenEBS 로컬 호스트패스를 이용해 스토리지 클래스를 만들고 스토리지 관련 설정을 YAML 파일로 작성하는 방법을 알아보겠습니다.

---

1 쿠버네티스 볼륨 속성: https://kubernetes.io/docs/concepts/storage/volumes/

먼저 OpenEBS 실습을 하기 전에 간단하게 쿠버네티스 볼륨을 사용하지 않고 기본 컨테이너 환경의 임시 디스크를 사용할 때의 제약 사항을 실습을 통해 알아보겠습니다.

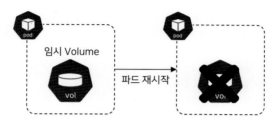

그림 10.1 임시 볼륨을 사용하는 파드

예제 10.1 date 명령어의 출력 결과를 임시 디스크에 저장하는 date-busybox-pod.yml[2]

```
apiVersion: v1
kind: Pod
metadata:
  name: busybox
spec:
  containers:
  - name: busybox
    image: busybox
    command:
    - "/bin/sh"
    - "-c"
    - "while true; do date >> /home/pod-out.txt; cd /home; sync; sync; sleep 30; done"
```

▪ 임시 디스크의 제약 사항을 확인하기 위해 date 명령어로 현재 시간을 30초 간격으로 /home/pod-out.txt 파일에 저장 합니다.

위 YAML 파일을 이용해 파드를 생성합니다.

---

2 https://github.com/wikibook/kubepractice/blob/main/ch10/date-busybox-pod.yml

```
## 이 책의 소스코드에서 ch10 디렉터리로 이동하면 관련 파일을 확인할 수 있습니다.
[spkr@erdia22 ch09 (ubun01:default)]$ cd ../ch10

## 실습 편의를 위해 이전 장에서 생성한 리소스를 삭제합니다.
[spkr@erdia22 ch10 (ubun01:default)]$ k delete pod busybox

[spkr@erdia22 ch10 (ubun01:default)]$ k delete deployments.apps --all
deployment.apps "coffee" deleted
deployment.apps "juice" deleted
deployment.apps "nginx-hello" deleted
deployment.apps "tea" deleted
deployment.apps "water" deleted

## 새로운 busybox 파드를 생성합니다.
[spkr@erdia22 ch10 (ubun01:default)]$ k apply -f date-busybox-pod.yml
pod/busybox created
[spkr@erdia22 ch10 (ubun01:default)]$ k get pod
NAME      READY   STATUS    RESTARTS   AGE
busybox   1/1     Running   0          3m13s
```

busybox 파드에 접속해 데이터를 확인합니다.

```
[spkr@erdia22 ch10 (ubun01:default)]$ k exec busybox -- cat /home/pod-out.txt
Sun May 29 03:26:39 UTC 2022
```

date 명령의 출력 결과가 /home/pod-out.txt 파일에 저장됐습니다. 이제 파드를 삭제하고 재시작해서 데이터가 저장되고 있는지 확인합니다.

```
[spkr@erdia22 ch10 (ubun01:default)]$ k delete pod busybox
pod "busybox" deleted

## 약 1분의 시간을 두고 파드를 다시 실행합니다.
[spkr@erdia22 ch10 (ubun01:default)]$ k apply -f date-busybox-pod.yml
pod/busybox created
[spkr@erdia22 ch10 (ubun01:default)]$ k exec busybox -- cat /home/pod-out.txt
Sun May 29 03:28:09 UTC 2022
```

위와 같이 파드를 재시작하면 기존 데이터는 사라지고 새로운 데이터부터 다시 파일에 저장됩니다. 이처럼 기본 설정에서 컨테이너의 데이터는 노드의 임시 디스크[3]에 보관되어 파드가 삭제되면 파드가 사용하고 있던 데이터도 함께 삭제됩니다. 따라서 데이터를 저장해야 한다면 별도의 쿠버네티스 볼륨을 사용해 보관해야 합니다.

01 | 쿠버네티스 영구볼륨, PVC, 스토리지 클래스의 이해

스토리지 실습에 앞서 관련 용어를 간략하게 정리하겠습니다.

쿠버네티스는 영구볼륨(PersistentVolume, PV), PVC(PersistentVolumeClaim, 영구볼륨 요청자), 스토리지 클래스(StorageClass, SC) 리소스로 볼륨을 구성합니다.

영구볼륨은 실제 데이터가 영속적으로 저장되는 스토리지의 일부입니다. 실제 데이터가 저장되는 리소스입니다. 관리자는 정적으로 직접 영구볼륨을 생성할 수 있으나 운영 환경에서는 대부분 스토리지 클래스를 이용해 동적으로 영구 볼륨을 할당합니다.

PVC는 실제 데이터가 저장되는 영구볼륨과 분리해서 영구볼륨의 스토리지 용량과 액세스 모드(ReadWriteOnce, ReadWriteMany) 등 PV와 관련된 설정만 별도로 분리한 쿠버네티스 리소스입니다. PVC의 Claim은 '요청하다'의 의미입니다. 마치 설정과 관계된 인그레스와 실제 트래픽을 처리하는 인그레스 컨트롤러를 분리하듯이 관리 편의를 위해 PV와 PVC를 서로 분리했습니다. 관리자와 사용자 역할을 분리해서 관리자는 PV, 스토리지 클래스를 만들고 사용자(혹은 개발자)는 영구볼륨의 상세한 설정 내역을 몰라도 PVC를 이용해 볼륨을 사용할 수 있습니다.

스토리지 클래스는 스토리지 솔루션 또는 클라우드 서비스 제공업체에서 제공하는 여러 가지 스토리지 중 동일한 속성(IOPS, 레이턴시, 백업정책 등)을 가지는 스토리지의 집합 리소스입니다. 사용자는 원하는 스토리지 클래스를 지정해 PVC에서 요청하면 스토리지 클래스에서 해당 볼륨을 동적으로 할당합니다.

이러한 쿠버네티스 볼륨을 할당하는 프로세스를 간략히 정리하면 관리자는 사전에 클러스터에 필요한 스토리지 유형을 정하고 이를 스토리지 클래스로 생성합니다. 사용자는 PVC로 볼륨 할당을 요청하면 해당 스토리지 클래스에서 동적으로 PV가 할당됩니다.

---

3   호스트 노드가 사용하는 파드의 임시 데이터 디렉터리 위치는 **/var/lib/containerd**입니다(컨테이너 런타임 containerd 기준).

그림으로 간략히 정리하면 다음과 같습니다.

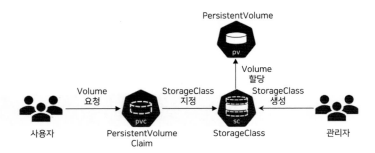

그림 10.2 쿠버네티스 볼륨 할당 프로세스

02 OpenEBS 로컬 호스트패스 설치

쿠버네티스 클러스터 관리자의 주요 역할 중 하나는 개발자에게 필요한 스토리지를 제공하는 것입니다. 이를 위해 여러 스토리지 솔루션을 비교 평가해서 개별 애플리케이션이 필요한 스토리지를 선정합니다. 쿠버네티스는 스토리지 클래스를 이용해 스토리지 서비스를 제공합니다. 쿠버네티스 자체에서는 스토리지 클래스를 제공하지 않고 별도의 솔루션을 설치해야 사용할 수 있습니다. 일반적으로 퍼블릭 클라우드 서비스 업체는 스토리지 클래스를 기본으로 제공하고 온프레미스 환경은 별도 스토리지 솔루션으로 구현합니다.

현업에서 많이 사용하는 오픈소스 스토리지 솔루션으로 셰프(Ceph[4])와 글러스터FS(GlusterFS[5]), OpenEBS[6] 등이 있습니다. 이번 절에서는 속도가 빠르고 설치 및 사용이 쉬운 OpenEBS 호스트패스 (Hostpath)를 사용합니다.

OpenEBS 호스트패스는 파드가 실행되는 호스트 노드의 특정 디렉터리(호스트패스)를 파드의 볼륨으로 할당합니다. 물론 OpenEBS 솔루션 없이 호스트 노드의 원하는 경로를 직접 파드의 볼륨으로 사용할 수 있습니다. 하지만 스토리지 클래스를 이용하지 않으므로 필요할 때마다 영구볼륨을 생성하고 다시 수동으로 삭제해야 하는 정적인 구성으로 번거롭습니다. OpenEBS를 사용하면 스토리지 클래스를

---

4 셰프는 다음 장에서 다룹니다. 참고: https://ceph.io/en/discover/technology/

5 https://www.gluster.org/

6 https://openebs.io/

이용해 동적으로 볼륨을 생성하고 삭제할 수 있습니다. 또한 볼륨 관련 구성은 공통 속성을 사용하므로 기존에 사용하는 애플리케이션 YAML 파일을 수정하지 않고도 OpenEBS 환경에 그대로 사용할 수 있다는 장점이 있습니다. 외부 네트워크 지연과 분산 파일 시스템을 사용하지 않고 노드의 로컬 디스크에 직접 데이터를 읽고 쓰므로 다른 스토리지 솔루션에 비해 성능이 뛰어납니다.

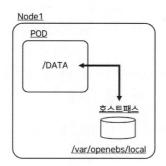

그림 10.3 로컬 호스트패스 스토리지의 구성

설치는 OpenEBS 공식 홈페이지 가이드를 따릅니다.[7] 이때 별도의 openebs 네임스페이스를 이용합니다. 간단한 구성이라 별도 헬름 차트를 이용하지 않고 매니페스트 파일 기반으로 설치할 수 있습니다.

```
[spkr@erdia22 ~ (ubun01:default)]$ k create ns openebs
namespace/openebs created
[spkr@erdia22 ch10 (ubun01:default)]$ k ns openebs

## 원격 파일에서 직접 설치합니다.
[spkr@erdia22 ch10 (ubun01:openebs)]$ kubectl apply -f https://openebs.github.io/charts/open-
ebs-operator-lite.yaml
[spkr@erdia22 ch10 (ubun01:openebs)]$ kubectl apply -f https://openebs.github.io/charts/open-
ebs-lite-sc.yaml
```

설치를 완료하면 스토리지 클래스가 생성됩니다.

```
[spkr@erdia22 ch10 (ubun01:openebs)]$ k get sc
NAME            PROVISIONER       RECLAIMPOLICY   VOLUMEBINDINGMODE       ALLOWVOLUMEEXPAN-
SION    AGE
openebs-device  openebs.io/local  Delete          WaitForFirstConsumer    false
```

7 https://docs.openebs.io/docs/next/uglocalpv−hostpath.html

```
71s
openebs-hostpath    openebs.io/local    Delete         WaitForFirstConsumer    false
71s
```

openebs-device와 openebs-hostpath라는 2가지 스토리지 클래스가 생성됐습니다. openebs-device는 노드에서 마운트하지 않은 별도의 디스크 디바이스(예: /dev/sdb 등)에 파드의 데이터를 저장하고 openebs-hostpath는 호스트 노드의 특정 디렉터리에 데이터를 할당하는 방식입니다. 호스트패스에서 사용하는 디렉터리 위치는 관리자가 변경할 수 있는데, 기본 설정은 /var/openebs/local입니다. OpenEBS에서 사용하는 볼륨이 호스트 노드의 파일시스템 용량에 영향을 끼치지 않도록 기본 디렉터리 경로가 아니라 별도의 마운트 포인트를 사용하는 것을 권장합니다.

이제 새롭게 생성한 openebs-hostpath 스토리지 클래스를 이용해 PVC를 생성하고 파드에 볼륨을 할당합니다.

03 스토리지 클래스를 이용한 PVC 및 영구볼륨 사용

이번 절에서는 사용자(개발자)가 가장 많이 하는 작업으로 YAML 파일을 이용해 PVC를 생성하고 애플리케이션 내 영구 볼륨을 마운트하는 실습을 진행하겠습니다. 개발자는 해당 작업만 가능하면 쿠버네티스 스토리지를 사용하는 데 별다른 문제가 없습니다.

먼저 PVC를 만드는 YAML 파일입니다.

예제 10.2 openebs-hostpath 스토리지 클래스를 사용하는 PVC 생성(date-pvc.yml)[8]
```
apiVersion: v1
kind: PersistentVolumeClaim
metadata:
  name: default-pvc
  namespace: default
spec:
  accessModes:
  - ReadWriteOnce
  volumeMode: Filesystem
  resources:
```

---

8 https://github.com/wikibook/kubepractice/blob/main/ch10/date-pvc.yml

```
    requests:
      storage: 1Gi
  storageClassName: "openebs-hostpath"
```

- kind: PersistentVolumeClaim

  쿠버네티스는 영구볼륨을 요청하는 PersistentVolumeClaim을 별도의 리소스로 지정합니다.

- namespace: default

  PVC는 네임스페이스 단위로 생성하고 구분됩니다. 반면 영구볼륨은 특정 네임스페이스가 아닌 전체 클러스터 단위로 할
  당됩니다.

- spec.accessModes: ReadWriteOnce

  스토리지 클래스에서 지원하는 액세스 모드[9] 중 한 가지를 지정합니다.

- spec.volumeMode: Filesystem

  Filesystem과 Block의 2가지 모드를 선택할 수 있습니다.

- spec.resources.requests.storage: 1Gi

  영구볼륨이 사용하는 용량을 지정합니다. 파드가 마운트한 볼륨은 해당 용량을 초과해서 사용할 수 없습니다.

- spec.storageClassName: "openebs-hostpath"

  클러스터가 지원하는 스토리지 클래스 이름을 지정합니다. 클러스터에서 사용 가능한 복수의 스토리지 클래스가 있으면
  원하는 스토리지 클래스를 선택할 수 있습니다.

사용자는 위와 같은 기본 템플릿 PVC 파일에서 용량과 스토리지 클래스 이름 등 몇 가지 변수만 변경
해서 새로운 PVC를 반복 생성할 수 있습니다. YAML 파일로 PVC를 생성합니다.

```
## default 네임스페이스에 pvc를 생성합니다.
[spkr@erdia22 ch10 (ubun01:openebs)]$ k ns default
Context "ubun01" modified.
Active namespace is "default".

[spkr@erdia22 ch10 (ubun01:default)]$ k apply -f date-pvc.yml
persistentvolumeclaim/default-pvc created

## k get 명령어로 pvc(persistentvolumeclaim)를 조회할 수 있습니다.
[spkr@erdia22 ch10 (ubun01:default)]$ k get pvc
```

---

9 스토리지 옵션으로 사용 가능한 액세스 모드는 ReadWriteOnce, ReadOnlyMany, ReadWriteMany, ReadWriteOncePod의 4가지가 있습니다. 참고:
   https://kubernetes.io/docs/concepts/storage/persistent-volumes/

```
NAME              STATUS    VOLUME    CAPACITY    ACCESS MODES    STORAGECLASS        AGE
default-pvc       Pending                                         openebs-hostpath    2s
```

PVC를 생성하면 정상적으로 default-pvc가 생성됩니다. PVC 또한 리소스이므로 k get 명령어로 PVC 목록을 확인할 수 있습니다. 하지만 상태가 정상이지 않고 'Pending'(지연)으로 표시됩니다. 자세한 이 유를 확인하기 위해 k describe 명령어를 사용해보겠습니다.

```
[spkr@erdia22 ch10 (ubun01:default)]$ k describe pvc default-pvc
...
Events:
  Type     Reason                Age                From                         Message
  ----     ------                ----               ----                         -------
  Normal   WaitForFirstConsumer  12s (x3 over 29s)  persistentvolume-controller  waiting for
first consumer to be created before binding
```

이벤트 메시지를 확인하면 '첫 번째 사용자(파드)가 볼륨을 연결(binding)하기를 기다린다'입니다. OpenEBS 스토리지 클래스의 특징으로 PVC는 해당 PVC를 사용하는 파드가 먼저 생성되고 다음으로 볼륨이 연결됩니다. 파드가 생성되고 해당 PVC를 마운트하면 상태가 'Pending(지연)'에서 'Bound(연결)'로 변경됩니다.

이처럼 사용자는 먼저 파드가 사용할 볼륨을 PVC로 생성합니다. 이후 해당 PVC를 파드 YAML 파일의 volumeMounts와 volumes에 추가해서 사용합니다.

다음은 실제 애플리케이션에서 PVC를 사용하는 디플로이먼트 YAML 파일 예제입니다.

예제 10.3 default-pvc를 이용하는 디플로이먼트(date-pvc-deploy.yml)[10]

```
apiVersion: apps/v1
kind: Deployment
metadata:
  name: date-pod
  namespace: default
  labels:
    app: date
spec:
  replicas: 1
```

---

10 https://github.com/wikibook/kubepractice/blob/main/ch10/date-pvc-deploy.yml

```
selector:
  matchLabels:
    app: date
template:
  metadata:
    labels:
      app: date
  spec:
    containers:
    - name: date-pod
      image: busybox
      command:
      - "/bin/sh"
      - "-c"
      - "while true; do date >> /data/pod-out.txt; cd /data; sync; sync; sleep 30; done"
      volumeMounts:
      - name: date-vol
        mountPath: /data
    volumes:
    - name: date-vol
      persistentVolumeClaim:
        claimName: default-pvc
```

- spec.template.spec.containers.volumeMounts

  컨테이너에서 사용할 볼륨의 정보를 지정합니다. 파드는 볼륨을 사용하기 위해 volumeMounts와 volumes의 2가지를 사용합니다.

- spec.template.spec.containers.volumeMounts.name

  컨테이너 마운트 포인트에 사용할 볼륨의 이름을 지정합니다.

- spec.template.spec.containers.volumeMounts.montPath

  컨테이너 내부의 마운트 포인트를 지정합니다. 지정된 마운트 포인트로 볼륨이 할당됩니다.

- spec.template.spec.volumes.name

  컨테이너 마운트 포인트 이름과 동일하게 매핑합니다. YAML 파일 내에 볼륨 마운트가 여러 개 있으면 해당하는 볼륨 마운트 이름과 일치시킵니다.

- spec.template.spec.volumes.persistentVolumeClaim.claimName

  볼륨에 사용할 PVC 이름을 지정합니다. PVC는 파드와 같은 네임스페이스에 있어야 합니다.

이전 파드 예제와 동일하게 date 명령의 출력 결과를 파일에 저장하는 디플로이먼트 YAML 파일입니다. 이전과 다르게 PVC를 사용해 데이터가 사라지지 않고 영구볼륨에 보관됩니다. PVC 볼륨을 사용하는 디플로이먼트 YAML 파일은 기존의 디플로이먼트 YAML 파일과 동일합니다. 다만 volumeMounts와 volumes 부분만 기존 디플로이먼트 YAML 파일에 추가했습니다. 위 설정으로 디플로이먼트를 생성합니다.

```
[spkr@erdia22 ch10 (ubun01:default)]$ k apply -f date-pvc-deploy.yml
deployment.apps/date-pod created

## PV 할당에 필요한 시간이 추가로 소요되어 파드 생성에 조금 더 시간이 걸립니다.
[spkr@erdia22 ch10 (ubun01:default)]$ k get pod -o wide
NAME                        READY   STATUS    RESTARTS   AGE   IP           NODE       NOMI-
NATED NODE   READINESS GATES
date-pod-874f7cf88-bfbp7    1/1     Running   0          31s   10.233.66.6  ubun20-2   <none>
<none>
```

PVC를 이용해 정상적으로 파드가 실행됩니다. PVC를 확인하면 기존의 'Pending'(지연) 상태에서 'Bound'(연결) 상태로 변경됐습니다. 파드에서 해당 PVC를 볼륨으로 마운트해서 파드와 PVC가 서로 연결되어 STATUS(상태) 메시지가 변경됐습니다.

```
[spkr@erdia22 ch10 (ubun01:default)]$ k get pvc
NAME          STATUS   VOLUME                                     CAPACITY   ACCESS MODES
STORAGECLASS       AGE
default-pvc   Bound    pvc-a3e9cd98-401e-4b27-ba26-9be020595e8e   1Gi        RWO          open-
ebs-hostpath   25m
```

파드에서 PVC가 마운트되어 데이터가 정상적으로 기록되는지 확인합니다. 해당 파드 설정 파일에서 /data/pod-out.txt 파일에 date 명령의 출력 결과를 저장하도록 설정됐습니다.

```
[spkr@erdia22 ch10 (ubun01:default)]$ k exec date-pod-874f7cf88-bfbp7 -- cat /data/pod-out.txt
Sun May 29 03:45:24 UTC 2022
...
```

보다시피 PVC로 마운트한 파일(/data/pod-out.txt)에 정상적으로 데이터가 저장되고 있습니다. 이제 파드를 삭제하고 재시작해서 이전 데이터가 정상적으로 저장되는지 확인합니다. 쿠버네티스 볼륨을 사용하지 않는 이전 설정에서는 데이터는 삭제되고 새로운 데이터부터 저장됐습니다.

```
[spkr@erdia22 ch10 (ubun01:default)]$ k delete pod date-pod-874f7cf88-bfbp7
pod "date-pod-874f7cf88-bfbp7" deleted

[spkr@erdia22 ch10 (ubun01:default)]$ k get pod -o wide
NAME                        READY   STATUS        RESTARTS   AGE    IP           NODE
NOMINATED NODE   READINESS GATES
date-pod-874f7cf88-2xz22    1/1     Running       0          17s    10.233.66.7  ubun20-2
<none>           <none>
date-pod-874f7cf88-bfbp7    1/1     Terminating   0          10m    10.233.66.6  ubun20-2
<none>           <none>
```

디플로이먼트 환경으로 파드를 삭제하면 자동으로 새로운 파드가 실행됩니다. 데이터를 확인합니다.

```
[spkr@erdia22 ch10 (ubun01:default)]$ k exec date-pod-874f7cf88-2xz22 -- cat /data/pod-out.txt
Sun May 29 03:45:24 UTC 2022
...
Sun May 29 03:48:54 UTC 2022
```

기존과 다르게 이전 데이터(Sun May 29 03:45:24 UTC 2022)를 확인할 수 있습니다. 이전 데이터가 저장된 PVC를 새로운 파드에서 동일하게 마운트했기 때문입니다. 해당 PVC(default-pvc)를 date 파드가 아닌 NGINX 등 다른 파드에서 마운트해도 동일하게 이전 데이터를 확인할 수 있습니다. 즉, 파드와 볼륨을 서로 분리해서 파드와 상관없이 동일한 PVC를 이용해 볼륨을 마운트하면 이전 데이터를 그대로 새로운 파드에서 사용할 수 있습니다.

PVC는 영구볼륨 요청에 관한 설정이고, 실제 데이터는 영구볼륨(PV)에 보관됩니다. 영구볼륨 역시 쿠버네티스 오브젝트로서 k get pv 명령어로 확인할 수 있습니다.

```
[spkr@erdia22 ch10 (ubun01:default)]$ k get pv
NAME                                          CAPACITY   ACCESS MODES   RECLAIM POLICY   STATUS
CLAIM                    STORAGECLASS          REASON     AGE
pvc-a3e9cd98-401e-4b27-ba26-9be020595e8e[11]  1Gi        RWO            Delete           Bound
default/default-pvc      openebs-hostpath                 14m

[spkr@erdia22 ch10 (ubun01:default)]$ k get pvc
NAME            STATUS   VOLUME                                        CAPACITY   ACCESS MODES
```

---

11 PV 이름은 개별 클러스터마다 다릅니다.

```
STORAGECLASS          AGE
default-pvc   Bound    pvc-a3e9cd98-401e-4b27-ba26-9be020595e8e    1Gi        RWO           open-
ebs-hostpath   39m
```

영구볼륨 목록을 확인하면 PV를 생성할 때 사용한 PVC와 스토리지 클래스를 확인할 수 있습니다. 동일하게 PVC의 목록을 확인하면 PVC로 생성한 영구볼륨과 PVC가 사용한 스토리지 클래스를 확인할 수 있습니다.

이제 PV와 PVC를 삭제합니다. 영구볼륨은 파드에서 볼륨으로 사용하고 있으므로 영구볼륨을 삭제하려면 먼저 볼륨을 사용하고 있는 파드를 삭제해야 합니다. 파드를 삭제하지 않으면 영구볼륨이 삭제되지 않습니다.

```
[spkr@erdia22 ch10 (ubun01:default)]$ k delete deployments.apps date-pod
deployment.apps "date-pod" deleted
```

PVC를 삭제할 때는 영구볼륨의 삭제와 관련된 정책은 해당 스토리지 클래스의 정책을 따르며 k get pv 출력 결과에서 확인할 수 있습니다.

```
[spkr@erdia22 ch10 (ubun01:default)]$ k describe sc openebs-hostpath
...
ReclaimPolicy:          Delete
[spkr@erdia22 ch10 (ubun01:default)]$ k get pv
NAME                                        CAPACITY   ACCESS MODES   RECLAIM POLICY   STATUS
CLAIM                   STORAGECLASS     REASON    AGE
pvc-a3e9cd98-401e-4b27-ba26-9be020595e8e    1Gi        RWO            Delete           Bound
default/default-pvc     openebs-hostpath           14m
```

영구볼륨 삭제와 관련된 ReclaimPolicy[12](재요구정책)에는 Delete와 Retain 옵션이 있습니다. Delete(삭제) 옵션은 PVC를 삭제하면 영구볼륨도 함께 삭제되고, Retain(유지) 옵션은 PVC는 삭제되어도 영구볼륨은 삭제되지 않고 유지하는 정책입니다. Retain 옵션을 사용하면 PVC를 삭제해도 PV는 삭제되지 않으므로 안전하지만 삭제 작업은 수동으로 진행해야 합니다. 만약 지워지지 않은 영구볼륨이 있으면 향후 해당 영구볼륨을 이용해 수동으로 새로운 PVC를 생성할 수 있습니다.

---

12 Reclaim 정책 중 Recycle 옵션은 앞으로 지원하지 않을(deprecated) 예정입니다. 참고: https://kubernetes.io/docs/concepts/storage/persistent-volumes/#reclaiming

OpenEBS 스토리지 클래스의 기본 정책은 Delete입니다. 영구볼륨을 생성한 후 별도로 옵션을 수정하지 않으면 기본 정책을 따릅니다. 따라서 PVC를 삭제하면 영구볼륨도 함께 삭제됩니다. 필요하면 영구볼륨의 ReclaimPolicy 옵션을 Retain으로 수정할 수 있습니다.

```
[spkr@erdia22 ch10 (ubun01:default)]$ k delete pvc default-pvc
persistentvolumeclaim "default-pvc" deleted

## PVC를 삭제하면 PV까지 함께 삭제됩니다.
[spkr@erdia22 ch10 (ubun01:default)]$ k get pv,pvc
No resources found
```

이상으로 스토리지 클래스를 사용해 PVC를 만들고 해당 PVC를 파드에 마운트하는 실습을 진행했습니다. 이 작업은 자주 실행하므로 여러 번 반복해서 익숙해질 필요가 있습니다.

04 사용자 스토리지 클래스를 지정해 헬름 차트 MySQL 설치하기

이전의 6장에서 말씀드렸듯이 쿠버네티스 환경에서 애플리케이션을 설치하는 데는 주로 헬름을 이용합니다. 헬름 차트는 템플릿 파일로 개별 상황에 맞게 설치 옵션을 지정할 수 있습니다. 스토리지 클래스도 템플릿 파일을 이용해 지정할 수 있습니다. 대부분의 헬름 파일에 스토리지 클래스만 지정하면 PVC가 자동으로 생성됩니다.

헬름
StorageClass 지정   PVC 자동 생성

그림 10.4 헬름 스토리지 클래스 지정

이번 절에서는 OpenEBS 호스트패스를 스토리지 클래스로 지정해 헬름 차트로 MySQL 애플리케이션을 설치합니다. 헬름 차트를 이용한 애플리케이션 설치는 6장에서 자세히 설명했으므로 이번 장에서는 결과 위주로 정리합니다.

```
[spkr@erdia22 ch10 (ubun01:default)]$ helm search repo mysql
NAME                                    CHART VERSION   APP VERSION   DESCRIPTION
bitnami/mysql                           9.1.0           8.0.26        Chart to create
a Highly available MySQL cluster
...


## bitnami에서 제공하는 MySQL 헬름 차트를 사용합니다.
[spkr@erdia22 ch10 (ubun01:default)]$ helm pull bitnami/mysql
[spkr@erdia22 ch10 (ubun01:default)]$ tar xvfz mysql-9.1.0.tgz
[spkr@erdia22 ch10 (ubun01:default)]$ mv mysql mysql-9.1.0
[spkr@erdia22 ch10 (ubun01:default)]$ cd mysql-9.1.0/
[spkr@erdia22 mysql-9.1.0 (ubun01:default)]$ cp values.yaml my-values.yaml
```

my-values.yaml 파일을 비주얼 스튜디오 코드를 이용해 편집합니다.

예제 10.4 MySQL에 대한 헬름 차트 템플릿 변수 파일(my-values.yaml)[13]

```
architecture: replication

primary:
...
 persistence:
  storageClass: "openebs-hostpath"


secondary:
...
 persistence:
  storageClass: "openebs-hostpath"
```

- architecture: replication

  MySQL 애플리케이션 구조(architecture)를 복제(replication) 구성으로 변경합니다.

- persistence.storageClass

  primary.persistence.storageClass와 secondary.persistence.storageClass의 스토리지 클래스를 openebs-hostpath로 변경합니다.

---

13 https://github.com/wikibook/kubepractice/blob/main/ch10/mysql-9.1.0/my-values.yaml

my-values.yaml 파일을 이용해 애플리케이션 보안 설정 등 다양한 옵션을 추가할 수 있습니다. 지금은 테스트 용도로 간단히 스토리지 클래스만 수정했습니다. 새로운 애플리케이션 설치를 위한 mysql 네임스페이스를 생성하고 변경된 변수 파일을 적용해 헬름 차트를 이용해 설치합니다.

```
[spkr@erdia22 mysql-9.1.0 (ubun01:default)]$ k create ns mysql
namespace/mysql created
[spkr@erdia22 mysql-9.1.0 (ubun01:default)]$ k ns mysql
Context "ubun01" modified.
Active namespace is "mysql".
[spkr@erdia22 mysql-9.1.0 (ubun01:mysql)]$ helm install mysql -f my-values.yaml .
```

헬름 차트 설치가 완료되면 관련 파드와 PVC를 확인할 수 있습니다. my-values.yaml 템플릿 변수 파일에 지정한 openebs-hostpath 스토리지 클래스 변수가 적용되어 PVC 오브젝트가 생성됐습니다.

```
[spkr@erdia22 ~ (ubun01:mysql)]$ helm ls
NAME     NAMESPACE        REVISION UPDATED                              STATUS   CHART
APP VERSION
mysql    mysql            1        2022-05-29 13:00:37.10007 +0900 KST deployed mysql-9.1.0
8.0.29

[spkr@erdia22 ~ (ubun01:mysql)]$ k get pod -o wide
NAME               READY   STATUS    RESTARTS   AGE    IP            NODE        NOMINATED
NODE    READINESS GATES
mysql-primary-0    1/1     Running   0          2m5s   10.233.104.13 ubun20-1    <none>
<none>
mysql-secondary-0  1/1     Running   0          2m5s   10.233.104.12 ubun20-1    <none>
<none>

[spkr@erdia22 ~ (ubun01:mysql)]$ k get pvc
NAME                    STATUS   VOLUME                                        CAPACITY   ACCESS
MODES    STORAGECLASS    AGE
data-mysql-primary-0    Bound    pvc-06408b75-1985-4605-9ad0-947f5e6c4aa8      8Gi        RWO
openebs-hostpath  8s
data-mysql-secondary-0  Bound    pvc-c59ef0a8-30b8-4900-a436-356f44339929      8Gi        RWO
openebs-hostpath  8s
```

위와 같이 헬름 차트를 이용해 애플리케이션을 설치할 때 헬름의 스토리지 클래스를 새롭게 생성한 openebs-hostpath로 지정하면 해당 스토리지 클래스를 이용해 자동으로 영구볼륨(PV)을 생성합니다. 온 프레미스 혹은 퍼블릭 클라우드 등의 상황에 맞게 스토리지 클래스 변수만 변경하면 동일한 헬름 차트 로 다양한 환경에서 애플리케이션을 설치하는 것이 가능합니다.

정상적으로 스토리지 클래스를 지정해 MySQL 헬름 차트가 설치됐습니다. 다음으로 파드 헬름 차트를 삭제했을 때 PVC가 정상적으로 유지되는지 확인하기 위해 MySQL 헬름 차트를 삭제합니다. 헬름 차 트를 삭제하면 PVC는 어떻게 될까요?

```
[spkr@erdia22 ~ (ubun01:mysql)]$ helm delete mysql
release "mysql" uninstalled
[spkr@erdia22 ~ (ubun01:mysql)]$ helm ls
NAME    NAMESPACE       REVISION        UPDATED STATUS  CHART   APP VERSION
[spkr@erdia22 ~ (ubun01:mysql)]$ k get pod
No resources found in mysql namespace.

## 헬름 차트와 파드를 삭제했습니다. 이제 PVC를 확인합니다.
[spkr@erdia22 ~ (ubun01:mysql)]$ k get pvc
NAME                    STATUS  VOLUME                                    CAPACITY  ACCESS
MODES   STORAGECLASS    AGE
data-mysql-primary-0    Bound   pvc-06408b75-1985-4605-9ad0-947f5e6c4aa8  8Gi       RWO
openebs-hostpath  6m45s
data-mysql-secondary-0  Bound   pvc-c59ef0a8-30b8-4900-a436-356f44339929  8Gi       RWO
openebs-hostpath  6m45s
```

헬름 차트를 삭제했으나 PVC는 삭제되지 않고 그대로 유지됩니다. 헬름 차트는 데이터 보호를 위해 기 본적으로 PVC는 삭제하지 않습니다. 따라서 헬름 차트가 업그레이드되거나 변경돼도 데이터는 그대로 유지해서 기존 데이터의 변경 없이 그대로 사용할 수 있습니다. PVC를 삭제하려면 다음과 같이 수동으 로 삭제합니다.

```
## --all 옵션을 사용하면 전체 리소스를 삭제합니다.
[spkr@erdia22 ~ (ubun01:mysql)]$ k delete pvc --all
persistentvolumeclaim "data-mysql-primary-0" deleted
persistentvolumeclaim "data-mysql-secondary-0" deleted
```

지금까지 사용자 스토리지 클래스를 지정해 헬름 차트로 MySQL 애플리케이션을 설치하는 실습을 진 행했습니다.

OpenEBS 호스트패스는 이름에서 알 수 있듯이 로컬 호스트의 특정 디렉터리를 스토리지 클래스로 이용합니다. 네트워크에 연결된 별도의 스토리지를 이용하지 않으므로 네트워크 전송에 따른 추가 지연 시간이 없습니다. 또한 분산 파일 시스템을 사용하지 않고 로컬 노드의 디스크를 바로 사용하므로 다른 스토리지 솔루션에 비해 성능이 월등합니다. 하지만 해당 노드에서만 파드가 실행되므로 노드가 다운되면 파드 역시 함께 사용하지 못하는 제약 사항이 있습니다.

이번 절에서는 로컬 호스트 패스 스토리지의 장점과 제약 사항을 알아보겠습니다. 참고로 고가용성 측면의 제약 사항은 애플리케이션 단에서 다른 노드의 파드와 데이터를 동기화해서 해결할 수 있습니다. 데이터베이스 자체에서 제공하는 동기화 기능을 사용하면 이러한 제약 사항이 없어 필자는 로컬 호스트패스를 실제 운영 환경의 데이터베이스 스토리지 클래스로 사용하고 있습니다.

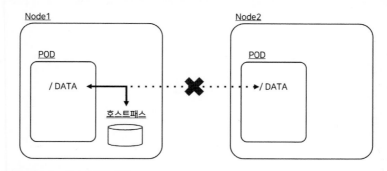

그림 10.5 로컬 호스트패스 스토리지의 제약 사항

그림 10.5와 같이 특정 노드(Node1)에서 실행되는 호스트패스를 사용하는 파드는 데이터가 없는 다른 노드(Node2)에서는 실행되지 못합니다.

10.5.1 뛰어난 IOPS 성능 – Kubestr을 이용한 성능 측정

이번에는 성능 비교를 위해 스토리지 IOPS 성능을 측정해 보겠습니다. IOPS(Input/Output Operations Per Second)란 스토리지 성능 측정에 사용하는 기본 단위입니다. 초당 실행되는 I/O 개수를 측정해서 초당 전송량, 지연속도(latency)와 함께 스토리지 성능 기준으로 많이 사용합니다. 쿠버네티스 환경에서는 Kubestr[14]를 사용해 편리하게 IOPS를 측정할 수 있습니다. 다음과 같이 Kubestr를 설치하고 openebs-hostpath 스토리지 클래스의 성능을 측정합니다.

```
## 편의를 위해 소스코드의 ch10 디렉터리에서 파일을 내려받습니다.
[spkr@erdia22 mysql-9.1.0 (ubun01:mysql)]$ cd ..
[spkr@erdia22 ch10 (ubun01:mysql)]$ wget https://github.com/kastenhq/kubestr/releases/download/
v0.4.31/kubestr_0.4.31_Linux_amd64.tar.gz
[spkr@erdia22 ch10 (ubun01:mysql)]$ tar xvfz kubestr-v0.4.23-linux-amd64.tar.gz
[spkr@erdia22 ch10 (ubun01:mysql)]$ sudo mv kubestr /usr/local/bin/
[spkr@erdia22 ch10 (ubun01:mysql)]$ sudo chmod +x /usr/local/bin/kubestr
```

Kubestr를 이용해 IOPS를 측정하려면 FIO 스크립트를 작성합니다. 개별 상황에 맞는 다양한 FIO 옵션 지정이 가능하며, 다음은 제가 작성한 FIO 스크립트입니다.

예제 10.5 IOPS 측정용 Read FIO 스크립트(fio-read.fio)[15]

```
[global]
ioengine=libaio
direct=1
bs=4k
runtime=120
time_based=1
iodepth=16
numjobs=4
# numjobs=16
size=1g
group_reporting
rw=randrw
rwmixread=100
rwmixwrite=0
[read]
```

Kubestr를 이용해 IOPS 성능을 측정합니다.

```
[spkr@erdia22 ch10 (ubun01:mysql)]$ kubestr fio -f fio-read.fio -s openebs-hostpath
...
```

---

14 Kubestr 및 FIO에 대한 자세한 설명은 이 책의 범위를 벗어납니다. 공식 홈페이지(https://kubestr.io/)를 참고하세요.

15 https://github.com/wikibook/kubepractice/blob/main/ch10/fio-read.fio

```
read:
  IOPS=12610.404297 BW(KiB/s)=50441
  iops: min=5116 max=20533 avg=12609.087891
  bw(KiB/s): min=20464 max=82137 avg=50438.363281
```

측정 결과, 4k 디스크 블럭 기준으로 평균 IOPS는 12,609입니다. 동일한 디스크, CPU를 사용해 셰프(Ceph) 스토리지의 IOPS는 평균 2,353[16]이므로 호스트패스 스토리지가 약 5배 정도 빠릅니다. 또한 퍼블릭 클라우드 서비스에서 제공하는 일반적인 스토리지 클래스의 IOPS 성능이 2,000 ~ 4,000(구글), 3,000 ~ 4,000(Azure), 2,000(AWS)[17]임을 감안하면 역시 3~6배 정도 빠릅니다. 즉, 호스트패스 스토리지를 사용하면 성능이 뛰어난 것을 성능 측정 결과로 확인할 수 있습니다.

10.5.2 스토리지 고가용성 구성 제약 – 노드 제거 테스트

로컬 호스트패스 스토리지 클래스는 파드가 실행 중인 노드의 특정 디렉터리를 파드의 볼륨으로 할당합니다. 따라서 파드의 데이터는 해당 노드에만 존재해서 다른 노드로 파드를 이동하는 것이 불가능합니다. 볼륨을 가지지 않는 일반 파드(Stateless POD)는 특정 노드에 장애가 발생해도 다른 노드로 이동이 가능하나 로컬 호스트패스를 스토리지 클래스로 가진 파드는 다른 노드로 이전이 불가합니다.

이를 테스트 파드를 실행해 간단히 검증해 보겠습니다. 볼륨을 사용하는 파드와 볼륨을 사용하지 않는 파드를 각각 실행합니다. YAML 파일로는 이전에 사용한 date-pvc.yml[18]과 date-pvc-deploy.yml[19] 파일을 사용합니다. YAML 파일을 이용해 PVC와 디플로이먼트를 생성합니다.

```
## default 네임스페이스로 변경합니다.
[spkr@erdia22 ch10 (ubun01:mysql)]$ k ns default
Context "ubun01" modified.
Active namespace is "default".

## -f 옵션을 각각 지정하면 2개의 YAML 파일을 동시에 실행할 수 있습니다.
## date-pvc.yaml, data-pvc-deploy.yml 파일은 ch10 디렉터리에서 확인할 수 있습니다.
[spkr@erdia22 ch10 (ubun01:default)]$ k apply -f date-pvc.yml -f date-pvc-deploy.yml
persistentvolumeclaim/default-pvc created
deployment.apps/date-pod created
```

---

16 셰프 환경에서 IOPS 성능 측정 결과는 다음 장에서 다룹니다.

17 퍼블릭 클라우드 서비스의 IOPS 측정 결과: https://www.cncf.io/blog/2021/04/05/kubernetes-storage-options-can-be-overwhelming-pick-the-right-one/

18 https://github.com/wikibook/kubepractice/blob/main/ch10/date-pvc.yml

19 https://github.com/wikibook/kubepractice/blob/main/ch10/date-pvc-deploy.yml

PVC를 가진 파드와 비교하기 위해 볼륨을 가지지 않은 NGINX 디플로이먼트를 실행합니다.

```
[spkr@erdia22 ch10 (ubun01:default)]$ k create deploy nginx --image=nginx --replicas=5
deployment.apps/nginx created


[spkr@erdia22 ch10 (ubun01:default)]$ k get pod -o wide
NAME                        READY   STATUS     RESTARTS   AGE    IP             NODE
NOMINATED NODE    READINESS GATES
date-pod-6477dbd55b-xtbcq   1/1     Running    0          46s    10.233.88.36   ubun20-03
<none>            <none>
nginx-8f458dc5b-4lhtp       1/1     Running    0          28s    10.233.88.37   ubun20-03
<none>            <none>
...
```

볼륨을 사용하는 파드의 노드 고가용성 검증을 위해 date-pod-6477dbd55b-xtbcq 파드가 실행 중인 ubun20-03 노드에서 실행 중인 모든 파드를 제거(drain)합니다. 해당 노드에는 NGINX 파드(nginx-8f458dc5b-4lhtp)도 실행되고 있어 OpenEBS PVC를 가지는 파드와 서로 비교할 수 있습니다.

```
## 'drain' 명령어는 노드에서 사용 중인 모든 파드를 추방합니다.
## 실행 환경에 따라 '--ignore-daemonsets', '--delete-emptydir-data', --force 옵션을 추가합니다.
[spkr@erdia22 ch10 (ubun01:default)]$ k drain ubun20-03 --ignore-daemonsets --delete-empty-
dir-data
...
node/ubun20-03 drained


[spkr@erdia22 ch10 (ubun01:default)]$ k get pod -o wide
NAME                        READY   STATUS       RESTARTS   AGE     IP              NODE
NOMINATED NODE    READINESS GATES
busybox                     1/1     Running      0          28m     10.233.118.32   ubun20-02
<none>            <none>
date-pod-6477dbd55b-57k82   0/1     Pending      0          23s     <none>          <none>
<none>            <none>
date-pod-6477dbd55b-xtbcq   1/1     Terminating  0          3m29s   10.233.88.36    ubun20-03
<none>            <none>
nginx-8f458dc5b-b5fl6       1/1     Running      0          3m11s   10.233.118.46   ubun20-02
<none>            <none>
nginx-8f458dc5b-dfv2k       1/1     Running      0          3m11s   10.233.118.47   ubun20-02
<none>            <none>
```

nginx-8f458dc5b-dxq68	1/1	Running	0	23s	10.233.99.31	ubun20-01
\<none\>	\<none\>					
nginx-8f458dc5b-mncvd	1/1	Running	0	3m11s	10.233.99.28	ubun20-01
\<none\>	\<none\>					
nginx-8f458dc5b-p996p	1/1	Running	0	3m11s	10.233.99.27	ubun20-01
\<none\>	\<none\>					

- **k drain {노드 이름}**

  drain('물기를 빼내다'라는 뜻) 명령어로 노드에서 실행 중인 전체 파드를 제거합니다. 노드 가용성을 검증할 때 자주 사용하는 명령어입니다.

데이터 볼륨이 없는 NGINX 파드(nginx-8f458dc5b-4lhtp)는 ubun20-03 노드에서 종료되고 다른 노드로 이전해서 이전과 동일하게 총 5개의 파드가 실행됩니다. 하지만 볼륨을 가진 date 파드(date-pod-6477dbd55b-xtbcq)는 실행되지 않고 'pending'(지연) 상태로 머물러 있습니다. 볼륨이 ubun20-03 노드에 속해서 다른 노드는 볼륨이 없으므로 파드가 다른 노드에서 실행되지 않습니다. 이처럼 PVC가 특정 노드만 실행 중인 파드는 해당 노드에서만 실행이 가능합니다. 따라서 해당 노드의 문제가 발생하면 파드가 실행되지 않아 서비스 장애가 발생합니다.

위와 같이 호스트패스를 사용하는 파드는 애플리케이션 단에서 서로 다른 노드의 파드와 서로 데이터를 복제하도록 설정할 필요가 있습니다. 볼륨 복제를 지원하면 기존 PVC를 삭제했을 때 새로운 노드에서 기존 데이터를 처음부터 복제해서 파드 실행이 가능합니다.

ubun20-03 노드를 다시 정상 상태로 변경(uncordon)하면 date 파드가 ubun20-03 노드에 정상 실행됩니다.

```
## 노드를 다시 정상 상태로 변경하는 명령어는 'ncordon'입니다.
[spkr@erdia22 ch10 (ubun01:default)]$ k uncordon ubun20-03
node/ubun20-03 uncordoned

## date-pod가 ubun20-3 노드에서 정상 실행됩니다.
[spkr@erdia22 ch10 (ubun01:default)]$ k get pod -o wide
NAME                      READY   STATUS    RESTARTS   AGE     IP             NODE
NOMINATED NODE   READINESS GATES
date-pod-6477dbd55b-57k82  1/1    Running   0          4m45s   10.233.88.38   ubun20-03
<none>           <none>
```

위와 같이 로컬PV 호스트패스는 특정 노드에 할당돼야 하는 제약 사항이 있습니다. 다음 장에서 특정 노드에 할당되지 않고 전체 노드의 디스크에 분산해서 저장하는 셰프 스토리지를 알아보겠습니다.

정리

이번 장에서 배운 내용을 정리합니다.

- 컨테이너는 기본 설정으로 데이터는 임시 디스크에 보관되므로 파드가 재시작하면 기존 데이터는 사라집니다. 쿠버네티스는 별도의 PV(영구볼륨), PVC(영구볼륨 요청자), SC(스토리지 클래스) 리소스를 사용해 데이터를 저장할 수 있습니다.

- 오픈소스 솔루션인 OpenEBS 로컬 호스트패스를 설치해 영구볼륨에 데이터를 저장하는 실습을 진행했습니다. 사용자는 스토리지 클래스를 이용해 먼저 PVC를 생성하고 해당 PVC를 파드에서 볼륨으로 마운트해서 영구 볼륨을 사용할 수 있습니다. 또한 설치한 스토리지 클래스를 이용해 헬름 차트로 MySQL을 설치하는 실습을 진행했습니다.

- 로컬 호스트패스 스토리지 클래스는 다른 스토리지 솔루션에 비해 IOPS 성능이 뛰어나고 구성이 간편합니다. 하지만 특정 노드의 디스크를 사용하므로 해당 노드에 장애가 발생하면 서비스 장애가 발생합니다. 따라서 애플리케이션 레벨의 볼륨 복제 설정이 필요합니다.

스토리지 볼륨 스냅샷
사용하기

앞의 10장에서 사용한 OpenEBS 호스트패스 스토리지는 성능은 뛰어나지만 단일 노드에 종속되고 스냅샷[1] 등의 스토리지 부가 기능을 사용할 수 없습니다. 쿠버네티스는 CSI[2](Container Storage Interface)라는 추가 리소스를 이용해 벤더 독립적으로 스토리지 부가 기능을 사용할 수 있습니다. CSI는 쿠버네티스 코어 코드에서 분리되어 스토리지 솔루션 개발 업체는 코어 코드를 수정할 필요 없이 해당 CSI 인터페이스를 준수하는 플러그인을 개발해서 자유롭게 필요한 기능을 추가할 수 있습니다.

스냅샷 등 다양한 스토리지 기능을 제공하고 쿠버네티스 환경에서 많이 사용하는 대표적인 오픈소스 스토리지 솔루션으로는 셰프(Ceph)와 글러스터FS(Glusterfs)가 있습니다. 그중 셰프는 단일 분산 스토리지 환경에서 블록(block)/파일(file)/오브젝트(object)의 3가지 타입의 서비스를 제공하고 확장성이 뛰어나 게임사, 포털 등 국내의 대형 업체들이 많이 사용하고 있습니다.

오퍼레이터[3]란 쿠버네티스에서 특정 애플리케이션의 패키징과 설치, 관리를 손쉽게 할 수 있도록 쿠버네티스 API 확장 기능을 사용하는 컨트롤러입니다. 오퍼레이터의 컨트롤러를 이용하면 애플리케이션이 항상 '의도한 상태'를 유지하기가 좀 더 용이합니다. 오퍼레이터는 사용자를 대신해서 애플리케이션과 관련된 복잡한 작업을 처리할 수 있어 다양한 솔루션 업체에서 설치나 관리 용도로 사용합니다. 셰

---

1   스냅샷(snapshot)은 순간적으로 찍은 사진처럼 특정 시점에 생성되는 가상의 데이터 복사본입니다. 참고: https://searchdatabackup.techtarget.com/definition/storage-snapshot
2   CSI는 1.12 버전부터 쿠버네티스 소스코드에 포함되었습니다. 참고: https://kubernetes.io/blog/2019/01/15/container-storage-interface-ga/
3   https://www.redhat.com/en/topics/containers/what-is-a-kubernetes-operator

프 역시 루크(rook)[4]사에서 제공하는 오퍼레이터를 이용해 설치할 수 있습니다. 참고로 루크는 셰프 외에도 Cassandra, NFS 등의 오퍼레이터도 제공합니다.

이번 장에서는 루크-셰프 오퍼레이터를 이용해 셰프 스토리지를 설치하고 스냅샷 기능을 이용해 애플리케이션 데이터를 복구하는 실습을 진행합니다. 쿠버네티스에서는 스냅샷도 하나의 리소스로서 YAML 파일을 이용해 편리하게 스냅샷을 생성할 수 있습니다.

⌨ 실습 과제

1. rook-ceph를 이용해 쿠버네티스 환경에서 사용 가능한 셰프 스토리지를 설치합니다.
2. 워드프레스 애플리케이션을 설치하고 임의의 새로운 글을 게시합니다. 해당 글을 포함하는 데이터를 백업하기 위해 스냅샷을 생성합니다.
3. 생성한 스냅샷을 이용해 삭제한 블로그 글을 복구합니다.

이번 장의 전체 실습 과제를 그림으로 표현하면 다음과 같습니다. 워드프레스 블로그를 설치하고 CSI 기반의 Rook-Ceph 스토리지를 설치합니다. 셰프 스토리지로 생성한 볼륨을 스냅샷을 이용해 복구 테스트를 진행합니다.

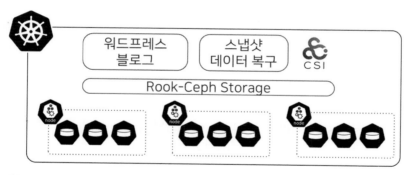

그림 11.1 실습 과제 개요

⟨⟩ 소스코드

- https://github.com/wikibook/kubepractice/tree/main/ch11

---

4 https://rook.io/

```
customresourcedefinition.apiextensions.k8s.io/volumesnapshotcontents.snapshot.storage.k8s.io
created

[spkr@erdia22 examples (ubun01:rook-ceph)]$ k apply -f https://raw.githubusercontent.com/kuber-
netes-csi/external-snapshotter/master/client/config/crd/snapshot.storage.k8s.io_volumesnapshots.
yaml
customresourcedefinition.apiextensions.k8s.io/volumesnapshots.snapshot.storage.k8s.io created
```

설치가 완료되면 volumesnapshot 관련 CRD를 확인할 수 있습니다.

```
[spkr@erdia22 examples (ubun01:rook-ceph)]$ k get crd |grep volumesnap
volumesnapshotclasses.snapshot.storage.k8s.io          2022-06-19T03:21:40Z
volumesnapshotcontents.snapshot.storage.k8s.io         2022-06-19T03:21:56Z
volumesnapshots.snapshot.storage.k8s.io                2022-06-19T03:22:03Z
```

다음으로 Snapshot Controller를 설치합니다.

```
[spkr@erdia22 examples (ubun01:rook-ceph)]$ k apply -f https://raw.githubusercontent.com/
kubernetes-csi/external-snapshotter/master/deploy/kubernetes/snapshot-controller/rbac-snapshot-
controller.yaml
serviceaccount/snapshot-controller created

[spkr@erdia22 examples (ubun01:rook-ceph)]$ k apply -f https://raw.githubusercontent.com/kuber-
netes-csi/external-snapshotter/master/deploy/kubernetes/snapshot-controller/setup-snapshot-con-
troller.yaml
```

이제 Rook 셰프 스냅샷 클래스[9]를 설치합니다.

```
[spkr@erdia22 examples (ubun01:rook-ceph)]$ k apply -f csi/rbd/snapshotclass.yaml
volumesnapshotclass.snapshot.storage.k8s.io/csi-rbdplugin-snapclass created
```

설치가 완료되면 다음과 같이 셰프 볼륨에서 사용할 수 있는 스냅샷 클래스를 확인할 수 있습니다.

```
## 스냅샷 클래스 리소스 이름은 'volumesnapshotclass'입니다.
[spkr@erdia22 examples (ubun01:rook-ceph)]$ k get volumesnapshotclasses.snapshot.storage.k8s.io
NAME                      DRIVER                    DELETIONPOLICY   AGE
csi-rbdplugin-snapclass   rook-ceph.rbd.csi.ceph.com   Delete         22s
```

---

9   Rook 셰프 스냅샷 클래스 설치 가이드: https://rook.io/docs/rook/v1.9/ceph-csi-snapshot.html

이제 `csi-rbdplugin-snapclass` 스냅샷 클래스를 이용해 스냅샷을 생성할 수 있습니다.

02 워드프레스 블로그 애플리케이션의 설치 및 스냅샷 생성

이번 절에서는 실습용으로 워드프레스 애플리케이션을 설치하고 스냅샷을 생성해서 데이터를 복구하는 실습을 진행합니다.

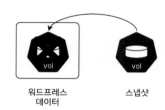

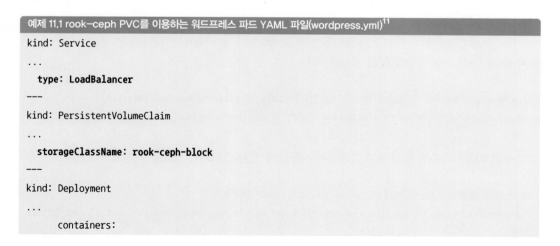

그림 11.3 스냅샷을 이용한 워드프레스 데이터 복구

11.2.1 워드프레스 애플리케이션 설치

워드프레스(Wordpress)[10]는 블로그 용도로 많이 사용하는 애플리케이션입니다. 루크에서는 쿠버네티스용 워드프레스 코드를 샘플 코드로 함께 제공합니다. 다음은 워드프레스 YAML 파일의 주요 구성 요소에 대한 설명입니다.

예제 11.1 rook-ceph PVC를 이용하는 워드프레스 파드 YAML 파일(wordpress.yml)[11]

```
kind: Service
...
  type: LoadBalancer
---
kind: PersistentVolumeClaim
...
  storageClassName: rook-ceph-block
---
kind: Deployment
...
      containers:
```

---

10 https://ko.wordpress.org/

11 https://github.com/wikibook/kubepractice/blob/main/ch11/wordpress.yaml

```
          - image: wordpress:4.6.1-apache
            env:
              - name: WORDPRESS_DB_HOST
                value: wordpress-mysql
...

            volumeMounts:
              - name: wordpress-persistent-storage
                mountPath: /var/www/html
        volumes:
          - name: wordpress-persistent-storage
            persistentVolumeClaim:
              claimName: wp-pv-claim
```

- Service.type: LoadBalancer

  워드프레스 웹서버를 로드밸런서 타입 서비스로 외부에 노출합니다.

- PVC.storageClassName: rook-ceph-block

  스토리지 클래스는 루크를 이용해 생성한 셰프 스토리지 클래스를 사용합니다.

- Deployment.containers.image: wordpress:4.6.1-apache

  워드프레스 웹서버는 아파치 웹서버를 사용합니다.

- Deployment.env.value: wordpress-mysql

  웹서버에서 데이터베이스 서버 연결은 쿠버네티스 클러스터 내부에서 이뤄지는 연결이므로 기존 가상 머신 환경처럼 IP 주소를 이용하지 않고 앞으로 설치할 데이터베이스 파드의 서비스 이름(wordpress-mysql)으로 연결합니다.

- volumeMounts.mountPath: /var/www/html

  웹서버의 루트 디렉터리를 파드의 영구 볼륨으로 지정합니다.

- volumes.persistentVolumeClaim.claimName: wp-pvc-claim

  웹서버 PVC YAML 파일의 PVC 이름을 동일하게 지정합니다.

다음은 워드프레스에서 사용하는 MySQL 파드의 YAML 파일입니다.

예제 11.2 rook–ceph PVC를 이용하는 워드프레스 MySQL 파드 YAML 파일(mysql.yml)[12]

```
kind: Service
...
  name: wordpress-mysql
---
```

---

12 https://github.com/wikibook/kubepractice/blob/main/ch11/mysql.yaml

```
kind: PersistentVolumeClaim
...
  storageClassName: rook-ceph-block
---
kind: Deployment
    containers:
      - image: mysql:5.6
...
        volumeMounts:
          - name: mysql-persistent-storage
            mountPath: /var/lib/mysql
      volumes:
        - name: mysql-persistent-storage
          persistentVolumeClaim:
            claimName: mysql-pv-claim
```

- Service.name: wordpress-mysql

  웹서버에서 데이터베이스 서버 연결에 사용한 서비스 이름입니다.

- PersistentVolumeClaim.storageClassName: rook-ceph-block

  PVC 생성용 스토리지 클래스를 셰프 스토리지 클래스로 지정합니다.

- Deployment.containers.image: mysql:5.6

  MySQL 5.6 데이터베이스 서버를 사용합니다.

- volumeMounts.mountPath: /var/lib/mysql

  데이터베이스 서버의 데이터를 PVC에 저장합니다.

- volumes.persistentVolumeClaim.claimName: mysql-pv-claim

  PVC 이름을 지정합니다. 해당 PVC는 데이터베이스의 데이터로 사용합니다.

워드프레스용으로 새로운 네임스페이스를 만들고 앞에서 살펴본 YAML 파일을 이용해 워드프레스를 설치합니다.

```
[spkr@erdia22 examples (ubun01:rook-ceph)]$ k create ns wordpress
namespace/wordpress created

[spkr@erdia22 examples (ubun01:rook-ceph)]$ k ns wordpress
Context "ubun01" modified.
```

```
Active namespace is "wordpress".

## wordpress, mysql YAML 파일을 동시에 설치합니다.
[spkr@erdia22 examples (ubun01:wordpress)]$ k apply -f wordpress.yaml -f mysql.yaml
```

설치가 완료되면 워드프레스 파드와 서비스, PVC를 확인할 수 있습니다.

```
## 쉼표로 분리하면 한번에 여러 개의 리소스를 조회할 수 있습니다.
[spkr@erdia22 examples (ubun01:wordpress)]$ k get pod,svc,pvc
NAME                                    READY    STATUS    RESTARTS    AGE
pod/wordpress-7964897bd9-97p7p          1/1      Running   0           52s
pod/wordpress-mysql-776b4f56c4-2frz2    1/1      Running   0           52s


NAME                        TYPE            CLUSTER-IP      EXTERNAL-IP     PORT(S)        AGE
service/wordpress           LoadBalancer    10.233.48.66    172.17.29.73    80:32494/TCP   29s
service/wordpress-mysql     ClusterIP       None            <none>          3306/TCP       29s


NAME                                      STATUS   VOLUME                                        CA-
PACITY    ACCESS MODES    STORAGECLASS     AGE
persistentvolumeclaim/mysql-pv-claim      Bound    pvc-466b16da-371a-48be-9689-7d089a6e6a41      20Gi
RWO               rook-ceph-block    29s
persistentvolumeclaim/wp-pv-claim         Bound    pvc-0c2e321a-69c8-4fad-bac4-df86641e7de6      20Gi
RWO               rook-ceph-block    29s
```

생성된 로드밸런서 타입의 외부 접속용 IP(EXTERNAL-IP)가 172.17.29.73으로 할당됐습니다. 해당 IP
를 이용해 접속합니다. 워드프레스 사이트에 접속한 후 스냅샷 복구 테스트를 위한 임의의 테스트 페이
지를 생성합니다.

그림 11.4 워드프레스 관리자 콘솔의 첫 페이지 및 프로그램 설치

워드프레스 첫 페이지에서 설치를 선택하고 기본 설정으로 진행합니다. 워드프레스 설치가 완료되고 관리자로 사이트에 로그인하면 다음과 같은 관리자 페이지를 확인할 수 있습니다.

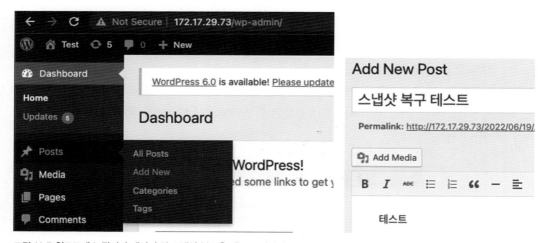

그림 11.5 워드프레스 관리자 페이지 및 스냅샷 복구용 테스트 페이지

위 화면을 참고해서 관리자 페이지에서 [Posts] → [Add New] 메뉴를 클릭하고 스냅샷 테스트용으로 임의의 글을 작성합니다.

11.2.2 스토리지 볼륨 스냅샷 생성

쿠버네티스 환경에서는 스냅샷도 하나의 리소스로서 YAML 파일을 이용해 생성할 수 있습니다. 스냅샷 리소스는 PV와 PVC 관계와 동일하게 실제 데이터가 저장되는 볼륨 스냅샷 콘텐츠(VolumeSnapshotContent)와 스냅샷을 요청하는 볼륨 스냅샷(VolumeSnapshot)이 각각 별개의 API 리소스[13]로 구성됩니다. 또한 볼륨 스냅샷을 생성하기 위해 스토리지 클래스와 유사하게 볼륨 스냅샷 클래스(VolumeSnapshotClass)가 필요합니다.

그림 11.6 볼륨 스냅샷 복제

볼륨 스냅샷을 생성하기 위해 스냅샷을 생성할 PVC와 스냅샷 클래스를 확인합니다.

```
$ (* ¦ubun01:wordpress) k get pvc,volumesnapshotclasses.snapshot.storage.k8s.io
NAME                                          STATUS   VOLUME                                        CA-
PACITY    ACCESS MODES    STORAGECLASS        AGE
persistentvolumeclaim/mysql-pv-claim          Bound    pvc-e3110841-1beb-4aa2-9eed-02006854492a      20Gi
RWO            rook-ceph-block    2m51s


NAME                                                                   DRIVER
DELETIONPOLICY    AGE
volumesnapshotclass.snapshot.storage.k8s.io/csi-rbdplugin-snapclass    rook-ceph.rbd.csi.ceph.com
Delete            50m
```

블로그의 테스트 페이지가 저장되는 mysql-pv-claim을 PVC를 대상으로 스냅샷을 생성합니다. 스냅샷을 생성하기 위해 사용하는 스냅샷 클래스는 csi-rbdplugin-snapclass입니다. 스냅샷은 다음과 같은 스냅샷 YAML 파일을 이용해 생성합니다.

---

13 https://kubernetes.io/docs/concepts/storage/volume-snapshots/#introduction

```
apiVersion: snapshot.storage.k8s.io/v1
kind: VolumeSnapshot
metadata:
  name: mysql-snapshot-01
spec:
  volumeSnapshotClassName: csi-rbdplugin-snapclass  # snapshot class 지정
  source:
    persistentVolumeClaimName: mysql-pv-claim       # snapshot 대상 PVC 지정
```

- kind: VolumeSnapshot

  볼륨 스냅샷은 별도의 오브젝트로 지정합니다.

- spec.volumeSnapshotClassName

  PVC를 생성할 때 스토리지 클래스를 지정하듯이 스냅샷을 만들 스냅샷 클래스 이름을 지정합니다. 이 책에서는 셰프를 이용해 csi-rbdplugin-snapclass를 생성했습니다. 퍼블릭 클라우드를 사용한다면 해당 업체에서 제공하는 스냅샷 클래스 이름을 사용합니다.

- spec.source.persistentVolumeClaimName

  스냅샷을 생성할 PVC 이름을 지정합니다.

해당 YAML 파일을 이용해 스냅샷을 생성합니다.

```
[spkr@erdia22 ch11 (ubun01:wordpress)]$ k apply -f mysql-pvc-snapshot.yml
volumesnapshot.snapshot.storage.k8s.io/mysql-snapshot-01 created

## volumesnapshot을 확인합니다.
[spkr@erdia22 ch11 (ubun01:wordpress)]$ k get volumesnapshot
NAME              READYTOUSE    SOURCEPVC      SOURCESNAPSHOTCONTENT    RESTORESIZE    SNAP-
SHOTCLASS              SNAPSHOTCONTENT                                 CREATIONTIME   AGE
mysql-snapshot-01    true        mysql-pv-claim                          20Gi          csi-rbd-
plugin-snapclass   snapcontent-8a7c3dad-f740-4fc1-acc6-077a8879bed7   3s             4s


## volumesnapshotcontents를 확인합니다.
[spkr@erdia22 ch11 (ubun01:wordpress)]$ k get volumesnapshotcontents.snapshot.storage.k8s.io
NAME                                              READYTOUSE   RESTORESIZE   DELETIONPOLICY
```

---

14 https://github.com/wikibook/kubepractice/blob/main/ch11/mysql-pvc-snapshot.yml

```
DRIVER                    VOLUMESNAPSHOTCLASS       VOLUMESNAPSHOT        VOLUMESNAPSHOTNAME-
SPACE    AGE
snapcontent-8a7c3dad-f740-4fc1-acc6-077a8879bed7    true          21474836480    De-
lete          rook-ceph.rbd.csi.ceph.com   csi-rbdplugin-snapclass    mysql-snapshot-01    word-
press                  48s
```

스냅샷을 생성하면 위와 같이 볼륨 스냅샷(mysql-snapshot-01)과 해당 볼륨 스냅샷 콘텐츠(snapcontent-8a7c3dad-f740-4fc1-acc6-077a8879bed7)가 생성됩니다. PVC를 생성하면 영구볼륨(PV)이 함께 생성되는 것과 동일합니다. 이 스냅샷을 이용하면 PVC를 복구할 수 있습니다.

03 스냅샷을 이용한 애플리케이션 데이터 복구

이번 절에서는 생성한 스냅샷을 이용해 애플리케이션 데이터를 복구하는 실습을 진행하겠습니다. 사용자 실수로 데이터 또는 PVC가 삭제돼도 관리자는 스냅샷을 이용해 복구할 수 있습니다.

스냅샷 복구 테스트를 위해 먼저 워드프레스 관리자 페이지에서 임시로 생성한 테스트용 글을 삭제(Trash, 휴지통으로 이동)합니다.

그림 11.7 스냅샷 테스트를 위한 테스트 글 삭제

같은 이름의 PVC가 실행 중이면 스냅샷으로 같은 이름으로 PVC를 복구할 수 없습니다. 기존에 실행 중이던 PVC를 삭제합니다. PVC를 삭제하기 위해서는 먼저 파드를 삭제해야 하므로 MySQL 파드도 함께 삭제합니다.

```
## replicas 개수를 0으로 지정하면 파드가 삭제됩니다.
## 이후 replicas=1로 수정하면 다시 생성할 수 있어 임시로 삭제하기가 용이합니다.
[spkr@erdia22 ch11 (ubun01:wordpress)]$ k scale deployment wordpress-mysql --replicas 0
deployment.apps/wordpress-mysql scaled

[spkr@erdia22 ch11 (ubun01:wordpress)]$ k delete pvc mysql-pv-claim
persistentvolumeclaim "mysql-pv-claim" deleted
```

- 파드는 'k scale {이름} --replicas=0' 옵션을 이용해 삭제할 수 있습니다. 볼륨이 마운트된 파드가 먼저 삭제돼야 PVC도 함께 삭제할 수 있습니다.

이제 스냅샷을 이용해 PVC를 복구합니다. PVC 복구 역시 PVC를 생성한 것처럼 PVC YAML 파일을 이용합니다. 스냅샷을 이용한 PVC 생성 역시 YAML 파일 형식은 기존에 사용한 일반적인 PVC YAML 파일과 거의 동일합니다. 차이점은 스토리지 클래스가 아닌 dataSource 인자를 사용한다는 것입니다.[15]

예제 11.4 스냅샷을 이용한 PVC 복구용 YAML 파일(snap-restore-pvc.yml)[16]

```
apiVersion: v1
kind: PersistentVolumeClaim
metadata:
  name: mysql-pv-claim    # 기존 PVC 이름과 동일하게 설정
spec:
  storageClassName: rook-ceph-block  # PVC 복구에 사용할 StorageClass 지정
  dataSource:
    name: mysql-snapshot-01
    kind: VolumeSnapshot
    apiGroup: snapshot.storage.k8s.io
  accessModes:
    - ReadWriteOnce
  resources:
    requests:
      storage: 20Gi
```

- kind: PersistentVolumeClaim

  볼륨 스냅샷으로 PVC 복구/생성 시에도 동일하게 PVC API 리소스를 사용합니다.

- metadata.name: mysql-pv-claim

  PVC 이름은 복구하는 PVC 이름과 동일해야 합니다. 파드에서 PVC 이름이 동일해야 기존 볼륨을 마운트할 수 있습니다.

- spec.dataSource.name: mysql-snapshot-211015

  스냅샷에서 PVC 복구에는 dataSource를 사용합니다. dataSource.name에 기존에 생성한 스냅샷 이름을 지정합니다. 처음 PVC를 생성하면 스토리지 클래스를 이용하지만 스냅샷에서 복구할 때는 dataSource를 사용합니다.

---

15 스냅샷을 이용한 PVC 생성: https://kubernetes.io/docs/concepts/storage/persistent-volumes/#volume-snapshot-and-restore-volume-from-snapshot-support

16 https://github.com/wikibook/kubepractice/blob/main/ch11/snap-restore-pvc.yml

- spec.resources.requests.storage: 20Gi

  복구하는 PVC는 기존 PVC와 동일한 용량을 명시합니다. 용량이 다르면 에러가 발생합니다.

복구하는 PVC 이름을 기존에 MySQL 파드에서 사용하던 이름과 동일하게 지정합니다. 같은 이름을 사용해야 MySQL 데이터베이스 파드에서 해당 볼륨을 인식할 수 있습니다.

이제 스냅샷을 이용해 PVC를 복구합니다. PVC를 생성하고 파드도 함께 실행합니다.

```
## 스냅샷을 이용한 PVC 복구
[spkr@erdia22 ch11 (ubun01:wordpress)]$ k apply -f snap-restore-pvc.yml
persistentvolumeclaim/mysql-pv-claim created

## 삭제했던 PVC를 스냅샷을 이용해 복구했습니다.
[spkr@erdia22 ch11 (ubun01:wordpress)]$ k get pvc
NAME             STATUS    VOLUME                                     CAPACITY   ACCESS MODES
STORAGECLASS     AGE
mysql-pv-claim   Bound     pvc-87a3b393-3d16-4030-94bf-1431231ccc5e   20Gi       RWO
rook-ceph-block  18s
```

PVC가 생성됐으므로 이제 이전에 삭제한 mysql 파드를 다시 생성합니다. mysql 파드의 경우 원본 PVC는 삭제했지만 스냅샷을 이용해 PVC를 복구해서 이전과 동일한 데이터를 가지고 있습니다.

```
[spkr@erdia22 ch11 (ubun01:wordpress)]$ k scale deployment wordpress-mysql --replicas 1
deployment.apps/wordpress-mysql scaled
```

스냅샷으로 복구한 PVC를 이용해 파드가 실행됩니다.

```
[spkr@erdia22 ch11 (ubun01:wordpress)]$ k get pod
NAME                             READY   STATUS    RESTARTS   AGE
wordpress-mysql-776b4f56c4-qddxm 1/1     Running   0          59s
```

이제 워드프레스 사이트에 접속해서 기존에 작성한 블로그 글이 정상적으로 복구됐는지 확인합니다.

	Title
	스냅샷 복구 테스트 — Draft

그림 11.8 스냅샷을 이용해 복구한 테스트 글

위와 같이 정상적으로 워드프레스에서 작성한 이전 글이 복구됐습니다. PVC 자체를 복구하므로 사용자가 실수로 콘텐츠를 삭제해도 정상적으로 복구할 수 있고, PVC 자체를 삭제해도 동일하게 스냅샷을 이용해 복구할 수 있습니다.

실제 운영 환경에서는 크론잡 스케줄을 이용해 정해진 시간에 스냅샷을 생성하고 일정한 보관 기간이 지나면 이전 스냅샷은 삭제하는 작업을 주기적으로 실행해 편리하게 백업을 실행할 수 있습니다.

이상으로 스냅샷을 이용해 PVC를 복구하는 실습을 진행했습니다. 쿠버네티스는 다른 리소스와 동일하게 스냅샷도 YAML 파일을 이용해서 생성하고 복구할 수 있다는 것이 장점입니다.

다음으로 분산 파일 시스템을 사용하는 셰프 스토리지의 장점과 단점을 알아보겠습니다.

04 rook-ceph 스토리지의 가용성 테스트 및 IOPS 성능 측정

OpenEBS 호스트패스는 파드가 실행 중인 호스트 노드의 특정 디렉터리를 파드의 볼륨으로 사용합니다. 이에 반해 셰프는 파드가 실행 중인 하나의 노드가 아닌 여러 노드에 분산된 디스크를 파드의 볼륨으로 사용합니다. 여러 노드에 데이터를 분산 저장해서 특정 노드가 다운돼도 다른 노드에서 데이터를 분산 처리할 수 있어 고가용성을 보장할 수 있다는 장점이 있습니다. 하지만 여러 노드에서 서비스해서 각 노드 간 분산 파일 처리에 필요한 오버헤드가 발생해서 단일 호스트패스를 이용하는 것에 비해 성능이 저하됩니다.

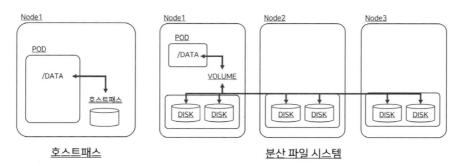

그림 11.9 호스트패스 vs. 분산 파일 시스템의 구조

그럼 실습을 통해 구체적으로 알아보겠습니다.

워드프레스 MySQL 파드가 실행 중인 ubun20-03의 파드를 다른 노드로 이동합니다. 기존 OpenEBS 호스트패스는 볼륨(PVC)이 해당 노드에 종속되어 파드를 다른 노드로 이동할 수 없었습니다.

```
## 영구볼륨을 사용하는 wordpress-mysql-xx 파드는 ubun20-03번 노드에서 실행 중입니다.
[spkr@erdia22 ch11 (ubun01:wordpress)]$ k get pod -o wide
NAME                            READY   STATUS    RESTARTS   AGE    IP             NODE
NOMINATED NODE    READINESS GATES
wordpress-7964897bd9-97p7p      1/1     Running   0          5h19m  10.233.88.56   ubun20-03
<none>            <none>
wordpress-mysql-776b4f56c4-qddxm 1/1    Running   0          3m40s  10.233.88.58   ubun20-03
<none>            <none>

## ubun20-03번 노드에서 실행 중인 모든 파드를 종료합니다.
[spkr@erdia22 ch11 (ubun01:wordpress)]$ k drain ubun20-03 --delete-emptydir-data --ignore-dae-
monsets
node/ubun20-03 cordoned
(생략)
```

MySQL 파드가 ubun20-03 노드에서 ubun20-02로 이동해서 정상적으로 실행됩니다.

```
## Alias kgpw = k get pod -w -o wide
[spkr@erdia22 ~ (ubun01:wordpress)]$ kgpw
NAME                            READY   STATUS            RESTARTS   AGE    IP             NODE
NOMINATED NODE    READINESS GATES
wordpress-mysql-776b4f56c4-26cw9 0/1    ContainerCreating 0          42s    <none>
ubun20-02   <none>            <none>
wordpress-mysql-776b4f56c4-26cw9 1/1    Running           0          44s    10.233.118.68
ubun20-02   <none>            <none>

[spkr@erdia22 ~ (ubun01:wordpress)]$ k get pod
NAME                            READY   STATUS    RESTARTS   AGE
wordpress-7964897bd9-tfcxv      1/1     Running   0          87s
wordpress-mysql-776b4f56c4-26cw9 1/1    Running   0          86s
```

이처럼 PVC를 사용해도 특정 노드에 종속되지 않아 다른 노드로 이전해서 파드가 실행됩니다. 분산 파일 시스템을 사용하는 스토리지의 장점입니다.

테스트를 위해 파드를 삭제했던 ubun20-03 노드를 다시 정상 상태로 복구합니다.

```
[spkr@erdia22 ~ (ubun01:wordpress)]$ k uncordon ubun20-03
node/ubun20-03 uncordoned
```

다음으로 스토리지의 IOPS 성능을 측정합니다. 이전 10장에 사용한 Kubstr 도구로 동일하게 측정합니다. 성능 측정에 사용하는 fio-read.fio[17] 역시 이전 10장에서 사용한 것과 동일합니다.

```
[spkr@erdia22 ch11 (ubun01:wordpress)]$ kubestr fio -s rook-ceph-block -f ../ch10/fio-read.fio
(생략)
read:
  IOPS=1935.426880 BW(KiB/s)=7741
  iops: min=30 max=4652 avg=2353.771240
  bw(KiB/s): min=126 max=18608 avg=9418.248047
```

평균 읽기 IOPS는 2,353입니다. 이전 OpenEBS 호스트패스 환경의 IOPS 12,609에 비해 약 5배 정도 감소했습니다. 물론 셰프에 사용하는 디스크 개수를 증가하면 향상되지만 기본적으로 셰프 스토리지는 호스트패스 환경에 비해 성능이 많이 저하됩니다. 이처럼 셰프를 사용하면 기존 OpenEBS 호스트패스에 비해 성능 저하가 있습니다. 따라서 장점과 단점을 고려해 사용자 환경에 맞게 선택할 필요가 있습니다.

이렇게 해서 이번 장에서 진행한 테스트를 완료했습니다. 자원 효율화를 위해 실습에 사용한 워드프레스 디플로이먼트와 PVC를 삭제합니다.

```
$ (* ¦ubun01:wordpress) k delete deployments.apps --all
$ (* ¦ubun01:wordpress) k delete pvc --all
```

- ▪ ─all 옵션을 사용하면 실행 중인 해당 리소스의 전체 목록을 삭제할 수 있습니다.

이번 장에서는 단일 파드에 볼륨 할당이 가능한 블록 스토리지를 알아봤습니다. 다음 장에서는 여러 파드에 동시에 볼륨 할당이 가능한 파일 스토리지를 알아보겠습니다.

---

17 FIO 파일: https://github.com/wikibook/kubepractice/blob/main/ch11/fio-read.fio

정리

이번 장에서 배운 내용을 정리합니다.

- 쿠버네티스에서는 CSI(Container Storage Interface)를 이용해 스냅샷 등 스토리지 부가 기능을 사용할 수 있습니다. 쿠버네티스 CSI 리스스를 이용하면 쿠버네티스 코어 파일을 수정할 필요 없이 스토리지 부가 기능을 각 스토리지 솔루션 업체에서 추가할 수 있습니다.

- 셰프 스토리지는 단일 솔루션에서 분산 파일 구조의 블록/파일/오브젝트 타입과 스냅샷 등의 부가 스토리지 기능을 지원하는 오픈소스 솔루션입니다. 스토리지 확장성 등이 뛰어나서 많은 레퍼런스를 보유하고 있습니다. 루크는 쿠버네티스 환경에서 다양한 스토리지 솔루션을 설치할 수 있는 오퍼레이터를 제공합니다. 이번 장에서는 rook-ceph를 이용해 셰프 스토리지를 설치했습니다.

- 워드프레스 블로그 애플리케이션을 설치하고 테스트용 글을 등록한 후 해당 데이터를 셰프 스냅샷 기능을 이용해 백업 및 복구했습니다.

- 쿠버네티스 환경의 스냅샷은 스냅샷 클래스, 볼륨 스냅샷 콘텐츠, 볼륨 스냅샷 등의 추가 리소스를 필요로 합니다. 스냅샷을 이용하면 일부 데이터 또는 PVC가 삭제돼도 기존에 생성한 스냅샷으로 해당 시점의 데이터를 PVC로 복구할 수 있습니다. 스냅샷 역시 쿠버네티스 리소스의 종류 중 하나로서 매니페스트를 이용해 생성합니다.

- 로컬 호스트패스 환경과 다르게 분산 파일 시스템을 사용하는 셰프 스토리지는 로컬 호스트패스에 비해 구성에 따라 약 5배 정도 IOPS 성능이 떨어집니다. 하지만 분산 파일 환경으로 특정 노드에 장애가 발생해도 전체 스토리지 서비스는 이상 없습니다.

쿠버네티스 환경에서
공유 파일 스토리지 사용하기

OpenEBS 호스트패스와 셰프 블록 스토리지 클래스는 하나의 파드에서만 사용 가능한 블록 스토리지입니다. 이번 장에서는 여러 파드에서 동시에 읽기 쓰기가 가능한 공유 파일 스토리지[1]를 알아봅니다.

파일 스토리지는 우리가 자주 사용하는 나스(NAS; Network Attached Storage) 스토리지와 동일합니다. 그림 12.1과 같이 블록 스토리지는 특정 파드가 볼륨을 사용하면 다른 파드는 해당 볼륨을 사용할 수 없습니다. 하지만 파일 스토리지는 여러 파드가 동시에 같은 볼륨에 읽기, 쓰기 작업을 수행할 수 있습니다.

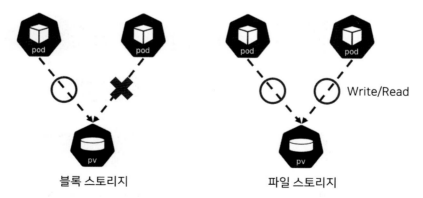

그림 12.1 블록 스토리지 vs. 파일 스토리지

---

1   파일 스토리지와 블록 스토리지의 차이점: https://www.redhat.com/ko/topics/data-storage/file-block-object-storage

쿠버네티스 환경에서 파일 스토리지를 사용하려면 추가 비용을 내고 별도의 상용 외장 시스템을 구축하거나 클러스터 내부에 파일 스토리지를 구축하는 방법이 있습니다. 클러스터 외부에 구축하는 파일 스토리지는 일반적으로 NetApp 등의 다양한 상용 벤더의 제품을 사용합니다.

기존 가상 머신 환경에서 외부 파일 스토리지를 사용하려면 가상 머신의 특정 디렉터리를 외부 NAS 스토리지의 디렉터리로 마운트했습니다. 하지만 쿠버네티스는 블록 스토리지와 동일하게 파일 스토리지 역시 스토리지 클래스를 지정합니다. 가상 머신 환경처럼 파드가 실행되는 호스트 노드의 특정 디렉터리를 원격 파일 스토리지의 마운트 포인트로 설정하지 않습니다. 블록 스토리지와 동일하게 사용자는 파일 스토리지 용도의 스토리지 클래스를 구축하고 PVC YAML 파일에 볼륨을 할당합니다.

쿠버네티스 클러스터 내부에 파일 스토리지를 구축하는 방법으로 특정 노드에 NFS[2] 서버를 설치하거나 셰프 등 분산 파일 시스템에 파일 스토리지 기능을 추가하는 방법이 있습니다. 이번 장에서는 고가용성을 고려해서 특정 노드에 장애가 발생해도 서비스가 가능한 셰프 공유 파일 시스템에 대해 알아보겠습니다.

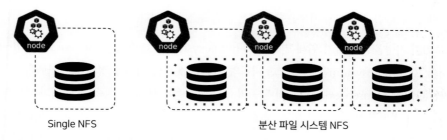

Single NFS   분산 파일 시스템 NFS

그림 12.2 단일 노드 NFS 서버 vs. 분산 파일 시스템 NFS

이번 장에서는 실습을 통해 클러스터 내부에 파일 스토리지를 구축하고 이를 파드에 마운트합니다. 여러 개의 파드에서 동일 파일을 마운트해서 정상적으로 파일 공유 기능이 동작하는지 확인합니다. 추가로 특정 노드를 다운시켜 스토리지 서비스에 이상이 없는지 알아보겠습니다.

실습 과제

1. 루크-셰프(rook-ceph) 오퍼레이터를 이용해 공유 파일 시스템 스토리지를 설치합니다. 파일 스토리지 용도로 별도의 스토리지 클래스가 생성됩니다.

---

2 NFS(Network File System)란 네트워크 상에 연결된 시스템에 사용자 파일을 저장하는 스토리지 규격입니다. NFS는 사용자가 원격 컴퓨터에 있는 파일 및 디렉터리에 액세스할 수 있고 해당 파일 및 디렉터리가 로컬에 있는 것처럼 처리하도록 허용하는 분산 파일 시스템으로 여러 컴퓨터에서 동시에 파일을 사용하는 경우 주로 사용합니다.

2. 루크 파일 스토리지 스토리지 클래스(rook-cephfs)를 이용해 PVC를 생성합니다. 2개의 busybox 파드를 생성해서 같은 파일에 임의의 시간 간격으로 호스트네임을 입력합니다. 파일 스토리지의 동시 쓰기 기능을 검증합니다.

3. 파드의 수량을 5개로 설정한 NGINX 디플로이먼트를 실행합니다. NGINX 웹서버의 루트 디렉터리를 셰프의 공유 파일 스토리지 클래스로 지정해 파드에서 볼륨을 마운트합니다.

4. 특정 노드를 종료해서 스토리지가 고가용성으로 구성됐는지 확인합니다.

> 📁 **소스코드**
>
> - https://github.com/wikibook/kubepractice/tree/main/ch12

01 루크-셰프 이용한 공유 파일 스토리지 설치

이전 장에서 설치한 셰프 스토리지는 단일 시스템에서 블록, 오브젝트, 파일 스토리지 타입을 동시에 제공합니다. 사용자는 필요에 맞게 특정 기능을 추가할 수 있습니다. 이번 절에서는 앞서 설치된 셰프 스토리지에 공유 파일 스토리지 기능을 추가하는 실습을 진행합니다.

파일 스토리지 기능을 추가하기 위해 별도의 CephFilesystem CRD(CustomResourceDefinition)를 설치합니다. CephFilesystem은 파일 스토리지와 관련된 설정을 사전에 정의해 메타데이터풀과 데이터풀의 복제, EC(Erasure Coded), 미러링 등의 구성 옵션을 선택할 수 있습니다. 이와 관련된 상세한 설정은 이 책의 범위를 벗어나므로 이번 절에서는 기본 설정을 사용합니다. (옵션에 관한 자세한 설명은 셰프 공식 홈페이지를 참조합니다.[3]) CephFilesystem CRD가 설치되면 기존 블록 스토리지 사용과 동일하게 파일 스토리지용 스토리지 클래스가 생성됩니다. 해당 스토리지 클래스로 PVC를 생성하고 이를 여러 개의 파드에 연결합니다.

루크 공식 홈페이지 가이드에 따라 설치를 진행합니다.[4]

예제 12.1. 셰프 공유 파일스토리지를 설치하는 CephFilesystem 용도의 CRD YAML 파일(ceph-filesystem.yml)[5]

```
apiVersion: ceph.rook.io/v1
kind: CephFilesystem
metadata:
  name: myfs
```

---

3 https://rook.io/docs/rook/v1.9/ceph-filesystem-crd.html

4 https://rook.io/docs/rook/v1.9/ceph-filesystem.html

5 https://github.com/wikibook/kubepractice/blob/main/ch12/ceph-filesystem.yml

```
    namespace: rook-ceph
spec:
  metadataPool:
    replicated:
      size: 3
  dataPools:
    - replicated:
        size: 3
  preserveFilesystemOnDelete: true
  metadataServer:
    activeCount: 1
    activeStandby: true
```

- spec.metadataPool.replicated.size: 3

  스토리지 서비스에 필요한 메타데이터를 3개의 복제본에 나눠서 저장합니다. 셰프는 스토리지 서비스를 위한 메타데이터와 실제 데이터가 저장되는 부분이 분리돼 있습니다.

- spec.dataPools.replicasted.size: 3

  실제 데이터를 3개의 디스크 복제본에 분산해서 저장합니다. 필요에 따라 저장 공간 효율화를 위해 EC 옵션을 선택할 수 있습니다.

정상적으로 설치가 완료되면 cephfilesystem CRD가 생성됩니다.

```
## ch12 디렉터리로 변경해서 작업을 진행합니다.
[spkr@erdia22 ch11 (ubun01:wordpress)]$ cd ../ch12

[spkr@erdia22 ch12 (ubun01:wordpress)]$ k ns rook-ceph
Context "ubun01" modified.
Active namespace is "rook-ceph".

[spkr@erdia22 ch12 (ubun01:rook-ceph)]$ k apply -f ceph-filesystem.yml
cephfilesystem.ceph.rook.io/myfs created

## cephfilesystem 리소스가 생성됩니다.
[spkr@erdia22 ch12 (ubun01:rook-ceph)]$ k get cephfilesystem
NAME    ACTIVEMDS    AGE    PHASE
myfs    1            42s    Ready
```

이제 파일 스토리지용 스토리지 클래스를 생성합니다. 편의상 셰프 파일 스토리지의 설정은 상세하게 수정하지 않고 기본 설정 그대로 사용합니다. 상세한 설정은 루크-셰프 홈페이지를 참조합니다.

예제 12.2 셰프 공유 파일 스토리지용 스토리지 클래스(ceph-file-sc.yml)[6]

```
apiVersion: storage.k8s.io/v1
kind: StorageClass
metadata:
  name: rook-cephfs
provisioner: rook-ceph.cephfs.csi.ceph.com
parameters:
  clusterID: rook-ceph
  fsName: myfs
  pool: myfs-data0
  csi.storage.k8s.io/provisioner-secret-name: rook-csi-cephfs-provisioner
  csi.storage.k8s.io/provisioner-secret-namespace: rook-ceph
  csi.storage.k8s.io/controller-expand-secret-name: rook-csi-cephfs-provisioner
  csi.storage.k8s.io/controller-expand-secret-namespace: rook-ceph
  csi.storage.k8s.io/node-stage-secret-name: rook-csi-cephfs-node
  csi.storage.k8s.io/node-stage-secret-namespace: rook-ceph
reclaimPolicy: Delete
allowVolumeExpansion: true
```

YAML 파일을 적용하면 파일 스토리지용 스토리지 클래스가 생성됩니다.

```
[spkr@erdia22 ch12 (ubun01:rook-ceph)]$ k apply -f ceph-file-sc.yml
storageclass.storage.k8s.io/rook-cephfs created

[spkr@erdia22 ch12 (ubun01:rook-ceph)]$ k get sc
NAME                    PROVISIONER                      RECLAIMPOLICY   VOLUMEBINDINGMODE    AL-
LOWVOLUMEEXPANSION   AGE
(생략)
rook-cephfs             rook-ceph.cephfs.csi.ceph.com    Delete          Immediate            true
2s
```

이제 rook-cephfs 파일 스토리지 클래스를 이용해 기존과 동일하게 PVC를 생성합니다.

---

6 https://github.com/wikibook/kubepractice/blob/main/ch12/ceph-file-sc.yml

이번 절에서는 공유 파일 스토리지 기능을 실습을 통해 검증하겠습니다. 먼저 간단히 블록 스토리지를 사용할 때 2개 이상의 파드가 동시에 마운트하지 못하는 제약 사항을 확인합니다. 다음은 실습에 사용할 PVC와 디플로이먼트에 대한 YAML 파일입니다.

예제 12.3 블록 스토리지를 사용하는 PVC YAML 파일(default-pvc.yml)[7]

```yaml
apiVersion: v1
kind: PersistentVolumeClaim
metadata:
  name: default-pvc
  namespace: default
spec:
  accessModes:
  - ReadWriteOncePod
  resources:
    requests:
      storage: 1Gi
  storageClassName: "rook-ceph-block"
```

- spec.accessModes: ReadWriteOncePod[8]
  ReadWriteOnce 모드를 지정하면 같은 노드를 사용할 경우 여러 파드가 마운트할 수 있습니다. 참고로 1.22 버전부터 ReadWriteOncePod 모드의 사용이 가능하며, 해당 모드는 단일 파드만 사용할 수 있습니다. ReadWriteOncePod를 지원하는 스토리지 클래스가 필요합니다.

- spec.storageClassName: "rook-ceph-block"
  블록 스토리지 클래스인 rook-ceph-block을 지정합니다.

예제 12.4 블록 스토리지 PVC를 이용하는 Busybox 디플로이먼트 YAML 파일(date-pvc-deploy.yml)[9]

```yaml
apiVersion: apps/v1
kind: Deployment
```

---

7   https://github.com/wikibook/kubepractice/blob/main/ch12/default-pvc.yml
8   1.22 버전부터 **ReadWriteOncePod** 모드를 지원합니다. 참고: https://kubernetes.io/docs/concepts/storage/persistent-volumes/#access-modes
9   https://github.com/wikibook/kubepractice/blob/main/ch12/date-pvc-deploy.yml

```yaml
metadata:
  name: date-pod
  namespace: default
spec:
  replicas: 1
  selector:
    matchLabels:
      app: date
  template:
    metadata:
      labels:
        app: date
    spec:
      containers:
      - name: date-pod
        image: busybox
        command:
        - "/bin/sh"
        - "-c"
        - "while true; do date >> /data/pod-out.txt; sleep 30; done"
        volumeMounts:
        - name: date-vol
          mountPath: /data
      volumes:
      - name: date-vol
        persistentVolumeClaim:
          claimName: default-pvc
```

- spec.template.spec.volumes.persistentVolumeClaim.claimName: default-pvc
  이전에 만든 PVC 이름을 명시합니다.

앞에서 살펴본 YAML 파일을 이용해 PVC와 디플로이먼트를 생성합니다.

```
## default 네임스페이스로 변경합니다.
[spkr@erdia22 ch12 (ubun01:rook-ceph)]$ k ns default
Context "ubun01" modified.
Active namespace is "default".
```

```
## 편의상 기존 자원을 삭제합니다
[spkr@erdia22 ~ (ubun01:default)]$ k delete deployments.apps --all
[spkr@erdia22 ch12 (ubun01:default)]$ k delete pod --all
[spkr@erdia22 ch12 (ubun01:default)]$ k delete pvc --all

## PVC와 디플로이먼트에 해당하는 두 리소스를 동시에 생성합니다.
[spkr@erdia22 ch12 (ubun01:default)]$ k apply -f default-pvc.yml -f date-pvc-deploy.yml

## 정상적으로 파드가 실행됩니다.
[spkr@erdia22 ch12 (ubun01:default)]$ k get pod
NAME                        READY   STATUS    RESTARTS   AGE
date-pod-df5d757bc-95w5j    1/1     Running   0          13s
```

이제 동일한 PVC를 다른 노드의 파드에서 마운트하는 추가 디플로이먼트를 배포합니다. 2개의 파드가 서로 다른 노드에서 실행하도록 기존 디플로이먼트 파일에 pod-anti-affinity 설정을 추가했습니다.

예제 12.5 anti-affinity 속성을 사용하는 디플로이먼트 YAML 파일(date-pvc-affinity-deploy.yml)[10]

```
(생략)
    spec:
      affinity:
        podAntiAffinity:           ## POD가 할당되지 않은 노드로 스케줄링
          requiredDuringSchedulingIgnoredDuringExecution:
          - labelSelector:
              matchExpressions:
              - key: app           ## 키로 app을 지정
                operator: In
                values:
                - date             ## 값으로 date를 지정
            topologyKey: "kubernetes.io/hostname"
```

- podAntiAffinity 속성을 추가하면 app: date(키-값) 레이블을 갖는 파드와 같은 노드에 실행하지 않습니다.

```
## podAntiAffinity 속성을 가진 새로운 디플로이먼트를 실행합니다.
[spkr@erdia22 ch12 (ubun01:default)]$ k apply -f date-pvc-affinity-deploy.yml
deployment.apps/date-pod01 created
```

---

10 https://github.com/wikibook/kubepractice/blob/main/ch12/date-pvc-affinity-deploy.yml

```
## 파드의 상태를 확인합니다.
[spkr@erdia22 ch12 (ubun01:default)]$ k get pod
NAME                          READY   STATUS             RESTARTS   AGE
date-pod-df5d757bc-95w5j      1/1     Running            0          92s
date-pod01-56bc4d557c-h757m   0/1     ContainerCreating  0          14s
```

새롭게 생성한 파드는 기존 파드처럼 상태가 Ready로 변경되지 않고 계속 ContainerCreating입니다. 파드의 이벤트를 확인하면 이미 다른 파드에서 해당 볼륨을 사용 중이라서 다중 연결이 안 된다는 메시지(Multi-Attach error)를 볼 수 있습니다.

```
[spkr@erdia22 ch12 (ubun01:default)]$ k describe pod date-pod01-56bc4d557c-h757m
(생략)
  Warning  FailedAttachVolume  42s   attachdetach-controller  Multi-Attach error for volume
"pvc-2e2577cf-b1ba-43bd-a4ab-eb8fd16e9650" Volume is already used by pod(s) date-pod-df5d757bc-
95w5j
```

PVC YAML 파일에 명시돼 있듯이 블록 스토리지의 액세스 모드는 ReadWriteOnce입니다. 이름에서 알 수 있듯이 단일 파드에서만 읽기 쓰기가 가능해서 다른 파드에서 같은 볼륨을 마운트하면 위와 같은 에러가 발생합니다. 이처럼 블록 스토리지 클래스를 사용하면 서로 다른 파드가 동시에 마운트할 수 없습니다.

실습에 사용한 디플로이먼트와 PVC를 삭제합니다.

```
[spkr@erdia22 ch12 (ubun01:default)]$ k delete deployments.apps --all
deployment.apps "date-pod" deleted
deployment.apps "date-pod01" deleted

[spkr@erdia22 ch12 (ubun01:default)]$ k delete pvc --all
persistentvolumeclaim "default-pvc" deleted
```

여러 파드에서 동시에 읽기 쓰기 기능이 필요하면 블록 스토리지가 아닌 파일 스토리지를 사용합니다. 기존 레거시 환경의 SAN(또는 iSCSI) 스토리지, NAS 스토리지의 제약 사항과 동일합니다.[11] 이제 여러 파드에서 읽기 쓰기가 가능한 파일 스토리지를 이용해 PVC와 파드를 생성합니다. 2개의 busybox 파

---

11 https://www.backblaze.com/blog/whats-the-diff-nas-vs-san/

드에서 현재 시간을 파일에 쓰고 해당 파일을 5개 NGINX 파드에서 동시에 읽어옵니다. 파일 스토리지는 블럭 스토리지와 다르게 여러 파드에서 동시에 읽고 쓰기가 가능한지 확인하는 실습입니다.

셰프 파일 스토리지 클래스를 지정해서 파드에 사용할 PVC를 생성합니다.

예제 12.6 셰프 파일 스토리지 클래스를 이용하는 PVC YAML 파일(cephfs-pvc.yml)[12]

```
apiVersion: v1
kind: PersistentVolumeClaim
metadata:
  name: cephfs-pvc
  namespace: default
spec:
  accessModes:
  - ReadWriteMany
  resources:
    requests:
      storage: 1Gi
  storageClassName: rook-cephfs
```

- spec.accessModes: ReadWriteMany

  파일 스토리지의 액세스 모드는 ReadWriteOnce가 아닌 ReadWriteMany입니다. 여러 파드에서 읽고 쓰기가 가능합니다.[13]

- spec.storageClassName: rook-cephfs

  셰프 파일 스토리지 클래스를 이용합니다.

YAML 파일을 이용해 PVC를 생성합니다.

```
[spkr@erdia22 ch12 (ubun01:default)]$ k apply -f cephfs-pvc.yml
persistentvolumeclaim/cephfs-pvc created

[spkr@erdia22 ch12 (ubun01:default)]$ k get pvc
NAME         STATUS   VOLUME                                     CAPACITY   ACCESS MODES   STOR-
AGECLASS     AGE
cephfs-pvc   Bound    pvc-5e798726-6934-4a9b-acd9-58a9e866d998   1Gi        RWX            rook-
cephfs       2s
```

---

12 https://github.com/wikibook/kubepractice/blob/main/ch12/cephfs-pvc.yml

13 여러 파드에서 사용 가능한 스토리지 액세스 모드는 추가로 ReadOnlyMany가 있습니다. 여러 파드에서 동시에 쓰기(write)는 안 되지만 읽기 전용 (read-only) 타입으로 볼륨을 마운트할 수 있습니다. 참고: https://kubernetes.io/docs/concepts/storage/persistent-volumes/#access-modes

생성된 cephfs-pvc의 PVC 속성을 확인하면 액세스 모드가 RWX(ReadWriteMany)입니다. 블록 스토리지의
RWO(ReadWriteOnly) 모드와 다른 것을 확인할 수 있습니다.

생성된 PVC를 busybox와 NGINX 파드에서 사용합니다. 2개의 busybox 파드는 현재 시간과 파드의 호
스트네임을 임의의 시간 간격으로 같은 파일에 저장합니다. 이를 통해 여러 파드에서 쓰기가 가능한지
검증합니다. 기존 블록 스토리지에서는 서로 다른 파드는 같은 파일을 대상으로 마운트 자체를 하지 못
했습니다.

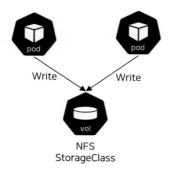

그림 12.3 2개의 파드에서 동시에 쓰기 작업을 수행

예제 12.7 파일 스토리지에 현재 시간과 호스트네임을 기록하는 busybox YAML 파일(busybox-pvc-deploy.yml)[14]

```
apiVersion: apps/v1
kind: Deployment
metadata:
  labels:
    app: cephfs-demo
    role: busybox
  name: cephfs-busybox
  namespace: default
spec:
  replicas: 2
  selector:
    matchLabels:
      app: cephfs-demo
      role: busybox
  template:
```

---

14 https://github.com/wikibook/kubepractice/blob/main/ch12/busybox-pvc-deploy.yml

```
    metadata:
      labels:
        app: cephfs-demo
        role: busybox
    spec:
      containers:
        - image: busybox
          command:
            - sh
            - -c
            - "while true; do date >> /mnt/index.html; hostname >> /mnt/index.html; sleep
$(($RANDOM % 5 + 5)); echo $'\n' ; done"
          imagePullPolicy: IfNotPresent
          name: busybox
          volumeMounts:
            # 아래 volumes에 사용하는 이름과 동일해야 합니다.
            - name: cephfs
              mountPath: "/mnt"
      volumes:
        - name: cephfs
          persistentVolumeClaim:
            claimName: cephfs-pvc
```

- spec.replicas: 2
  여러 파드에서 쓰기가 가능한지 확인하기 위해 2개의 파드를 실행합니다.

- spec.template.spec.containers.command
  2개의 파드가 같은 시간에 동시에 동일 파일에 쓰는 것을 방지하기 위해 임의의 시간($RANDOM % 5 + 5) 간격으로 현재 시간(date)과 호스트네임(hostname)을 /mnt/index.html 파일에 저장합니다. 같은 시간, 같은 파일에 2개의 파드가 쓰기를 수행하면 에러가 발생하기에 임의의 시간 간격을 둡니다. 해당 파일은 NGINX 웹서버 루트 디렉터리로 사용할 예정입니다.

- spec.template.spec.volumes.persistentVolumeClaim.claimName: cephfs-pvc
  이전에 생성한 파일 스토리지 PVC 이름을 지정합니다.

해당 YAML 파일로 busybox 디플로이먼트를 생성합니다. 기존 블록 스토리지를 사용하는 파드와 다르게 서로 다른 노드(ubun20-02, ubun20-03)에서 정상적으로 파드가 실행됩니다.

```
[spkr@erdia22 ch12 (ubun01:default)]$ k apply -f busybox-pvc-deploy.yml
deployment.apps/cephfs-busybox created

[spkr@erdia22 ch12 (ubun01:default)]$ k get pod -o wide
NAME                              READY   STATUS    RESTARTS   AGE   IP              NODE
NOMINATED NODE    READINESS GATES
cephfs-busybox-79bdcf5b54-5mmdf   1/1     Running   0          12s   10.233.88.73    ubun20-03
<none>            <none>
cephfs-busybox-79bdcf5b54-drw5m   1/1     Running   0          12s   10.233.118.71   ubun20-02
<none>            <none>
```

/mnt/index.html 파일을 확인하면 현재 시간과 두 파드의 호스트네임이 정상적으로 기록되고 있습니다.

```
[spkr@erdia22 ch12 (ubun01:default)]$ k exec cephfs-busybox-79bdcf5b54-5mmdf -- cat /mnt/
index.html
Sun Jun 19 09:06:21 UTC 2022
cephfs-busybox-79bdcf5b54-5mmdf
Sun Jun 19 09:06:25 UTC 2022
cephfs-busybox-79bdcf5b54-drw5m
(생략)
```

이제 해당 파일을 NGINX 웹서버 홈디렉터리로 사용해 여러 개의 파드에서 동시에 읽기 가능한지 알
아봅니다.

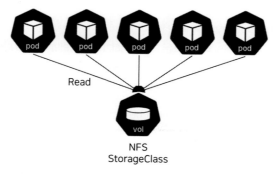

그림 12.4 5개의 파드에서 동시에 읽기 작업을 수행

다음은 실습에 사용할 NGINX 디플로이먼트 YAML 파일입니다.

```
apiVersion: apps/v1
kind: Deployment
metadata:
  name: nginx
  namespace: default
spec:
  replicas: 5
  selector:
    matchLabels:
      app: nginx
  template:
    metadata:
      labels:
        app: nginx
    spec:
      containers:
      - name: web-server
        image: nginx
        volumeMounts:
          - name: mypvc
            mountPath: /usr/share/nginx/html
      volumes:
      - name: mypvc
        persistentVolumeClaim:
          claimName: cephfs-pvc
```

- spec.replicas: 5

  5개의 NGINX를 실행합니다. 여러 파드에서 동시에 하나의 PVC를 마운트합니다.

- spec.template.spec.containers.volumeMounts.mountPath: /usr/share/nginx/html

  NGINX 웹서버의 홈디렉터리를 해당 볼륨의 마운트 포인트로 지정합니다. busybox 파드에서 입력하는 현재 시간(date)과 호스트네임을 NGINX 웹서버 홈디렉터리에 저장합니다. 브라우저에서 접속하면 해당 데이터를 확인할 수 있습니다.

- spec.template.spec.volumes.persistentVolumeClaim.claimName: cephfs-pvc

  busybox에서 사용한 PVC와 동일한 PVC를 지정합니다.

---

15 https://github.com/wikibook/kubepractice/blob/main/ch12/nginx-homedirectory-deploy.yml

NGINX 디플로이먼트를 실행합니다. 5개의 NGINX 파드가 동시에 하나의 파일 스토리지 볼륨을 마운트해서 정상적으로 실행됩니다.

```
[spkr@erdia22 ch12 (ubun01:default)]$ k apply -f nginx-homedirectory-deploy.yml

## 5개의 nginx 파드가 정상적으로 실행됩니다.
[spkr@erdia22 ch12 (ubun01:default)]$ k get pod -owide
NAME                              READY  STATUS    RESTARTS  AGE   IP             NODE
NOMINATED NODE    READINESS GATES
cephfs-busybox-79bdcf5b54-5mmdf   1/1    Running   0         111s  10.233.88.73   ubun20-03
<none>            <none>
cephfs-busybox-79bdcf5b54-drw5m   1/1    Running   0         111s  10.233.118.71  ubun20-02
<none>            <none>
nginx-55f54f6478-c6ztt            1/1    Running   0         17s   10.233.99.49   ubun20-01
<none>            <none>
nginx-55f54f6478-hhqgl            1/1    Running   0         17s   10.233.118.72  ubun20-02
<none>            <none>
nginx-55f54f6478-rgtwt            1/1    Running   0         17s   10.233.88.74   ubun20-03
<none>            <none>
nginx-55f54f6478-tjqrl            1/1    Running   0         17s   10.233.118.73  ubun20-02
<none>            <none>
nginx-55f54f6478-w8zt9            1/1    Running   0         17s   10.233.88.75   ubun20-03
<none>            <none>
```

NGINX 파드를 로드밸런서 타입의 서비스를 사용해 외부에 노출합니다.

예제 12.9 로드밸런서 타입의 NGINX 서비스(nginx-loadBalancer-svc.yml)[16]

```
apiVersion: v1
kind: Service
metadata:
  name: nginx-svc-01
  namespace: default
spec:
  ports:
  - name: http
    port: 80
```

---

16 https://github.com/wikibook/kubepractice/blob/main/ch12/nginx-loadBalancer-svc.yml

```
    protocol: TCP
    targetPort: 80
  selector:
    app: nginx
  sessionAffinity: None
  type: LoadBalancer
```

이전 실습에서 사용한 서비스를 삭제하고 새롭게 로드밸런서 타입의 서비스를 설치합니다. 새로 생성된 외부 접속용 IP를 확인할 수 있습니다.

```
## 편의상 기존 서비스를 먼저 삭제합니다.
[spkr@erdia22 ch12 (ubun01:default)]$ k delete svc --all

## 로드밸런서 타입의 서비스를 실행합니다.
[spkr@erdia22 ch12 (ubun01:default)]$ k apply -f nginx-loadBalancer-svc.yml
service/nginx-svc-01 created


[spkr@erdia22 ch12 (ubun01:default)]$ k get svc
NAME            TYPE            CLUSTER-IP      EXTERNAL-IP     PORT(S)         AGE
kubernetes      ClusterIP       10.233.0.1      <none>          443/TCP         26s
nginx-svc-01    LoadBalancer    10.233.22.149   172.17.29.74    80:32613/TCP    4s
```

웹브라우저에 생성된 외부 접속 용 IP를 입력하면 다음과 같이 busybox 파드의 호스트네임과 시간을 NGINX 웹서버에 표시되는 것을 확인 할 수 있습니다.

```
← → C  ⚠ Not Secure | 172.17.29.74

Sun Jun 19 09:06:21 UTC 2022 cephfs-busybox-79bdcf5b54-5mmdf
cephfs-busybox-79bdcf5b54-drw5m Sun Jun 19 09:06:35 UTC 2022
Sun Jun 19 09:06:47 UTC 2022 cephfs-busybox-79bdcf5b54-5mmdf
cephfs-busybox-79bdcf5b54-5mmdf Sun Jun 19 09:07:00 UTC 2022
Sun Jun 19 09:07:06 UTC 2022 cephfs-busybox-79bdcf5b54-drw5m
cephfs-busybox-79bdcf5b54-drw5m Sun Jun 19 09:07:21 UTC 2022
```

그림 12.5 복수의 NGINX 파드에서 단일 스토리지를 마운트한 NGINX 웹페이지에 접속한 모습

- https 가 아닌 http로 접속합니다.

- 2개의 busybox 파드의 시간과 호스트네임을 브라우저에서 확인할 수 있습니다.

이처럼 파일 스토리지 클래스를 사용하면 여러 개의 파드에서 동시에 읽기와 쓰기가 가능합니다. PVC 의 볼륨 액세스 모드가 ReadWriteMany여서 가능합니다.

그럼 리소스 정리를 위해 실습에 사용한 디플로이먼트와 PVC를 삭제합니다.

```
[spkr@erdia22 ch12 (ubun01:default)]$ k delete deployments.apps --all
[spkr@erdia22 ch12 (ubun01:default)]$ k delete pvc --all
```

03 스토리지 고가용성 테스트

이번 절에서는 스토리지 이중화 테스트를 진행하겠습니다. 셰프는 mon 파드가 외부 접속용 클라이언트 와 연결해서 스토리지 서비스를 제공합니다. mon 파드는 N+2 형태로 다중화 구성되어 실행 중인 3개의 파드 중 하나의 파드가 다운돼도 나머지 2개의 파드에서 정상적으로 서비스됩니다. 실습을 통해 하나 의 파드가 실행 중인 노드가 다운돼도 정상적으로 서비스되는지 확인합니다.

셰프 파일 스토리지를 사용하는 cephfs PVC[17]와 busybox 파드[18]를 실행합니다. 이전 실습에 사용한 동일 한 PVC, POD YAML 파일입니다.

```
[spkr@erdia22 ch12 (ubun01:default)]$ k apply -f cephfs-pvc.yml
persistentvolumeclaim/cephfs-pvc created
[spkr@erdia22 ch12 (ubun01:default)]$ k apply -f busybox-pvc-deploy.yml
deployment.apps/cephfs-busybox created
```

파드가 실행 중인 ubun20-01 노드를 제거(drain)해서 노드에 실행 중인 파드를 강제 종료합니다.

```
## pvc가 생성된 이후 파드가 생성되어 파드 생성에 시간이 조금 소요됩니다.
[spkr@erdia22 ch12 (ubun01:default)]$ k get pod -o wide
NAME                             READY   STATUS    RESTARTS   AGE   IP            NODE
NOMINATED NODE    READINESS GATES
cephfs-busybox-79bdcf5b54-dp4nv  1/1     Running   0          70s   10.233.99.50  ubun20-01
<none>            <none>
```

---

17 YAML 파일의 상세 내용은 아래의 깃허브 저장소를 참조합니다. 이전과 중복되는 내용이라서 상세한 YAML 파일에 대한 설명은 생략했습니다.
    https://github.com/wikibook/kubepractice/blob/main/ch12/cephfs-pvc.yml
18 https://github.com/wikibook/kubepractice/blob/main/ch12/busybox-pvc-deploy.yml

```
cephfs-busybox-79bdcf5b54-xfk7w    1/1      Running   0          70s   10.233.88.76    ubun20-03
<none>             <none>
```

```
## ubun20-01 노드를 제거
[spkr@erdia22 ch12 (ubun01:default)]$ k drain ubun20-01 --ignore-daemonsets --delete-empty-
dir-data
node/ubun20-01 cordoned
```

```
## ubun20-01 노드에서 실행 중인 파드가 종료되고 ubun20-02 노드에서 실행됩니다.
[spkr@erdia22 ch12 (ubun01:default)]$ k get pod -o wide
NAME                                  READY   STATUS    RESTARTS   AGE   IP              NODE
NOMINATED NODE    READINESS GATES
cephfs-busybox-79bdcf5b54-jzkd6       1/1     Running   0          42s   10.233.118.76   ubun20-02
<none>             <none>
```

셰프 파일 스토리지는 블록 스토리지와 동일하게 분산 파일 시스템을 사용해서 특정 노드가 다운돼도 위와 같이 다른 노드로 이전해서 정상적으로 서비스하는 것이 가능합니다.

이제 실습이 완료되어 셰프 스토리지를 삭제합니다. 시스템 리소스가 여유롭지 않은 테스트 환경(4 Core/8GB RAM)에서 셰프 스토리지를 사용하면 CPU, 메모리 자원이 부족합니다. 다음 장에서 진행할 실습의 원활한 진행을 위해 셰프와 관련된 전체 파드를 반드시 삭제합니다.[19]

```
## rook-ceph 네임스페이스로 변경합니다.
[spkr@erdia22 ch12 (ubun01:default)]$ k ns rook-ceph

## 관련된 리소스를 전체 삭제합니다.
[spkr@erdia22 ch12 (ubun01:rook-ceph)]$ k delete cephblockpool replicapool
[spkr@erdia22 ch12 (ubun01:rook-ceph)]$ k delete storageclasses.storage.k8s.io rook-ceph-block
rook-cephfs
[spkr@erdia22 ch12 (ubun01:rook-ceph)]$ k delete cephfilesystem myfs
[spkr@erdia22 ch12 (ubun01:rook-ceph)]$ kubectl -n rook-ceph patch cephcluster rook-ceph --type
merge -p '{"spec":{"cleanupPolicy":{"confirmation":"yes-really-destroy-data"}}}'
[spkr@erdia22 ch12 (ubun01:rook-ceph)]$ kubectl -n rook-ceph delete cephcluster rook-ceph

## 이전 11장의 rook 디렉터리로 이동합니다.
[spkr@erdia22 ch12 (ubun01:default)]$ cd ../ch11/rook/deploy/examples/
```

---

19 삭제가 잘 안될 경우 다음 페이지를 참조합니다. https://rook.io/docs/rook/v1.9/ceph-teardown.html

```
[spkr@erdia22 examples (ubun01:rook-ceph)]$ k delete -f operator.yaml -f common.yaml -f crds.
yaml
```

지금까지 2부에서는 쿠버네티스 네트워크(서비스, 로드밸런서, 인그레스)와 스토리지(PV, PVC, SC) 등 클러스터 하드웨어 인프라에 대해 알아봤습니다. 이어지는 3부에서는 쿠버네티스 환경에서 애플리케이션을 배포하는 데 필요한 컨테이너 이미지 리포지토리, git 소스 레지스트리, GitOps 기반 CD(Continuous Deployment) 등의 애플리케이션 인프라를 알아보겠습니다.

정리

이번 장에서 배운 내용을 정리합니다.

- 블록 스토리지와 다르게 공유 파일 스토리지는 여러 개의 파드에서 동시에 읽기와 쓰기가 가능합니다. 공유 파일 스토리지를 지원하는 스토리지 클래스를 생성하고 PVC의 액세스 모드를 ReadWriteMany(RWX)로 지정해서 사용합니다.

- 셰프는 기존 스토리지 설정에 파일 스토리지 기능을 추가해서 공유 파일 스토리지로 사용할 수 있습니다. 파일 스토리지 설치를 완료하면 rook-cephfs 스토리지 클래스가 생성됩니다.

- 실습으로 공유 파일 스토리지 클래스를 사용하는 PVC를 생성하고 2개의 busybox 파드에서 마운트해서 같은 파일에 2개의 파드에서 쓰기 작업을 수행했습니다. 또한 해당 파일을 5개의 NGINX 파드에서 마운트해서 동시에 여러 파드가 웹서버 홈디렉터리로 읽기 작업이 가능한지 확인했습니다.

- 셰프 파일 스토리지 역시 분산 파일 시스템으로서 특정 노드가 다운돼도 정상적으로 서비스가 가능합니다.

쿠버네티스 애플리케이션
배포 인프라 구축

3부에서는 온프레미스에서 쿠버네티스 환경의 애플리케이션을 배포하는 데 필요한 인프라를 알아봅니다. 먼저 애플리케이션 배포를 위해서는 개발자가 로컬 PC에서 만든 컨테이너 이미지를 저장하는 이미지 리포지토리[1]가 필요합니다. 그리고 사내외 소스코드를 중앙에서 관리할 수 있는 Git 저장소와 신뢰할 수 있는 단일 Git 소스 기반으로 실제 운영 시스템에 애플리케이션을 배포하는 지속적인 배포(Continuous Delivery; CD) 시스템 등이 필요합니다.[2] 이러한 작업 과정을 파이프라인이라 하며, 그림으로 표현하면 다음과 같습니다. 각 요소를 3부에서 알아봅니다.

그림 쿠버네티스 환경의 애플리케이션 배포에 필요한 기반 인프라

3부의 구성

- 13장 하버를 이용한 로컬 컨테이너 이미지 저장소 구축

- 14장 깃랩을 이용한 로컬 Git 소스 저장소 구축

- 15장 아르고시디를 활용한 깃옵스 시스템 구축

---

1 레지스트리와 리포지토리의 정의: https://docs.microsoft.com/ko-kr/azure/container-registry/container-registry-concepts. 레지스트리의 집합이 리포지토리이지만 일반적으로 같은 의미로 사용하기도 합니다.

2 이 책에서는 다루지 않지만 젠킨스로 대표되는 CI(Continuous Integration, 지속적인 통합) 도구도 필요합니다. https://en.wikipedia.org/wiki/Continuous_integration

하버를 이용한 로컬 컨테이너
이미지 저장소 구축

컨테이너 이미지 저장소로 도커 허브(Docker Hub) 또는 클라우드 서비스 업체에서 제공하는 이미지 저장소 등 외부 솔루션을 사용할 수 있습니다. 하지만 외부 솔루션을 사용하면 추가 스토리지, 네트워크 비용이 들고[1] 보안상의 이유로 컨테이너 이미지 저장소는 로컬 온프레미스 환경을 선호하는 기업이 많습니다.

이번 13장에서는 온프레미스 환경에서 컨테이너 이미지 저장소로 사용 가능한 하버(Harbor)[2]를 실습을 통해 알아봅니다. 하버는 2020년 6월 CNCF를 졸업(graduated)[3]한 프로젝트로서 다른 인큐베이팅(Incubating, 배양) 프로젝트에 비해 성숙도가 높아 다양한 고객 사례로 안정성과 사용성을 검증받았습니다. 역할 기반 접근 제어, 이미지 취약점 스캐닝, 이미지 서명 등 운영 레벨에서 이미지 저장소에 필요한 다양한 기능을 제공합니다. 물론 필요에 따라 넥서스, 깃랩(GitLab) 등 다른 컨테이너 이미지 저장소 솔루션도 사용할 수 있습니다.

이번 장에서는 실습을 통해 이러한 하버의 주요 기능을 알아보겠습니다.

▣ 실습 과제

1. 헬름 차트를 이용해 하버 컨테이너 이미지 저장소를 설치합니다.

---

1 도커허브는 6시간에 100회까지만 무료로 사용 가능합니다. 참고: https://www.docker.com/increase-rate-limits
2 https://goharbor.io/
3 https://www.cncf.io/news/2020/06/26/containerjournal-cncf-graduates-harbor-container-registry/

2. 로컬 PC에서 생성한 컨테이너 이미지를 하버 저장소로 업로드합니다. 디플로이먼트 YAML 파일의 컨테이너 이미지 저장소 주소를 사설 하버 저장소로 변경합니다.

3. 하버 리포지토리에 이미지가 업로드되면 자동으로 이미지 취약점을 스캐닝하는 기능을 활성화합니다. 해당 기능으로 NGINX와 busybox 이미지의 보안 취약점을 확인합니다.

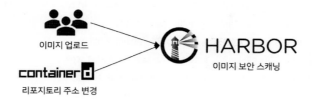

그림 13.1 하버 실습 과제 목록

01 ▍ 헬름 차트를 이용한 하버 설치

이번 절에서는 헬름 차트를 이용해 하버를 설치합니다. 하버를 설치하는 데 필요한 다음과 같은 사항들을 미리 준비하면 헬름 차트에서 제공하는 템플릿 변수 파일을 수정해서 어렵지 않게 설치할 수 있습니다.

■ 하버 외부 접속에 사용하는 도메인 이름

harbor.myweb.io 등 임의의 도메인을 사용할 수 있습니다. 앞으로 로컬 소스코드 저장소인 깃랩(GitLab) 등도 도메인이 필요하므로 myweb.io 도메인을 사용하고 서브도메인으로 harbor를 사용하면 다른 도메인과 좀 더 쉽게 구분할 수 있습니다. 참고로 해당 도메인은 SSL/TLS 인증서 이름으로도 사용합니다.

■ 스토리지 클래스 지정

성능과 편의성을 고려해 스토리지 클래스를 선택합니다. 이 책에서는 사용하기 편리한 openebs-hostpath를 사용합니다.

■ 하버 서비스의 외부 노출 타입

인그레스, 노드포트, 로드밸런서 등 외부 노출에 사용하는 서비스 타입을 지정합니다. 이 책에서는 앞서 설치한 MetalLB 로드밸런서를 사용합니다. 그리고 옵션으로 재기동 시 외부에서 접속하는 IP 주소가 변경되지 않도록 로드밸런서 IP 주소를 특정 IP 주소로 지정했습니다.

위와 같은 사항이 준비되면 이제 설치를 시작합니다. 헬름 차트[4]를 이용해 다른 애플리케이션을 헬름으로 설치하는 방법과 동일합니다.

```
## 관리 편의를 위해 ch13 디렉터리로 이동합니다.
[spkr@erdia22 ch12 (ubun01:rook-ceph)]$ cd ../ch13
[spkr@erdia22 ch13 (ubun01:rook-ceph)]$ helm repo add harbor https://helm.goharbor.io
[spkr@erdia22 ch13 (ubun01:rook-ceph)]$ helm repo update
[spkr@erdia22 ch13 (ubun01:rook-ceph)]$ helm pull harbor/harbor
[spkr@erdia22 ch13 (ubun01:rook-ceph)]$ tar xvfz harbor-1.9.1.tgz
[spkr@erdia22 ch13 (ubun01:rook-ceph)]$ rm -rf harbor-1.9.1.tgz
[spkr@erdia22 ch13 (ubun01:rook-ceph)]$ mv harbor harbor-1.9.1
[spkr@erdia22 ch13 (ubun01:rook-ceph)]$ cd harbor-1.9.1
[spkr@erdia22 harbor-1.9.1 (ubun01:rook-ceph)]$ cp values.yaml my-values.yaml
```

- helm pull

  로컬에 헬름 차트를 내려받습니다. 온라인 상의 헬름 차트를 그대로 이용해서 설치할 수 있으나 로컬에 내려받는 편이 파일 이력 관리 및 변수 수정 측면에서 좀 더 편리합니다.

- mv harbor/ harbor-1.9.1[5]

  헬름 버전별 이력 관리를 위해 버전 정보를 디렉터리 이름으로 저장합니다.

- cp values.yaml my-values.yaml

  헬름 템플릿 변수 파일(values.yaml)의 변경 내역을 관리하기 위해 별도의 파일을 만듭니다.

파일 수정 작업을 편하게 하기 위해 비주얼 스튜디오 코드로 생성한 템플릿 변수 파일(my-values.yaml)을 편집합니다.

예제 13.1 하버 헬름 차트 템플릿 변수 파일(my-values.yaml)[6]

```
...
expose:
  type: loadBalancer
    auto:
      commonName: "harbor.myweb.io"
  loadBalancer:
```

---

4 https://github.com/goharbor/harbor-helm

5 헬름 차트 버전은 시기에 따라 달라집니다. 최신 버전을 사용해도 무방합니다.

6 https://github.com/wikibook/kubepractice/blob/main/ch13/harbor-1.9.1/my-values.yaml

```
    IP: "172.17.29.75"
externalURL: https://harbor.myweb.io
persistence:
  persistentVolumeClaim:
    registry:
      storageClass: "openebs-hostpath"
harborAdminPassword: "Harbor12345"
```

- type: loadBalancer

  서비스의 외부 접속 타입을 로드밸런서로 지정합니다.

- commonName: "harbor.myweb.io"

  하버 설치 시 자동으로 생성되는 SSL/TLS 인증서에서 사용할 도메인을 명시합니다.

- IP: "172.17.29.75"

  MetalLB 로드밸런서에서 사용 가능한 IP 대역 중 아직 할당하지 않는 IP 주소를 지정합니다. 향후 하버가 재시작되더라도 주소가 변경되지 않고 항상 같은 IP 주소로 접속할 수 있습니다.[7] 각자 할당 가능한 IP 대역을 사용합니다.

- externalURL: https://harbor.myweb.io

  외부에서 접속하는 하버 도메인을 지정합니다.

- storageClass: "openebs-hostpath"(또는 "")

  하버가 사용하는 스토리지 클래스를 지정합니다. 만약 디폴트 스토리지 클래스가 지정(하단 팁 참조)돼 있고 스토리지 클래스 이름을 공백으로 두면 디폴트 스토리지 클래스가 자동으로 지정됩니다.

- harborAdminPassword: "Harbor12345"

  기본 설정으로 아이디는 admin, 패스워드는 'Harbor12345'로 지정돼 있습니다. 패스워드의 'H'가 대문자임에 주의합니다.

 디폴트 스토리지 클래스를 지정하는 방법

patch 명령어로 디폴트 스토리지 클래스 지정할 수 있습니다. 아래 명령어를 실행하고 스토리지 클래스 목록을 확인하면 openebs-hostpath 이름에 (default)가 추가됩니다.

```
$ (⁎ ¦ubun01:rook-ceph) k patch storageclass openebs-hostpath -p '{"metadata": {"annotations":{"storageclass.kubernetes.io/is-default-class":"true"}}}'
storageclass.storage.k8s.io/openebs-hostpath patched

$ (⁎ ¦ubun01:rook-ceph) k get sc
```

---

7   로드밸런서가 사용 가능한 IP 대역 중 가장 뒤 번호부터 배정하면 다른 로드밸런서 서비스 IP와 충돌할 위험이 적습니다.

```
NAME                                PROVISIONER        RECLAIMPOLICY   VOLUMEBINDINGMODE      ALLOWVOL-
UMEEXPANSION    AGE
openebs-hostpath (default)    openebs.io/local   Delete          WaitForFirstConsumer   false
2d15h
```

설정을 완료하고 별도의 하버 네임스페이스에 설치를 시작합니다.

```
$ (* ¦ubun01:rook-ceph) k create ns harbor
namespace/harbor created

$ (* ¦ubun01:rook-ceph) k ns harbor
Context "ubun01" modified.
Active namespace is "harbor".

$ (* ¦ubun01:harbor) helm install harbor -f my-values.yaml .
```

설치가 정상적으로 완료되면 파드와 PVC를 확인할 수 있습니다. 처음 이미지를 내려받는 시간이 소요되어 설치에 약 5분 정도가 필요합니다. 설치가 완료되면 파드를 확인할 수 있습니다.

```
$ (* ¦ubun01:harbor) kgp
NAME                                      READY   STATUS    RESTARTS      AGE    IP
NODE            NOMINATED NODE   READINESS GATES
harbor-chartmuseum-768f8cbdf7-2cq2p      1/1     Running   0             2m9s   10.233.118.101
ubun20-02      <none>           <none>
harbor-core-546f58c576-p8v55             1/1     Running   0             2m8s   10.233.118.96
ubun20-02      <none>           <none>
harbor-database-0                        1/1     Running   0             2m8s   10.233.99.49
ubun20-01      <none>           <none>
harbor-jobservice-7d5d69654b-f5c8b       0/1     Running   0             2m8s   10.233.118.104
ubun20-02      <none>           <none>
harbor-nginx-679b4d6fb6-9b9tz            1/1     Running   0             2m9s   10.233.118.94
ubun20-02      <none>           <none>
harbor-notary-server-79d5d6bf98-srblf    1/1     Running   1 (81s ago)   2m9s   10.233.118.92
ubun20-02      <none>           <none>
harbor-notary-signer-7d8fbb4b48-h6vp6    1/1     Running   0             2m9s   10.233.118.93
ubun20-02      <none>           <none>
harbor-portal-97fcbbd96-n4blx            1/1     Running   0             2m8s   10.233.118.95
ubun20-02      <none>           <none>
```

```
harbor-redis-0                       1/1    Running    0        2m8s    10.233.88.39
ubun20-03   <none>        <none>
harbor-registry-67f84ffd4-mx77h      2/2    Running    0        2m9s    10.233.118.103
ubun20-02   <none>        <none>
harbor-trivy-0                       1/1    Running    0        2m8s    10.233.118.102
ubun20-02   <none>        <none>
```

다음은 주요 하버 파드에 대한 간략한 설명입니다.

- harbor-chartmuseum

  하버를 컨테이너 이미지뿐만 아니라 헬름 차트 리포지토리로도 사용할 수 있습니다.

- harbor-notary-server[8]

  하버는 notary 서버를 이용해 서명이 완료된 컨테이너 이미지만 운영 환경에 사용하도록 설정할 수 있습니다. 운영 환경에 적합한 안전한 이미지는 서명을 추가해서 관리할 수 있습니다. 서명이 완료된 이미지는 기존 이미지와 별도로 구분됩니다.

- harbor-registry

  컨테이너 이미지를 저장하는 파드입니다.

- harbor-trivy

  컨테이너 이미지의 보안 취약점을 스캔합니다. 보안 취약점 스캔 기능은 별도 솔루션(trivy)에서 제공하므로 관리자는 보안 스캔용 도구를 선택할 수 있습니다.

전체 하버 아키텍처에 대한 자세한 설명은 다음 URL을 참고합니다.

- https://github.com/goharbor/harbor/wiki/Architecture-Overview-of-Harbor

그럼 설치가 완료되면 웹브라우저를 이용해 접속합니다. 로드밸런서에 사용한 외부 IP(EXTERNAL-IP)를 호스트 파일[9]에 등록합니다.

```
172.17.29.75 harbor.myweb.io
```

웹브라우저로 https://harbor.myweb.io로(http가 아닌 https) 접속하면 다음과 같은 첫 페이지를 확인할 수 있습니다. 사설 인증서를 사용하기 때문에 경고 페이지가 나타나지만 무시하면 됩니다.

---

8 https://goharbor.io/docs/1.10/working-with-projects/project-configuration/implementing-content-trust/
9 윈도우 환경에서는 관리자 계정으로 메모장 등을 열어서 호스트 파일을 수정합니다. (윈도우 환경에서의 호스트 파일의 경로는 C:\Windows\System32\drivers\etch\hosts이고, macOS와 리눅스 환경에서는 'sudo vi /etc/hosts' 같은 명령을 실행해 편집합니다.)

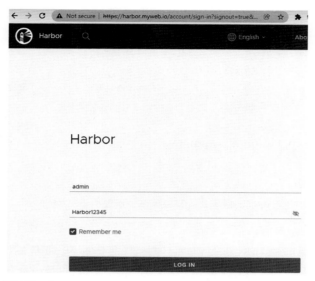

그림 13.2 하버 첫 페이지에 접속한 모습

계정(admin)과 패스워드(Harbor12345)를 입력해 로그인합니다. 패스워드는 헬름 템플릿 변수 파일에 지정돼 있습니다(보안상 처음 접속한 후에는 패스워드를 변경합니다).

접속 후 화면의 좌측에 있는 프로젝트 메뉴에서 [New Project]를 선택해 새로운 프로젝트를 생성합니다. 하버는 프로젝트 단위로 컨테이너 이미지 저장소를 관리합니다.[10] 참고로 하버는 각 프로젝트별로 사용자 권한(Role-Based Access Control; RBAC) 설정이 가능합니다. [New Project] 대화상자에서 다음과 같이 지정합니다.

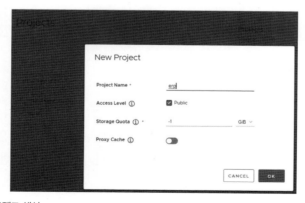

그림 13.3 새로운 하버 프로젝트 생성

---

10 https://goharbor.io/docs/2.0.0/working-with-projects/create-projects/

[Project Name]에 지정한 'erp'는 임의로 지정할 수 있으며, 내부 네트워크에서 접속하므로 [Access level]의 'Public'에 체크합니다.

이제 하버에 컨테이너 이미지를 업로드하기 위한 준비가 끝났습니다. 다음 절에서는 로컬 PC에 보관 중인 컨테이너 이미지를 원격 하버 리포지토리로 업로드하겠습니다.

02 로컬 컨테이너 이미지를 원격 하버 이미지 저장소로 업로드

이번 절에서는 로컬 PC에 저장한 컨테이너 이미지의 레지스트리 태그를 변경해서 이를 원격 하버 저장 소에 업로드합니다.

먼저 원격 하버 리포지토리를 사용하려면 리포지토리를 이용할 수 있도록 사용자 인증 작업이 필요합니다. 하버는 각 사용자별로 권한을 제한하며 이미지 업로드, 다운로드가 가능하도록 설정할 수 있습니다. 사내 개발팀별로 프로젝트를 분리하는 용도로 사용할 수 있습니다.

먼저 현재 로컬 PC에 저장된 컨테이너 이미지 리스트를 확인합니다. 이미지 확인 명령어는 docker images입니다.[11]

```
## 로컬에 nginx, busybox 이미지가 없는 경우 다운로드합니다.
$ (* |ubun01:harbor) sudo docker pull nginx
$ (* |ubun01:harbor) sudo docker pull busybox


$ (* |ubun01:harbor) sudo docker images
REPOSITORY                                                  TAG      IMAGE ID
CREATED        SIZE
nginx                                                       latest   8f05d7383593
3 days ago     134MB
busybox                                                     latest   9f509842917a
6 days ago     1.41MB
```

도커 환경에서는 이미지 정보를 조회할 때 docker.io 도메인 정보가 생략됩니다. 반면 containerd 런타 임을 사용하는 환경에서는 docker.io 도메인이 포함된 이미지 레지스트리 주소를 확인할 수 있습니다.

---

11 로컬 PC에 도커 데스크톱 솔루션을 사용하지 않아 docker 명령어가 실행되지 않으면 podman 등을 사용할 수 있습니다(poman 설치: https://podman.io/getting-started/installation). 도커 및 podman의 사용법은 이 책의 범위를 벗어나므로 생략합니다.

```
$ (* |ubun01:harbor) ssh spkr@ubun20-01
spkr@ubun20-01:~$ sudo crictl images
IMAGE                                      TAG                    IMAGE ID
SIZE
docker.io/bitnami/nginx                    1.22.0-debian-10-r0    1e349bec3b88d
36.8MB
k8s.gcr.io/coredns/coredns                 v1.8.6                 a4ca41631cc7a
13.6MB
```

모든 컨테이너 이미지의 태그 정보는 위와 같이 이미지 레지스트리 주소 정보를 포함합니다. 원격 하버 레지스트리로 이미지를 업로드하려면 다음과 같이 로컬호스트의 busybox 이미지 레지스트리 태그 정보를 원격 하버 레지스트리 주소(harbor.myweb.io)를 포함하는 태그 정보로 변경합니다.

```
$ (* |ubun01:harbor) sudo docker tag busybox harbor.myweb.io/erp/busybox:0.1[12]
```

이미지 태그를 변경하는 도커 명령어는 docker tag입니다. 이미지 버전 정보를 생략하면 자동으로 'latest' 버전이 지정됩니다. 특정 버전을 지정하지 않고 기본 설정의 'latest' 태그를 사용하면 향후 리포지토리의 이미지 버전을 변경해도 동일하게 'latest'를 사용합니다. 같은 'latest' 버전이면 버전 정보만 보고 새로운 이미지를 다운로드하지 않는 경우가 발생하므로 이미지를 업로드할 때 항상 특정 버전을 명시하는 것을 권장합니다.

다음은 하버 레지스트리로 업로드(push)하기 위한 인증 작업입니다. 이 책에서는 추가 계정을 생성하지 않고 관리자 계정을 그대로 사용합니다. 윈도우 환경에서는 원격 하버 레지스트리에 로그인하기 위해 호스트 파일에 IP 주소와 사설 도메인을 WSL(Window Subsystem Linux)의 /etc/hosts 파일에 IP 주소와 도메인을 등록합니다.

```
$ (* |ubun01:harbor) sudo vi /etc/hosts
172.17.29.69    harbor.myweb.io

$ (* |ubun01:harbor) sudo docker login harbor.myweb.io
Username: admin
Password:
Error response from daemon: Get "https://harbor.myweb.io/v2/": x509: certificate signed by un-
known authority
```

---

12 리포지토리 이름인 'erp'는 각자 설정에 맞게 변경합니다.

처음 로그인하면 위와 같이 인증서 에러가 발생합니다. 하버 기본 설정에서 제공하는 인증서는 유료로 발행하는 공인 인증서가 아니라 무료로 사용 가능한 사설 인증서를 사용하기 때문에 발생하는 에러입니다.

이 에러를 해결하는 데는 두 가지 방법이 있습니다. 첫 번째는 하버에서 사용하는 사설 인증서를 도커가 신뢰하는 인증서로 등록하는 방법입니다. 두 번째는 로컬 도커 데스크톱에서 하버 레지스트리의 보안 인증 여부를 확인하지 않는 설정을 추가하는 방법입니다. 이 책에서는 그중 좀 더 설정하기 쉬운 두 번째 방법을 사용했습니다.

그럼 도커 데스크톱의 설정 옵션을 변경합니다. 도커 데스크톱에서 [Docker Engine] → [insecure-registries] 설정에 하버 레지스트리의 도메인인 'harbor.myweb.io'를 추가합니다.[13]

그림 13.4 도커 데스크톱의 insecure-registries 옵션 변경[14]

설정을 변경하고 도커 데스크톱을 재시작합니다. 이후로 도커에 로그인하면 이제는 에러 없이 정상적으로 로그인됩니다.

```
$ (* |ubun01:harbor) sudo docker login harbor.myweb.io
...
Login Succeeded
```

태그를 변경한 busybox 컨테이너 이미지를 원격 하버 레지스트리에 업로드합니다.

---

13 또는 /etc/docker/daemon.json 파일에 "insecure-registries" : ["harbor.myweb.io"] 행을 추가해도 됩니다. 참고: https://docs.docker.com/registry/insecure/

14 개인별 도커 데스크톱 프로그램의 어드민 콘솔을 실행합니다. 도커 데스크톱의 'insecure-registry' 등록 방법: https://docs.docker.com/registry/insecure/

```
$ (* |ubun01:harbor) sudo docker push harbor.myweb.io/erp/busybox:0.1
The push refers to repository [harbor.myweb.io/erp/busybox:0.1]
cfd97936a580: Pushed
digest: sha256:febcf61cd6e1ac9628f6ac14fa40836d16f3c6ddef3b303ff0321606e55ddd0b size: 527
```

정상적으로 이미지가 업로드가 완료됐습니다. 하버 웹페이지를 확인하면 업로드된 이미지를 확인할 수 있습니다.

그림 13.5 컨테이너 이미지를 업로드한 모습

03 쿠버네티스 YAML 파일의 컨테이너 이미지 저장소 주소를 로컬 하버로 변경

이제 앞에서 생성한 하버 레지스트리를 쿠버네티스 YAML 파일의 이미지 저장소 주소로 사용합니다. 이전까지는 이미지 주소를 별도로 지정하지 않았는데, 주소를 지정하지 않으면 기본 설정으로 도커 허브(docker.io) 레지스트리 등에서 이미지를 받아옵니다.

```
spec:
  containers:
  - image: busybox
```

- image: busybox

  별도로 이미지 레지스트리 주소를 지정하지 않으면 기본 설정으로 지정된 도커 허브[15]에서 docker.io/busybox 이미지를 받습니다.

이제 로컬 하버 레지스트리를 사용하기 위해서 생성한 하버 레지스트리의 주소를 쿠버네티스 YAML 파일에 지정합니다.

```
spec:
  containers:
  - image: harbor.myweb.io/erp/busybox:0.1
```

- image: harbor.myweb.io/erp/busybox:0.1

  하버 레지스트리 주소(harbor.myweb.io)와 앞에서 생성한 프로젝트 이름(erp)을 명시하면 해당 레지스트리에서 이미지를 다운로드합니다.

YAML 파일에 레지스트리 주소를 명시하면 쿠버네티스 노드에서 해당 레지스트리에 접속해 이미지를 다운로드합니다. 이 책에서는 사설 레지스트리 도메인(harbor.myweb.io)을 사용하고 사설 인증서를 사용하므로 로컬 PC에서 로컬 하버 레지스트리를 등록했듯이 쿠버네티스의 전체 워커 노드에서도 동일한 설정이 필요합니다.

먼저 각 노드의 /etc/hosts 파일에 사설 하버 URL을 등록합니다.

```
$ (* ¦ubun01:harbor) ssh spkr@ubun20-01
spkr@ubun20-01:~$ sudo vi /etc/hosts
172.17.29.75    harbor.myweb.io
```

- 사설 하버 레지스트리 도메인과 IP 주소를 호스트 파일에 등록합니다.

3개의 쿠버네티스 노드(ubun20-01, ubun20-02, ubun20-03) 모두에서 동일하게 작업합니다.

다음으로 로컬 하버에서 사용하는 사설 SSL/TLS 인증서에 대한 보안 검증을 하지 않도록 containerd 에서 예외 처리를 합니다. 쿠버네티스 클러스터를 설치할 때 컨테이너 엔진으로 로컬과 다르게 도커를 사용하지 않고 containerd를 사용했으므로 containerd 설정을 변경합니다. 만약 컨테이너 엔진으로 CRIO를 사용한다면 해당 설정을 변경합니다.

---

15 containerd 런타임 환경에서 사용하는 기본 이미지 레지스트리 주소는 /etc/containerd/config.toml에서 확인할 수 있습니다.

보안 관련 설정을 포함한 containerd 실행에 관련된 설정은 '/etc/containerd/config.toml' 파일이며 해당 파일을 수정합니다. 도커 데스크톱 설정과 동일하게 다음과 같이 'insecure_registries' 설정을 추가합니다.

```
spkr@ubun20-01:~$ sudo vi /etc/containerd/config.toml
(생략)
    [plugins."io.containerd.grpc.v1.cri".registry]
      [plugins."io.containerd.grpc.v1.cri".registry.mirrors]
        [plugins."io.containerd.grpc.v1.cri".registry.mirrors."docker.io"]
          endpoint = ["https://registry-1.docker.io"]
      [plugins."io.containerd.grpc.v1.cri".registry.configs]
        [plugins."io.containerd.grpc.v1.cri".registry.configs."harbor.myweb.io".tls]
          insecure_skip_verify = true
```

- [plugins."io.containerd.grpc.v1.cri".registry.configs] 라인을 추가하고 아래에 "insecure_skip_verify = true" 설정을 추가합니다.

변경 사항을 적용하기 위해 containerd 서비스를 재기동합니다.

```
spkr@ubun20-01:~$ sudo systemctl restart containerd
spkr@ubun20-01:~$ sudo systemctl status containerd
● containerd.service – containerd container runtime
    Loaded: loaded (/etc/systemd/system/containerd.service; enabled; vendor preset: enabled)
    Active: active (running) since Mon 2022-01-03 23:09:22 UTC; 25s ago
      Docs: https://containerd.io
(생략)
```

3대의 노드(ubun20-01, ubun20-02, ubun20-03) 모두 같은 작업을 반복합니다.

이제 준비가 완료됐습니다. YAML 파일의 이미지 리포지토리 주소를 로컬 하버로 변경해서 파드를 생성합니다.

예제 13.2 로컬 하버 리포지토리를 사용하는 busybox 디플로이먼트[16]

```
apiVersion: apps/v1
kind: Deployment
metadata:
```

---

16 https://github.com/wikibook/kubepractice/blob/main/ch13/busybox-deploy.yml

```
     name: busybox
   labels:
     app: busybox
 spec:
  replicas: 1
  selector:
    matchLabels:
      app: busybox   # POD 라벨과 일치
  template:
    metadata:
      labels:
        app: busybox
    spec:
      containers:
      - name: busybox
        # image: busybox
        image: harbor.myweb.io/erp/busybox:0.1
        command:
        - "/bin/sh"
        - "-c"
        - "sleep inf"
```

- image: harbor.myweb.io/erp/busybox:0.1

  다른 문법은 동일하고 이미지 리포지토리 주소를 로컬 하버 주소로 변경하고 태그를 지정합니다.

매니페스트를 이용해 디플로이먼트를 만듭니다. 변경된 리포지토리 주소에서 busybox 이미지를 정상적으로 받아옵니다.

```
[spkr@erdia22 harbor-1.9.1 (ubun01:harbor)]$ cd ..

[spkr@erdia22 ch13 (ubun01:harbor)]$ k apply -f busybox-deploy.yml
deployment.apps/busybox created

[spkr@erdia22 ch13 (ubun01:harbor)]$ k get pod -o wide
NAME                           READY   STATUS    RESTARTS   AGE   IP            NODE
NOMINATED NODE    READINESS GATES
busybox-75d59486d7-x24n4        1/1     Running   0          22s   10.233.99.51
ubun20-01    <none>            <none>
```

로그를 좀 더 자세하게 확인하기 위해 describe 명령어로 이벤트를 확인합니다.

```
[spkr@erdia22 ch13 (ubun01:harbor)]$ k describe pod busybox-75d59486d7-x24n4
...
  Normal  Pulling  56s  kubelet          Pulling image "harbor.myweb.io/erp/busybox:0.1"
  Normal  Pulled   56s  kubelet          Successfully pulled image "harbor.myweb.io/erp/
busybox:0.1" in 262.370627ms
```

describe 명령어로 출력되는 이벤트를 확인하면 로컬 하버 리포지토리(harbor.myweb.io)에서 이미지를 받아오는 것을 확인할 수 있습니다.

지금까지 쿠버네티스 YAML 파일의 리포지토리 주소를 로컬 하버 리포지토리로 변경해서 로컬 하버 리포지토리에서 컨테이너 이미지를 가져오도록 수정했습니다. 외부 네트워크를 차단한 환경이나 보안 상 외부에 노출되면 안되는 이미지, 외부 컨테이너 이미지 리포지토리를 사용하는 데 따른 추가 비용이 발생하는 것을 원하지 않는 환경에서 이 같은 로컬 하버 리포지토리를 활용할 수 있습니다.

04 컨테이너 이미지 업로드 시 자동으로 이미지에 대한 보안 스캔 기능 활성화

내부 개발팀에서 생성한 이미지 혹은 외부에서 내려받아 사용하는 이미지는 보안 구성상 결함이 있거나 외부 공격자가 악성코드[17]를 삽입해서 보안상 취약할 수 있습니다. 이러한 위험 요소를 확인하기 위해 컨테이너 이미지 자체의 보안 취약점을 확인하는 도구를 사용할 수 있습니다. 하버에서는 Trivy[18] 이미지 스캐닝 도구를 사용해 하버에 저장되는 이미지의 보안 취약점을 자동으로 확인할 수 있습니다.

하버에 업로드된 이미지의 보안 취약점을 확인하려면 보안 취약점을 확인하고자 하는 이미지를 선택하고 상단의 [SCAN] 메뉴를 클릭합니다.

---

17 https://www.bespinglobal.com/byline-200730/
18 https://aquasecurity.github.io/trivy/v0.17.0/

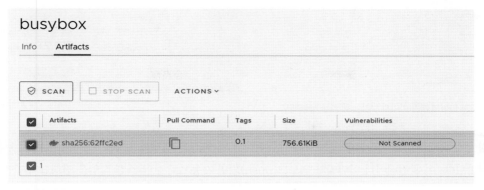

그림 13.6 하버의 이미지 보안 스캔

이미지에 대해 보안 스캔을 수행한 결과는 다음과 같습니다.

그림 13.7 이미지 보안 스캔 결과

위와 같이 취약점(vulnerability) 유무를 확인할 수 있는데, 예제의 busybox 이미지는 보안 취약성이 발견되지 않았습니다.

그런데 위 설정은 이미 업로드된 컨테이너 이미지의 보안 취약성을 확인하는 설정입니다. 하버에서는 이미지가 업로드되면 자동으로 보안 취약점을 확인하도록 설정하는 것도 가능합니다. 자동으로 보안 스캔 작업을 진행하므로 관리자는 좀 더 편리하게 취약점을 확인할 수 있습니다.

해당 기능 설정은 프로젝트 메뉴에서 진행합니다. 프로젝트 메뉴에서 화면 우측의 [Configuration] 메뉴를 선택합니다.

그림 13.8 하버의 자동 이미지 보안 스캔 기능 활성화(1)

설정 메뉴 중앙의 [Vulnerability scanning](취약점 스캐닝)을 선택하고 화면 아래의 [SAVE] 버튼을
클릭합니다. 이제 컨테이너 이미지가 업로드(push)되면 자동으로 보안 스캔 작업을 진행합니다.

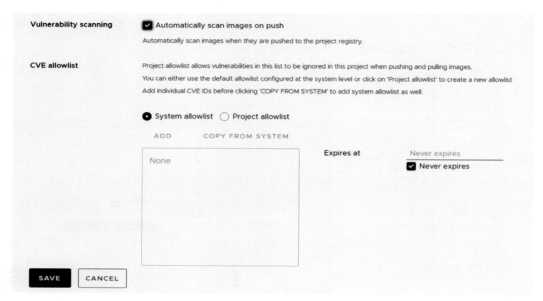

그림 13.9 하버의 자동 이미지 보안 스캔 기능 활성화(2)

이제 로컬의 NGINX 이미지를 업로드해서 취약점 스캔 기능이 정상적으로 동작하는지 확인합니다. 로
컬 NGINX 이미지의 태그를 하버의 리포지토리 태그로 변경합니다.

```
$ (⁕ |ubun01:harbor) sudo docker tag nginx harbor.myweb.io/erp/nginx:0.1
```

해당 이미지를 업로드[19]합니다.

---

19 이미지 푸시(push)와 업로드, 이미지 풀(pull)과 다운로드를 같은 의미로 사용했습니다.

```
$ (* ¦ubun01:harbor) sudo docker push harbor.myweb.io/erp/nginx:0.1
The push refers to repository [harbor.myweb.io/erp/nginx]
...
```

하버의 자동 이미지 보안 스캔 기능을 확인합니다. 하버 프로젝트 메뉴의 NGINX 이미지를 확인하면 다음과 같이 자동으로 이미지 보안 스캔 기능이 활성화되어 이미지 보안 스캔을 완료했고, 취약점 (Vulnerabilities)에 대한 경고 메시지를 확인할 수 있습니다. busybox 이미지와 다르게 많은 취약점(총 176개)[20]이 발견됐습니다.

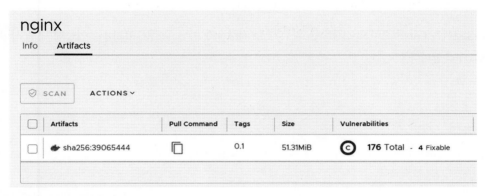

그림 13.10 NGINX 보안 취약점 현황

NGINX 이미지를 클릭하면 상세한 취약점 정보를 확인할 수 있습니다. 사내 보안 가이드에 따라 해당 취약점을 제거해서 안전한 이미지로 교체할 수 있습니다. 또한 취약점을 제거한 이미지를 서명된 (Signed) 이미지로 분류해서 별도로 관리할 수 있습니다.[21]

정리

이번 장에서 배운 내용을 정리하면 다음과 같습니다.

- 무료로 사용 가능한 오픈소스 하버 솔루션을 사용하면 로컬 환경에 사설 컨테이너 이미지 리포지토리를 구축할 수 있습니다. 보안이 중요한 이미지, 외부 리포지토리 사용에 따른 비용이 발생하는 환경에서 유용하게 사용할 수 있습니다. 하버는 헬름 차트를 이용해 설치합니다.

---

20 취약점 개수(176개)는 nginx 이미지 버전에 따라 다를 수 있습니다.

21 https://goharbor.io/docs/1.10/working-with-projects/project-configuration/implementing-content-trust/

- 로컬 하버 이미지 리포지토리를 사용하려면 먼저 로컬호스트에서 리포지토리 인증 작업을 진행합니다. 이후 로컬 컨테이너 이미지의 태그를 새로 생성한 하버 리포지토리 주소로 변경하고 이미지를 업로드하면 정상적으로 하버 리포지토리에 이미지를 저장할 수 있습니다.

- 클러스터의 개별 노드마다 /etc/hosts 파일에 사설 도메인 IP 주소 정보를 등록하고 containerd 설정에 insecure_skip_verify 설정을 추가합니다. 이제 쿠버네티스 매니페스트 YAML 파일 내의 이미지 저장소 주소를 로컬 하버 주소로 변경하면 외부 저장소가 아닌 로컬 저장소에서 이미지를 내려받습니다.

- 하버는 Trivy 이미지 보안 스캐닝 도구를 지원하며, 컨테이너 이미지가 업로드되면 자동으로 해당 이미지의 보안 취약점을 분석하도록 설정할 수 있습니다.

다음 장에서는 **Git** 소스코드 저장소를 외부 공용 저장소가 아닌 깃랩(GitLab)을 이용해 내부 사설 저장소로 구축합니다.

깃랩을 이용한
로컬 Git 소스 저장소 구축

기존의 베어메탈, 가상 머신 환경에서 시스템 운영 작업은 명령어 기반으로 이뤄집니다. 즉, 다음과 같이 네트워크를 구성하고 스토리지를 연결하며, 애플리케이션 패키지를 설치하고 애플리케이션 구동에 필요한 다양한 환경설정 파일을 수정합니다. 이후 시스템 데몬 서비스를 등록하는 등 일련의 작업을 순차적으로 실행합니다.

```
# 네트워크 구성 작업
sudo nmcli con add type bond con-name bond0 ifname bond0 mode active-backup ipv4.address
172.17.16.61/20

# 스토리지 연결 작업
sudo mount -t nfs -o rw 172.17.16.100:/exports /mnt/nfs

# 애플리케이션 설치 작업
sudo yum -y install mysql-connector-odbc.x86_64

# 애플리케이션 서비스 등록
sudo systemctl enable mysqld
```

이러한 작업에 사용하는 명령어는 흔히 매뉴얼 형태로 관리됩니다. 하지만 애플리케이션 간 상호 의존성, 리눅스 버전 및 배포판 종류 등 시스템 환경에 따라 애플리케이션 설정은 다양한 변경이 필요하므로 매뉴얼 관리는 쉽지 않았습니다.

쿠버네티스 환경에서는 이러한 작업을 순차적으로 진행하지 않고 애플리케이션의 고가용성이나 보안, 안정성 등을 고려해 사전에 최종적으로 원하는 상태를 선언(declarative)하고 이를 코드로 구현해 시스템에 적용합니다. 따라서 애플리케이션을 구성하는 소스코드가 가장 중요한 자원입니다. 사실상 쿠버네티스를 개발하고 운영한다는 것은 필요한 YAML 소스코드를 만드는 것과 동일한 개념입니다.

```
# 애플리케이션 실행, 스토리지 연결, 네트워크 설정
kubectl apply -f nginx-deploy.yml
kubectl apply -f default-pvc.yml
kubectl apply -f loadbalancer-svc.yml
```

따라서 소스코드는 운영팀/개발팀/보안팀 등 여러 이해관계자가 언제 어디서든 조회할 수 있어야 하고 이력 관리 또한 필수적입니다. 운영팀 담당자가 개인 PC에서 임의로 소스코드를 수정해서 시스템에 배포한다면 개발팀이나 보안팀의 리뷰를 거치지 않아 클러스터 안정성에 문제가 발생할 수 있습니다. 또한 개발-운영 단계의 클러스터 이전 혹은 멀티 클라우드 이전 작업 등 전체 쿠버네티스 클러스터에 대한 이관 작업이 필요하다면 각 개인이 보관하고 있는 소스 파일을 하나로 모으는 작업이 필요한데, 이는 대단히 시간이 많이 소요되는 작업입니다.

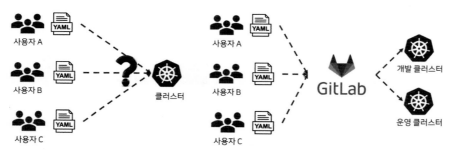

그림 14.1 쿠버네티스 YAML 파일의 관리 방법 비교

깃 소스코드 원격 저장소로 사용 가능한 솔루션으로 깃헙(GitHub), 빗버킷(Bitbucket), 깃랩(GitLab) 등이 있습니다. 그중 기업 내부에 설치해서 자체 관리용 솔루션 용도로는 깃랩을 가장 많이 사용합니다. 무료 오픈소스로 사용 가능하고 추가 비용을 지불하면 깃 소스코드 원격 저장소 기능뿐 아니라 보안, 이미지 레지스트리, 이슈 트래커, 위키, CI/CD 등 다양한 기능까지 지원합니다.[1]

---

1   깃랩의 다양한 기능 소개: https://insight.infograb.net/docs/about/gitlab_introduction. 이 책에서는 깃 소스코드 원격 저장소 용도로만 사용합니다.

1. 헬름 차트를 이용해 로컬 쿠버네티스 환경에 깃랩을 설치합니다. 설치가 완료되면 깃랩을 사용하는 새로운 사용자와 프로젝트를 생성합니다.

2. 개별 사용자가 보관하고 있는 쿠버네티스 YAML 파일을 깃랩 저장소에 업로드(git commit & git push)합니다. 깃랩에서 사용자를 추가해서 다른 사용자 PC에서 해당 파일을 다운로드(git pull)하고 파일을 수정한 후 다시 업로드합니다. 각 사용자별 소스코드 관리 기능을 검증합니다.

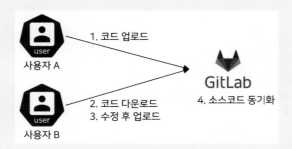

그림 14.2 실습 과제 목록

- https://github.com/wikibook/kubepractice/tree/main/ch14

01 헬름 차트 기반으로 깃랩 설치

깃랩은 리눅스 패키지 설치, 도커 기반, 관리형 퍼블릭 클라우드 쿠버네티스 솔루션 설치[2] 등 다양한 설치 옵션을 제공합니다. 리눅스 또는 도커 기반 설치 옵션은 편리하기는 하지만 별도의 서버 자원이 필요하고 추가 관리 작업이 필요하기 때문에 쿠버네티스 환경에 설치하는 것을 권고합니다.

깃랩 설치에는 다른 애플리케이션과 동일하게 헬름 차트를 이용합니다. 헬름 차트를 이용해 쿠버네티스 환경의 애플리케이션을 설치하는 것은 다른 애플리케이션 설치 작업과 동일하므로 상세한 설명은 생략합니다.

---

2 https://about.gitlab.com/install/

사전에 확인이 필요한 사항은 MetalLB 로드밸런서 타입의 서비스와 디폴트 스토리지 클래스 설정입니다. MetalLB 네임스페이스의 각 파드가 이상 없이 동작하고 스토리지 클래스를 조회했을 때 default 스토리지 클래스가 설정돼 있는지 확인합니다.

```
## 로드밸런서 MetalLB 파드가 정상적으로 실행 중입니다.
$ (* |ubun01:harbor) k get pod -n metallb
NAME                                   READY   STATUS    RESTARTS   AGE
metallb-controller-777cbcf64f-k4tz4    1/1     Running   0          3d6h
metallb-speaker-2rmq8                  1/1     Running   0          3d6h
metallb-speaker-6wnlk                  1/1     Running   0          3d6h
metallb-speaker-s2xvp                  1/1     Running   0          3d6h

## default 스토리지 클래스를 조회할 수 있습니다.
$ (* |ubun01:harbor) k get sc
NAME                         PROVISIONER        RECLAIMPOLICY   VOLUMEBINDINGMODE      ALLOWVOL-
UMEEXPANSION    AGE
openebs-hostpath (default)   openebs.io/local   Delete          WaitForFirstConsumer   false
2d22h
```

깃랩 헬름 차트를 내려받고 작업을 진행합니다.

```
[spkr@erdia22 ch13 (ubun01:harbor)]$ cd ../ch14
[spkr@erdia22 ch14 (ubun01:harbor)]$ helm repo add gitlab https://charts.gitlab.io/
[spkr@erdia22 ch14 (ubun01:harbor)]$ helm repo update
[spkr@erdia22 ch14 (ubun01:harbor)]$ helm pull gitlab/gitlab
[spkr@erdia22 ch14 (ubun01:harbor)]$ tar xvfz gitlab-6.0.3.tgz
[spkr@erdia22 ch14 (ubun01:harbor)]$ rm -rf gitlab-6.0.3.tgz
[spkr@erdia22 ch14 (ubun01:harbor)]$ mv gitlab gitlab-6.0.3
[spkr@erdia22 ch14 (ubun01:harbor)]$ cd gitlab-6.0.3/
[spkr@erdia22 gitlab-6.0.3 (ubun01:harbor)]$ cp values.yaml my-values.yaml
```

비주얼 스튜디오 코드를 열어서 헬름 템플릿 변수 파일(my-values.yaml)을 편집합니다. 전체적으로 특별히 변경이 필요한 부분은 없고 사용하지 않는 기능은 제외하는 옵션을 추가하는 정도입니다.

예제 14.1 깃랩 설치를 위한 헬름 템플릿 변수 파일(my-values.yaml)[3]

```yaml
global:
  edition: ee
  hosts:
    domain: myweb.io
## Settings to for the Let's Encrypt ACME Issuer
certmanager-issuer:
  email: test@myweb.io
prometheus:
  install: false
gitlab-runner:
  install: false
```

- edition: ee

  깃랩은 ee(Enterprise Edition), ce(Community Edition) 버전이 있습니다. 기업용 버전의 깃랩도 무료로 사용 가능합니다. 기업용 버전으로 설치하고 향후 라이선스를 구매하고 키를 추가하면 원하는 추가 기능을 사용할 수 있습니다. 여기서는 기업용 버전으로 설치합니다.

- domain: myweb.io

  깃랩에 사용할 도메인을 명시합니다. 외부에서 깃랩 접속 용도 및 인증서 도메인 용도로 사용합니다. 각자 환경에 맞게 임의로 선택합니다.

- certmanager-issuer: email: test@myweb.io

  인증서에 사용할 메일 주소를 임의로 지정합니다.

- prometheus, gitlab-runner: install: false

  여기서는 모니터링과 CI/CD 기능을 사용하지 않아 해당 기능을 설치하지 않습니다.

전체 변수 파일에 대한 상세한 옵션 설명은 깃랩 공식 가이드를 참조합니다.[4]

```
[spkr@erdia22 gitlab-6.0.3 (ubun01:harbor)]$ k create ns gitlab
[spkr@erdia22 gitlab-6.0.3 (ubun01:harbor)]$ k ns gitlab
[spkr@erdia22 gitlab-6.0.3 (ubun01:gitlab)]$ helm install gitlab -f my-values.yaml .
```

---

3 https://github.com/wikibook/kubepractice/blob/main/ch14/gitlab-6.0.3/my-values.yaml
4 깃랩 헬름 차트 설정 옵션 가이드: https://docs.gitlab.com/charts/

약 10분의 시간이 경과하면 설치가 완료됩니다. 설치 후 다양한 파드를 확인할 수 있습니다. 참고로 깃랩은 다양한 기능의 파드를 포함하고 있어서 초기 설치와 운영 중 자원을 많이 사용합니다. 설치 중 자원이 부족하면 에러가 발생하기도 합니다.[5] 자원 부족 에러가 발생하면 다른 네임페이스의 유휴 파드를 삭제하고 다시 설치합니다. 만약 전체 자원이 부족해서 계속 에러가 발생하면 설치는 생략하고 깃허브를 대신 사용할 수도 있습니다.

```
## 깃랩은 다양한 파드를 설치합니다.
$ (* |ubun01:gitlab) k get pod
NAME                                                   READY   STATUS      RESTARTS   AGE
gitlab-certmanager-774db6b45f-tk5qh                    1/1     Running     0          7m26s
gitlab-certmanager-cainjector-75f8fbb78d-qwjnw         1/1     Running     0          7m26s
gitlab-certmanager-webhook-6f44b5784c-dcgh7            1/1     Running     0          7m26s
gitlab-gitaly-0                                        1/1     Running     0          7m25s
gitlab-gitlab-exporter-7dcb769949-hwfcm               1/1     Running     0          7m26s
gitlab-gitlab-shell-65cb48f768-5qdtr                   1/1     Running     0          7m26s
gitlab-gitlab-shell-65cb48f768-s5qnt                   1/1     Running     0          7m10s
gitlab-issuer-2-f6nhm                                  0/1     Completed   0          40s
gitlab-kas-6876cfb996-8cvv5                            1/1     Running     0          7m11s
gitlab-kas-6876cfb996-n5rcx                            1/1     Running     0          7m26s
gitlab-migrations-2-wmprb                              1/1     Running     0          40s
gitlab-minio-create-buckets-2-f7lrk                    0/1     Completed   0          40s
gitlab-minio-dd4c6d959-lbnq2                           1/1     Running     0          7m25s
gitlab-nginx-ingress-controller-7dcd984bcd-7xpzw       1/1     Running     0          41s
gitlab-nginx-ingress-controller-7dcd984bcd-hmb8n       0/1     Running     0          41s
gitlab-nginx-ingress-defaultbackend-596c86f7c6-5dk9s   1/1     Running     0          41s
gitlab-postgresql-0                                    2/2     Running     0          7m25s
gitlab-redis-master-0                                  2/2     Running     0          7m25s
gitlab-registry-74cffdbb8-pw2gx                        1/1     Running     0          7m26s
gitlab-registry-74cffdbb8-x8rn7                        1/1     Running     0          7m11s
gitlab-sidekiq-all-in-1-v2-75cf4cfbc-vpb9t             1/1     Running     0          7m26s
gitlab-toolbox-5dc689f4df-fcrcm                        1/1     Running     0          7m25s
gitlab-webservice-default-5b45499786-jj5jh             2/2     Running     0          7m10s
gitlab-webservice-default-5b45499786-n97bk             2/2     Running     0          7m25s
```

---

5   CPU 자원 부족 시 'insufficient cpu error' 에러가 발생합니다. 사용하지 않는 파드는 삭제하고 다시 설치를 진행합니다. 깃랩 공식 가이드에 따르면 쿠버네티스 클러스터의 노드 자원으로 8vCPU/30GB RAM 자원이 필요합니다.

주요 파드에 대한 간략한 설명입니다.[6]

- gitlab-certmanager

  SSL/TLS 인증서를 설치, 관리합니다.

- gitlab-gitaly

  웹 서비스 혹은 ssh 방식으로 진행되는 깃 제목, 브랜치, 태그 등의 깃 요청 작업 등에 대한 작업을 담당합니다.

- gitlab-gitlab-shell

  https가 아닌 ssh 방식으로 깃 명령어 실행 시 해당 요청을 처리합니다.

- gitlab-nginx-ingress-controller

  인그레스 방식으로 깃랩 파드를 외부에 노출합니다. 인그레스 컨트롤러를 사용하면 SSL/TLS 인증서를 자동으로 생성합니다.

- gitlab-postgresql

  유저, 권한, 이슈 등 깃랩의 메타데이터 정보가 저장됩니다.

- gitlab-redis

  깃랩 작업 정보는 레디스 캐시 서버를 이용해 처리합니다.

- gitlab-sidekiq

  레디스와 연동해서 작업 큐 처리 용도로 사용합니다.

- gitlab-webservice

  깃랩 웹 서비스를 처리합니다.

정상적으로 설치가 완료되면 웹페이지를 통해 깃랩 서비스를 확인할 수 있습니다. 깃랩이 사용하는 외부 접속 IP와 기본 root 계정의 패스워드를 확인하고 접속합니다.

먼저 깃랩의 외부 접속용 IP는 인그레스 컨트롤러의 로드밸런서 서비스 타입 IP로 확인합니다.

```
$ (* |ubun01:gitlab) k get svc
gitlab-nginx-ingress-controller          LoadBalancer    10.233.0.77    172.17.29.76
80:31658/TCP,443:30790/TCP,22:31308/TCP  4m37s
```

해당 IP를 호스트 파일에 등록합니다.[7]

---

6 https://docs.gitlab.com/ee/development/architecture.html

7 macOS 사용자는 **/etc/hosts** 파일에 등록합니다.

```
172.17.29.76 gitlab.myweb.io
```

헬름 차트를 설치할 때 사용한 사설 깃랩 도메인(gitlab.myweb.io)으로 접속하면 다음과 같이 깃랩 로그인 페이지를 확인할 수 있습니다.

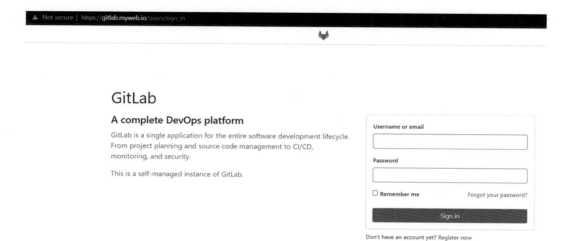

그림 14.3 깃랩 첫 페이지

최초 접속 시 root 계정을 사용하며, 기본 root 패스워드는 다음과 같이 시크릿 리소스를 디코딩해서 확인합니다.

```
$ (* ¦ubun01:gitlab) k get secrets gitlab-gitlab-initial-root-password
--template={{.data.password}} | base64 -d
Hde8NThiTEghlwkPFq4f0B5vHSKqhLfxWSGuwI6Wfj2rgJsPIXWhl54lXSz9D08Z%
```

- --template={{.data.password}} | base64 -d[8]
    template, base64 -d 옵션을 사용하면 시크릿 변수를 디코딩해서 평문으로 확인 가능합니다.

---

8 kubectl 플러그인 매니저인 krew를 이용해 view-secret을 설치하면 좀 더 편리하게 secret을 조회할 수 있습니다. 참고: https://github.com/elsesiy/kubectl-view-secret

그림 14.4 깃랩의 기본 root 계정을 사용한 로그인 화면

root 계정은 관리자 계정이므로 별도의 사용자를 추가합니다. [Admin] → [Users] 메뉴를 차례로 선택하고 새로운 계정을 생성합니다. 이후로는 해당 계정으로 git commit, git push 등의 명령어를 실행합니다.

그림 14.5 깃랩의 새로운 사용자 추가 메뉴

각자 사용자 이름을 입력하고 초기 사용자는 'Admin' 권한을 지정합니다.

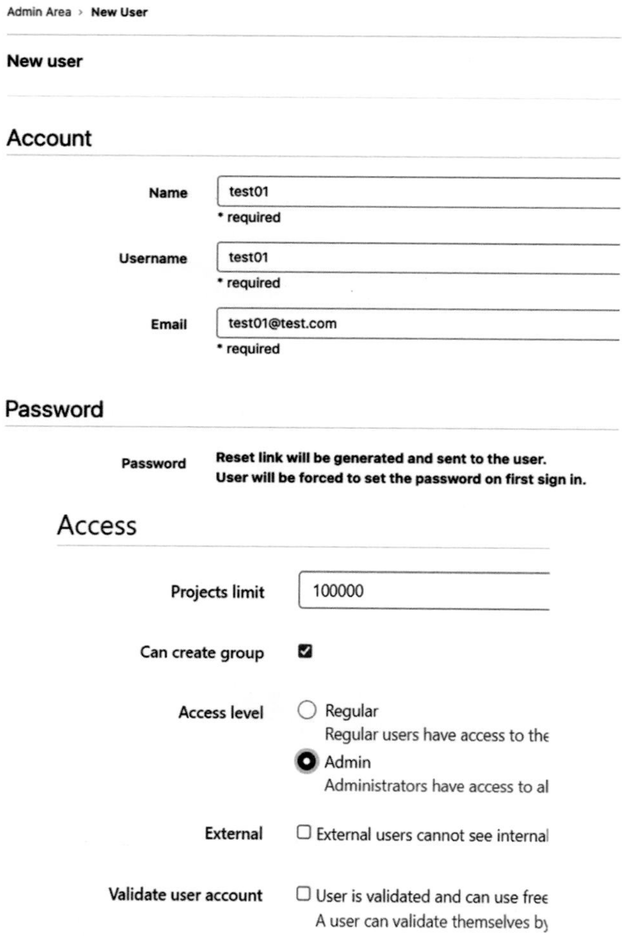

New user

Account

Name	test01
	* required
Username	test01
	* required
Email	test01@test.com
	* required

Password

Password	**Reset link will be generated and sent to the user.**
	User will be forced to set the password on first sign in.

Access

Projects limit	100000
Can create group	☑
Access level	◯ Regular
	Regular users have access to the
	◉ Admin
	Administrators have access to al
External	☐ External users cannot see internal
Validate user account	☐ User is validated and can use free
	A user can validate themselves by

그림 14.6 사용자 이름과 권한(Admin)을 설정합니다.

이렇게 깃랩을 사용할 사용자 생성이 완료됐습니다.

이번 절에서는 헬름 차트를 이용해 깃랩을 설치하고 새로운 사용자를 등록했습니다. 다음 절에서는 소스코드 관리를 위해 새로운 프로젝트를 생성하고 로컬호스트의 소스코드를 깃랩 저장소로 업로드하겠습니다.

02 로컬 쿠버네티스 YAML 소스코드를 원격 깃랩 저장소에 동기화

현업에서 담당자들은 공동으로 작성한 쿠버네티스 YAML 파일을 원격 깃 저장소에서 관리합니다. 모든 사용자는 깃 저장소에서 항상 최신 파일을 내려받아 동기화 상태를 유지합니다. 이번 절에서는 이러한 상황을 가정하고 로컬호스트에서 생성한 쿠버네티스 YAML 파일을 원격의 깃랩 저장소에 업로드하고 해당 파일을 다른 사용자가 내려받아 수정하고 다시 업로드하는 실습을 진행합니다.

깃랩은 깃소스 저장소를 프로젝트 단위로 관리합니다. 먼저 소스 파일 관리를 위해 새로운 프로젝트를 생성합니다. 일반적으로 깃랩 프로젝트를 쿠버네티스의 클러스터 단위로 구분해서 사용합니다(`erp-prod`, `erp-stg`, `gw-prod`, `gw-stg` 등). 이전 절에서 생성한 사용자(jerry)의 패스워드를 설정한 후 해당 사용자로 로그인합니다. 사용자 메뉴에서 [Edit] 메뉴를 선택하면 패스워드를 설정할 수 있습니다.

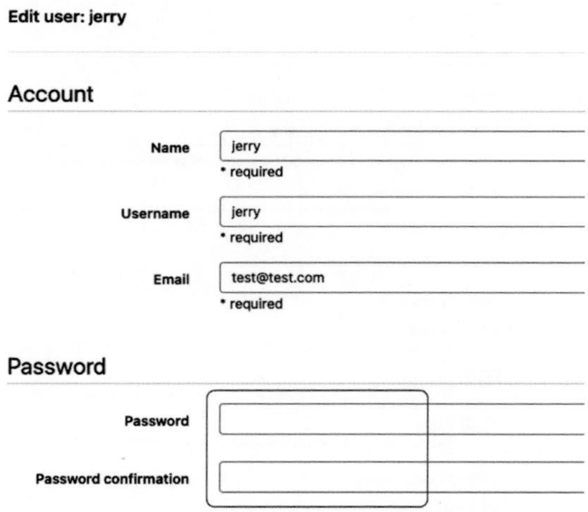

Edit user: jerry
Account
Name
jerry
* required
Username
jerry
* required
Email
test@test.com
* required
Password
Password
Password confirmation

그림 14.7 로그인용 사용자 패스워드 설정

로그인한 후 [Create a project]를 선택해 소스코드 관리용으로 새로운 프로젝트를 생성합니다.

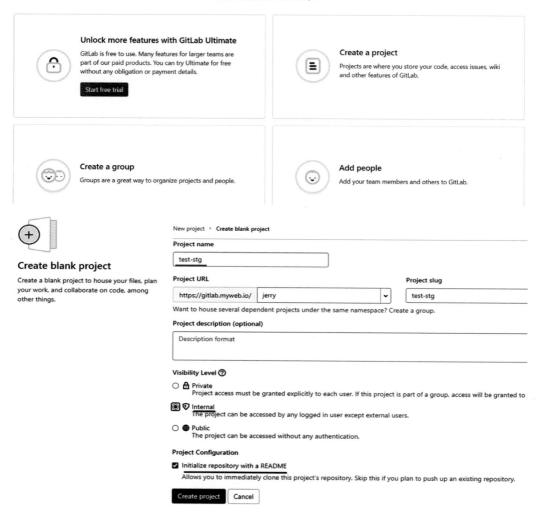

그림 14.8 새 프로젝트 생성

- Project name: test-stg

  사용자 환경에 맞게 프로젝트 이름을 지정합니다.

- Project URL: jerry/test-stg

  등록한 사용자 이름을 이용해 URL을 지정합니다.

- Visibility Level: Internal

  프로젝트 공개 범위는 개인 혹은 같은 그룹 내 사용자 공개(Private), 로그인한 사용자에 한해 공개(Internal), 로그인 없이 외부 사용자를 포함해서 내려받을 수 있도록 공개(Public)로 구분할 수 있습니다. 상황에 따라 선택이 가능하며 이번 실습에서는 Internal로 지정합니다.

- Initialize repository with a README 체크

  외부 공용 깃허브(GitHub) 저장소와 인증 충돌이 발생하지 않도록 초기화 작업을 완료한 깃소스 저장소를 생성합니다.

새로 생성된 깃랩 프로젝트에 쿠버네티스에서 사용하는 YAML 파일을 업로드합니다. YAML 파일은 임의로 선택할 수 있으며, 이 책에서는 이번 장에서 사용한 깃랩 헬름 차트를 사용합니다. 현업에서는 쿠버네티스 프로젝트에 사용한 모든 담당자의 모든 YAML 파일을 동기화합니다.

이제 로컬에서 깃소스를 동기화할 임의의 디렉터리를 지정하고 git clone 명령어로 소스를 내려받습니다. git clone으로 처음 소스를 내려받으면 새로운 디렉터리가 생성되고 해당 디렉터리에 숨김 속성의 .git 디렉터리를 확인할 수 있습니다.

```
## 소스를 내려받을 새로운 디렉터리로 이동합니다.
$ (* ¦ubun01:gitlab) cd && pwd
/home/spkr
$ (* ¦ubun01:gitlab) mkdir gitlab-test
$ (* ¦ubun01:gitlab) cd gitlab-test

## 윈도우 WSL 사용자는 /etc/hosts 파일에 깃랩 사설 도메인과 IP를 등록합니다.
$ (* ¦ubun01:gitlab) sudo vi /etc/hosts
172.17.29.76   gitlab.myweb.io

## 사설 인증서 체크 설정을 해제합니다.
$ (* ¦ubun01:gitlab) git config --global http.sslVerify false

## 깃랩 화면에서 설정한 깃랩 URL(https://gitlab.myweb.io/jerry/test-stg.git)을 지정합니다.
## 각자 지정한 user, password를 입력합니다.
$ (* ¦ubun01:gitlab) git clone https://gitlab.myweb.io/jerry/test-stg.git
Cloning into 'test-stg'...
Username for 'https://gitlab.myweb.io': jerry
Password for 'https://jerry@gitlab.myweb.io':
remote: Enumerating objects: 3, done.
remote: Counting objects: 100% (3/3), done.
remote: Compressing objects: 100% (2/2), done.
```

```
remote: Total 3 (delta 0), reused 0 (delta 0), pack-reused 0
Receiving objects: 100% (3/3), done.

## 정상적으로 '.git' 디렉터리를 내려받은 것을 확인할 수 있습니다.
$ (* ¦ubun01:gitlab) cd test-stg
$ (* ¦ubun01:gitlab) ls -al
drwxr-xr-x  12 jerry  staff   384 Jun  1 11:43 .git
-rw-r--r--   1 jerry  staff  6200 Jun  1 11:43 README.md
```

- git clone

  원격 깃 저장소의 파일을 로컬로 내려받습니다.

이제 해당 디렉터리에 기존에 사용한 깃랩 헬름 차트를 복사합니다.

```
## 깃랩 외에 각자 임의의 파일을 넣어도 무방합니다.
$ (* ¦ubun01:gitlab) cp -r ~/01.works/92.kube-books/kube-books/ch14/gitlab-6.0.3 .

$ (* ¦ubun01:gitlab)  git add . && git commit -m "initial commit - add gitlab helm chart"
[main 8d35598] initial commit - add gitlab helm chart
(생략)

$ (* ¦ubun01:gitlab) git push
Username for 'https://gitlab.myweb.io': jerry
Password for 'https://jerry@gitlab.myweb.io':
Enumerating objects: 634, done.
Counting objects: 100% (634/634), done.
Delta compression using up to 10 threads
Compressing objects: 100% (623/623), done.
Writing objects: 100% (633/633), 648.70 KiB ¦ 9.01 MiB/s, done.
Total 633 (delta 183), reused 0 (delta 0), pack-reused 0
remote: Resolving deltas: 100% (183/183), done.
To https://gitlab.myweb.io/jerry/test-stg.git
   f236374..8d35598  main -> main
```

- git add . && git commit -m "initial commit - add gitlab helm chart"

  현재 디렉터리 파일 전체를 깃 소스에 포함하고(add .) 커밋 메시지를(commit -m) 입력합니다.

- git push

  원격 저장소로 로컬 파일을 업로드(push)합니다.

깃랩 웹에서 확인하면 푸시한 깃랩 헬름 차트 파일을 확인할 수 있습니다.

Name	Last commit	Last update
..		
📁 charts	initial commit - add gitlab helm chart	4 minutes ago
📁 support	initial commit - add gitlab helm chart	4 minutes ago
📁 templates	initial commit - add gitlab helm chart	4 minutes ago
{-} .markdownlint.yml	initial commit - add gitlab helm chart	4 minutes ago
{-} .rubocop.yml	initial commit - add gitlab helm chart	4 minutes ago
{-} .rubocop_todo.yml	initial commit - add gitlab helm chart	4 minutes ago
⚙ .vale.ini	initial commit - add gitlab helm chart	4 minutes ago

그림 14.9 원격 깃랩 저장소에 업로드된 헬름 차트 파일

로컬호스트에 보관 중인 쿠버네티스 매니페스트 파일을 원격 깃소스 저장소에 업로드했습니다. 이제 로컬호스트에서 소스 파일을 수정하면 항상 git commit, git push 명령어를 수행해서 로컬 파일과 원격 저장소의 파일이 항상 동기화되게 합니다.

참고로 저는 현업 프로젝트에서 개별 애플리케이션 단위로 전체 쿠버네티스 YAML 파일을 원격 깃랩 저장소에 동기화하고 있습니다.

```
## 각 디렉터리별 네이밍을 다르게 적용해 관리 편의성을 높였습니다.
$ (* |ubun01:gitlab) ls
01.tomcat   04.elastic   07.RabbitMQ   10.FluentD   13.defaultNamespace   16.metallb    22.MetalLB
25.snapCronjob          28.Rbac          92.springboot
02.nginx    05.mail      08.redis      11.auth      14.webrtc             20.ArgoCD     23.Traefik
26.Loki              33.douzone_font   93.defaultsql
03.emqx     06.mariadb  09.jitsi      12.daemon    15.kafka              21.ausoScaling  24.polaris
27.prometheus-stack   91.Etc            README.md
```

이제 다른 사용자가 해당 소스 파일을 내려받아 소스를 수정한 후 다시 업로드하겠습니다. 현업에서 서로 다른 사용자가 같은 소스 파일로 쿠버네티스 클러스터 관리 작업을 하는 실습입니다. 실습을 위해

깃랩에서 새로운 계정(test01)을 생성합니다.[9] 사용자를 생성하면 이전과 동일하게 패스워드도 설정합니다.

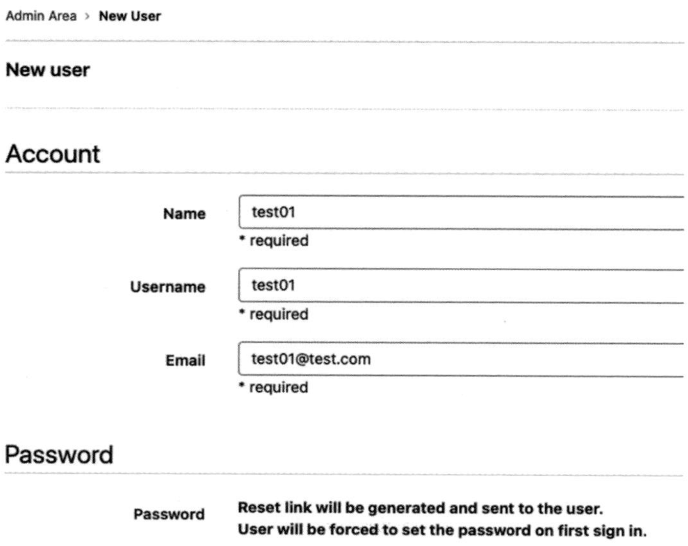

Admin Area › New User
New user
Account
Name
test01
* required
Username
test01
* required
Email
test01@test.com
* required
Password
Password
Reset link will be generated and sent to the user.
User will be forced to set the password on first sign in.

그림 14.10 깃랩에서 새로운 사용자(test01) 생성

그럼 서로 다른 사용자가 공동으로 헬름 차트 파일을 관리하는 실습을 진행합니다.

Git pull
Git pull
User 1
Git
commit/push
GitLab
Git
commit/push
User 2

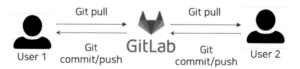

그림 14.11 서로 다른 사용자가 공동으로 헬름 차트를 관리

두 명의 사용자가 사용하는 로컬 데스크톱 환경을 구현하기 위해 쿠버네티스 노드 중 하나의 노드를 사용해 깃랩 소스를 내려받습니다.

```
$ (⎈ |ubun01:gitlab) ssh spkr@ubun20-01

## 호스트 파일에 사설 도메인 IP를 등록합니다.
```

9 깃랩에서 사용자를 생성하는 방법은 앞에서 admin-jerry 계정을 생성하는 것과 동일하므로 상세한 내용은 생략합니다.

```
spkr@ubun20-01:~$ sudo vi /etc/hosts
172.17.29.76    gitlab.myweb.io

spkr@ubun20-01:~$ git config --global http.sslVerify false
spkr@ubun20-01:~$ git clone https://gitlab.myweb.io/jerry/test-stg.git
Cloning into 'test-stg'...
Username for 'https://gitlab.myweb.io': test01
Password for 'https://test01@gitlab.myweb.io':
remote: Enumerating objects: 636, done.
remote: Counting objects: 100% (636/636), done.
remote: Compressing objects: 100% (442/442), done.
remote: Total 636 (delta 183), reused 633 (delta 183), pack-reused 0
Receiving objects: 100% (636/636), 651.45 KiB ¦ 973.00 KiB/s, done.
Resolving deltas: 100% (183/183), done.
```

- git config —global http.sslVerify false[10]

  사설 인증서를 사용해 사설 인증서에 대한 보안 검증을 하지 않습니다.

- git clone

  원격 깃 리포지토리를 내려받습니다.

- 사용자 패스워드 설정

  test01 사용자의 패스워드를 미리 설정하지 않으면 인증 에러가 발생합니다. test01 사용자의 패스워드를 미리 변경합니다.

현업에서는 다른 개발자의 쿠버네티스 매니페스트 파일을 실 서비스에 적용하기 전에 미리 확인하기 위해 git clone을 통해 다른 사용자의 소스코드를 확인하는 용도로도 자주 사용합니다.

이제 임의의 파일을 수정해서 다른 사용자와 파일을 동기화하는 작업을 실습합니다.

```
spkr@ubun20-01:~$ cd test-stg/
spkr@ubun20-01:~/test-stg$ ls
README.md  gitlab-6.0.3
```

README.md 파일에 임의로 코멘트를 추가하고 원격 깃 저장소로 업로드합니다.

```
spkr@ubun20-01:~/test-stg$ vi README.md
add comment from test01 user
```

---

10 https://www.lesstif.com/gitbook/git-https-repository-ssl-14090808.html

기존에 사용 중이던 깃랩 프로젝트에 파일을 추가/수정하려면 해당 프로젝트에 새롭게 생성한 test01 사용자의 권한이 필요합니다. 새로 생성한 사용자를 test-stg 프로젝트의 멤버로 추가합니다.

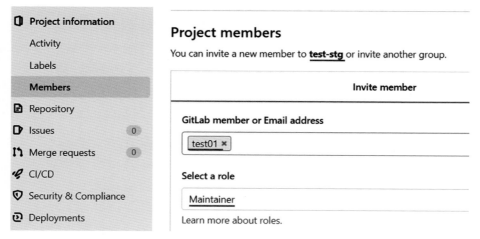

그림 14.12 깃랩 프로젝트에 새로운 멤버를 추가

- [Project Information] → [Members] 메뉴를 차례로 선택한 후 [Invite member]에서 사용자를 초대합니다.
- 새로 생성한 사용자(test01)를 현재 프로젝트(test-stg)의 유지보수(Maintainer) 역할의 멤버로 추가합니다.

이제 사용자 권한이 추가되어 소스코드 업로드가 가능합니다.

```
## 깃랩에 등록한 사용자 정보를 입력합니다.
spkr@ubun20-01:~/test-stg$ git config --global user.email "test01@myweb.io"
spkr@ubun20-01:~/test-stg$ git config --global user.name "test01"

spkr@ubun20-01:~/test-stg$ git add . && git commit -m "modify readme file"
[main e58ddd9] modify readme file
 1 file changed, 2 insertions(+)

spkr@ubun20-01:~/test-stg$ git push
Username for 'https://gitlab.myweb.io': test01
Password for 'https://test01@gitlab.myweb.io':
Enumerating objects: 5, done.
Counting objects: 100% (5/5), done.
Delta compression using up to 2 threads
```

```
Compressing objects: 100% (2/2), done.
Writing objects: 100% (3/3), 325 bytes | 325.00 KiB/s, done.
Total 3 (delta 0), reused 0 (delta 0)
remote: GitLab: You are not allowed to push code to protected branches on this project.
To https://gitlab.myweb.io/jerry/test-stg.git
 ! [remote rejected] main -> main (pre-receive hook declined)
error: failed to push some refs to 'https://gitlab.myweb.io/jerry/test-stg.git'
```

프로젝트 멤버가 아니거나 적절한 권한이 없는 경우 위와 같이 에러(remote rejected)가 발생합니다. 역할이 추가되면 다음과 같이 정상적으로 소스코드 업로드 가능합니다.

```
spkr@ubun20-01:~/test-stg$ git push
Username for 'https://gitlab.myweb.io': test01
Password for 'https://test01@gitlab.myweb.io':
Enumerating objects: 8, done.
Counting objects: 100% (8/8), done.
Delta compression using up to 2 threads
Compressing objects: 100% (4/4), done.
Writing objects: 100% (6/6), 618 bytes | 618.00 KiB/s, done.
Total 6 (delta 0), reused 0 (delta 0)
To https://gitlab.myweb.io/jerry/test-stg.git
   747caa7..aed48c3  main -> main
```

그런데 이 상태에서 수정된 파일(README.md)을 다른 사용자가 로컬에 내려받아 최신 파일로 변경하지 않는 상태에서 동일한 파일을 수정하고 업로드하면 파일 충돌 에러가 발생합니다. 동일한 파일을 2명의 사용자가 변경해서 발생한 에러입니다.

해당 내용을 검증하기 위하여 테스트 중인 ubun20-01 노드에서 나와서 로컬 환경에서 파일을 수정합니다.

```
spkr@ubun20-01:~/test-stg$ exit
logout
Connection to ubun20-01 closed.

$ (* |ubun01:gitlab) vi README.md
add comment from jerry user
```

- 기존의 test01 사용자가 아닌 jerry 사용자로 README.md 파일을 수정합니다.

파일을 수정하고 이전처럼 깃랩에 파일을 업로드하면 다음과 같이 에러가 발생합니다.

```
$ (* |ubun01:gitlab) git add . && git commit -m "comment from jerry"
[main 840bce0] comment from jerry
 1 file changed, 1 insertion(+)


$ (* |ubun01:gitlab) git push
To https://gitlab.myweb.io/jerry/test-stg.git
 ! [rejected]        main -> main (fetch first)
error: failed to push some refs to 'https://gitlab.myweb.io/jerry/test-stg.git'
hint: Updates were rejected because the remote contains work that you do
hint: not have locally. This is usually caused by another repository pushing
hint: to the same ref. You may want to first integrate the remote changes
hint: (e.g., 'git pull ...') before pushing again.
hint: See the 'Note about fast-forwards' in 'git push --help' for details.
```

이것은 이미 다른 사용자가 파일을 먼저 수정해서 발생한 에러입니다.[11] 먼저 git pull로 변경된 파일을 내려받아 최신 파일로 동기화하고 동일하게 파일을 수정합니다.

```
$ (* |ubun01:gitlab) git pull
remote: Enumerating objects: 4, done.
remote: Counting objects: 100% (4/4), done.

add comment from test01 user
remote: Compressing objects: 100% (2/2), done.
remote: Total 3 (delta 0), reused 0 (delta 0), pack-reused 0
Unpacking objects: 100% (3/3), done.
From https://gitlab.myweb.io/jerry/test-stg
   2eeecf2..ad5890d  main        -> origin/main
Updating 2eeecf2..ad5890d
Fast-forward
 README.md | 1 +
 1 file changed, 1 insertion(+)
```

---

11 새로운 브랜치를 만들어 merge request 명령어를 사용하는 편이 좀 더 관리하기에 용이합니다. merge request는 이 책의 범위를 벗어나므로 자세한 설명은 생략합니다. 참고: https://docs.gitlab.com/ee/user/project/merge_requests/creating_merge_requests.html

```
  create mode 100644 README.md

$ (* |ubun01:gitlab) vi README.md
add comment from test01 user
add comment from jerry user


$ (* |ubun01:gitlab) git add . && git commit -m "modify README file"
[main b0f8152] modify README file
 1 file changed, 1 insertion(+)


$ (* |ubun01:gitlab) git push
```

이제는 정상적으로 파일을 수정하고 원격 깃 저장소로 업로드할 수 있습니다. 이처럼 2명의 사용자가
원격 깃랩 저장소를 이용해 동일한 프로젝트에서 사용하는 헬름 차트 소스 파일을 관리할 수 있습니다.
이렇게 해서 깃랩에 새로운 사용자를 생성해서 2명의 사용자가 동일한 소스코드를 관리하는 실습까지
진행했습니다.

정리

이번 장에서 배운 내용을 정리하면 아래와 같습니다.

- 쿠버네티스의 모든 오브젝트는 매니페스트 파일(YAML 혹은 JSON 형식)로 관리합니다. 매니페스트 파일은 여러 사람이
  공동으로 작업할 수 있는 원격의 공동 깃 저장소에 보관해서 협업 및 이력 관리가 가능하도록 합니다.

- 깃랩은 기업 내 설치형으로 사용 가능한 Git 저장소입니다. 헬름 차트를 이용해 깃랩을 설치할 수 있습니다. 이 책에서는
  깃랩 설치 후 새로운 사용자와 프로젝트를 생성해서 프로젝트 단위로 쿠버네티스 매니페스트 파일을 관리하는 실습을 진
  행했습니다.

- 로컬호스트에서 애플리케이션을 설치하는 용도로 사용한 헬름 차트를 포함해서 모든 쿠버네티스 YAML 파일을 원격 깃랩
  깃소스 저장소에 업로드합니다. 다른 사용자는 항상 최신 파일을 로컬호스트에 내려받아 다른 사용자와 쉽게 협업할 수 있
  습니다.

아르고시디를 활용한
깃옵스 시스템 구축

이번 장에서는 아르고시디(ArgoCD)를 이용해 깃옵스(GitOps) 시스템을 구축하겠습니다. 그에 앞서 먼저 지속적인 배포(Continuous Delivery; CD)[1]의 의미를 알아보겠습니다. 지속적인 배포란 개발자가 소스코드를 변경해서 깃 저장소에 푸시하면 해당 변경 사항이 고객이 사용하는 실제 운영환경의 시스템까지 자동으로 반영되는 것을 의미합니다.

아르고시디 같은 지속적인 배포 도구를 이용하면 개발자의 코드가 원격 저장소에 업로드됐을 때 아르고시디가 자동으로 해당 코드를 클러스터 운영환경에 배포합니다. 아르고시디는 배포 작업뿐만 아니라 아르고시디로 배포한 헬름 애플리케이션의 리소스 목록, 각 리소스 간 관계 및 에러 유무를 UI로 보여줍니다(그림 15.1). 따라서 관리자는 직관적이고 편리하게 애플리케이션의 전체 운영 현황, 관계, 에러 유무를 파악할 수 있습니다. 특히 헬름 차트로 애플리케이션을 배포하면 다양한 리소스가 하나의 차트로 묶여 있어 전체 현황을 파악하기가 번거로운데, 아르고시디를 이용하면 전체 현황을 손쉽게 확인할 수 있습니다.

---

1   https://www.redhat.com/ko/topics/devops/what-is-ci-cd

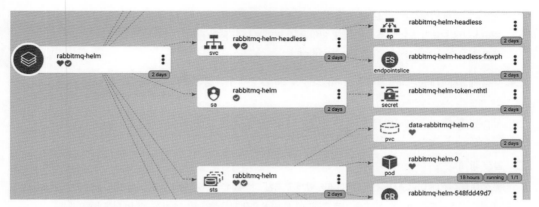

그림 15.1 아르고시디의 다양한 쿠버네티스 오브젝트 관계 표현

다음으로 깃옵스 시스템을 알아봅니다. 깃옵스 시스템을 알아보기에 앞서 단일 진실 원천(SSOT, Single Source Of Truth)[2]이란 어떠한 진실(결과)의 원인이 하나의 이유(원천)에서 비롯되는 것을 의미합니다. 쿠버네티스 환경에서 깃옵스의 의미는 실제 운영 중인 클러스터의 상태를 개발자의 로컬 PC 혹은 아무런 기록을 남기지 않고 클러스터에서 임의로 수정하게 하지 않고 공용으로 관리하는 깃 저장소에서만 유일하게 변경을 허용함으로써 단일 진실 원천을 구현합니다. 아르고시디를 사용하면 쿠버네티스 매니페스트 소스 파일을 여러 개발자의 개인 PC에 보관하지 않고 중앙의 통합된 깃 저장소에 반드시 업로드하고 동기화하도록 정책으로 관리할 수 있습니다.

그림 15.2 쿠버네티스 환경의 깃옵스 시스템

깃옵스 시스템으로 애플리케이션을 관리하면 다음과 같은 이점이 있습니다.

1. 현재 운영 중인 애플리케이션 현황과 애플리케이션 이상 유무를 대시보드로 한눈에 파악할 수 있습니다.

2. 깃 저장소에 저장된 소스 파일만 반영되므로 단위 테스트 등의 안전성 검사를 통과한 소스코드만 실제 운영환경에 배포됩니다.

---

2 https://coffeewhale.com/kubernetes/gitops/argocd/2020/02/10/gitops-argocd/

3. 운영환경에서 발생하는 클러스터 이전 작업 시(테스트 ↔ 운영환경 클러스터, 온프레미스 ↔ 퍼블릭 클라우드) 깃 저장소 기준으로만 작업할 수 있습니다. 만약 소스 파일에 대한 통합 관리가 안 된다면 각 개인이 관리하고 있는 소스를 찾기 위한 지난한 작업이 추가로 필요합니다.

4. 여러 개발자에게 문의하지 않아도 깃 저장소만 조회하면 현재 구성 상태를 빠르게 파악할 수 있습니다.

그럼 실습을 통해 아르고시디를 활용한 깃옵스 시스템 구축에 대해 자세히 알아보겠습니다.

⌨ 실습 과제

1. 헬름 차트를 이용해 아르고시디를 설치합니다. 앞서 구축한 깃랩을 연동하기 위해 깃랩 도메인의 사설 IP를 아르고시디 헬름 차트 설정에 포함합니다. 설치 후 아르고시디에 사용하는 깃 저장소와 쿠버네티스 클러스터를 등록합니다.

2. 깃옵스 실습을 진행합니다. 메시지큐 시스템인 레빗엠큐(RabbitMQ) 헬름 차트를 깃 저장소에 업로드하고 해당 헬름 차트를 아르고시디의 애플리케이션 CRD(Custom Resource Definition) 매니페스트 파일에 등록합니다. 깃 저장소에 소스가 업로드되면 아르고시디 CRD가 자동으로 해당 애플리케이션을 배포합니다. 배포 후 아르고시디 대시보드로 레빗엠큐 헬름 차트의 전체 구성 요소와 그 관계를 확인합니다.

3. 깃 저장소의 코드를 수정하지 않고 실행 중인 클러스터에서 1) 임의로 오브젝트 설정을 변경(k edit)하고 2) 오브젝트를 삭제하는 작업을 수행합니다. 아르고시디 대시보드에서 운영 중인 코드(Live Manifest)와 의도한 코드(Desired Manifest) 차이를 확인합니다.

4. 레빗엠큐 헬름 차트의 템플릿 변수 파일(my-values.yaml)을 수정하고 깃 저장소로 업로드합니다. 해당 내역이 자동으로 실제 운영환경에 반영되는지 확인합니다.

⟨⁄⟩ 소스코드

- https://github.com/wikibook/kubepractice/tree/main/ch15

01 헬름 차트를 이용한 아르고시디 설치

이번 절에서는 헬름 차트를 이용해 아르고시디를 설치합니다. 이때 앞서 구축한 사설 깃랩 저장소와 연동하기 위해 깃랩 저장소의 도메인과 IP를 아르고시디를 설치하기 전 헬름 차트 변수 파일에 포함합니다. 설치가 완료되면 쿠버네티스 클러스터와 깃 저장소를 아르고시디 설정 파일에 등록합니다.

아르고시디의 공식 홈페이지 설치 가이드에서는 매니페스트 파일을 이용해 설치하는 방법을 설명하고 있습니다. 하지만 이를 이용하면 설치 후 추가로 사설 깃랩 저장소의 도메인과 IP를 등록하는 작업이 필요합니다. 그래서 이 책에서는 작업 편의를 위해 헬름 차트를 이용합니다. 그리고 가능하다면 쿠버네티스 환경에서 애플리케이션을 설치할 때는 별개의 매니페스트 파일보다는 헬름 차트[3]로 통일하는 편이 관리 측면에서 낫습니다. 아르고시디는 아직 공식 헬름 차트를 지원하지 않지만 커뮤니티 버전의 헬름 차트를 이용할 수 있습니다. 커뮤니티 버전의 헬름 차트도 공식 홈페이지에서 제공하는 매니페스트 파일의 전체 기능을 포함합니다.

```
## 관리 편의를 위해 ch15 디렉터리로 이동합니다.
[spkr@erdia22 ch14 (ubun01:gitlab)]$ cd ../ch15

## 아르고 헬름 리포지토리를 추가하고 설치 작업을 진행합니다.
[spkr@erdia22 ch15 (ubun01:gitlab)]$ helm repo add argo
[spkr@erdia22 ch15 (ubun01:gitlab)]$ helm pull argo/argo-cd
[spkr@erdia22 ch15 (ubun01:gitlab)]$ tar xvfz argo-cd-4.9.4.tgz
[spkr@erdia22 ch15 (ubun01:gitlab)]$ rm -rf argo-cd-4.9.4.tgz
[spkr@erdia22 ch15 (ubun01:gitlab)]$ mv argo-cd argo-cd-4.9.4
[spkr@erdia22 ch15 (ubun01:gitlab)]$ cd argo-cd-4.9.4/
[spkr@erdia22 argo-cd-4.9.4 (ubun01:gitlab)]$ cp values.yaml my-values.yaml
```

비주얼 스튜디오 코드를 이용해 헬름 템플릿 변수 파일(my-values.yaml)[4]을 편집합니다. 변수 파일의 변경 사항은 다음과 같습니다. 개별 상황에 따라 리소스 사용량 제한 등의 변수 설정을 추가할 수 있습니다.

```
# 깃소스 저장소 앨리어스(/etc/hosts) 등록
global:
  hostAliases:
  - ip: 172.17.29.76
    hostnames:
    - gitlab.myweb.io

  ## Server service configuration
  service:
    # -- Server service type
    type: LoadBalancer
```

---

3 https://github.com/argoproj/argo-helm/tree/master/charts/argo-cd
4 https://github.com/wikibook/kubepractice/blob/main/ch15/argo-cd-4.9.4/my-values.yaml

- hostAliases: - ip: 172.17.29.76

  이전 장에서 설치한 깃랩 깃소스 저장소의 LoadBalancer External IP와 도메인을 등록합니다. 로컬 환경에 설치한 깃랩은 공용 도메인을 사용하지 않아 사설 IP와 도메인 등록이 필요합니다. 파드 실행 시 hostAliases로 등록해서 해당 사설 IP와 도메인을 파드의 호스트 앨리어스(/etc/hosts)에 등록합니다.[5]

- type: LoadBalancer

  아르고시디 서비스의 타입을 로드밸런서로 지정해서 외부에 노출합니다.

argocd 네임스페이스를 생성하고 설치를 시작합니다.

```
[spkr@erdia22 argo-cd-4.9.4 (ubun01:gitlab)]$ k create ns argocd
namespace/argocd created

[spkr@erdia22 argo-cd-4.9.4 (ubun01:gitlab)]$ k ns argocd
Context "ubun01" modified.
Active namespace is "argocd".

[spkr@erdia22 argo-cd-4.9.4 (ubun01:argocd)]$ helm install argocd -f my-values.yaml .
```

설치에는 약 1분 정도 소요됩니다.

```
## helm ls(list) 명령어로 헬름 차트 목록을 확인할 수 있습니다.
[spkr@erdia22 argo-cd-4.9.4 (ubun01:argocd)]$ helm ls
NAME      NAMESPACE        REVISION UPDATED                                     STATUS     CHART
APP VERSION
argocd  argocd              1         2022-06-20 20:30:31.029450541 +0000 UTC   deployed  ar-
go-cd-4.9.4       v2.4.0

[spkr@erdia22 argo-cd-4.9.4 (ubun01:argocd)]$ k get pod
NAME                                               READY   STATUS    RESTARTS   AGE
argocd-application-controller-0                    1/1     Running   0          54s
argocd-applicationset-controller-58f4c6674-xt298   1/1     Running   0          54s
argocd-dex-server-6cb5dcfd4c-4trxt                 1/1     Running   0          54s
argocd-notifications-controller-78d858f7b4-g4cv6   1/1     Running   0          54s
argocd-redis-6d7d9964d4-qfwmc                      1/1     Running   0          54s
argocd-repo-server-767bbb6b89-vm5wf                1/1     Running   0          54s
argocd-server-7bbf4ccbfb-z4jl4                     1/1     Running   0          54s
```

---

5 https://kubernetes.io/docs/tasks/network/customize-hosts-file-for-pods/

아르고시디의 주요 파드는 다음과 같습니다.[6]

- argocd-application-controller

  실행 중인 쿠버네티스 애플리케이션의 설정과 깃 저장소의 소스 파일에 선언된 상태를 서로 비교하는 컨트롤러입니다. 현재 운영 중인 상태가 깃 소스에 선언된 상태와 다르면 'OutOfSync' 에러 메시지를 출력합니다.

- argocd-dex-server

  외부 사용자의 LDAP 인증에 Dex 서버를 사용할 수 있습니다.

- argocd-repo-server

  원격 깃 저장소의 소스코드를 아르고시디의 내부 캐시 서버에 저장합니다. 디렉터리 경로, 소스, 헬름 차트 등이 저장됩니다.

설치가 완료되면 웹으로 접속해 확인합니다. IP 주소로는 로드밸런서 IP 주소를 입력하고 관리자인 admin 계정으로, 패스워드는 시크릿 오브젝트로 확인합니다.

외부 접속용 IP 주소는 로드밸런서 EXTERNAL-IP로 확인합니다.

```
[spkr@erdia22 argo-cd-4.9.4 (ubun01:argocd)]$ k get svc
NAME                             TYPE          CLUSTER-IP      EXTERNAL-IP   PORT(S)
AGE
(생략)
argocd-server                    LoadBalancer  10.233.31.157   172.17.29.77  80:31002/
TCP,443:32363/TCP     2m8s
```

아르고시디는 최초 접속용 패스워드를 시크릿 형식으로 무작위로 생성합니다. argocd-initial-admin-secret 시크릿을 디코딩해서 패스워드를 확인합니다. 이 패스워드가 최초로 접속할 때 admin 계정의 패스워드입니다.

```
[spkr@erdia22 argo-cd-4.9.4 (ubun01:argocd)]$ kubectl -n argocd get secret argocd-initial-admin-
secret -o jsonpath="{.data.password}" | base64 -d
vMaSjvYYWVsf7Fhy
```

앞에서 확인한 IP 주소로 접속하면 다음과 같이 정상적으로 첫 페이지를 확인할 수 있습니다.

---

6 https://argo-cd.readthedocs.io/en/stable/operator-manual/architecture/#components

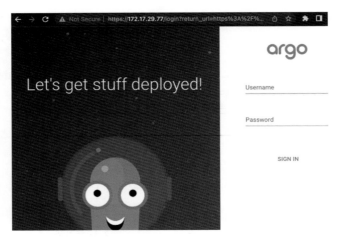

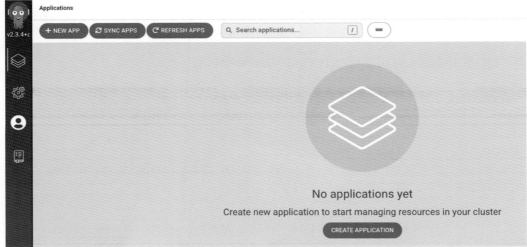

그림 15.3 아르고시디의 초기 화면

다음으로 아르고시디로 애플리케이션을 배포하는 데 사용할 깃 저장소와 쿠버네티스 클러스터 정보를 등록합니다. 아르고시디는 자체적으로 argocd라는 이름의 커맨드라인 도구를 지원합니다. argocd 명령 어로 추가 설정 작업을 진행합니다. 먼저 argocd 커맨드라인 도구를 설치합니다.[7]

```
[spkr@erdia22 ~ (ubun01:argocd)]$ sudo curl -sSL -o /usr/local/bin/argocd https://github.com/
argoproj/argo-cd/releases/latest/download/argocd-linux-amd64
[spkr@erdia22 ~ (ubun01:argocd)]$ sudo chmod +x /usr/local/bin/argocd
```

---

7 https://argo-cd.readthedocs.io/en/stable/cli_installation/. 검색 엔진에서 'argocd cli install'을 입력하면 좀 더 편리하게 설치하는 방법을 확인할 수 있습니다. macOS 사용자라면 `brew install argocd`로 argocd 커맨드라인 도구를 사용할 수 있습니다.

설치가 완료되면 전체 명령어 소개 페이지를 확인합니다. 참고로 새로운 커맨드라인 도구를 설치하면 항상 도움말을 확인해 전체 명령어 구조를 간단히 확인하면 이후에 해당 도구를 사용하는 데 많은 도움이 됩니다.

```
$ (* ¦ubun01:argocd) argocd
argocd controls a Argo CD server

Usage:
  argocd [flags]
  argocd [command]

Available Commands:
  account     Manage account settings
  admin       Contains a set of commands useful for Argo CD administrators and requires direct
Kubernetes access
  app         Manage applications
  cert        Manage repository certificates and SSH known hosts entries
  cluster     Manage cluster credentials
  completion  output shell completion code for the specified shell (bash or zsh)
  context     Switch between contexts
  gpg         Manage GPG keys used for signature verification
  help        Help about any command
  login       Log in to Argo CD
  logout      Log out from Argo CD
  proj        Manage projects
  relogin     Refresh an expired authenticate token
  repo        Manage repository connection parameters
  repocreds   Manage repository connection parameters
  version     Print version information
```

다음은 자주 사용하는 argocd 명령어입니다.[8]

- argocd app

  아르고시디는 쿠버네티스 애플리케이션 동기화 상태를 app 명령어로 확인할 수 있습니다. UI로도 확인할 수 있으며, 두 가지 방법 모두 가능합니다.

---

8 https://argo-cd.readthedocs.io/en/stable/getting_started/

- argocd context

  복수의 쿠버네티스 클러스터 등록할 수 있습니다. 애플리케이션을 배포할 때 특정 클러스터를 선택할 수 있습니다.

- argocd login

  아르고시디 서버에 로그인합니다.

- argocd repo

  원격 깃 저장소를 등록하고 현황을 파악할 수 있습니다.

원격 깃 저장소 등록을 위해 먼저 아르고시디 서버에 로그인합니다. admin 사용자의 패스워드로는 앞에서 확인한 시크릿 패스워드를 입력합니다.

```
[spkr@erdia22 argo-cd-4.9.4 (ubun01:argocd)]$ argocd login 172.17.29.77 --username admin
WARNING: server certificate had error: x509: cannot validate certificate for 172.17.29.77 be-
cause it doesn't contain any IP SANs. Proceed insecurely (y/n)? y
Password:
'admin:login' logged in successfully
Context '172.17.29.77' updated
```

앞서 설치한 깃랩의 프로젝트 URL을 아르고시디의 깃 리포지토리로 등록[9]합니다(argocd repo). 깃랩은 프로젝트 단위로 소스코드를 관리하므로 프로젝트 이름까지 포함합니다.

```
[spkr@erdia22 argo-cd-4.9.4 (ubun01:argocd)]$ argocd repo add https://gitlab.myweb.io/jerry/
test-stg.git --username jerry --insecure-skip-server-verification
Password:
Repository 'https://gitlab.myweb.io/jerry/test-stg.git' added
```

- argocd repo add https://gitlab.myweb.io/jerry/test-stg.git

  이전 장에서 로컬 환경에 설치한 깃랩 저장소의 주소를 입력합니다.

- --user jerry

  사용자 이름과 패스워드에는 이전 장에서 생성한 깃랩의 사용자 이름과 패스워드를 입력합니다. 이번에 설치한 아르고시디의 admin 사용자와 패스워드가 아닌 것에 주의합니다.

- --insecure-skip-server-verification

  사설 인증서를 사용하므로 인증서 검증 과정을 생략합니다.

---

9 아르고시디 웹 UI를 이용해 깃 리포지토리를 등록할 수도 있습니다. 재사용성을 고려해서 UI보다 명령어 기반으로 작업하는 것을 권장합니다. 또는 ssh 키 정보를 등록하면 헬름 차트에 리포지토리 정보를 등록한 상태로 배포할 수도 있습니다.

정상적으로 깃 리포지토리가 등록됐습니다.

```
[spkr@erdia22 argo-cd-4.9.4 (ubun01:argocd)]$ argocd repo list
TYPE  NAME  REPO                                    INSECURE  OCI    LFS    CREDS  STATUS
MESSAGE  PROJECT
git          https://gitlab.myweb.io/jerry/test-stg.git  true      false  false  true   Success-
ful
```

기본적으로 아르고시디는 별도의 추가 과정 없이 아르고시디가 설치된 쿠버네티스 클러스터가 아르고시디에서 사용하는 타깃 클러스터로 등록됩니다. 'argocd cluster list' 명령어로 전체 클러스터 현황을 확인할 수 있습니다. 만약 아르고시디가 설치된 클러스터 외에 별도로 외부 클러스터를 추가하려면 해당 목록에 추가합니다.

```
[spkr@erdia22 argo-cd-4.9.4 (ubun01:argocd)]$ argocd cluster list
SERVER                         NAME       VERSION  STATUS    MESSAGE
PROJECT
https://kubernetes.default.svc  in-cluster          Unknown   Cluster has no applications and is
not being monitored.
```

이제 아르고시디를 사용할 준비가 끝났습니다. 아르고시디를 이용해 애플리케이션을 배포해 보겠습니다.

02 아르고시디를 이용한 래빗엠큐 헬름 애플리케이션 배포

이번 절에서는 아르고시디를 이용해 쿠버네티스 오브젝트를 배포하겠습니다. 아르고시디는 디플로이먼트, 서비스 등 일반 YAML 파일 형식의 쿠버네티스 오브젝트뿐만 아니라 헬름 차트 형식의 애플리케이션도 설치할 수 있습니다. 헬름 차트를 이용하면 사용자는 헬름 차트를 깃 저장소에 업로드하고 해당 디렉터리의 경로 정보를 아르고시디의 applications CRD에 등록해서 애플리케이션을 배포할 수 있습니다.

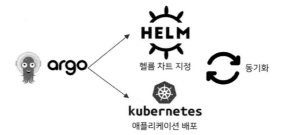

그림 15.4 아르고시디를 이용한 헬름 애플리케이션 배포

먼저 아르고시디 설치에 사용할 레빗엠큐(RabbitMQ) 헬름 차트를 내려받고 깃랩 저장소에 업로드합니다. 레빗엠큐는 카프카와 유사하게 메시지 브로커[10] 용도로 사용하는 오픈소스 솔루션입니다. 로컬 깃랩 저장소에 레빗엠큐 헬름 파일을 업로드하므로 디렉터리 위치를 이전 장에서 깃 클론으로 내려받은 깃랩 소스 디렉터리로 변경합니다.

```
## 이전 장에서 로컬 깃랩 저장소와 동기화한 디렉터리로 이동합니다.
## 사용자별로 디렉터리 이름이 서로 다르므로 유의해서 이동합니다.
[spkr@erdia22 ch15 (ubun01:argocd)]$ cd ~/gitlab-test/test-stg/
[spkr@erdia22 test-stg (ubun01:argocd)]$ pwd
/home/spkr/gitlab-test/test-stg

## 깃 원격 오리진 주소가 사설 깃랩 저장소(gitlab.myweb.io)인지 확인합니다.
[spkr@erdia22 test-stg (ubun01:argocd)]$ git config -l
(생략)
remote.origin.url=https://gitlab.myweb.io/jerry/test-stg.git

## Bitnami의 RabbitMQ 헬름 차트를 사용해 설치합니다.
## bitnami 리포지토리가 이미 포함돼 있으면 다음과 같은 메시지를 확인할 수 있습니다.
[spkr@erdia22 test-stg (ubun01:argocd)]$ helm repo add bitnami https://charts.bitnami.com/bitna-
mi
"bitnami" already exists with the same configuration, skipping
[spkr@erdia22 test-stg (ubun01:argocd)]$ helm repo update
[spkr@erdia22 test-stg (ubun01:argocd)]$ helm pull bitnami/rabbitmq
[spkr@erdia22 test-stg (ubun01:argocd)]$ tar xvfz rabbitmq-10.1.8.tgz
[spkr@erdia22 test-stg (ubun01:argocd)]$ rm rabbitmq-10.1.8.tgz
[spkr@erdia22 test-stg (ubun01:argocd)]$ mv rabbitmq/ rabbitmq-10.1.8
```

---

10 https://www.rabbitmq.com/

```
[spkr@erdia22 test-stg (ubun01:argocd)]$ cd rabbitmq-10.1.8/
[spkr@erdia22 rabbitmq-10.1.8 (ubun01:argocd)]$ cp values.yaml my-values.yaml
```

내려받은 레빗엠큐 헬름 차트를 로컬 깃랩 저장소에 업로드합니다.

```
[spkr@erdia22 rabbitmq-10.1.8 (ubun01:argocd)]$ git add . && git commit -m "add rabbitmq helm
chart"
[spkr@erdia22 rabbitmq-10.1.8 (ubun01:argocd)]$ git push
```

웹 브라우저로 로컬 깃랩 저장소를 확인하면 rabbitmq 헬름 차트가 업로드된 것을 확인할 수 있습니다.

Name	Last commit
🗀 gitlab-6.0.3	initial commit - add git helm chart
🗀 rabbitmq-10.1.8	add rabbitmq helm chart
README.md	modify README file

그림 15.5 깃랩 저장소에 업로드된 rabbitmq 헬름 차트 파일

아르고시디는 applications CRD 매니페스트를 이용해 쿠버네티스 애플리케이션을 배포합니다.[11] applications CRD의 YAML 파일 형식에 맞게 애플리케이션을 등록하고 YAML 파일을 실행하면 아르고시디에 애플리케이션이 배포됩니다. 아르고시디를 설치한 후 CRD 목록에서 'argo'로 검색하면 아르고시디의 CRD 목록을 확인할 수 있습니다.

```
[spkr@erdia22 rabbitmq-10.1.8 (ubun01:argocd)]$ k get crd|grep argo
applications.argoproj.io                    2022-06-20T20:30:24Z
applicationsets.argoproj.io                 2022-06-20T20:30:24Z
appprojects.argoproj.io                     2022-06-20T20:30:24Z
argocdextensions.argoproj.io                2022-06-20T20:30:24Z
```

- applications

  아르고시디의 applications CRD를 통해 배포한 쿠버네티스 애플리케이션은 현재 실행 상태와 깃 저장소의 의도한 상태를 계속 비교합니다. 차이점이 발생하면 대시보드를 통해 상세 내역을 확인할 수 있습니다.

- appprojects

  아르고시디는 애플리케이션을 프로젝트 단위로 구분해서 관리합니다.

---

11 https://argo-cd.readthedocs.io/en/stable/core_concepts/

다른 쿠버네티스 오브젝트와 동일하게 applications CRD도 YAML 파일을 이용합니다. 아르고시디의 Application YAML 파일을 작성합니다.[12]

예제 15.1 헬름 레빗엠큐를 배포하는 아르고시디 Application CRD YAML 파일[13]

```yaml
apiVersion: argoproj.io/v1alpha1
kind: Application
metadata:
  name: rabbitmq-helm
  namespace: argocd
  finalizers:
  - resources-finalizer.argocd.argoproj.io
spec:
  destination:
    namespace: rabbitmq
    server: https://kubernetes.default.svc
  project: default
  source:
    repoURL: https://gitlab.myweb.io/jerry/test-stg.git
    path: rabbitmq-10.1.8/
    targetRevision: HEAD
    helm:
      valueFiles:
      - my-values.yaml
  syncPolicy:
    syncOptions:
    - CreateNamespace=true
```

- metadata: namespace: argocd[14]

  아르고시디의 Application CRD는 네임스페이스는 argocd로 지정해서 단일 네임스페이스에서 아르고시디로 설치된 전체 Application 목록을 관리하는 것이 편리합니다.

- destination: namespace: rabbitmq

  애플리케이션이 설치되는 네임스페이스입니다. 일반적으로 네임스페이스 이름은 관리 편의를 위해 애플리케이션 이름과 동일하게 지정합니다. 배포하기 전에 미리 명령어를 이용해 rabbitmq 네임스페이스를 생성할 수 있습니다.

---

12 applications는 YAML 파일 없이 웹 페이지 UI로 생성 가능합니다. 하지만 여러 애플리케이션에 대해 반복 작업이 필요하므로 GUI보다는 YAML 파일을 이용하는 것이 재사용성 측면에서 좋습니다.

13 https://github.com/wikibook/kubepractice/blob/main/ch15/rabbitmq-helm-argo-application.yml

14 https://github.com/argoproj/argo-cd/blob/master/docs/operator-manual/application.yaml

- server: https://kubernetes.default.svc

  애플리케이션이 배포될 쿠버네티스 클러스터 정보입니다. 아르고시디가 설치돼 있는 클러스터는 별도의 추가 과정 없이 기본 설정으로 지정 가능합니다. 외부 클러스터를 추가하려면 '쿠버네티스 컨피그 파일({HOME}/.kube/config)'에 외부 클러스터 설정을 추가하는 과정이 필요합니다.

- project: default

  아르고시디는 프로젝트로 Application CRD를 관리합니다. 프로젝트는 Application 목록을 포함합니다.

- repoURL: https://gitlab.spk.io/jerry/test-stg.git

  깃 저장소의 URL을 입력합니다. 깃 리포지토리는 인증 과정을 거쳐 사전에 등록합니다.

- path: rabbitmq-10.1.8

  아르고시디를 이용해서 배포할 애플리케이션의 깃 리포지토리 경로입니다. 해당 경로에 위치한 쿠버네티스 매니페스트 파일을 이용해 애플리케이션을 설치합니다. 경로를 정확하게 입력하도록 유의합니다.

- helm:

  아르고시디는 설치 옵션으로 헬름, kustomize, directory 등을 지원합니다. 레빗엠큐는 헬름 차트를 이용하므로 헬름으로 지정합니다.

- valueFiles: - my-values.yaml

  기본 헬름 템플릿 파일(values.yaml)이 아닌 사용자 지정 템플릿 파일(my-values.yaml)을 사용할 경우 해당 파일명을 별도로 명시합니다.

- syncOptions: - CreateNamespace=true

  애플리케이션을 배포할 네임스페이스가 없는 경우 배포 시 네임스페이스를 함께 생성합니다.

YAML 파일을 적용(apply)해 아르고시디 Application CRD를 생성합니다. 다른 오브젝트와 동일하게 applications 오브젝트를 k get 명령어로 확인할 수 있습니다.

```
## 디렉터리 위치를 이 책의 소스코드가 저장된 곳으로 다시 변경합니다.
[spkr@erdia22 rabbitmq-10.1.8 (ubun01:argocd)]$ cd ~/kube-books/ch15
[spkr@erdia22 ch15 (ubun01:argocd)]$ k apply -f rabbitmq-helm-argo-application.yml
application.argoproj.io/rabbitmq-helm created

## ArgoCD CRD 애플리케이션 목록을 확인합니다.
## 'app'까지 입력하고 탭 키를 누르면 자동 완성됩니다.
[spkr@erdia22 ch15 (ubun01:argocd)]$ k get applications -n argocd
NAME            SYNC STATUS   HEALTH STATUS
rabbitmq-helm   Unknown       Healthy
```

아르고시디 rabbitmq-helm 애플리케이션을 확인할 수 있습니다. 이제 아르고시디 웹페이지를 확인하면 rabbitmq-helm이라는 이름의 Application을 확인할 수 있습니다.

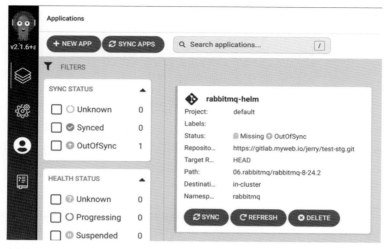

그림 15.6 아르고시디의 Applications 추가 화면

화면의 rabbitmq-helm을 클릭하면 레빗엠큐 헬름 차트의 상세 내역을 확인할 수 있습니다. 아르고시디가 헬름 차트에 포함돼 있는 Service, Service Account, Statefulset 등 전체 오브젝트를 나타내고 있습니다.

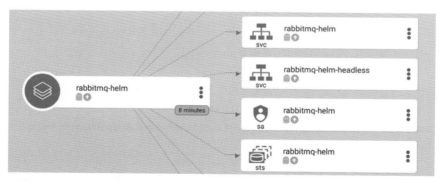

그림 15.7 아르고시디의 Applications 추가 화면

아직 초기 화면에서는 전체 오브젝트가 동기화 작업이 진행되지 않았는데,[15] 화면 상단의 [SYNC] 메뉴를 클릭해 동기화 작업을 실행합니다.

---

15 아르고시디 applications CRD 설정으로 자동 동기화 기능이 가능합니다.

그림 15.8 아르고시디 Applications의 동기화 작업 실행

약 1~2분 정도 지나면 다음과 같이 정상적으로 동기화 작업이 완료되어 쿠버네티스 환경에 애플리케이션을 설치합니다. 사용자가 깃 저장소에 소스를 업로드하면 아르고시디가 자동으로 해당 깃 소스를 기준으로 동기화 작업을 수행해 클러스터에 애플리케이션을 설치합니다. 덕분에 사용자는 헬름 차트 설치 명령어(helm install)를 실행하지 않아도 쿠버네티스 환경에 애플리케이션이 설치되는 것을 확인할 수 있습니다.

그림 15.9 아르고시디의 Applications 동기화 작업이 완료된 모습

지금까지 진행한 과정을 간단히 그림으로 정리하면 다음과 같습니다.

그림 15.10 아르고시디의 애플리케이션 배포 과정

명령어를 이용해 래빗엠큐 파드 상태를 확인하면 정상적으로 파드가 실행 중인 것을 확인할 수 있습니다. 헬름 차트에 포함된 서비스, 컨피그맵 등의 다른 리소스도 정상적으로 생성됐습니다.

```
## rabbitmq 네임스페이스로 변경합니다.
$ (* |ubun01:argocd) k ns rabbitmq
Context "ubun01" modified.
Active namespace is "rabbitmq".

$ (* |ubun01:rabbitmq) k get pod,svc,cm
NAME                      READY    STATUS     RESTARTS    AGE
pod/rabbitmq-helm-0       1/1      Running    0           90s


NAME                              TYPE        CLUSTER-IP      EXTERNAL-IP    PORT(S)
AGE
service/rabbitmq-helm             ClusterIP   10.233.23.30    <none>         5672/TCP,4369/
TCP,25672/TCP,15672/TCP    90s
service/rabbitmq-helm-headless    ClusterIP   None            <none>         4369/TCP,5672/
TCP,25672/TCP,15672/TCP    90s


NAME                         DATA    AGE
configmap/kube-root-ca.crt   1       93s
```

관리자는 helm install 명령어를 이용해 애플리케이션을 설치하지 않고도 아르고시드를 이용해 이처럼
헬름 차트로 애플리케이션을 설치할 수 있습니다.

아르고시디는 헬름 차트에 포함된 다양한 리소스와 리소스 간의 관계를 그래프로 표현함으로써 사용자
가 전체 리소스를 편리하게 식별할 수 있습니다.

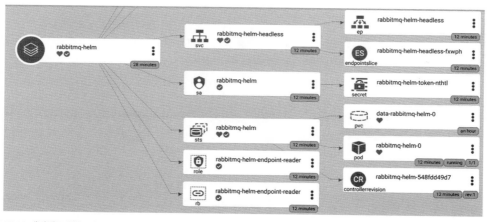

그림 15.11 레빗엠큐 헬름 차트의 전체 오브젝트 현황

이렇게 해서 이번 절에서는 아르고시디를 이용해 쿠버네티스 환경에서 헬름 차트로 애플리케이션을 배포했습니다.

03 GitOps 실습: 클러스터 설정 내역 변경과 깃 저장소 자동 반영

이번 절에서는 깃옵스 설정을 검증하겠습니다. 깃옵스는 깃 저장소의 상태가 항상 실제 운영되는 쿠버네티스와 일치해서 항상 동기화되는 상태를 의미합니다. 깃옵스 기능을 검증하기 위해 1) 임의로 클러스터의 설정을 변경하고 2) 깃 소스를 변경하는 테스트를 실행합니다.

그림 15.12 ArgoCD 자동 동기화

 실습을 진행하기 전 각자 결과를 미리 예상하는 것은 큰 도움이 됩니다. 신중하게 가설을 세우고 그 가설을 검증하는 실습을 반복하면 새로운 기능과 이론을 이해하는 데 도움이 됩니다.

클러스터 설정 변경을 검증하기 위해 새로운 애플리케이션을 배포합니다. 이번에는 아파치 웹서버와 서비스를 아르고시디를 이용해 배포합니다.

예제 15.2 아파치 웹서버를 설치하는 Deployment YAML 파일(httpd-deploy.yml)[16]

```
apiVersion: apps/v1
kind: Deployment
metadata:
  name: httpd
  namespace: httpd
  labels:
    app: httpd
spec:
  replicas: 3
  selector:
    matchLabels:
      app: httpd
```

---

16 https://github.com/wikibook/kubepractice/blob/main/ch15/httpd-deploy.yml

```
    template:
      metadata:
        labels:
          app: httpd
      spec:
        containers:
        - name: httpd
          image: httpd
```

NGINX 등의 일반 디플로이먼트 YAML 파일과 형식이 동일합니다. 위 아파치 웹서버를 외부에 노출하기 위해 노드포트 타입의 서비스를 생성합니다.

예제 15.3 아파치 웹서버와 연결하는 노드포트 서비스 YAML 파일(httpd-svc.yml)[17]

```
apiVersion: v1
kind: Service
metadata:
  name: httpd-svc
spec:
  ports:
  - name: http
    port: 80
    protocol: TCP
    targetPort: 80
    nodePort: 30180
  selector:
    app: httpd
  type: NodePort
```

노드포트 타입의 서비스를 생성합니다. 해당 파일을 로컬 깃랩 리포지토리에 업로드합니다.

```
## 다시 로컬 깃랩 리포지토리와 연동된 디렉터리로 이동합니다.
[spkr@erdia22 ch15 (ubun01:rabbitmq)]$ cd ~/gitlab-test/test-stg/

## httpd 매니페스트 파일 관리를 위해 03.httpd 디렉터리를 생성합니다.
[spkr@erdia22 test-stg (ubun01:rabbitmq)]$ mkdir 03.httpd
[spkr@erdia22 test-stg (ubun01:rabbitmq)]$ cd 03.httpd/
```

---

17 https://github.com/wikibook/kubepractice/blob/main/ch15/httpd-nodeport-svc.yml

```
## 해당 디렉터리에 앞에서 만든 httpd-deploy.yml, httpd-nodeport-svc.yml 파일을 복사합니다.
[spkr@erdia22 03.httpd (ubun01:rabbitmq)]$ cp ~/kube-books/ch15/httpd-deploy.yml .
[spkr@erdia22 03.httpd (ubun01:rabbitmq)]$ cp ~/kube-books/ch15/httpd-nodeport-svc.yml .

## 깃랩 저장소에 위 파일을 업로드합니다.
[spkr@erdia22 03.httpd (ubun01:rabbitmq)]$ git add . && git commit -m "add httpd manifest"
[main 03625c9] add httpd manifest
 2 files changed, 35 insertions(+)
 create mode 100644 03.httpd/httpd-deploy.yml
 create mode 100644 03.httpd/httpd-nodeport-svc.yml

[spkr@erdia22 03.httpd (ubun01:rabbitmq)]$ git push
```

깃 명령어로 커밋과 푸시를 실행하면 다음과 같이 깃랩 웹페이지에서 03.httpd 디렉터리 아래에서 해당 파일 확인할 수 있습니다.

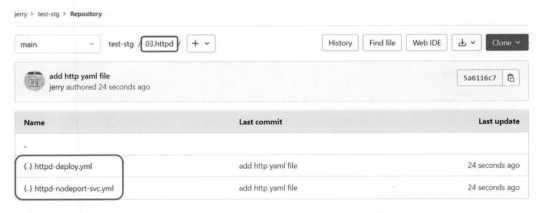

그림 15.13 깃랩에 03.httpd/httpd-deploy.yml, httpd-nodeport-svc.yml 파일이 업로드된 모습

이제 해당 파일을 아르고시디의 Application CRD를 이용해 실제 쿠버네티스 클러스터와 동기화합니다. 형식은 기존에 사용한 헬름 파일을 이용해 레빗엠큐 애플리케이션을 설치한 아르고시디 용도의 Application CRD YAML 파일과 비슷합니다.

예제 15.4 아파치 웹서버를 설치하는 아르고시디 Application CRD YAML 파일[18]

```
apiVersion: argoproj.io/v1alpha1
kind: Application
metadata:
  name: httpd
  namespace: argocd
  finalizers:
  - resources-finalizer.argocd.argoproj.io
spec:
  destination:
    namespace: httpd
    server: https://kubernetes.default.svc
  project: default
  source:
    repoURL: https://gitlab.myweb.io/jerry/test-stg.git
    path: 03.httpd
    targetRevision: HEAD
    directory:
      recurse: true
  syncPolicy:
    syncOptions:
    - CreateNamespace=true
    automated:
      prune: true
```

- path: 03.httpd

  아파치 웹서버에 대한 YAML 파일이 저장된 사설 깃랩 저장소의 디렉터리 위치를 지정합니다.

- directory: recurse: true

  이전의 레빗엠큐는 헬름 차트를 이용해 배포해서 아르고시디에서 헬름으로 지정했습니다. 아파치 웹서버의 경우 헬름 차트가 아닌 일반 디플로이먼트 및 서비스 YAML 파일이므로 아르고시디에 directory로 지정합니다. recurse 옵션은 하위 디렉터리까지 배포한다는 의미입니다.

- automated: prune: true[19]

  이전 레빗엠큐와 다르게 automated 옵션을 활성화합니다. 깃 저장소에 소스가 업로드되면 수동으로 동기화 메뉴를 클릭하지 않고도 자동으로 애플리케이션 설치 작업을 시작합니다. prune: true 옵션을 추가할 경우 깃에서 오브젝트를 삭제

---

18 https://github.com/wikibook/kubepractice/blob/main/ch15/httpd-directory-argo-application.yml

19 https://argo-cd.readthedocs.io/en/stable/user-guide/auto_sync/

하면 클러스터에서도 함께 삭제(prune, '가지를 자르다'라는 뜻)합니다. 기본 설정은 false로 사용자가 수동으로 삭제합니다. 개별 상황에 따라 옵션을 선택할 수 있으며 이 책에서는 prune 옵션을 사용합니다.

이제 아르고시디 Application CRD를 적용해 쿠버네티스 오브젝트를 생성합니다.

```
## 다시 책의 소스코드가 저장된 디렉터리로 이동합니다.
[spkr@erdia22 03.httpd (ubun01:rabbitmq)]$ cd ~/kube-books/ch15
[spkr@erdia22 ch15 (ubun01:rabbitmq)]$ k apply -f httpd-directory-argo-application.yml
application.argoproj.io/httpd created


## applications CRD로 상태 확인이 가능하며,
## 처음에는 'Progressing' 상태에서 'Healthy' 상태로 바로 변경됩니다.
[spkr@erdia22 ch15 (ubun01:rabbitmq)]$ k get applications -n argocd
NAME        SYNC STATUS    HEALTH STATUS
httpd       Synced         Healthy
```

이전의 레빗엠큐 헬름 차트와 다르게 자동 동기화(automated) 옵션을 추가해서 아르고시디 웹페이지에서 추가로 [SYNC] 버튼을 클릭하지 않아도 자동으로 동기화 작업을 진행합니다. 아르고시디가 동기화 작업을 진행하면 쿠버네티스 클러스터에 애플리케이션이 설치됩니다.

아르고시디의 동기화 작업이 완료되면 클러스터에서 설치된 파드와 서비스 쿠버네티스 오브젝트를 정상적으로 조회할 수 있습니다.

```
[spkr@erdia22 ch15 (ubun01:rabbitmq)]$ k get pod,svc -n httpd
NAME                          READY   STATUS    RESTARTS   AGE
pod/httpd-676d9bc46d-gx4c7    1/1     Running   0          3m9s
pod/httpd-676d9bc46d-hsnk6    1/1     Running   0          3m9s
pod/httpd-676d9bc46d-phqv8    1/1     Running   0          3m9s


NAME                TYPE       CLUSTER-IP      EXTERNAL-IP    PORT(S)        AGE
service/httpd-svc   NodePort   10.233.45.111   <none>         80:30180/TCP   3m9s
```

설치가 완료됐습니다. 다음으로 깃 저장소에 소스를 변경하지 않고 클러스터에서 1) 임의로 리소스(k edit, httpd 이미지 버전 정보)를 변경하고 2) 오브젝트를 삭제해서 아르고시디 깃옵스의 동작 과정을 확인하겠습니다.

실행 중인 디플로이먼트 상태를 k edit 명령어[20]로 편집해서 httpd 이미지의 버전을 httpd에서 httpd:alpine으로 변경합니다. k edit는 설치에 사용한 YAML 파일을 편집하지 않고 현재 실행 중인 오브젝트를 바로 수정 가능하기에 편리합니다. 사용법도 사용자에게 익숙한 vi 에디터와 동일해서 친숙합니다. 하지만 변경 내역이 YAML 파일로 저장되지 않아 이력 관리가 불가능하므로 권장하지 않습니다. 여기서는 아르고시디 테스트를 위해 시험 삼아 사용해 보겠습니다.

그럼 k edit 명령어를 이용해 현재 설정을 변경합니다. 콘솔에 k edit를 입력하고 image 부분을 다음과 같이 httpd:alpine[21]으로 변경합니다.

```
## httpd 네임스페이스로 변경합니다.
[spkr@erdia22 ch15 (ubun01:rabbitmq)]$ k ns httpd
Context "ubun01" modified.
Active namespace is "httpd".

## 이미지 버전 변경을 위해 deployment 리소스를 수정합니다.
[spkr@erdia22 ch15 (ubun01:httpd)]$ k edit deployments.apps httpd

## vi 편집 화면과 동일합니다. 다음과 같이 이미지 버전을 변경합니다.
spec:
  containers:
  - image: httpd:alpine
    name: httpd

## vi와 동일하게 ':wq'로 변경된 내역을 저장하고 빠져나옵니다.
```

이미지 버전을 변경하면 이전 이미지(httpd)를 사용하고 있던 기존 파드가 삭제되고 새로운 이미지 (httpd:alpine)를 사용하는 파드가 생성됩니다. 파드의 상세 정보를 확인(describe)하면 이미지 버전이 httpd:alpine으로 변경된 것을 확인할 수 있습니다.

```
$ (* |ubun01:httpd) k describe pod httpd-64555d99d9-5n7f9
...
Events:
  Type    Reason    Age    From         Message
  ----    ------    ----   ----         -------
```

---

20 https://kubernetes.io/docs/concepts/cluster-administration/manage-deployment/#kubectl-edit
21 알파인(alpine) 이미지는 보안성이 뛰어난 가볍고(5MB 이내) 빠른 이미지입니다. 참고: https://www.alpinelinux.org/

```
  Normal  Scheduled  94s   default-scheduler  Successfully assigned httpd/httpd-858d78bb75-fd5nr
to ubun20-2
  Normal  Pulling    93s   kubelet            Pulling image "httpd:alpine"
  Normal  Pulled     90s   kubelet            Successfully pulled image "httpd:alpine" in
3.411946698s
  Normal  Created    90s   kubelet            Created container httpd
  Normal  Started    90s   kubelet            Started container httpd
```

깃 저장소의 소스 이미지 버전(httpd)과 현재 클러스터의 실행 상태의 이미지 버전(httpd:alpine)이 서로 다릅니다. 아르고시디는 이런 상태를 어떻게 처리할까요?

```
$ (* |ubun01:httpd) k get applications -n argocd
NAME            SYNC STATUS    HEALTH STATUS
httpd           OutOfSync      Healthy
```

명령어로 아르고시디 applications CRD를 확인하면 기존과 다르게 비동기화(OutOfSync) 상태입니다. 깃 소스와 실행 중인 디플로이먼트의 이미지 버전이 서로 다르기 때문입니다. 아르고시디의 관리자 웹페이지로도 확인할 수 있습니다.

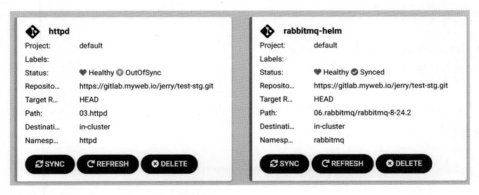

그림 15.14 아르고시디 Application이 OutOfSync인 상태

위 화면에서 'httpd'를 클릭합니다. 이어지는 화면에서 메뉴의 'APP DIFF'를 클릭하면 다음 페이지와 같이 현재 상태와 차이를 구체적으로 확인할 수 있습니다.

그림 15.15 아르고시디 애플리케이션 이미지 버전 차이

이처럼 임의로 현재 클러스터의 상태를 변경하면 아르고시디는 그 차이를 감지해서 경고 메시지로 나타냅니다. 관리자는 해당 메시지를 참고해서 적절한 작업(깃 소스 수정)을 취할 수 있습니다.

다음으로 오브젝트를 삭제해 보겠습니다.

```
$ (* |ubun01:httpd) k get svc
NAME          TYPE        CLUSTER-IP      EXTERNAL-IP    PORT(S)       AGE
httpd-svc     NodePort    10.233.8.48     <none>         80:30180/TCP  15m


$ (* |ubun01:httpd) k delete svc httpd-svc
service "httpd-svc" deleted
```

실습에서는 httpd-svc 서비스를 삭제했습니다. 이미지 버전을 변경한 것과 동일하게 아르고시디에서 바로 변경 내역을 확인할 수 있습니다.

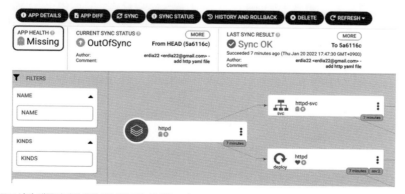

그림 15.16 아르고시디 애플리케이션의 오브젝트를 삭제한 모습

관리자 페이지를 확인하면 위와 같이 서비스 오브젝트 상태가 'Missing'(사라짐)으로 변경됐습니다. 이처럼 관리자는 직관적으로 현재 상태를 빠르게 파악할 수 있습니다. 임의로 클러스터의 상태를 변경하면 아르고시디의 argocd-application-controller 파드가 웹훅 방식으로 감지해서 자동으로 쿠버네티스 리소스의 변경 사항을 관리자 화면에 나타냅니다.

테스트가 완료되어 다시 아르고시디의 애플리케이션 상태를 깃 저장소와 일치시킵니다. 아르고시디 관리자 화면의 [SYNC] 버튼을 클릭하면 동기화 작업을 수행합니다.

그림 15.17 아르고시디 애플리케이션의 동기화

[SYNC] 메뉴를 실행하면 아르고시디가 자동으로 깃 저장소의 YAML 파일 기준으로 쿠버네티스 오브젝트를 동기화합니다. 삭제된 서비스 오브젝트를 다시 설치하고 디플로이먼트 이미지 버전을 깃 저장소 기준으로 httpd-alpine에서 httpd로 변경합니다.

```
## httpd-svc가 다시 생성됐습니다.
$ (* |ubun01:httpd) k get svc
NAME        TYPE       CLUSTER-IP       EXTERNAL-IP    PORT(S)      AGE
httpd-svc   NodePort   10.233.46.109    <none>         80:30180/TCP  99s

## 이미지 버전이 httpd-alpine에서 httpd로 변경됐습니다.
$ (* |ubun01:httpd) k describe pod httpd-694d7c7586-jl9jw
Name:          httpd-694d7c7586-jl9jw
...
Containers:
  httpd:
    Container ID:   containerd://0d9fa4d343fea5d419b778b477f0b6c7b60ef8b3b1d9676a86a35be17a0d2957
    Image:          httpd
...
```

이처럼 관리자는 현재 클러스터의 상태와 깃 저장소의 상태를 확인해 변경이 발생한 경우 해당 변경 내역을 확인해 필요한 경우 기존 깃 저장소의 상태로 편리하게 원복할 수 있습니다.

다음으로 깃 저장소의 파일을 수정해서 오브젝트의 수정 내역을 클러스터의 상태에 라이브로 반영하는 실습을 진행하겠습니다.

여기서는 레빗엠큐 헬름 파일로 실습을 진행합니다. 기존 레빗엠큐의 헬름 차트 설정은 서비스 타입이 ClusterIP인데, 이를 LoadBalancer로 변경하겠습니다. 헬름 차트의 템플릿 파일을 수정하고 깃 저장소에 업로드합니다.

현재 헬름 차트 설정의 서비스 타입은 다음과 같이 ClusterIP입니다.

```
$ (* ¦ubun01:httpd) k ns rabbitmq
Context "ubun01" modified.
Active namespace is "rabbitmq".

$ (* ¦ubun01:rabbitmq) k get svc
NAME                     TYPE       CLUSTER-IP      EXTERNAL-IP    PORT(S)
AGE
rabbitmq-helm            ClusterIP  10.233.23.30    <none>         5672/TCP,4369/TCP,25672/
TCP,15672/TCP    13h
```

레빗엠큐의 헬름 차트 템플릿 파일(my-values.yaml)의 서비스 타입을 ClusterIP에서 LoadBalancer로 변경합니다.

예제 15.5 레빗엠큐의 헬름 차트 템플릿 변수 파일(my-values.yaml[22]) 수정

```
## 레빗엠큐 헬름 차트는 깃랩 저장소 디렉터리에 있습니다.
[spkr@erdia22 ch15 (ubun01:rabbitmq)]$ cd ~/gitlab-test/test-stg/rabbitmq-10.1.8/
[spkr@erdia22 rabbitmq-10.1.8 (ubun01:rabbitmq)]$ vi my-values.yaml
...
service:
  ## @param service.type Kubernetes Service type
  # type: ClusterIP        # 헬름 템플릿 파일 수정 전
  type: LoadBalancer       # 헬름 템플릿 파일 수정 후
```

파일을 수정하고 이전에 생성한 사설 깃랩 저장소에 업로드합니다.

---

22 https://github.com/wikibook/kubepractice/blob/main/ch15/my-values.yaml

```
[spkr@erdia22 rabbitmq-10.1.8 (ubun01:rabbitmq)]$ git add . && git commit -m "modify rabbit-mq
service type to loadbalancer"
[spkr@erdia22 rabbitmq-10.1.8 (ubun01:rabbitmq)]$ git push
```

이제 깃 저장소의 YAML 파일과 실제 운영 중인 오브젝트의 설정이 서로 다릅니다. 아르고시디의 애플
리케이션 화면에서 [REFRESH] 버튼을 클릭하고 메뉴 변경 내역을 확인하면 다음과 같이 차이점을 확
인할 수 있습니다. 각각 서비스 타입이 ClusterIP와 LoadBalancer로 서로 다릅니다.

/Service/rabbitmq/rabbitmq-helm

```
68    clusterIPs:                                  68    clusterIPs:
69      - 10.233.39.22                             69      - 10.233.39.22
 |                                                 70    externalTrafficPolicy: Cluster
70    internalTrafficPolicy: Cluster               71    internalTrafficPolicy: Cluster
71    ipFamilies:                                  72    ipFamilies:
93      app.kubernetes.io/name: rabbitmq           94      app.kubernetes.io/name: rabbitmq
94    sessionAffinity: None                        95    sessionAffinity: None
95    type: ClusterIP                              96    type: LoadBalancer
96    status:                                      97    status:
97      loadBalancer: {}                           98      loadBalancer: {}
```

그림 15.18 아르고시디 동기화 차이 확인

앞과 동일하게 아르고시디 관리자 페이지에서 [SYNC] 버튼을 클릭하면 서비스 타입이 깃 저장소의 로
드밸런서 타입으로 변경됩니다.[23]

```
[spkr@erdia22 rabbitmq-10.1.8 (ubun01:rabbitmq)]$ k get svc
NAME                     TYPE            CLUSTER-IP      EXTERNAL-IP     PORT(S)
AGE
rabbitmq-helm            LoadBalancer    10.233.38.236   172.17.29.78    5672:31210/
TCP,4369:31160/TCP,25672:32146/TCP,15672:32074/TCP    27m
```

이제 서비스 타입을 확인하면 ClusterIP에서 LoadBalancer로 변경됐습니다. 이처럼 깃 저장소의 소
스를 수정하면 아르고시디가 해당 내역을 감지해서 실제 클러스터의 상태와 깃 저장소의 상태를 자동
으로 동기화합니다.

---

23 레빗엠큐 헬름 차트의 아르고시디 Application CRD 옵션을 자동 동기화(automated)로 지정하면 깃 저장소의 소스가 변경됐을 때 자동으로 클러스
터의 라이브 상태에 반영됩니다. 개별 상황에 따라 적절하게 옵션을 선택할 수 있습니다.

정리

이번 장에서 배운 내용을 정리합니다.

- k edit 등으로 실행 중인 쿠버네티스 오브젝트를 임의로 변경하거나 중앙에서 관리되지 않고 개발자가 임의로 로컬로 관리하는 클러스터 YAML 파일은 이력 관리가 되지 않아 클러스터의 현재 상태 파악 및 쿠버네티스 이전 작업 등을 해야 하는 경우 큰 어려움이 있습니다.

- 단일 진실 원천(Single Source Of Truth)은 모든 비즈니스 데이터를 하나의 공간에 저장해서 현재 상태를 단일 소스로 관리하는 것을 의미합니다. 깃옵스는 이러한 원칙을 적용해 현재 쿠버네티스의 라이브 상태를 깃 저장소의 소스와 일치시킵니다. 아르고시디를 이용하면 손쉽게 쿠버네티스 환경에 깃옵스 시스템을 적용할 수 있습니다.

- 아르고시디는 쿠버네티스 오브젝트의 전체 현황과 각 오브젝트의 관계, 정상 실행 여부 등을 한눈에 파악할 수 있어 편리합니다. 특히 헬름 차트의 세부 오브젝트까지 편리하게 확인할 수 있어 매우 유용합니다.

- 헬름 차트를 이용해 레빗엠큐 애플리케이션을 아르고시디로 배포했습니다. 깃 저장소의 헬름 차트 템플릿 파일을 수정하면 해당 내용이 아르고시디에 자동으로 반영됩니다.

- 아르고시디로 관리하는 쿠버네티스 오브젝트를 k edit를 이용해 임의로 수정하고 오브젝트를 삭제했습니다. 해당 변경 내역은 아르고시디 대시보드에서 확인 가능하므로 관리자는 편리하게 이전 깃 소스 상태로 변경할 수 있습니다.

쿠버네티스 모니터링 및 로깅 시스템 구축

4부에서는 시스템 운영에 필수인 쿠버네티스 모니터링 시스템을 알아봅니다. 먼저, 빠르게 사용할 수 있는 k top, k9s 모니터링 도구와 쿠버네티스 모니터링의 표준으로 사용되는 프로메테우스(Prometheus)를 실습을 통해 알아봅니다. 프로메테우스를 기반으로 그라피나(Grafana), 얼럿매니저(Alert Manager) 시스템을 구축해서 모니터링 대시보드와 알람 메시지 전송 실습을 진행합니다. 끝으로 로키(Loki)를 이용해 개별 파드의 로그를 중앙에서 확인할 수 있는 쿠버네티스 로깅 시스템을 구축합니다.

4부의 구성

- 16장 간단하게 사용할 수 있는 쿠버네티스 모니터링 도구

- 17장 프로메테우스 – 쿠버네티스 모니터링 시스템

- 18장 그라파나 – 쿠버네티스 모니터링 대시보드

- 19장 얼럿매니저 – 쿠버네티스 경보 시스템

- 20장 로키 – 쿠버네티스 로깅 시스템

간단하게 사용할 수 있는
쿠버네티스 모니터링 도구

이번 16장에서는 간단하게 명령어 기반으로 사용할 수 있는 모니터링 도구인 k top과 k9s를 알아봅니다. 두 도구 모두 설치와 사용이 간편하고 빠르고 편리합니다.

> 📲 **소스코드**
>
> ▪ https://github.com/wikibook/kubepractice/tree/main/ch16

01 메트릭 서버를 이용한 파드 및 노드의 리소스 사용량 확인

메트릭(metric) 파드를 설치하면 사용자는 간단하게 k top 명령어로 현재 노드와 파드의 CPU, 메모리 사용량을 확인할 수 있습니다. 다음은 설치가 완료된 상태의 k top 명령어 실행 예시입니다.

예제 16.1 k top 명령어 실행 화면[1]

```
## 노드 리소스 사용 현황 확인
[spkr@erdia22 ~ (ubun11:kube-system)]$ k top nodes
NAME        CPU(cores)    CPU%    MEMORY(bytes)    MEMORY%
ubun20-1    521m          28%     4923Mi           67%
```

---

1 현재 클러스터에는 메트릭 서버가 설치돼 있지 않아 k top 명령어가 실행되지 않습니다.

```
ubun20-2    730m        40%    5469Mi          74%
ubun20-3    567m        31%    5252Mi          71%

## 파드 리소스 사용 현황 확인
[spkr@erdia22 ~ (ubun11:kube-system)]$ k top pod
NAME                                        CPU(cores)   MEMORY(bytes)
calico-kube-controllers-8575b76f66-5h4sq    4m           37Mi
calico-node-8jmvv                           29m          129Mi
calico-node-pjqf6                           60m          130Mi
...
```

사용자는 리눅스 환경에서 리소스 사용량을 확인하는 top[2] 명령어와 유사한 k top 명령어로 쿠버네티스 환경에서도 편리하게 각 파드와 노드의 CPU, 메모리 사용량을 확인할 수 있습니다.

간단하게 구조를 알아보겠습니다. 메트릭 서버는 사용자의 k top 명령어를 API Server에서 전달받아 개별 노드에 실행 중인 kubelet의 cAdvisor에 전달해서 현재 파드와 노드의 자원 사용량을 가져옵니다. cAdvisor(Container Advisor)[3]는 컨테이너와 노드의 CPU, 메모리, 네트워크, 파일 등에 대한 다양한 자원 사용량을 백그라운드에서 자동 수집합니다. 프로메테우스, 데이터독 등의 외부 모니터링 솔루션 역시 cAdvisor의 /metrics/cadvisor API 엔드포인트에서 다양한 메트릭을 조회 및 수집합니다.[4] 이를 간단히 그림으로 표현하면 다음과 같습니다.[5]

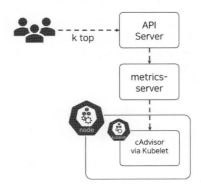

그림 16.1 메트릭 서버 아키텍처

---

2   https://www.geeksforgeeks.org/top-command-in-linux-with-examples/

3   https://github.com/google/cadvisor

4   https://github.com/google/cadvisor/blob/master/docs/storage/prometheus.md

5   https://raw.githubusercontent.com/kubernetes/design-proposals-archive/main/instrumentation/monitoring_architecture.png, http://blog.itaysk.com/2019/01/15/Kubernetes-metrics-and-monitoring

그럼 공식 가이드에 따라 메트릭 서버를 설치합니다.[6]

```
## 설치는 한 줄로 간단하게 가능합니다.
$ (* ¦ubun01:rabbitmq) kubectl apply -f https://github.com/kubernetes-sigs/metrics-server/re-
leases/latest/download/components.yaml
```

메트릭 서버를 설치하면 kube-system 네임스페이스에 metrics-server-* 파드가 실행됩니다. 하지만 다음과 같이 파드의 실행 상태를 확인하면 다른 파드들처럼 READY 칼럼의 값이 '1/1'이 아니라 '0/1'로 표시됩니다.

```
$ (* ¦ubun01:rabbitmq) k get pod -n kube-system
NAME                                READY   STATUS    RESTARTS    AGE
metrics-server-847dcc659d-wl4nr     0/1     Running   0           30s
nodelocaldns-4cp6t                  1/1     Running   0           4d21h
```

  ▪ 파드 내 컨테이너가 정상적으로 실행되지 않아 다른 파드와 다르게 상태(READY) 메시지가 '1/1'이 아닌 '0/1'로 표시됩니다.

장애 발생 시 처리 과정에 따라 메트릭 파드의 상세 정보를 describe 명령어로 확인합니다.

```
$ (* ¦ubun01:rabbitmq) k describe pod -n kube-system metrics-server-847dcc659d-wl4nr
...
Events:
  Warning  Unhealthy  46s (x21 over 3m46s)  kubelet          Readiness probe failed: HTTP
probe failed with statuscode: 500
```

메시지를 확인할 결과, 'Readiness probe' 에러가 발생했고 에러 코드가 500이므로 인증 관련 문제를 예상할 수 있습니다. 해당 메시지로 인터넷에서 검색해 보면 메트릭 서버의 파드 실행 옵션으로 --kubelet-insecure-tls가 필요하다는 것을 알 수 있습니다.[7] 이 경우 메트릭 서버의 디플로이먼트의 실행 YAML 파일의 옵션을 수정해서 재실행해야 합니다. 실행 중인 리소스의 설정을 어떻게 변경할 수 있을까요?

---

6 https://github.com/kubernetes-sigs/metrics-server
7 만약 kubespray를 이용해서 설치하지 않았거나 eks 등의 매니지드 쿠버네티스 서비스를 사용하면 에러 메시지가 다르거나 에러가 발생하지 않을 수 있습니다.

다른 쿠버네티스 리소스와 마찬가지로 현재 실행 중인 메트릭 서버의 디플로이먼트 리소스는 'k get -o yaml' 옵션으로 YAML 파일 형식으로 로컬에 내려받을 수 있습니다. 내려받은 YAML 파일을 편집해서 --kubelet-insecure-tls 옵션을 추가합니다.

```
## 이 책의 소스코드를 저장한 곳의 ch16으로 이동합니다.
[spkr@erdia22 rabbitmq-10.1.8 (ubun01:rabbitmq)]$ cd ~/kube-books/ch16


[spkr@erdia22 ch16 (ubun01:rabbitmq)]$ k get -n kube-system deployments.apps metrics-server -o
yaml |k neat > metrics-insecure-deploy.yml
```

이전에 실습한 k neat 옵션을 추가해서 조금 더 가독성이 나은 YAML 파일로 내려받습니다. 해당 파일을 vi 혹은 비주얼 스튜디오 코드를 이용해 다음과 같이 --kubelet-insecure-tls 옵션을 추가합니다.[8]

```
[spkr@erdia22 ch16 (ubun01:rabbitmq)]$ vi metrics-insecure-deploy.yml
...
    containers:
    - args:
      - --metric-resolution=15s
      - --kubelet-insecure-tls
```

수정한 메트릭서버 YAML 파일을 이용하면 이제 정상적으로 파드가 실행됩니다. 새로운 파드가 정상적으로 실행되면 기존에 에러가 발생했던 파드는 종료됩니다. 시스템 사양에 따라 파드가 실행되기까지 시간이 조금 걸릴 수 있습니다.[9]

```
[spkr@erdia22 ch16 (ubun01:rabbitmq)]$ k apply -f metrics-insecure-deploy.yml
deployment.apps/metrics-server configured

[spkr@erdia22 ch16 (ubun01:rabbitmq)]$ k get pod -n kube-system
metrics-server-658867cdb7-lq52f       1/1      Running   0           38s
```

이제 k top pod 명령어를 실행하면 클러스터 노드와 파드의 CPU, 메모리 사용량을 조회할 수 있습니다.

---

8 kubespray를 이용해 클러스터를 설치할 때 옵션으로 메트릭 서버를 포함하면 처음 쿠버네티스를 설치할 때 메트릭 서버가 함께 설치되도록 설정할 수 있습니다. 참고: https://github.com/kubernetes-sigs/kubespray/blob/master/roles/kubernetes-apps/metrics_server/templates/metrics-server-deployment.yaml.j2

9 메트릭 서버 실행 지연 이슈: https://github.com/kubernetes-sigs/metrics-server/issues/917

```
## 메트릭 서버는 기본 옵션으로 각 네임스페이스별 파드의 CPU, 메모리 사용량을 가져옵니다.
## argocd 네임스페이스로 변경합니다.
[spkr@erdia22 ch16 (ubun01:rabbitmq)]$ k ns argocd
Context "ubun01" modified.
Active namespace is "argocd".


[spkr@erdia22 ch16 (ubun01:argocd)]$ k top pods
NAME                                              CPU(cores)    MEMORY(bytes)
argocd-application-controller-0                   20m           138Mi
argocd-applicationset-controller-58f4c6674-xt298  1m            20Mi
argocd-dex-server-6cb5dcfd4c-4trxt                1m            21Mi
argocd-notifications-controller-78d858f7b4-g4cv6  1m            17Mi
argocd-redis-6d7d9964d4-qfwmc                     3m            3Mi
argocd-repo-server-767bbb6b89-vm5wf               2m            29Mi
argocd-server-7bbf4ccbfb-z4jl4                    6m            29Mi
```

> **참고**
>
> 메트릭 서버는 기본 설정으로 15초 간격으로 cAdvisor에서 사용량을 가져옵니다. CPU는 15초 동안의 평균 사용량, 메모리는
> 해당 시점의 사용량 기준입니다.[10]

이번에는 전체 파드 중 메모리 사용량이 높은 순서로 정렬해 보겠습니다. 노드의 메모리 사용량 등
이 높아 전체 네임스페이스 파드의 메모리 사용량 확인이 필요하다면 --sort-by memory 옵션을 추가해
서 사용량이 높은 메모리부터 내림차순으로 정렬할 수 있습니다(CPU 사용량을 기준으로 정렬하려면
--sort-by cpu입니다). 그럼 예제로 알아봅니다.

```
## --help 옵션을 확인하면 사용법을 확인할 수 있습니다.
[spkr@erdia22 ch16 (ubun01:argocd)]$ k top pod --help
(생략)
  -A, --all-namespaces=false: If present, list the requested object(s) across all namespaces.
Namespace in current context is ignored even if specified with --namespace.
  --sort-by='': If non-empty, sort pods list using specified field. The field can be either
'cpu' or 'memory'.
```

---

10 https://github.com/kubernetes-sigs/metrics-server/blob/master/FAQ.md

- -A, --all-namespaces

  전체 네임스페이스의 파드 자원사용량을 확인할 수 있습니다.

- --sort-by

  옵션을 추가해서 CPU, 메모리 순서로 정렬합니다. 옵션을 지정하지 않으면 파드의 이름을 알파벳 순서로 정렬해서 표시합니다.

```
$ (*｜ubun01:argocd) k top pod -A --sort-by memory
[spkr@erdia22 ch16 (ubun01:argocd)]$ k top pod -A --sort-by memory
NAMESPACE      NAME                                              CPU(cores)   MEMORY(bytes)
gitlab         gitlab-webservice-default-585f579f5-bc59v         8m           2090Mi
gitlab         gitlab-webservice-default-585f579f5-ztxg4         9m           2072Mi
gitlab         gitlab-sidekiq-all-in-1-v2-5dbc59b969-fwxgb       40m          1238Mi
kube-system    kube-apiserver-ubun20-02                          195m         1100Mi
(생략)
```

위와 같이 -A(--all-namespaces) 옵션과 --sort-by memory 옵션을 사용하면 자원 사용량이 부족한 장애 상황에서 전체 네임스페이스의 파드 중 메모리를 많이 사용하는 파드를 빠르게 파악할 수 있습니다.

이처럼 k top 명령어를 사용하면 편리하게 CPU, 메모리 자원 사용량을 확인할 수 있습니다. 그럼 CPU, 메모리 외의 스토리지 사용량은 어떻게 조회할 수 있을까요? 메트릭 서버는 CPU, 메모리 사용량만 확인할 수 있으며, 스토리지 등의 추가 자원에 대한 사용량 정보를 파악하려면 다른 도구가 필요합니다. 스토리지 사용 현황은 df-pv라는 kubectl 플러그인으로 확인할 수 있습니다.

 파드의 볼륨 사용량 확인 도구 – df-pv 플러그인

클러스터 스토리지의 사용량은 k krew로 설치 가능한 df-pv 플러그인으로 확인할 수 있습니다. k top과 동일하게 사용법이 아주 직관적입니다.

```
[spkr@erdia22 ch16 (ubun01:argocd)]$ k krew install df-pv
[spkr@erdia22 ch16 (ubun01:argocd)]$ k df-pv

 PV NAME                                        PVC NAME                          NAMESPACE
 NODE NAME   POD NAME                           VOLUME MOUNT NAME   SIZE   USED   AVAILABLE
 %USED    IUSED     IFREE      %IUSED
 pvc-eaeec27e-aab2-46c6-9916-bc60ef5b9d9d       database-data-harbor-database-0   harbor
 ubun20-03   harbor-database-0                  database-data       48Gi   29Gi   16Gi
 60.84    687018    2557014    21.18
 (생략)
```

- df-pv를 사용하면 PV 할당량(SIZE), 사용량(USED), 사용 가능 용량(AVAILABLE), %USED(사용량 백분율) 등 현재 PV의 실제 할당량 대비 사용량을 편하게 확인할 수 있습니다.

또한 다음과 같은 추가 옵션을 확인해 보면 실제 사용량에 따라 빨간색, 노란색, 초록색 색깔별로 구분되어 빠르게 파악할 수 있다는 것도 확인할 수 있습니다.

```
$ (* ¦ubun01:argocd) k df-pv --help

It colors the values based on "severity" [red: > 75% (too high); yellow: < 25% (too low);
green: >= 25 and <= 75 (OK)]
```

만약 df-pv를 사용하지 않는다면 개별 파드에 접속해 다음과 같이 일일이 사용량을 확인해야 하므로 번거롭습니다.

```
## 실행 중인 모든 파드에 접속해 사용량을 확인하는 작업이 필요합니다.
[spkr@erdia22 ch16 (ubun01:argocd)]$ k exec -it -n harbor harbor-registry-6dbdd97674-vrtf2
-- sh -c "df -h"
Defaulted container "registry" out of: registry, registryctl
Filesystem                     Size Used Avail Use% Mounted on
/dev/mapper/ubuntu--vg-ubuntu--lv  48G  29G   16G  65% /storage
(생략)
```

k top을 사용하면 CPU, 메모리 사용량은 조회할 수 있습니다. 하지만 현재 클러스터의 파드 수량 등 클러스터 전반의 상태를 확인하기는 어렵습니다. 전체 파드/디플로이먼트/서비스 현황 및 실행 중인 파드 중 에러가 발생하는 파드 현황 등 클러스터 전반에 관련된 정보는 다음 절에서 다룰 k9s로 확인할 수 있습니다.

02 명령어 기반 쿠버네티스 모니터링 도구 k9s

k9s[11]는 명령어 기반의 쿠버네티스 관리 도구입니다. k9s를 이용하면 자원 사용량뿐만 아니라 전체 파드 수량 등 클러스터의 전반적인 현황을 빠르게 파악할 수 있습니다. 또한 k9s는 로컬의 kubectl 명령어 실행 결과를 텍스트 기반으로 좀 더 시각적으로 보기 좋게 편집해서 사용자에게 제공합니다. 그럼 실습을 통해 자세한 내용을 알아보겠습니다.

먼저 k9s를 설치합니다. k9s는 바이너리 실행 파일의 형태로 빠르게 설치할 수 있습니다.

---

11 https://k9scli.io/

```
[spkr@erdia22 ch16 (ubun01:argocd)]$ sudo wget -qO- https://github.com/derailed/k9s/releases/
download/v0.25.18/k9s_Linux_x86_64.tar.gz | sudo tar xvfz - -C /tmp¹²

[spkr@erdia22 ch16 (ubun01:argocd)]$ sudo mv /tmp/k9s /usr/local/bin/k9s

[spkr@erdia22 ch16 (ubun01:argocd)]$ k9s info
 ____  __._____
|    |/ _/   _  \_____
|    |   < \___   / __/
|    |    \ /   /\___ \
|____|__ \ /___//___  >
        \/         \/

Configuration:    /home/spkr/.config/k9s/config.yml
Logs:             /tmp/k9s-spkr.log
Screen Dumps:     /tmp/k9s-screens-spkr
```

다음으로 k9s 기능을 확인하겠습니다. k9s의 모니터링 기능을 확인하기 위해 사전에 임의로 파드 에러를 발생시킵니다. 고의로 존재하지 않는 centos-tools:no라는 이미지 버전의 디플로이먼트를 실행합니다. 참고로 centos-tools[13] 이미지는 쿠버네티스 디버깅 용도로 사용하는 이미지로서 nc, scp, ssh 등의 디버깅할 때 사용하는 각종 관리자 도구가 사전에 포함된 이미지입니다.

예제 16.1 잘못된 이미지 버전의 centos-tools 디플로이먼트 YAML 파일[14]

```
apiVersion: apps/v1
kind: Deployment
...
  spec:
    containers:
    - image: centos/tools:no      # 고의로 잘못된 버전을 지정합니다.
      name: tools
      command:
      - /bin/sh
      - -c
      - "sleep inf"
```

12 macOS 사용자는 'brew install derailed/k9s/k9s' 명령으로 설치할 수 있습니다.

13 https://hub.docker.com/r/centos/tools/

14 https://github.com/wikibook/kubepractice/blob/main/ch16/centos-tools-error-deploy.yml

YAML 파일을 실행하면 다음과 같이 이미지 버전 다운로드 에러가 발생합니다.

```
[spkr@erdia22 ch16 (ubun01:argocd)]$ k ns default
[spkr@erdia22 ch16 (ubun01:default)]$ k apply -f centos-tools-error-deploy.yml
deployment.apps/cent-tools created
[spkr@erdia22 ch16 (ubun01:default)]$ k get pod
NAME                            READY   STATUS         RESTARTS   AGE
cent-tools-578c7947c5-mbgxf     0/1     ErrImagePull   0          18s
```

그럼 위와 같은 에러 상황을 k9s에서는 어떻게 편리하게 확인할 수 있는지 알아보겠습니다. k9s를 실행하려면 다음과 같이 간단히 k9s를 입력하기만 하면 됩니다.

```
[spkr@erdia22 ch16 (ubun01:default)]$ k9s
```

k9s는 ':(콜론)'을 입력하면 명령어 입력창이 나타납니다. 해당 창에서 'pulses'를 입력합니다. 이제 디플로이먼트, 파드, 이벤트 등 전체 클러스터의 현황이 아래와 같이 그래프 형태로 나타납니다. 시간이 경과하면 막대 그래프가 자동으로 변화하는 모습을 확인할 수 있습니다. 마치 맥박(pulses)이 뛰는 것과 유사합니다.

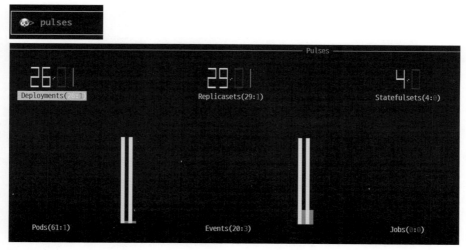

그림 16.2 k9s 명령창에 pulses를 입력

위에서 확인할 수 있듯이 현재 클러스터는 전체 26개의 디플로이먼트 리소스가 실행 중입니다. 추가로 숫자키 0~9를 입력하면 각 메뉴별로 이동이 가능하며, 전체 파드의 CPU, 메모리의 총합과 전체 가용량 대비 현재 사용률 등도 확인할 수 있습니다.

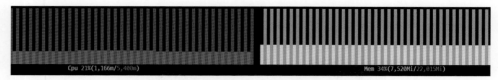

그림 16.3 k9s의 pulses에서 볼 수 있는 CPU, 메모리 사용량

그림 16.2의 디플로이먼트, 이벤트 등에서 붉은색으로 표시되는 숫자는 에러를 나타냅니다. 현재 총 26개의 디플로이먼트 중에서 1개에 에러가 발생했고 20개의 이벤트 중에서 3개가 에러인 것을 알 수 있습니다. 탭 키를 눌러 에러가 발생한 디플로이먼트를 선택하고 에러가 발생한 파드를 확인해 보면 상세한 에러 메시지를 볼 수 있습니다. 메시지를 보면 다음과 같이 명령어로 확인한 것과 동일한 이미지 다운 에러를 확인할 수 있습니다.

그림 16.4 상세 에러 메시지를 확인한 모습

참고로 Ctrl + Z를 누르면 전체 이벤트 메시지 중 빠르게 에러 메시지만 확인할 수 있습니다.

```
──────────────────── Events(all)[3] ────────────────────
NAMESPACE  NAME                          TYPE     REASON  SOURCE    COUNT AGE↑
default    pod:cent-tools-99bccf95-2r7lp  Warning  Failed  kubelet      6 54m
default    pod:cent-tools-99bccf95-2r7lp  Warning  Failed  kubelet      4 54m
default    pod:cent-tools-99bccf95-2r7lp  Warning  Failed  kubelet      4 54m
```

그림 16.5 k9s 이벤트 에러 메시지만 필터링

디플로이먼트 메뉴에서 Ctrl + D를 입력하면 디플로이먼트 오브젝트를 삭제할 수 있습니다. 에러가 발생한 파드를 삭제할 때 사용할 수 있습니다.

이처럼 k9s의 pulses 화면에서는 텍스트 기반의 대시보드 형태로 전체 클러스터 현황과 에러를 빠르게 파악할 수 있습니다. 그 밖에 k9s는 로그 메시지, 파드 내 셸 실행 등의 추가 작업이 가능합니다.

k9s 실행 화면에서 ?(물음표)를 입력하면 다양한 k9s 메뉴를 확인할 수 있습니다. 기본 명령어 형식은 ':{명령어}'이며, ':pod', ':event', ':deploy' 등 쿠버네티스 오브젝트별로 다양한 명령어를 실행할 수 있습니다.

Help
GENERAL
<ctrl-a> Aliases
<esc> Back/Clear
<ctrl-u> Command Clear
<:cmd> Command mode
<tab> Field Next
<backtab> Field Previous
</term> Filter mode
<?> Help
<space> Mark
<ctrl-\> Mark Clear
<ctrl-space> Mark Range
<:q> Quit
<ctrl-r> Reload
<ctrl-s> Save
<ctrl-g> Toggle Crumbs
<ctrl-e> Toggle Header

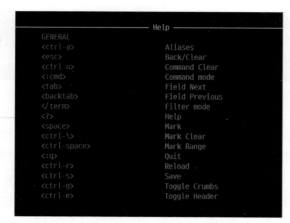

그림 16.6 k9s의 도움말 메뉴

예를 들어, ':pod'와 전체 네임스페이스를 의미하는 '0'을 입력하면 전체 네임스페이스에서 실행 중인 전체 파드 현황을 확인할 수 있습니다.

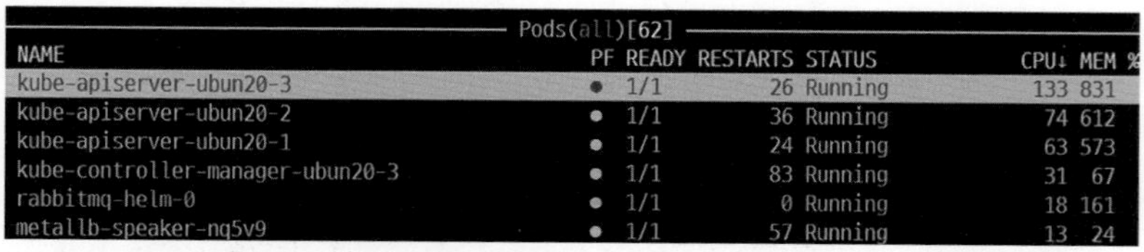

Pods(all)[62]
NAME PF READY RESTARTS STATUS CPU↓ MEM %
kube-apiserver-ubun20-3 ● 1/1 26 Running 133 831
kube-apiserver-ubun20-2 ● 1/1 36 Running 74 612
kube-apiserver-ubun20-1 ● 1/1 24 Running 63 573
kube-controller-manager-ubun20-3 ● 1/1 83 Running 31 67
rabbitmq-helm-0 ● 1/1 0 Running 18 161
metallb-speaker-nq5v9 ● 1/1 57 Running 13 24

그림 16.7 k9s 전체 네임스페이스의 파드 조회

전체 네임스페이스의 파드를 보여주는 화면에서 Shift + C를 입력하면 CPU 사용량 기준으로 정렬해서 CPU 사용량이 높은 순서로 파드를 정렬합니다. 이 밖에 L 키를 입력해서 로그(`k logs`)를 확인하고 S 키로 파드 내에 셸을 실행(`k exec`)하는 등 kubectl 명령어를 대신해서 실행할 수 있습니다.

참고로 다음은 제가 실제 운영 중인 클러스터의 k9s pulses 화면입니다. 전체 133개의 파드가 실행 중이며, 메모리 사용량 경고(Warning Memory level!) 등의 메시지를 확인할 수 있습니다.

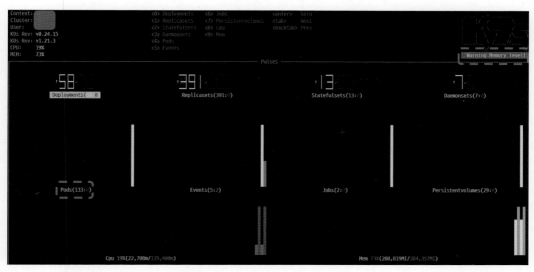

그림 16.8 실제 운영 클러스터의 k9s pulses 화면

지금까지 k top, k9s를 이용한 쿠버네티스 모니터링에 대해 알아봤습니다. 설치가 간편하고 사용법도 아주 직관적입니다. 그런데 여기에는 한계가 있습니다.

다음은 kube-system 네임스페이스의 kube-apiserver 파드의 상세 정보입니다.

```
[spkr@erdia22 ch16 (ubun01:default)]$ k describe pod -n kube-system kube-apiserver-ubun20-01
(생략)
      --event-ttl=1h0m0s
```

event-ttl은 클러스터 이벤트 메시지의 저장 기간(Time-To-Live; TTL)으로 기본 설정이 1시간입니다. 즉, k9s로 표시되는 이벤트 메시지는 최대 1시간 이내의 정보만 나타냅니다. 사용자가 하루 혹은 1달 이전의 데이터를 조회하려면 별도의 시스템이 필요합니다.

또한 k top, df-pv, k9s 등은 CPU, 메모리, 스토리지 용량만 모니터링 가능하며, 네트워크 등의 상세한 정보는 조회할 수 없습니다. 무엇보다 가장 중요한 사용자 응답 속도, 사용자 커넥션 수 등 실제 서비스와 관련된 애플리케이션 현황을 확인할 수 없습니다. 이 같은 정보는 다음 장에서 다룰 프로메테우스 시스템을 통해 확인할 수 있습니다.

정리

이번 장에서 배운 내용을 정리합니다.

- k top, k9s 도구를 사용하면 빠르고 간편하게 쿠버네티스 모니터링이 가능합니다.

- 쿠버네티스에 메트릭 서버를 설치하면 k top 명령어로 노드와 파드의 CPU, 메모리 정보를 확인할 수 있습니다. 시스템 자원 사용량 문제가 발생한 경우 정렬 기능을 통해 전체 네임스페이스 파드의 CPU, 메모리 사용량을 높은 순으로 확인할 수 있어 편리합니다.

- 메트릭 서버는 kubelet의 cAdvisor를 통해 컨테이너와 노드의 자원 사용량을 가져옵니다.

- df-pv 플러그인으로 볼륨 할당량 대비 실제 사용량을 확인할 수 있습니다.

- k9s를 이용해 클러스터 전체의 파드/디플로이먼트/서비스 현황, 수량, 에러 메시지 등을 명령어 기반의 대시보드로 한눈에 파악할 수 있습니다. k top, k9s는 간편하게 사용 가능하지만 애플리케이션 모니터링, 이벤트 이력, 사용량 누적 데이터 확인 등이 불가능하다는 제약이 있습니다.

프로메테우스 –
쿠버네티스 모니터링 시스템

16장에서는 k top, k9s 도구로 간단하게 쿠버네티스를 모니터링하는 방법을 알아봤습니다. 이번 17장부터는 본격적으로 쿠버네티스 환경의 모니터링에 대해 알아보겠습니다. 그에 앞서 쿠버네티스 환경은 모니터링 측면에서 기존의 가상 머신이나 베어메탈 환경과 어떻게 다른지 살펴보겠습니다.

개인과 조직이 처한 환경마다 다양한 해답이 있고 해당 답에 대한 합리적인 근거가 있습니다. '오늘은 어제의 최선이다'라는 말이 있듯이 현재 상황이 조금 부족해 보여도 그 모든 해답과 근거는 타당성을 가집니다. 하지만 정답은 없으므로 제 의견은 참고 삼아 읽으면 좋겠습니다.

- 서비스 디스커버리

  쿠버네티스 환경에서는 파드가 죽었다 다시 살아나는 것이 자유롭습니다. 새로운 파드는 자동으로 모니터링 대상으로 등록돼야 하고 사라진 파드는 모니터링 대상에서 역시 자동으로 제거돼야 합니다. 물론 이 모든 과정이 사람의 개입 없이 이뤄져야 합니다. 또한 모니터링 대상을 등록하는 데 따르는 추가 리소스 사용 및 시간 지연 역시 최소화돼야 합니다.

- 애플리케이션 중심 모니터링

  기존의 모니터링 시스템에서도 애플리케이션은 모니터링의 중요한 요소입니다. 하지만 쿠버네티스는 기본 단위인 파드 자체가 일종의 애플리케이션 프로세스이므로 기존의 가상 머신처럼 기본 단위가 시스템이 아닌 애플리케이션이므로 모니터링 역시 기본 관점을 애플리케이션으로 접근해야 합니다. 파드뿐만 아니라 컨피그맵, 시크릿, 서비스 등 애플리케이션 구동을 위한 다양한 리소스 역시 중요한 모니터링 요소입니다. 또한 애플리케이션 중심의 마이크로 서비스 아키텍처 환경으로 모니터링 복잡도가 크게 증가한 것도 기존 환경과 중요한 차이점입니다.

이러한 차이점을 바탕으로 쿠버네티스 환경에서의 모니터링 대상은 일반적으로 다음과 같이 3가지로 나눌 수 있습니다.

1. **노드와 컨테이너 자원 사용량 모니터링**
   일반 가상 머신 환경과 유사하게 쿠버네티스에서도 노드와 컨테이너의 CPU, 메모리, 네트워크, 스토리지 등 자원 사용량에 관한 모니터링이 필요합니다. 컨테이너는 격리된 환경에서 실행되어 개별 컨테이너는 각각 고유의 자원을 사용합니다.

2. **클러스터 모니터링**
   사용 중인 쿠버네티스 오브젝트의 전체 수량, 종류 등 전반적인 현황과 파드 재시작, 이벤트 메시지 등 장애와 관련된 모니터링 등 쿠버네티스 클러스터 전반에 관한 모니터링이 필요합니다.

3. **애플리케이션 모니터링**
   쿠버네티스 내부적으로 사용하는 컨트롤 플레인 파드(etcd, apiserver, coredns)뿐만 아니라 웹, 데이터베이스 등 개발자가 추가로 설치한 애플리케이션에 관한 모니터링이 필요합니다. 페이지 응답 속도, 세션 수, 데이터베이스 쿼리 응답 속도 등 사용자가 체감하는 정보 등이 포함됩니다.

쿠버네티스 모니터링 솔루션으로는 프로메테우스 등과 같은 오픈소스 솔루션과 데이터독(Datadog), 뉴렐릭(New Relic), 와탭(whatap) 등의 상용 솔루션으로 분류할 수 있습니다. 모니터링은 서비스 운영 부분에서 가장 중요하고 각각 개별 환경에 따라 요구사항 역시 많이 다르므로 상용 솔루션을 사용하는 것도 좋은 대안입니다. 하지만 가능하다면 기술 내재화를 통한 오픈소스 사용이 가장 좋다고 생각합니다.

오픈소스로 무료로 사용 가능한 프로메테우스는 이미 2018년 8월 CNCF 여러 프로젝트 중 두 번째로 졸업한 프로젝트[1]로서 사실상 쿠버네티스 환경의 모니터링 표준입니다. 기존 모니터링 솔루션과 비교했을 때 프로메테우스의 주요한 특징[2]은 다음과 같습니다.

- **서비스 디스커버리**
  동적으로 확장되고 축소되는 쿠버네티스 환경에서 프로메테우스는 개별 모니터링 대상을 서비스 엔드포인트로 등록해서 자동으로 변경 내역을 감지합니다.

- **Pull 방식**
  변경이 잦은 개별 모니터링 대상에 대해 프로메테우스는 에이전트를 설치하고 에이전트가 중앙 서버로 모니터링 정보를 전달하는(Push) 방식이 아닌 중앙의 프로메테우스 서버가 모니터링 대상의 정보를 직접 가져오는(Pull) 방식을 사용합니다.

---

1 https://www.cncf.io/announcements/2018/08/09/prometheus-graduates/
2 https://prometheus.io/docs/introduction/overview/#features

- 다양한 애플리케이션 익스포터 제공

  HAProxy, MySQL, Elastic 등 거의 모든 애플리케이션이 프로메테우스에서 사용할 수 있는 메트릭 정보를 제공합니다. 사용자는 애플리케이션을 추가할 때 별도의 리소스를 들이지 않고도 기존에 사용 중인 익스포터(exporter)를 가져와 사용할 수 있습니다.

- 다양한 레이블 지원

  메트릭에 다양한 레이블을 추가해서 여러 메트릭 중 사용자가 원하는 메트릭만 편리하게 필터링해서 조회할 수 있습니다.

- 자체 검색 언어인 PromQL 제공

  다양한 레이블 사용이 가능한 메트릭을 조회할 수 있도록 프로메테우스는 자체 검색 언어를 제공합니다. 시각화 솔루션 그라파나에서도 동일한 PromQL(Prometheus Query Language)로 다양하게 자료를 조회해서 그래프로 나타낼 수 있습니다. 그뿐만 아니라 로깅 솔루션인 로키에서도 비슷한 검색 언어(LogQL)를 사용합니다.

- 시계열 데이터베이스(time-series database, TSDB) 사용

  프로메테우스는 모니터링 대상이 되는 메트릭 데이터를 시간과 값이 한 쌍을 이루는 데이터 형태로서 시간에 따라 순차적으로 저장하는 시계열 데이터베이스를 사용합니다.

모니터링에서 사용하는 메트릭[3]이란 성능을 나타내는 지표로서 시간에 따라 변경되는 정량적인 형태의 숫자로 이뤄집니다. 웹 서버 요청 횟수, 액티브 DB 쿼리 등 애플리케이션의 성능은 숫자로 이뤄진 메트릭으로 파악할 수 있습니다. 예를 들어, 사용자 응답 속도가 느려졌을 때 관리자는 웹 서버 요청 횟수가 증가하는 메트릭을 확인해서 원인을 빠르게 파악할 수 있습니다.

그럼 실습을 통해 프로메테우스 구조와 사용법을 알아보겠습니다.

🖥 실습 과제

1. 프로메테우스-스택(Prometheus-Stack) 헬름 차트를 이용해 프로메테우스를 설치합니다. 설치 옵션으로 프로메테우스와 얼럿매니저(Alertmanager[4])의 서비스 타입은 노드포트로 지정하고 그라파나[5]는 로드밸런서 타입의 서비스로 지정합니다. 사용자 스토리지 클래스를 선택하고 데이터 보관 기간을 5일(임의 선택)로, 보관 용량을 10GB(임의 선택)로 지정합니다.

2. 설치된 프로메테우스 파드의 역할을 프로메테우스 구조와 함께 알아봅니다. 노드-익스포터(node-exporter) 파드가 노출하는 성능 메트릭 정보를 해당 파드의 웹 페이지에서 확인합니다.

3. 프로메테우스 웹 서버의 메뉴를 확인합니다. 프로메테우스 설정 파일이 노드-익스포터 메트릭 정보를 어떻게 가져오는지 확인합니다.

---

3 https://prometheus.io/docs/introduction/overview/#what-are-metrics
4 얼럿매니저는 시스템 경보를 전달하는 역할을 합니다. 19장에서 상세하게 다룹니다.
5 그라파나는 모니터링 정보를 시각화하는 도구로서 이어지는 18장에서 다룹니다.

01 헬름 차트 기반의 프로메테우스–스택 설치

일반적으로 스택(stack)이란 '쌓아올림'으로 번역합니다. IT 분야에서도 오픈스택, 클라우드스택 등에 쓰이는 스택의 의미 역시 동일하게 여러 컴포넌트를 함께 포함하고 있다는 의미입니다. 프로메테우스–스택은 프로메테우스와 관련해서 모니터링에 필요한 여러 요소를 함께 제공하는 것을 의미합니다. 프로메테우스–스택 헬름 차트는 모니터링과 관련된 여러 요소를 단일 차트에서 제공합니다.

그럼 사용자가 바로 사용 가능한 수준의 모니터링 시스템을 구성하기 위해 프로메테우스–스택 헬름 차트는 어떠한 요소를 포함해야 할까요?

모니터링 시스템을 구성하려면 다양한 컴포넌트가 필요합니다. 모니터링 대상이 되는 서비스가 성능과 관련된 정보를 메트릭으로 제공해야 하고, 이를 중앙 모니터링 시스템에서 저장하는 기본 요소 외에 이를 시각화(그라파나)하고 서비스 경고(alert)가 발생할 경우 이를 적절한 채널(슬랙[6], 이메일)로 담당자에게 전달(얼럿매니저)할 요소를 포함해야 합니다. 또한 손쉽게 모니터링 대시보드를 생성할 수 있도록 템플릿을 제공하고 시스템 경고 임곗값(criteria)과 경고 수준(warning, critical) 등 이벤트 메시지 정책(Prometheus Rules) 등도 필요합니다.

프로메테우스 커뮤니티에서는 이처럼 다양한 기능을 프로메테우스–스택 헬름 차트[7]에서 제공합니다. 이 차트를 이용하면 사용자는 모니터링 메트릭 추가, 커스텀 대시보드 구성 등의 작업을 하지 않고도 실제 기업 운영에 바로 적용 가능한 수준의 모니터링 시스템을 구축할 수 있습니다. 만약 각 작업을 하나하나 개별적으로 수행한다면 대시보드 하나를 만드는 데도 일반적으로 하루 이상의 시간이 필요할 것입니다.

---

6 슬랙은 클라우드 기반 업무 협업 도구입니다. 주로 직장인 등이 업무용으로 실시간 메신저의 용도로 사용하고 있으며, 다양한 서드파티 도구와 손쉽게 통합할 수 있다는 것이 큰 장점입니다. 저도 현재 회사에서 이메일을 대신해서 사내 커뮤니케이션 용도로 슬랙을 사용하고 있습니다.

7 https://github.com/prometheus–community/helm–charts/tree/main/charts/kube–prometheus–stack

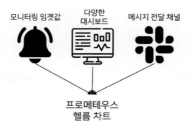

모니터링 임곗값   다양한 대시보드   메시지 전달 채널

프로메테우스
헬름 차트

그림 17.1 프로메테우스 헬름 차트에서 제공하는 기능

그럼 헬름 차트를 이용해 프로메테우스를 설치합니다. 관리상의 편의를 위해 ch17이라는 이름의 디렉터리에서 작업을 진행하겠습니다.

```
[spkr@erdia22 ch16 (ubun01:default)]$ cd ../ch17
[spkr@erdia22 ch17 (ubun01:default)]$ helm repo add prometheus-community https://prometheus-com-
munity.github.io/helm-charts
"prometheus-community" has been added to your repositories

[spkr@erdia22 ch17 (ubun01:default)]$ helm pull prometheus-community/kube-prometheus-stack
[spkr@erdia22 ch17 (ubun01:default)]$ tar xvfz kube-prometheus-stack-36.0.3.tgz
[spkr@erdia22 ch17 (ubun01:default)]$ rm -rf kube-prometheus-stack-36.0.3.tgz
[spkr@erdia22 ch17 (ubun01:default)]$ mv kube-prometheus-stack kube-prometheus-stack-36.0.3
[spkr@erdia22 ch17 (ubun01:default)]$ cd kube-prometheus-stack-36.0.3/
[spkr@erdia22 kube-prometheus-stack-36.0.3 (ubun01:default)]$ cp values.yaml my-values.yaml
```

비주얼 스튜디오 코드를 열어서 헬름 템플릿 변수 파일(my-values.yaml)을 편집합니다. 이 파일을 이용해 프로메테우스, 그라파나, 얼럿매니저의 다양한 설정을 변경할 수 있습니다. 설정에 관한 상세한 내용은 차츰 익힐 수 있으므로 지금은 주요 설정 부분만 확인합니다.

예제 17.1 프로메테우스-스택 헬름 차트의 템플릿 변수 파일 수정 내역(my-values.yaml)[8]

```
defaultRules:
  rules:
    alertmanager: true
    etcd: true

alertmanager:          # 얼럿매니저도 함께 설치합니다.
```

8 https://github.com/wikibook/kubepractice/blob/main/ch17/kube-prometheus-stack-36.0.3/my-values.yaml

```yaml
  ## Service type
  type: NodePort    # 노드포트 타입으로 얼럿매니저 서비스를 지정합니다.

# 필요에 따라 다양한 모니터링 대상을 추가 가능합니다.
kubeApiServer:
  enabled: true

kubelet:
  enabled: true

# 타노스(thanos)는 멀티클라우드 모니터링 환경에서 사용합니다. 이 책의 범위를 벗어나므로 생략합니다.
prometheus:
  thanosService:
    enabled: false

# 프로메테우스 ServiceMonitor 설정
# 헬름 설치 시 사용한 네임스페이스 이 외 다른 네임스페이스에서도
# 서비스모니터(ServiceMonitor)를 등록 가능하도록 합니다.
    serviceMonitorSelectorNilUsesHelmValues: false

# 프로메테우스 서비스 설정

    ## 서비스 타입
    type: NodePort    # 노드포트 타입으로 프로메테우스 서비스를 지정합니다.

    ## 데이터 유지 기간
    retention: 5d

    ## 최대 메트릭 용량
    retentionSize: "10GiB"

    storageSpec:
    ## PVC 설정
     volumeClaimTemplate:
       spec:
         storageClassName: openebs-hostpath
         accessModes: ["ReadWriteOnce"]
         resources:
```

```
      requests:
        storage: 15Gi
```

- defaultRules: rules:

  헬름 차트는 기본 설정으로 다양한 대상의 이벤트 임곗값을 지정해서 경고(alert) 상황이 발생했을 때 알람을 전달합니다. 다양한 애플리케이션(alertmanager, etcd 등)의 정책이 이미 포함돼 있으며, 자세한 사항은 18장에서 다룹니다.

- serviceMonitorSelectorNilUsesHelmValues: false

  다른 헬름 차트의 서비스 모니터 설정을 추가하도록 serviceMonitorSelectorNilUsesHelmValues 설정을 false로 변경합니다. serviceMonitorSelectorNilUsesHelmValues는 다른 네임스페이스의 서비스 모니터를 등록하지 않는다는 설정입니다.

- retention: 5d, retentionSize: "10GB"

  성능 데이터를 보관하는 스토리지의 저장 기간과 용량을 지정합니다. 실제 운영 환경에서는 각 회사의 정책에 따라 6개월, 1년 등으로 지정합니다. 용량이 증가하면 PVC 복제 등으로 백업이 필요할 수 있습니다. 그리고 용량은 '10Gi'로 지정하면 에러가 발생하므로 '10GiB'로 지정합니다. 참고로 저장 기간과 용량 등 2개의 임곗값이 설정되면 먼저 도달하는 제한 기준으로 데이터가 저장됩니다.

- storageSpec

  프로메테우스가 사용하는 스토리지 옵션입니다. 원활한 사용을 위해 성능이 보장되는 스토리지를 사용할 것을 권장합니다.

참고로 실제 운영 환경에서는 resource requests/limits 등의 추가 설정이 필요합니다.

프로메테우스-스택 헬름 차트는 그라파나 차트를 포함하고 있습니다. 그라파나는 별도의 차트로 구성되며 그라파나 헬름 차트의 디렉터리 정보를 확인하면 현재 디렉터리의 하위 디렉터리에 있는 ./charts/grafana에 포함돼 있습니다. grafana 차트에 포함된 values.yaml 파일을 수정합니다.

```
[spkr@erdia22 kube-prometheus-stack-36.0.3 (ubun01:default)]$ ls charts/
grafana  kube-state-metrics  prometheus-node-exporter
```

그라파나 헬름 차트의 템플릿 변수 파일(values.yaml)을 다음과 같이 변경합니다.

예제 17.2 그파파나 템플릿 변수 파일(values.yaml)[9]

```
service:
  type: LoadBalancer
```

---

9 https://github.com/wikibook/kubepractice/blob/main/ch17/kube-prometheus-stack-36.0.3/charts/grafana/values.yaml

```
persistence:
  type: pvc
  enabled: true
  storageClassName: openebs-hostpath
```

- service: type: LoadBalancer

  사용 편의를 위해 노드포트 타입 대신 80번 포트를 사용할 수 있는 로드밸런서 타입의 서비스를 사용합니다.

- persistence: storageClassName: openebs-hostpath

  그라파나 대시보드 설정 저장을 위해 영구 볼륨 사용(persistence)을 활성화하고 스토리지 클래스 이름을 지정합니다.

별도의 모니터링 네임스페이스를 생성하고 설치를 시작합니다.

```
[spkr@erdia22 kube-prometheus-stack-36.0.3 (ubun01:default)]$ k create ns monitoring
namespace/monitoring created

[spkr@erdia22 kube-prometheus-stack-36.0.3 (ubun01:default)]$ k ns monitoring
Context "ubun01" modified.
Active namespace is "monitoring".

[spkr@erdia22 kube-prometheus-stack-36.0.3 (ubun01:monitoring)]$ helm install prometheus -f
my-values.yaml .
```

시스템 사양에 따라 약 2~3분 소요되므로 조금 기다립니다.

02 프로메테우스 아키텍처

프로메테우스의 전체 구조는 다음과 같습니다. 자세한 설명은 앞서 헬름 차트로 설치한 프로메테우스 파드로 알아봅니다.

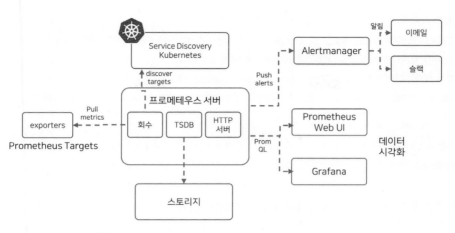

그림 17.2 프로메테우스 아키텍처[10]

다음은 헬름 차트로 설치된 전체 파드 목록입니다. 앞의 프로메테우스 구조를 나타낸 그림 17.2와 함께 살펴보면 좀 더 이해하기가 쉽습니다.

```
[spkr@erdia22 kube-prometheus-stack-36.0.3 (ubun01:monitoring)]$ k get pod
NAME                                                   READY   STATUS    RESTARTS   AGE
alertmanager-prometheus-kube-prometheus-alertmanager-0  2/2    Running   0          2m14s
prometheus-grafana-85d458cdfc-xq6b4                     3/3    Running   0          2m32s
prometheus-kube-prometheus-operator-769c7c948-jmh55     1/1    Running   0          2m32s
prometheus-kube-state-metrics-6545694994-5988t          1/1    Running   0          2m32s
prometheus-prometheus-kube-prometheus-prometheus-0      2/2    Running   0          2m13s
prometheus-prometheus-node-exporter-5ts82               1/1    Running   0          2m32s
prometheus-prometheus-node-exporter-fmgqb               1/1    Running   0          2m32s
prometheus-prometheus-node-exporter-w9slq               1/1    Running   0          2m32s
```

- 얼럿매니저[11](alertmanager)

  프로메테우스는 사전에 정의한 정책 기반(예: 노드 다운, 파드 Pending 등)으로 시스템 경고 메시지를 생성합니다. 해당 메시지는 얼럿매니저로 전달되고 얼럿매니저는 중복 제거, 메시지 그룹화, 일시 중지 등의 사후 처리 작업을 거쳐서 지정된 이메일, 슬랙 등의 경보 전달 채널로 전송합니다.

- 그라파나(grafana)

  프로메테우스는 메트릭 정보를 저장하는 용도로 사용하며 프로메테우스에서는 해당 정보를 조회할 때 기본적인 그래프 형태만 가능합니다. 사용자는 별도의 시각화 솔루션인 그라파나로 다양한 그래프와 차트를 생성할 수 있습니다. 그라파나는 메트릭 정보를 프로메테우스와 동일하게 PromQL(Prometheus Query Language) 검색 언어로 조회할 수 있습니다.

---

10 https://prometheus.io/docs/introduction/overview/#architecture. 참고로 Pushgateway는 특별한 용도로 사용하며, 이번 책에서는 제외합니다.

11 https://prometheus.io/docs/alerting/latest/alertmanager/

- 프로메테우스 파드(prometheus-0)

  프로메테우스 파드는 스테이트풀셋(statefulset)으로 배포됩니다. 모니터링 대상이 되는 파드는 'exporter'라는 별도의 사이드카 형식의 컨테이너로 모니터링 대상이 되는 메트릭을 노출합니다. 해당 메트릭을 프로메테우스 파드는 풀(Pull) 방식으로 가져와 내부의 시계열 데이터베이스(Time Series Database; TSDB)에 저장합니다. 저장된 정보는 프로메테우스 웹 서버 또는 그라파나를 통해 그래프 형태로 조회할 수 있습니다. 시스템 경고(alert) 알람은 얼럿매니저로 전달합니다.

- 노드-익스포터(node-exporter)

  데몬셋으로 설치되어 모니터링 대상이 되는 전체 노드에 자동으로 설치됩니다. 노드-익스포터는 물리 노드에 대한 자원 사용량(네트워크, 스토리지 등 전체) 정보를 메트릭 형태로 변경해서 노출(expose)합니다.

이러한 필수 구성 요소 외의 프로메테우스 헬름 차트는 다음과 같은 파드를 추가로 설치합니다.

- 프로메테우스 오퍼레이터(prometheus-operator)

  시스템 경고 메시지 정책(prometheus rule), 애플리케이션 모니터링 대상 추가 등의 작업을 편리하게 할 수 있도록 Custom Resource를 지원합니다.

- kube-state-metrics[12]

  이름으로 알 수 있듯이 쿠버네티스의 상태(kube-state)를 메트릭으로 변환하는 파드입니다. 쿠버네티스 API 서버와 통신해서 각 오브젝트의 상태를 메트릭 형태로 변환해 프로메테우스가 수집할 수 있게 합니다. 컨트롤 플레인 노드 애플리케이션 상태, 쿠버네티스 리소스 현황 등 클러스터 전반에 관한 상황을 확인할 수 있습니다.

그럼 프로메테우스 서버가 어떻게 모니터링 대상(exporter)에서 메트릭 정보를 가져오는지 노드 익스포터(node-exporter) 사례를 통해 알아보겠습니다.

노드의 자원 사용량 정보를 수집하는 노드 익스포터 파드는 ClusterIP 타입의 서비스를 사용 중입니다.

```
[spkr@erdia22 kube-prometheus-stack-36.0.3 (ubun01:monitoring)]$ k get svc
NAME                                        TYPE        CLUSTER-IP      EXTERNAL-IP   PORT(S)
AGE
(생략)
prometheus-prometheus-node-exporter         ClusterIP   10.233.30.158   <none>        9100/TCP
49s
```

---

12 https://github.com/kubernetes/kube-state-metrics

프로메테우스 플랫폼을 포함한 대부분의 모니터링 시스템은 모니터링 대상이 기본 설정으로 자신의 메트릭 정보를 웹서버의 /metrics 엔드포인트 경로에 노출(expose)합니다. 해당 정보를 프로메테우스 서버가 HTTP GET 방식으로 가져옵니다. 프로메테우스는 노드 익스포터의 서비스 이름(prometheus-prometheus-node-exporter)과 9100번 포트를 사용해 접속합니다.

그림 17.3 프로메테우스 서버가 메트릭 정보를 수집하는 방법

프로메테우스 파드는 노드 익스포터 서비스로 접속해 해당 메트릭을 확인합니다. 로컬호스트에서 포트 포워드(port-forward) 기능을 이용해 원격의 노드 익스포터 파드에 접속해 해당 메트릭을 확인합니다.

```
$ (※ ¦ubun01:monitoring) k port-forward svc/prometheus-prometheus-node-exporter 8080:9100
Forwarding from 127.0.0.1:8080 -> 9100
Forwarding from [::1]:8080 -> 9100

## 웹 브라우저로 노드-익스포터의 내용을 확인하고 나면 Ctrl + C를 눌러 종료합니다.
```

- port-forward

  port-forward 명령어를 이용하면 NodePort, LoadBalancer, Ingress 등으로 지정하지 않는 ClusterIP 타입의 서비스를 임시로 외부에서 접속하는 경우 사용할 수 있습니다. k port-forward 명령어에 원하는 서비스 대상(svc/prometheus-prometheus-node-exporter)을 지정하고 로컬호스트의 포트(8080)와 원격 서비스 포트(9100)를 매핑합니다. 설정이 완료되면 포트 매핑 설정이 완료되어 로컬호스트의 웹브라우저에서 해당 포트로 원격 서비스에 접속할 수 있습니다.

웹 브라우저로 로컬호스트의 8080번 포트를 열어 'localhost:8080/metrics' 경로로 접속합니다.

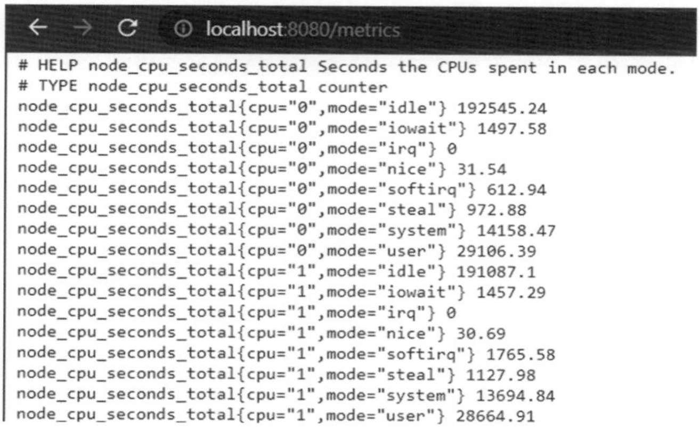

그림 17.4 노드 익스포터의 /metrics 경로에 접속한 모습

웹브라우저에서 node_로 시작하는 다양한 메트릭 정보를 확인할 수 있습니다. CPU, 메모리, 네트워크, 스토리지 등 노드의 자원 사용량에 관한 다양한 정보가 있습니다. 해당 메트릭 정보를 프로메테우스가 가져와 사용자는 노드의 상세한 자원 사용량을 파악할 수 있습니다. 그런데 너무나도 많은 메트릭 정보 중에서 상황에 따라 내가 원하는 메트릭을 선택할 필요가 있습니다. 그러자면 원하는 메트릭을 선택하기 위한 경험이 필요하며, 이때 다른 여러 사례를 참조하면 많은 도움이 됩니다.

이번 절의 내용을 정리하면 위와 같이 모니터링 대상이 되는 서비스는 일반적으로 자체 웹 서버의 /metrics 엔드포인트 경로에 다양한 메트릭 정보를 노출합니다. 프로메테우스는 해당 경로에 Http GET 방식으로 메트릭 정보를 가져와 프로메테우스 내부 스토리지에 시계열 데이터베이스 형식으로 저장합니다. 프로메테우스 설정에 관한 자세한 내용은 다음 절의 프로메테우스 설정 파일(prometheus.yml)에서 알아봅니다.

03 프로메테우스 웹 UI 활용: 상세 설정 내역 확인 및 모니터링 그래프 확인하기

프로메테우스에서는 자체 웹 서버에서 상세한 설정 내역과 모니터링 메트릭 정보를 간단한 그래프로 확인할 수 있습니다. 여기서는 프로메테우스 웹 서버에 직접 접속해 관련 내용을 확인해 보겠습니다. 웹 서버 접속 정보는 프로메테우스 서비스 정보로 확인할 수 있습니다.

```
$ (* |ubun01:monitoring) k get svc
NAME                                          TYPE         CLUSTER-IP      EXTERNAL-IP    PORT(S)
AGE      SELECTOR
```

```
prometheus-kube-prometheus-prometheus      NodePort      10.233.51.210    <none>
9090:30090/TCP                       11h    app.kubernetes.io/name=prometheus,prometheus=pro-
metheus-kube-prometheus-prometheus
```

초기에 헬름 차트로 설치했을 때 프로메테우스의 서비스 타입을 노드포트로 지정해 현재 노드포트 30090번 포트로 외부 노출 중입니다. 개별 노드 IP의 30090번 포트로 접속하면 프로메테우스 웹 서비스를 확인할 수 있습니다. 각 노드의 IP는 'k get nodes -o wide'로 빠르게 확인할 수 있습니다.

```
[spkr@erdia22 ~ (ubun01:monitoring)]$ k get nodes -o wide
NAME         STATUS    ROLES          AGE     VERSION   INTERNAL-IP      EXTERNAL-IP   OS-IMAGE
KERNEL-VERSION      CONTAINER-RUNTIME
ubun20-01    Ready     control-plane   4d16h   v1.24.1   172.17.29.61     <none>        Ubuntu
20.04.2 LTS   5.4.0-113-generic   containerd://1.6.4
ubun20-02    Ready     control-plane   4d16h   v1.24.1   172.17.29.62     <none>        Ubuntu
20.04.2 LTS   5.4.0-113-generic   containerd://1.6.4
ubun20-03    Ready     control-plane   4d15h   v1.24.1   172.17.29.63     <none>        Ubuntu
20.04.2 LTS   5.4.0-120-generic   containerd://1.6.4
```

노드 IP의 30090번 포트(172.17.29.61:30090)로 접속합니다. 그럼 다음과 같이 프로메테우스 웹 서비스 화면이 나타납니다.

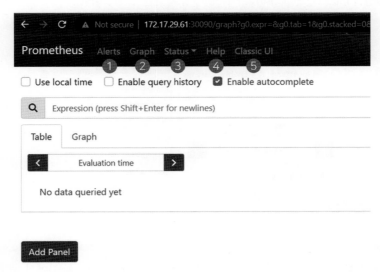

그림 17.5 프로메테우스 메뉴 화면[13]

---

13 설치 시점에 따라 프로메테우스 화면은 달라질 수 있습니다.

다음은 주요 메뉴에 대한 설명입니다.

1. **경고(Alerts)**

   사전에 정의한 시스템 경고 정책(Prometheus Rules)에 대한 상황을 나타냅니다. 19장의 얼럿매니저(AlertManager)에서 자세히 알아봅니다.

2. **그래프(Graph)**

   프로메테우스 자체 검색 언어인 PromQL을 이용해 메트릭 정보를 그래프로 조회할 수 있습니다. 다양한 시각화 효과는 그라파나를 사용하고 프로메테우스는 단순한 그래프만 지원합니다.

3. **상태(Status)**

   경고 메시지 정책(Rules), 모니터링 대상(Targets) 등 다양한 프로메테우스 설정 내역을 확인할 수 있습니다. 주요 메뉴에 대한 설명은 다음 글에서 좀 더 자세히 다룹니다.

4. **도움말(Help)**

   프로메테우스의 온라인 도움말 페이지로 연결됩니다.

5. **고전 UI(Classic UI)**

   이전 버전의 UI를 사용할 수 있습니다. 지금은 잘 사용하지 않습니다.

그럼 앞에서 확인한 노드 익스포터의 메트릭 정보에 대한 설정을 확인합니다. 당연하지만 프로메테우스 역시 설정 파일을 이용해 모니터링 대상이 되는 정보를 가져옵니다. 프로메테우스에서는 모니터링 대상에 관한 설정을 [Status] → [Configuration]에서 확인할 수 있습니다.

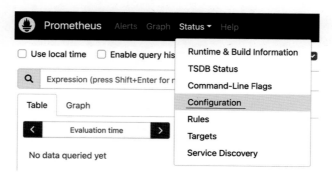

그림 17.6 프로메테우스 설정 메뉴

위 [Configuration] 메뉴의 실제 파일은 프로메테우스 파드의 '/etc/prometheus/config_out/prometheus.env.yaml'입니다. 헬름 차트로 설치할 때 헬름 템플릿 설정 파일(my-values.yaml)에서 해당 설정 파일의 내용을 추가하거나 수정할 수 있습니다.

그럼 프로메테우스가 어떻게 모니터링 대상의 정보를 가져오는지 설정 파일을 통해 좀 더 자세히 알아보겠습니다. 위 화면에서 브라우저로 'node-exporter'를 검색하면 노드-익스포터와 관련된 설정을 확인할 수 있습니다.

```
global:
  scrape_interval: 30s
  scrape_timeout: 10s
...
- job_name: serviceMonitor/monitoring/prometheus-kube-prometheus-node-exporter/0
  scrape_interval: 30s
  scrape_timeout: 10s
  metrics_path: /metrics
  scheme: http
...
  kubernetes_sd_configs:
  - role: endpoints
    kubeconfig_file: ""
    follow_redirects: true
    namespaces:
      names:
      - monitoring
```

- global:

  개별 'job_name'별 옵션이 지정되지 않을 경우 기본 설정으로 사용하는 글로벌 설정입니다.

- scrape_interval: 30s, scrape_timeout: 10s

  프로메테우스에서 메트릭을 가져오는(scrape) 주기와 타임아웃 시간입니다. 현재 프로메테우스는 30초 간격으로 메트릭 정보를 가져오고 10초가 지나도 응답이 없으면 종료합니다.

- job_name:

  노드-익스포터 등 모니터링 대상을 작업으로 지정해 작업 이름을 추가합니다. 개별 작업을 기준으로 메트릭 경로, 스키마, 서비스 디스커버리 설정(kubernetes_sd_configs) 등의 다양한 설정을 정의할 수 있습니다.

- metrics_path: /metrics, scheme: http

  메트릭 경로와 해당 정보를 가져오는 방법을 정의합니다. 위 설정은 HTTP 방식을 이용해 /metrics 경로에 위치한 메트릭 정보를 가져옵니다. 모니터링 대상에 따라 별도의 경로 (예: /metrics/cadvisor)에서 정보를 가져오거나 HTTP가 아닌 SSL/TLS 인증서를 사용해 HTTPS 통신을 사용할 수 있습니다. https 설정을 사용하는 경우 tls_config 설정 등이 추가됩니다.

- kubernetes_sd_configs: - role: endpoints

  쿠버네티스의 서비스 디스커버리(service_discovery; sd) 방식을 이용해서 추가되고 삭제되는 파드의 변경 정보를 서비스 엔드포인트 리소스로 자동 갱신합니다.

- namespaces: names: - monitoring

  서비스 엔드포인트가 속한 네임 스페이스 이름을 지정합니다. 프로메테우스는 서비스의 네임스페이스가 속한 포트 번호로 구분해서 메트릭 정보를 가져옵니다.

프로메테우스-스택 헬름 차트는 위와 같이 노드-익스포터, cAdvisor 등 다양한 모니터링 대상의 설정 정보가 사전에 포함돼 있습니다. 사용자가 별다른 추가 설정을 하지 않아도 쿠버네티스 환경에서 필요한 대부분의 모니터링 대상이 포함돼 있으므로 곧바로 운영 환경에 적용할 수 있습니다.

설정 파일에 등록된 모니터링 대상은 프로메테우스의 Targets 메뉴에서 정상적으로 메트릭 정보를 가져오는지 확인할 수 있습니다.

그림 17.7 프로메테우스 타깃 메뉴

프로메테우스 타깃 메뉴를 클릭하면 다음과 같이 현재 프로메테우스가 가져오는 전체 메트릭 대상을 확인할 수 있습니다.

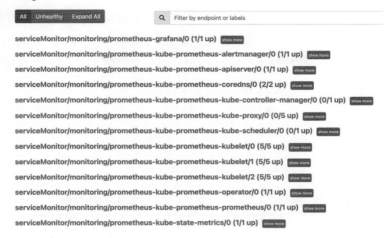

그림 17.8 프로메테우스의 전체 모니터링 대상 목록

기본 헬름 차트는 위와 같이 노드-익스포터, cAdvisor(컨테이너 CPU, 메모리 등 자원 사용량), 쿠버네티스 전반적인 현황(kube-state-metrics) 외에 쿠버네티스 마스터 컴포넌트(apiserver, coreddns, scheduler 등), 그라파나, 얼럿매니저 등 다양한 메트릭을 포함합니다. 이후에 애플리케이션 메트릭 정보가 추가되면 위의 프로메테우스 타깃 화면에서 확인할 수 있습니다.

참고로 그림 17.8에서 kube-controller-manager, kube-proxy 등은 정상적으로 메트릭 정보를 가져오지 못해 빨간색으로 표시됩니다[14]. 해당 메트릭은 설정 파일 등을 수정해서 모니터링 대상에서 제외하거나 정상적으로 가져오도록 변경할 수 있습니다.

다음으로 프로메테우스 웹 서버는 메트릭 정보를 그래프 형태로 조회할 수 있습니다. 화면 상단의 [Graph] 메뉴를 선택합니다.

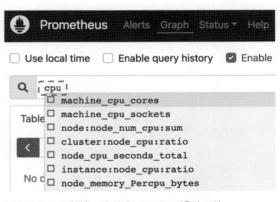

그림 17.9 프로메테우스의 전체 노드 CPU 사용량 조회

검색 창에 위와 같이 'cpu'를 입력하면 CPU와 관련된 다양한 메트릭(user, system, idle, waiting)이 자동 완성되어 나타납니다.

---

14 역시 설치 시점 및 옵션에 따라 화면은 다르게 표시될 수 있습니다.

그럼 CPU 사용량을 조회할 때 가장 많이 조회하는 전체 클러스터 노드의 CPU 사용량 합계를 확인해 보겠습니다. 그림 17.10과 같이 1 - avg(rate(node_cpu_seconds_total{mode="idle"}[1m]))이라는 쿼리를 프로메테우스 검색 창에 입력합니다. 이처럼 검색 화면에 성능 조회 메트릭을 입력하면 시간에 따른 그래프 형태로 나타납니다. 다만 프로메테우스는 다음과 같이 단순한 형태의 그래프만 표시 가능하며, 다음 장에서 배울 그라파나 시각화 솔루션을 이용하면 좀 더 이해하기 쉬운 다양한 그래프를 볼 수 있습니다.

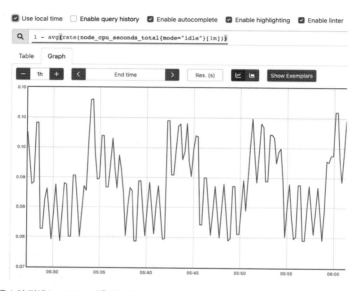

그림 17.10 프로메테우스의 전체 노드 CPU 사용량 조회

그럼 상세 쿼리 문법을 알아보겠습니다.

```
1 - avg(rate(node_cpu_seconds_total{mode="idle"}[1m]))
```

1. 1 – 유휴 CPU 사용량

   전체 CPU 사용량을 구하기 위해 '1'에서 유휴(mode='idle') 사용량 퍼센트 수치를 제외합니다.

2. avg(rate(..)[1m]

   [ ]에 시간을 입력하면 해당 시간 동안의 결과를 조회합니다. rate 함수로 해당 시간 동안의 변화량을 알 수 있습니다.

3. node_cpu_seconds_total{mode="idle"}

   노드가 사용한 전체 CPU 사용량 중에서 mode="idle" 메트릭 변수로 필터링한 결과만 조회합니다.

위와 같이 메트릭을 조회할 때는 PromQL을 사용합니다. 지금은 대략적인 내용만 알고 그라파나를 다룬 다음 장에서 그래프와 함께 좀 더 자세히 알아보겠습니다.

다음으로 검색창에 'node'로 검색하면 노드-익스포터 익스포터에서 가져오는 노드에 관한 다양한 자원 사용량 메트릭을 확인할 수 있습니다. 마찬가지로 'kube'로 검색하면 kube-state-metrics 파드에서 가져오는 쿠버네티스 클러스터의 전반적인 정보를 확인할 수 있습니다.

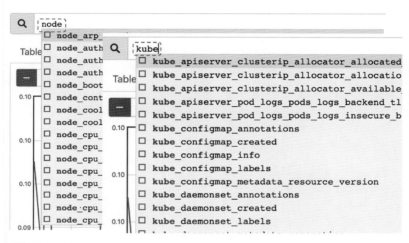

그림 17.11 프로메테우스 메트릭 조회

이처럼 node, kube로 검색하면 많은 메트릭이 조회됩니다. 사용자는 그라파나 대시보드에서 위와 같은 내용을 포함한 다양한 쿼리를 생성해서 필요한 정보를 확인할 수 있습니다.

정리

이번 장에서 배운 내용을 정리합니다.

- 쿠버네티스 환경 모니터링은 기존 VM 환경과 다르게 1) 서비스 디스커버리 지원 2) 애플리케이션 중심 모니터링 등의 특성을 가집니다. 모니터링 대상은 1) 노드/파드의 자원 사용량 2) 클러스터 전반의 현황 정보 3) 애플리케이션 모니터링으로 구분할 수 있습니다.

- 오픈소스 프로메테우스는 쿠버네티스 모니터링 분야의 사실상의 표준으로 풀 방식, 다양한 애플리케이션 지원, 폭넓은 레이블 사용, 자체 검색 언어(PromQL), 시계열 데이터베이스 사용 등의 특성을 가집니다. 개별 모니터링 대상은 자체 웹 서버의 /metrics 경로에 성능 관련 정보를 노출하고 원격 프로메테우스 서버가 HTTP GET 방식으로 정보를 가져오는(pull) 방식으로 동작합니다.

- 헬름 차트를 이용해 프로메테우스-스택을 설치하면 프로메테우스, 그라파나, AlertManager 등 필수 요소뿐만 아니라 다양한 대시보드, 경고 메시지 정책(Prometheus Rules), Kube-State-Metrics 파드 등이 함께 설치됩니다. 이를 이용해 관리자는 운영 가능한 수준의 모니터링 시스템을 빠르게 구축할 수 있습니다.

- 프로메테우스 웹 서버로 모니터링 대상 목록, 정상 동작 여부, 성능 그래프 등을 확인할 수 있습니다.

그라파나 – 쿠버네티스 모니터링 대시보드

그라파나(Grafana)는 프로메테우스의 데이터를 토대로 사용자 대시보드를 제공하는 솔루션입니다. 그라파나는 프로메테우스 데이터뿐만 아니라 퍼블릭 클라우드, 라즈베리 파이 등과 같은 데이터 소스와 메트릭, 로그, 트레이스 등의 다양한 데이터 형식을 지원합니다. 이러한 데이터로 그래프나 차트 형태의 대시보드를 만들 수 있고 이를 다른 사람들과 공유할 수 있는 오픈소스 플랫폼입니다[1]. 이번 장에서 그라파나를 이용해 쿠버네티스 환경에 사용할 수 있는 다양한 모니터링 대시보드를 만들어 보겠습니다.

그라파나를 자세히 알아보기에 앞서 모니터링 대시보드에 관한 간단한 질문으로 시작하겠습니다. 대시보드는 왜 필요할까요? 그리고 대시보드에는 어떤 정보를 포함해야 할까요?

거듭 말씀드리지만 여러 해답이 있고 각 해답마다 타당한 이유가 있으므로 하나의 정답이 있는 것은 아닙니다. 각자의 해답이 모두 맞다고 생각합니다. 제 의견을 말씀드리면 1) 현재 우리 서비스의 현황을 숫자 기반의 데이터로 빠르게 파악하는 것과 2) 장애 상황이 발생했을 때 빠르게 대처하고 장애를 예방하기 위한 계획을 세우기 위해 대시보드가 필요하다고 생각합니다.

구글은 모니터링 항목의 주요 요소를 4가지 황금 신호(Golden-Signals)로 선정해서 공유한 바 있습니다.[2]

---

1 테슬라 주행 데이터를 그라파나로 시각화한 사례: https://github.com/adriankumpf/teslamate
2 https://sre.google/sre-book/monitoring-distributed-systems/#xref_monitoring_golden-signals

- 응답속도(Latency)

  사용자 요청에 응답하는 소요 시간

- 트래픽(Traffic)

  서비스 사용량 (예: HTTP requests per second)

- 장애(Errors)

  단순 에러 외의 내부 응답 목표 시간인 10초 이상 지연된 요청을 포함한 전체 장애 건수

- 포화도(Saturation)

  트래픽 증가 혹은 노드 장애 등의 상황이 발생했을 때 예비 노드에서 처리 가능한 시스템 자원 사용률

모두 기본적인 내용이지만 실제 운영 환경에서는 제대로 지켜지지 않는 부분들이 있습니다. 단순히 하드웨어 측면의 자원 모니터링뿐만 아니라 애플리케이션 측면에서 응답 속도와 트래픽 등의 모니터링과 서비스의 규모가 커졌을 때 현재 시스템이 수용할 수 있는 자원 예비량을 파악할 수 있는 대시보드 등이 필요합니다. 대시보드를 설계할 때는 위와 같은 요소를 고려해서 사전에 필요한 주요한 대시보드 목록을 선정하고 목표 응답시간 및 목표 사용자 수 등 모니터링 항목을 담당자와 협의해서 신중하게 정의하는 시간이 필요합니다. 대시보드를 만들 때 임원들이 보기 좋은 페이지를 만드는 데만 신경 쓰는 어리석음을 범하지 말아야 합니다.

또한 대시보드를 만들 때는 명확한 목표를 정해서 가능한 한 간단하고 정확한 질문에 답할 수 있는 직관적인 대시보드를 만들 필요가 있습니다. 가능하다면 적은 수의 대시보드에서 원인이 되는 문제를 빠르게 찾을 수 있고 중복된 대시보드를 만들지 않도록 주기적으로 검토하는 작업이 필요합니다.[3]

그럼 이번 장에서 다룰 실습 내용을 알아보겠습니다.

> **⌨ 실습 과제**
>
> 1. 프로메테우스–스택 헬름 차트에 기본적으로 포함된 다양한 모니터링 대시보드를 확인합니다. 이를 통해 1) 전반적인 쿠버네티스 리소스 현황을 파악하고, 2) 개별 파드와 노드별 자원 사용량을 확인합니다.
>
> 2. 그라파나 공식 홈페이지에서 다양한 글로벌 사용자가 공유한 대시보드를 확인합니다. 다운로드 수, 별점 분포 등으로 정렬해서 원하는 대시보드를 찾아 로컬 환경에 가져오기(import)합니다.
>
> 3. 특정 대시보드에서 원하는 패널만 다른 대시보드에 복사해서 나만의 새로운 대시보드를 만듭니다.
>
> 4. 새로운 애플리케이션을 설치하고 그라파나 대시보드에 모니터링 정보를 등록합니다. 헬름 차트로 NGINX 웹서버를 설치하고 프로메테우스 모니터링 옵션을 추가합니다. 프로메테우스에 NGINX 메트릭을 추가하고 프로메테우스 쿼리 언어(PromQL)로 NGINX 웹서비스의 커넥션 수를 보여주는 대시보드를 만듭니다.

---

3 https://grafana.com/docs/grafana/latest/best-practices/best-practices-for-creating-dashboards/#best-practices-to-follow

01 프로메테우스-스택에 사전 포함된 그라파나 대시보드 사용하기

헬름 프로메테우스-스택으로 프로메테우스를 설치하면 헬름 차트에 이미 다양한 대시보드가 포함돼 있습니다. 전반적인 쿠버네티스 클러스터 현황 정보, 노드와 파드의 상세한 자원 사용량, 쿠버네티스 주요 구성 요소(apiserver, scheduler, kubelet) 현황 대시보드 등을 제공합니다. 다른 설치 방법에 비해 헬름을 이용하면 기본 대시보드들이 포함돼 있어 관리자는 시간을 많이 절약할 수 있습니다.

그림 18.1 그라파나의 기본 대시보드 목록

이번 장에서는 그라파나의 기본 사용법과 헬름 차트에 포함된 대시보드를 알아봅니다.

18.1.1 그라파나의 기본 사용법

이번 절에서는 먼저 그라파나에 접속하는 방법과 메뉴 등의 기본 사용법을 알아보겠습니다. 그라파나는 현황을 한눈에 파악할 수 있는 대시보드 제공이 목적인 솔루션으로, 사용법 또한 매우 직관적입니다.

이전 장에서 프로메테우스를 설치하면서 그라파나 서비스 타입으로 로드밸런서를 지정했습니다. 로드밸런서 서비스의 외부 노출 IP(External-IP)를 확인합니다.

```
[spkr@erdia22 ch18 (ubun01:monitoring)]$ kgs
NAME                                      TYPE          CLUSTER-IP      EXTERNAL-IP     PORT(S)
AGE       SELECTOR
(생략)
prometheus-grafana                        LoadBalancer  10.233.10.179   172.17.29.79
80:31514/TCP                    7h30m     app.kubernetes.io/instance=prometheus,app.kubernetes.io/
name=grafana
```

웹 브라우저에 해당 IP 주소를 입력해 접속합니다.

그림 18.2 그라파나의 초기 접속 화면

기본 관리자 계정은 admin이며 패스워드는 헬름 템플릿 변수 파일(my-values.yaml) 혹은 시크릿 설정
내역을 디코드(decode)해서 확인합니다. 헬름 템플릿 변수 파일의 기본 패스워드를 변경하지 않았으
면 기본 설정은 다음과 같습니다.

```
adminPassword: prom-operator
```

또는 시크릿으로 설정된 그라파나 관리자 계정을 다음과 같이 디코드해서 확인합니다.[4]

```
[spkr@erdia22 ch18 (ubun01:monitoring)]$ k get secrets prometheus-grafana -o yaml
apiVersion: v1
data:
  admin-password: cHJvbS1vcGVyYXRvcg==
...
[spkr@erdia22 ch18 (ubun01:monitoring)]$ echo -n "cHJvbS1vcGVyYXRvcg=="|base64 --decode
prom-operator
```

계정(admin)과 비밀번호(prom-operator)를 입력하면 그라파나 사이트에 접속할 수 있습니다. 로그
인 후 첫 화면을 보면 화면 좌측에 다양한 메뉴 목록을 확인할 수 있습니다. 해당 메뉴에 마우스 커서를
이동하면 메뉴의 이름(예: 'Search dashboards')을 확인할 수 있습니다.

---

4 또는 이전에 실습한 'view secret'을 사용해도 됩니다.

그럼 그라파나의 주요 메뉴를 간략하게 알아봅니다. 메뉴의 좌측 번호 순서로 설명합니다.

그림 18.3 그라파나의 메인 메뉴

1. **대시보드 검색(Search dashboards)**

   이름을 입력해서 다양한 대시보드를 검색할 수 있습니다.

2. **생성(Create)**

   새 대시보드를 만들거나 외부 대시보드를 가져오는(import) 경우에 사용합니다. 그라파나 웹사이트에 공유된 대시보드를 가져올 때 사용합니다.

3. **대시보드(Dashboards)**

   대시보드 전체 목록, 플레이리스트 등을 확인할 수 있습니다.

4. **탐색(Explore)**

   쿼리 언어(PromQL)를 이용해 메트릭 정보를 그래프 형태로 탐색할 수 있습니다.

5. **경고(Alerting)**

   에러 발생 시 사용자에게 경고를 전달합니다. 그라파나 경고 시스템을 사용하면 그래프까지 함께 전달되어 편리합니다. 하지만 프로메테우스 환경에서는 얼럿매니저를 이용하는 편이 좀 더 편리하므로 그라파나의 경고 기능은 사용하지 않습니다.

6. **설정(Configuration)**

   그라파나 설정 내역을 확인할 수 있습니다. 프로메테우스와 로키(Loki)[5] 데이터 소스를 설정할 때 사용합니다.

7. **서버 관리자(Server Admin)**

   사용자, 조직, 플러그인, 라이선스 등을 설정합니다.

---

5   20장에서 다룰 쿠버네티스 로그(log) 솔루션입니다.

그라파나는 시각화 솔루션으로, 데이터 자체를 저장하지는 않습니다. 데이터는 프로메테우스가 제공합니다. 데이터 관련 설정은 그라파나 메뉴의 [Configuration] → [Data sources]에서 확인할 수 있습니다.

그림 18.4 그라파나의 데이터 소스 설정 메뉴

[Data sources] 메뉴를 클릭한 후 데이터 소스를 선택하면 현재 프로메테우스 설정을 확인할 수 있습니다.

그림 18.5 그라파나의 프로메테우스 데이터 소스 설정

데이터 소스로 프로메테우스가 포함돼 있습니다. 프로메테우스-스택 헬름 차트는 데이터 소스 설정을 이미 포함하고 있어 그라파나가 자동으로 프로메테우스를 데이터 소스로 추가했습니다. 설정을 확인하면 다음과 같은 프로메테우스 서비스 이름의 URL 경로를 확인할 수 있습니다.

```
http://prometheus-kube-prometheus-prometheus.monitoring:9090/
```

이 URL은 프로메테우스의 서비스 이름과 포트 번호입니다. 그라파나가 프로메테우스 데이터 소스를 가져오기 위해 프로메테우스의 서비스 이름과 포트를 사용했습니다.

```
[spkr@erdia22 ch18 (ubun01:monitoring)]$ k get svc
NAME                                        TYPE       CLUSTER-IP      EXTERNAL-IP   PORT(S)
AGE
prometheus-kube-prometheus-prometheus       NodePort   10.233.17.200   <none>
9090:30090/TCP                    22h
```

프로메테우스 서비스 설정을 확인하면 그라파나 데이터 소스 설정에 등록된 서비스 이름과 포트와 동일합니다. 이처럼 쿠버네티스 클러스터가 클러스터 내부에서 다른 파드와 통신하려면 서비스 이름과 포트를 이용하는 것을 확인할 수 있습니다. 그라파나는 데이터 소스 설정만 돼 있으면 기본 설정은 모두 완료됩니다.

18.1.2 기본 대시보드 확인

이제 그라파나를 설치하면 기본적으로 포함돼 있는 대시보드를 확인합니다. 대시보드는 화면 좌측의 [Dashboards] → [Manage][6] 메뉴를 차례로 선택합니다.

그림 18.6 그라파나 대시보드 관리 메뉴

그럼 위와 같이 다양한 대시보드 목록을 확인할 수 있습니다. 앞에서 언급한 프로메테우스–스택 헬름 차트는 사전에 다양한 대시보드를 포함합니다. 임의의 대시보드를 선택하면 각 대시보드별로 상세한 내역을 확인할 수 있습니다.

대시보드의 이름에 따라 각 역할을 다음과 같이 분류할 수 있습니다.

- 자원 사용량 – Cluster/POD Resources
  CPU, 메모리, 스토리지, 네트워크 등 시스템 자원 사용량은 'Kubernetes / Compute Resources'라는 이름으로 시작하는 대시보드에서 확인할 수 있습니다. 클러스터 전체 혹은 파드/노드/워크로드/네임스페이스별로 사용량 확인이 가능합니다.

---

6 버전에 따라 'Manage' 메뉴가 'Browse'로 변경될 수 있습니다.

- 노드 자원 사용량 – Node Exporter

  전통적인 모니터링 시스템과 유사하게 실제 물리적 노드의 자원 사용량을 확인할 수 있습니다.

- 주요 애플리케이션 모니터링

  쿠버네티스 컨트롤 플레인 노드에서 실행 중인 Alertmanager, CoreDNS, API Server, Prometheus 등 주요 애플리케이션의 현황을 확인할 수 있습니다. 이후에 사용자별 애플리케이션 모니터링도 애플리케이션 이름으로 지정합니다.

그럼 많은 대시보드 중에서 어떤 대시보드가 가장 모니터링 목적에 부합할까요?

대시보드는 현재 서비스 현황을 빠르게 파악할 수 있고 장애에 빠르게 대처할 수 있는 정보가 필요합니다. 사용자별로 각자 목적에 맞는 대시보드를 선택할 수 있지만 필자는 아래의 2가지 대시보드, 즉 'Kubernetes / Compute Resources / Cluster'와 'Node Exporter / USE Method / Cluster'를 즐겨찾기에 등록해서 자주 확인합니다.

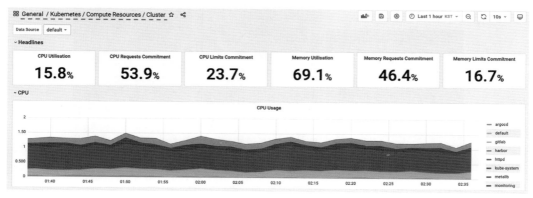

그림 18.7 그라파나의 Kubernetes / Compute Resources / Cluster 대시보드

'Compute Resources – Cluster' 대시보드는 클러스터 전반의 CPU, 메모리, 네트워크, 스토리지 자원 사용량을 한눈에 파악할 수 있습니다. 장애 상황이 발생했을 때 CPU, 메모리, 디스크 용량 부족인 경우가 많은데 이를 빠르게 확인할 수 있습니다. 노드 증설에 필요한 자원 사용량 근거도 오래전 날짜부터 사용량 패턴 변화를 확인할 수 있어 유용합니다.

다음은 'Node Exporter – USE Method – Cluster' 대시보드입니다.

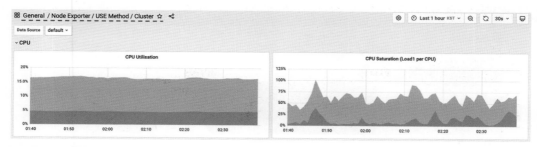

그림 18.8 그라파나의 Compute Resources – Cluster 대시보드

위 대시보드 역시 자원 사용량을 확인할 수 있습니다. USE(Utilization(사용률), Saturation(예비율), Errors(에러)) 방법[7] 기반의 대시보드를 제공합니다. 모든 노드의 자원 사용량 정보를 한번에 비교할 수 있어 빠르게 현황 파악이 가능합니다.

두 가지 대시보드 모두 뛰어납니다. 하지만 파드/디플로이먼트의 총 개수와 현황, Restart 등의 에러가 발생하는 컨테이너 목록 등 클러스터 전반에 관한 정보는 알기 어렵습니다. 이러한 역할을 할 대시보드를 추가하는 다른 방법을 알아봅시다.

02 그라파나 공식 홈페이지의 템플릿 대시보드 추가하기

그라파나의 주요 목적은 내가 필요한 대시보드를 손쉽게 만드는 것입니다. 직접 만들 수도 있으나 전 세계의 다양한 사용자들이 많이 사용하고 있는 검증된 대시보드를 가져오는 것도 좋은 방법입니다. 다행히 그라파나는 공식 홈페이지에서 대시보드 공유 기능을 제공합니다.

'grafana dashboard'로 검색하면 다음과 같은 그라파나 홈페이지로 안내합니다.[8] 이 페이지를 참고해서 다양한 대시보드를 가져올 수 있습니다.

---

7 https://grafana.com/blog/2018/08/02/the-red-method-how-to-instrument-your-services/
8 https://grafana.com/grafana/dashboards/

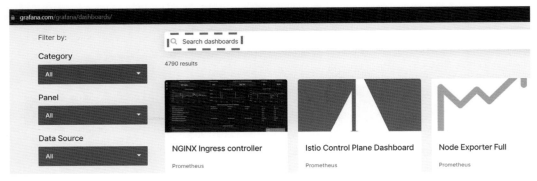

그림 18.9 그라파나 홈페이지의 대시보드 공유 페이지

이곳에서 검색을 통해 각자 원하는 대시보드를 찾을 수 있습니다. 모든 일이 그렇지만 항상 어려운 것은 선택지가 너무 많다는 것입니다. 여러 번 검색해보고 자기만의 조건을 다듬는 과정이 필요합니다. 다운로드 수, 평점, 작성자 등으로 정렬하면 좀 더 빠르게 찾을 수 있습니다.

노드와 파드의 자원 사용량 정보는 헬름 차트에 포함돼 있으므로 저는 클러스터 전반의 정보가 필요합니다. 해당 정보를 포함하는 'kube-state-metrics' 파드로 검색합니다. 그럼 아래와 같은 'kube-state-metrics-v2' 대시보드를 확인할 수 있습니다.

grafana.com/grafana/dashboards/13332

All dashboards » kube-state-metrics-v2

kube-state-metrics-v2 by garysdevil

DASHBOARD

Summary metrics about kube-state-metrics v2 version(https://github.com/kubernetes/kube-state-metrics); Referenced 6417

Last updated: 4 months ago

Start with Grafana Cloud and the new FREE tier. Includes 10K series Prometheus or Graphite Metrics and 50gb Loki Logs

그림 18.10 그라파나의 'kube-state-metrics-v2' 대시보드

스크린샷 등으로 대략적인 정보를 파악한 후 필요한 대시보드라고 판단되면 해당 대시보드를 나의 대시보드에 추가할 수 있습니다. 이 화면에서 오른쪽 아래의 대시보드 ID('13332')를 확인할 수 있습니다. 로컬 대시보드에 추가하는 데는 해당 ID를 이용하므로 화면의 'Copy ID to Clipboard' 메뉴를 선택해 클립보드에 복사합니다.

그림 18.11 그라파나의 'kube-state-metrics-v2' 대시보드 ID 확인

이제 해당 대시보드를 로컬 그라파나 화면에서 가져오기(Import)합니다. 가져오기 메뉴는 그라파나 화면 왼쪽에 있습니다.

그림 18.12 그라파나의 대시보드 가져오기(Import) 메뉴

대시보드를 가져오는 방법은 다음 화면과 같이 1) JSON 파일을 업로드하거나 직접 화면에 JSON 코드를 입력하는 방법과 2) grafana.com 사이트의 대시보드 URL 혹은 ID를 입력하는 방법이 있습니다. 지금은 그라파나 사이트에서 대시보드를 가져오는 방법을 이용합니다. 앞에서 검색한 대시보드 ID인 '13332'를 입력하고 [Load] 버튼을 클릭합니다. 참고로 그라파나의 대시보드는 JSON 파일 형식으로 정의합니다. 그라파나 대시보드 JSON 파일에 조금 익숙하면 기존 대시보드 파일의 일부분을 변경해서 새로운 대시보드를 생성할 수 있습니다.

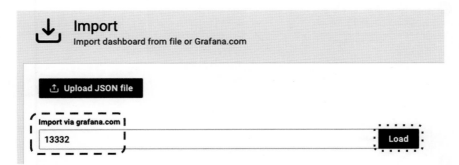

그림 18.13 그라파나의 대시보드 가져오기(Import) 화면

이어지는 가져오기 화면에서는 데이터 소스 선택 메뉴에서 'Prometheus'를 선택합니다.

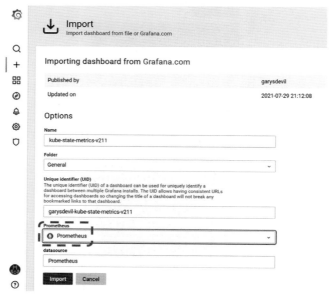

그림 18.14 'kube-state-metrics-v2' 대시보드 가져오기 중 'Prometheus'를 선택

그리고 나서 [Import] 버튼을 클릭하면 다음과 같이 정상적으로 대시보드가 생성됩니다.

그림 18.15 그라파나의 'kube-state-metrics-v2' 대시보드

1. 화면 상단 메뉴에서 클러스터, 노드, 네임스페이스를 선택할 수 있습니다. 특정 클러스터, 노드, 네임스페이스별 사용 현황을 파악할 수 있습니다.

2. 클러스터 전반의 POD 수량, CPU/메모리 할당 가용 용량 대비 요청량(Requests) 등을 그래프로 확인할 수 있습니다. 여기에 현재 사용량(Utilization) 그래프를 추가할 수 있습니다.

3. 노드, 워크로드(Deployment, Statefulset), 파드 등 개별 리소스에 대한 현황 및 에러 정보를 확인할 수 있습니다. 유용한 정보로서 전체 클러스터 현황을 파악하거나 장애 상황이 발생했을 때 이전 히스토리를 파악하는 데 사용합니다.

그라파나 대시보드는 사용자가 편하게 사용할 수 있도록 여러 뛰어난 기능을 제공합니다. 먼저 화면 오른쪽 상단에서 모니터링 시간을 최근 5분 ~ 최근 5년, 이번 주/지난 주, 특정 시간대 등 다양하게 선택할 수 있습니다. 해당 시간대의 추세 및 특정 시간과 변화 내역을 파악하는 데 유용합니다.

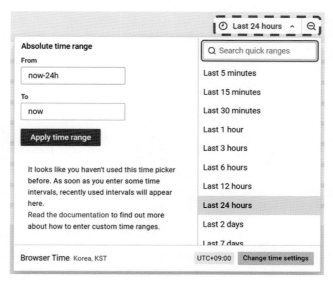

그림 18.16 그라파나의 모니터링 시간 선택

최근 상용 모니터링 솔루션들은 이러한 시간대별 변화 패턴을 인공지능으로 감지해서 사용자에게 유용한 기능을 제공하기도 합니다.

1. 이상 패턴(Abnormal)
   예를 들어, 계절별, 요일별 접속 수가 변화하는 특정 패턴이 있는데 해당 패턴을 따르지 않는 경우 경고 메시지를 전달합니다.

2. 특이 패턴(Outliers)

다른 사용자에 비해 특이할 정도로 전투력이 높다거나 게임 아이템 구매가 높은 패턴을 발견해서 불법 프로그램을 차단하는 용도로 사용할 수 있습니다.

3. 예측(Forecast)

사용량 패턴을 분석해서 앞으로 자원 증설이 필요한 경우 사전에 경고를 보낼 수 있습니다.

다음으로 마우스로 대시보드의 그래프를 선택하고, 원하는 시간대를 마우스로 드래그해서 선택하면 자동으로 해당 시간대를 기준으로 다른 대시보드의 그래프까지 함께 변경됩니다. 특정 시간대에 장애가 발생해서 특정 대시보드 외의 다른 대시보드까지 비교할 때 유용합니다. 예를 들어, 웹 접속자 수가 증가해서 응답 속도가 지연된 경우 웹 접속자 증가 시점을 선택하고 해당 시간대를 드래그하면 스토리지 IO 병목을 확인할 수 있는 대시보드까지 해당 시점으로 변경되어 빠르게 원인을 찾을 수 있습니다.

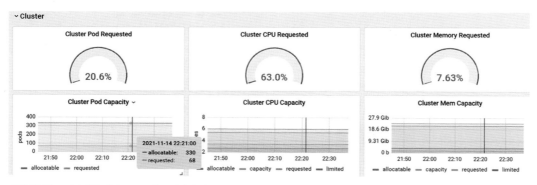

그림 18.17 그라파나의 대시보드 그래프 시간대 선택

다음으로 그라파나 대시보드의 순서를 변경하고 싶으면, 예를 들어 'Pods' 정보가 'Node', 'Cluster' 메뉴보다 화면 상단에 위치하고 싶으면 다음과 같이 화면 오른편의 아이콘을 선택하고 끌어서 원하는 곳에 놓으면[9] 순서가 변경됩니다.

> **Pods** *(7 panels)* ⚙ 🗑

> **Node** *(5 panels)*

> **Cluster** *(6 panels)*

그림 18.18 그라파나의 대시보드 위치 조정

---

9 https://community.grafana.com/t/dashboard-how-to-re-arrange-rows/6080

이렇게 해서 그라파나 홈페이지에 공유된 대시보드를 참조해서 클러스터의 전체 현황을 확인하는 대시보드를 만들었습니다. 하지만 여전히 모니터링에서 중요한 사용자 응답 속도와 요청 횟수는 알 수 없습니다. 다음 절에서 애플리케이션 모니터링을 추가해서 이를 알아보겠습니다.

02 NGINX 애플리케이션 모니터링 대시보드 추가: 프로메테우스 서비스 모니터와 PromQL의 기본 사용법

이번 절에서는 기본 애플리케이션 외에 사용자가 직접 설치한 애플리케이션의 모니터링 대시보드를 그라파나에 추가하겠습니다.

6장에서 배운 헬름 차트로 NGINX를 설치할 때 프로메테우스 익스포터(Exporter) 옵션을 추가해서 설치하면 자동으로 NGINX를 프로메테우스 모니터링에 등록할 수 있습니다. 프로메테우스 설정에서 NGINX 모니터링 관련 내용을 서비스 모니터 CRD[10]를 이용해 추가할 수 있는데, 이를 통해 그라파나에서 NGINX 관련 항목을 추가해서 새로운 대시보드를 생성할 수 있습니다.

그림 18.19 NGINX 모니터링용 대시보드 추가

기존 애플리케이션 파드에 프로메테우스 모니터링을 추가하려면 같은 파드 내에서 여러 개의 컨테이너를 실행하는 사이드카 방식[11]을 사용합니다. 사이드카 방식으로 기존 NGINX 파드 내에 프로메테우스용 exporter 컨테이너를 추가합니다.

NGINX 애플리케이션에 대한 헬름 설치를 진행합니다. 참고로 헬름 차트는 NGINX 인그레스 컨트롤러가 아닌 NGINX 웹서버를 선택합니다. 검색을 NGINX 헬름 차트로 하면 기본 설정이 인그레스 컨트롤러이므로 꼭 'NGINX 웹서버'로 지정해서 검색합니다. NGINX 웹서버 헬름 차트는 Bitnami에서 제공합니다[12]. 설치를 시작합니다.

---

10 https://observability.thomasriley.co.uk/prometheus/configuring-prometheus/using-service-monitors/

11 https://kubernetes.io/docs/concepts/workloads/pods/#how-pods-manage-multiple-containers

12 https://artifacthub.io/packages/helm/bitnami/nginx

```
[spkr@erdia22 ch17 (ubun01:monitoring)]$ cd ../ch18
[spkr@erdia22 ch18 (ubun01:monitoring)]$ helm repo add bitnami
[spkr@erdia22 ch18 (ubun01:monitoring)]$ helm repo update
[spkr@erdia22 ch18 (ubun01:monitoring)]$ tar xvfz nginx-12.0.4.tgz
[spkr@erdia22 ch18 (ubun01:monitoring)]$ rm -rf nginx-12.0.4.tgz
[spkr@erdia22 ch18 (ubun01:monitoring)]$ mv nginx nginx-12.0.4
[spkr@erdia22 ch18 (ubun01:monitoring)]$ cd nginx-12.0.4/
[spkr@erdia22 nginx-12.0.4 (ubun01:monitoring)]$ cp values.yaml my-values.yaml
```

비주얼 스튜디오 코드로 헬름 템플릿 변수 파일(my-values.yaml)을 편집합니다. 프로메테우스 모니터링을 위해 metrics, servicemonitor 항목을 활성화합니다.[13]

예제 18.1 NGINX 웹서버에 대한 헬름 템플릿 변수 파일[14]

```
## Prometheus Exporter / Metrics
metrics:
  ## @param metrics.enabled Start a Prometheus exporter sidecar container
  enabled: true
...
  ## Prometheus exporter service parameters
  service:
    ## @param metrics.service.port NGINX Prometheus exporter service port
    port: 9113
...
  ## Prometheus Operator ServiceMonitor configuration
  serviceMonitor:
    ## @param metrics.serviceMonitor.enabled Creates a Prometheus Operator ServiceMonitor (also
requires `metrics.enabled` to be `true`)
    enabled: true
    ## @param metrics.serviceMonitor.namespace Namespace in which Prometheus is running
    ##
    namespace: "monitoring"
```

- metrics: enabled: true

  기본 설정은 비활성화(false) 상태입니다. 활성화(true) 상태로 변경합니다.

---

13 실제 운영 환경에서는 파드 수량, 자원 할당, 어피니티 등의 옵션을 추가로 수정합니다.

14 https://github.com/wikibook/kubepractice/blob/main/ch18/nginx-12.0.4/my-values.yaml

- service: port: 9113

  NGINX 프로메테우스 익스포터는 9113번 포트를 사용합니다. 프로메테우스 서버에서 9113번 포트를 사용해 NGINX 익스포터와 통신합니다.

- serviceMonitor[15]: enabled: true

  서비스모니터 방식을 이용해 NGINX 모니터링 대상을 등록합니다.

- serviceMonitor: namespace: "monitoring"

  프로메테우스가 실행 중인 네임스페이스 이름을 지정합니다.

서비스모니터(servicemonitor)는 프로메테우스가 사용하는 CRD(Custom Resource Definition)입니다. 사용자는 기존 프로메테우스 설정을 변경하지 않고도 이러한 서비스모니터라는 별도 리소스만 추가해서 새로운 모니터링 대상을 등록할 수 있습니다. 또한 여기서는 새로운 모니터링 대상을 등록할 때 파드 리스타트 등 기존 서비스 안정성에 영향을 끼치는 추가 작업이 필요하지 않도록 별도의 리소스로 분리했습니다. 이렇게 기존 서비스 설정을 변경하지 않는 방식을 불변 인프라(Immutable Infrastructure)[16]라고 합니다.

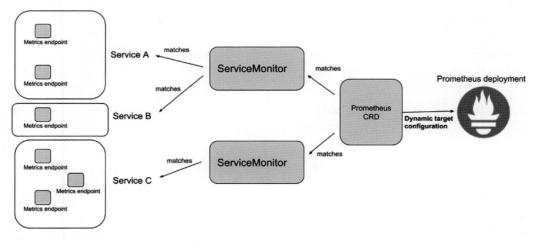

그림 18.20 프로메테우스 서비스모니터의 구조[17]

파일 수정이 완료되면 설치를 시작합니다. NGINX 전용 네임스페이스에 설치합니다.

---

15 https://strange-developer.tistory.com/53

16 https://engineering.linecorp.com/ko/blog/immutable-kubernetes-architecture-deepdive/

17 출처: https://sysdig.com/blog/kubernetes-monitoring-prometheus-operator-part3/

```
## 기존에 생성한 nginx 네임스페이스로 변경합니다.
[spkr@erdia22 nginx-12.0.4 (ubun01:monitoring)]$ k ns nginx
Context "ubun01" modified.
Active namespace is "nginx".

## 이전 장에서 설치한 nginx 헬름 차트를 먼저 삭제하고 설치를 실시합니다.
[spkr@erdia22 nginx-12.0.4 (ubun01:nginx)]$ helm delete nginx
release "nginx" uninstalled

[spkr@erdia22 nginx-12.0.4 (ubun01:nginx)]$ helm install nginx -f my-values.yaml .
```

설치를 완료하면 NGINX 파드에 2개의 컨테이너가 생성됩니다. 상세 내역을 확인하면 프로메테우스 모니터링에 사용하는 NGINX 익스포터 컨테이너를 확인할 수 있습니다.

```
## READY 상태 메시지가 '1/1'이 아니라 '2/2'입니다. 즉, 2개의 컨테이너가 실행된 것을 알 수
있습니다.
[spkr@erdia22 nginx-12.0.4 (ubun01:nginx)]$ k get pod
NAME                       READY   STATUS    RESTARTS   AGE
nginx-7546775df8-24ngl     2/2     Running   0          23s

[spkr@erdia22 nginx-12.0.4 (ubun01:nginx)]$ k describe pod nginx-7546775df8-24ngl
(생략)
  metrics:
    Container ID:  containerd://5e8cc8c78bdab431483580e8c1ae936125651e00fee4ccbad6b28061a8b25d6f
    Image:         docker.io/bitnami/nginx-exporter:0.10.0-debian-11-r2
```

추가로 상세 서비스 내역을 확인하면 헬름 차트를 설치할 때 설정한 프로메테우스와 통신하기 위한 metrics 포트(9113)를 확인할 수 있습니다.

```
[spkr@erdia22 nginx-12.0.4 (ubun01:nginx)]$ k describe svc nginx
(생략)
Port:          metrics  9113/TCP
TargetPort:    metrics/TCP
NodePort:      metrics  30937/TCP
Endpoints:     10.233.94.18:9113
```

또한 헬름차트에 추가한 서비스모니터는 다음과 같이 모니터링 네임스페이스(-n monitoring)에서 nginx 서비스모니터로 확인할 수 있습니다.

```
## 'service'까지 입력하고 탭을 누르면 자동 완성됩니다.
[spkr@erdia22 nginx-12.0.4 (ubun01:nginx)]$ k get servicemonitors.monitoring.coreos.com -n moni-
toring
NAME                                              AGE
nginx                                             2m31s
(생략)
```

이처럼 서비스모니터가 정상적으로 생성되고 약 1분 정도 경과하면 프로메테우스 웹서버의 [Status]
→ [Targets]에서 nginx 서비스모니터가 추가됩니다.[18] 프로메테우스에서 nginx 모니터링 대상이 정
상적으로 등록됐습니다.

```
## 프로메테우스 웹서버에 접속하기 위해 프로메테우스 서비스가 사용하는
## 노드포트 번호를 확인합니다.
[spkr@erdia22 nginx-12.0.4 (ubun01:nginx)]$ k get svc -n monitoring
NAME                                    TYPE       CLUSTER-IP      EXTERNAL-IP    PORT(S)
AGE
(생략)
prometheus-kube-prometheus-prometheus   NodePort   10.233.5.118    <none>
9090:30090/TCP                7h58m
```

웹브라우저에 노드의 IP 주소와 프로메테우스 서비스 포트 번호(30090)를 입력합니다. 프로메테우스
웹 서버의 상단 메뉴에서 [Status] → [Targets]를 차례로 선택합니다.

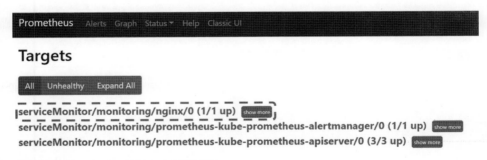

그림 18.21 프로메테우스의 nginx 서비스모니터 등록 화면

다음으로 화면 상단의 [Graph]를 선택하고 'nginx_'로 검색하면 NGINX 웹서버와 관련된 메트릭이
추가된 것을 확인할 수 있습니다. 해당 메트릭을 이용해 현재 nginx 사용 현황을 확인할 수 있습니다.

---

18 프로메테우스 타깃에서 정상적으로 nginx가 조회되지 않으면 프로메테우스 헬름 차트의 'serviceMonitorSelectorNilUsesHelmValues:
false' 옵션이 설정돼 있는지 확인합니다. 참고: https://github.com/helm/charts/issues/13196

각 메트릭에 대한 상세한 설명은 NGINX 공식 깃허브 저장소를 참고합니다. 참고로 유료 버전의 NGINX-PLUS를 사용하면 좀 더 다양한 메트릭을 사용할 수 있습니다.

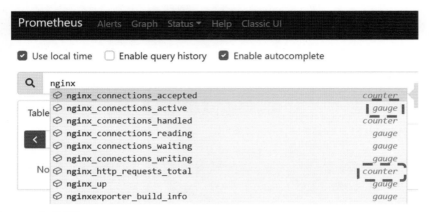

그림 18.22 NGINX 메트릭 현황

- NGINX 공식 깃허브 페이지 – NGINX 메트릭 상세 설명: https://github.com/nginxinc/nginx-prometheus-exporter

NGINX 메트릭으로 프로메테우스 조회 언어인 PromQL을 조금 더 자세히 알아보겠습니다. 먼저 메트릭 타입으로는 대표적으로 counter(누적 숫자), gauge(현재 숫자)[19]가 있습니다. 카운터(counter) 타입은 감소하지 않고 계속 증가하는 타입의 메트릭 정보입니다. 예를 들어, 전체 웹서버 요청 총합인 'nginx_http_requests_total'은 counter 타입입니다.

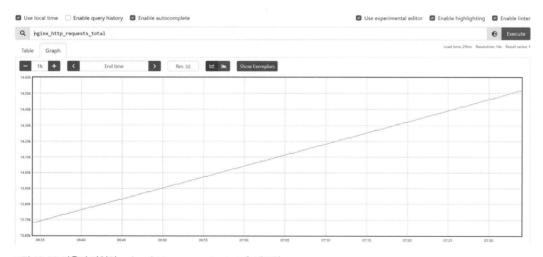

그림 18.23 카운터 타입의 nginx_http_requests_total 메트릭

---

19 https://prometheus.io/docs/concepts/metric_types/

그래프에 나타나듯이 시간에 따라 계속 증가합니다. 데이터는 계속 증가하므로 특정 시점의 데이터만으로는 정확한 현황을 파악할 수 없습니다. 1분, 5분 시간대를 정하고 해당 시간대의 변화량을 측정하면 사용량 변화 추이를 알 수 있습니다. 사용량 추이는 rate(비율) 함수를 사용합니다. rate 함수는 해당 시간대의 시작점과 종점에서 측정한 값의 차이이며, irate(instant rate)는 직전 시점의 변화량을 나타냅니다. rate 함수를 이용해야 NGINX 요청량 변화를 확인할 수 있는데, rate(nginx_http_requests_total[1m])를 검색창에 입력해 봅시다.

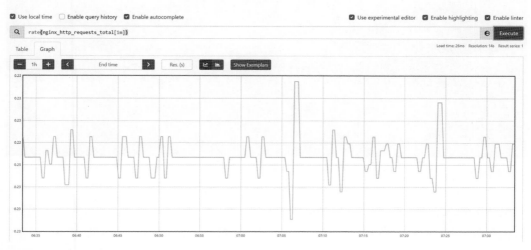

그림 18.24 rate 함수의 사용 사례

위와 같이 rate 함수를 사용하면 1분 간격으로 변화량을 추적해서 카운터 타입 메트릭의 시간대별 변화량을 파악할 수 있습니다.

다음은 게이지 타입의 메트릭인 nginx_connections_active입니다. 현재 웹서버 활성 커넥션 수를 나타내는 nginx_connections_active는 누적 숫자가 아닌 현재 수치입니다. 해당 메트릭은 테스트 서버에서는 커넥션 개수의 변화가 없으므로 변화량을 파악하기가 적절하지 않습니다. 다음은 변화량 파악이 용이한 실제 서비스의 그래프 예시입니다.

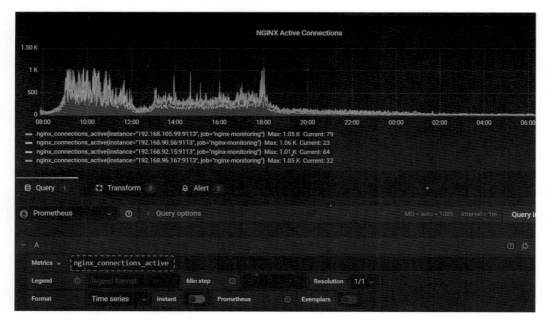

그림 18.25 게이지 타입의 `nginx_connections_active` 메트릭

위와 같이 출근 시간(09:00)과 업무 시간대(09:00 ~ 18:00)에 집중돼 있는 웹서버 커넥션 개수를 확인할 수 있습니다. 참고로 게이지 타입 메트릭에 다음과 같이 1m 등의 기간을 나타내는 쿼리를 사용하면 누적치(counter) 타입의 메트릭이 아니므로 오류가 발생합니다.[20]

그림 18.26 게이지 타입의 메트릭에 레인지(range) 쿼리를 사용했을 때 나타나는 오류 메시지

다음으로 그라파나 대시보드에서 NGINX 모니터링 관련 그래프를 추가합니다. 좀 더 보기 좋은 대시보드를 만들기 위해 디자인 요소를 가미한 대시보드를 직접 만들 수도 있습니다. 하지만 다른 사람이 이미 만들어 놓은 대시보드를 참조하는 것도 시작하는 단계에서는 좋은 방법입니다. 어느 정도 익숙해지면 많은 대시보드 디자인을 참조해서 자신만의 대시보드를 만들 수 있습니다.

---

20 https://www.section.io/blog/prometheus-querying/

그라파나 웹사이트에서 NGINX 대시보드를 검색합니다. 단순히 'NGINX'로 검색하면 NGINX 웹서버가 아닌 NGINX 인그레스 컨트롤러가 많이 검색됩니다. 따라서 'NGINX Exporter'로 검색하면 웹서버 대시보드를 찾을 수 있습니다. 검색된 대시보드 ID인 '12708'을 로컬 그라파나 웹페이지로 가져옵니다.

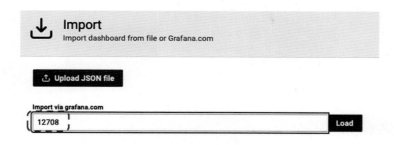

그림 18.27 ID가 '12708'인 그라파나 대시보드 가져오기

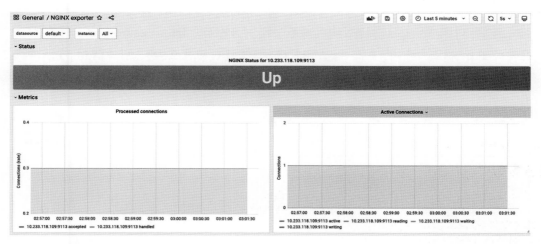

그림 18.28 그라파나의 NGINX 대시보드

대시보드를 불러오면 위와 같이 정상적으로 현재 NGINX 웹서버 모니터링 대시보드가 생성됩니다. 현재 클러스터의 NGINX 웹서버 인스턴스를 증가시키거나 접속 수를 증가시키면 동적으로 변화 내역을 확인할 수 있습니다. 위와 같이 그라파나 사이트에서 이미 공유된 대시보드를 가져와 대시보드를 만들면 비교적 빠르게 대시보드를 추가할 수 있습니다.

다음은 대시보드의 특정 부분 패널을 복사해서 다른 대시보드에 붙여넣는 방법입니다. 그라파나는 대시보드 편집 기능을 제공합니다. 대시보드에서 원하는 그래프 패널의 상단 제목에 마우스를 가져가면 다음 그림과 같이 [More] 메뉴를 확인할 수 있습니다. 그중 [Copy] 메뉴를 선택하면 클립보드에 해당 대시보드 패널이 복사됩니다.

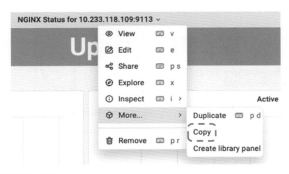

그림 18.29 그라파나의 대시보드 패널 복사

이제 원하는 다른 대시보드로 이동합니다. 예를 들어, 방금 생성한 'kube-state-metrics-v2' 대시보드에 다시 접속해 복사한 패널을 붙여넣습니다. 다음과 같이 1) 화면 오른편 상단의 [Add panel] 메뉴를 클릭하고 2) [Paste panel from clipboard]를 선택합니다.

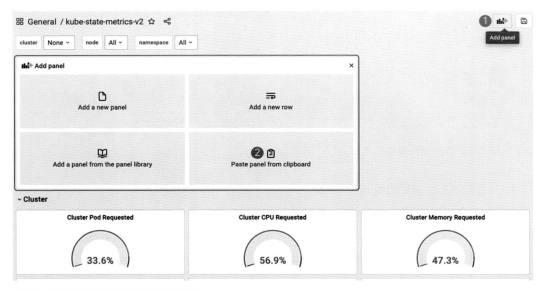

그림 18.30 그라파나 대시보드에 패널 붙여넣기

서로 다른 종류의 패널을 하나의 대시보드에 추가하면 다음과 같이 하나의 대시보드에 다양한 패널을 포함할 수 있습니다. 단일 대시보드에 다양한 정보를 포함할 수 있어 좀 더 빠르게 전체 현황을 파악할 수 있습니다. 필자는 다음과 같이 'Summary' 대시보드를 만들어서 한눈에 전체 서비스 현황을 파악하는 용도로 사용하고 있습니다.

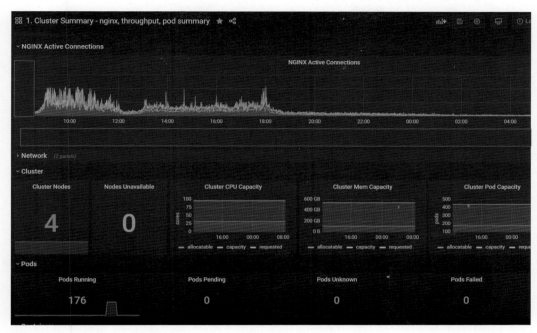

그림 18.31 그라파나의 Summary 대시보드

이렇게 해서 이번 절에서는 사용자 애플리케이션 모니터링 대시보드를 추가하는 실습을 진행했습니다. NGINX 헬름 차트로 NGINX 익스포터를 추가하고 프로메테우스 서버에서 NGINX 서비스모니터 CRD를 등록했습니다. 그라파나 웹사이트에서 NGINX 대시보드를 조회하고 해당 대시보드를 임포트해서 추가 대시보드를 완성했습니다.

앞으로 WAS나 데이터베이스 같은 특정 애플리케이션에 대한 대시보드를 추가하면 앞서 설명한 것과 비슷한 방법으로 나만의 대시보드를 빠르게 만들 수 있습니다.

정리

이번 장에서 배운 내용을 정리합니다.

- 그라파나는 쿠버네티스 환경에서 프로메테우스의 메트릭 정보를 데이터 소스로 삼아 각종 그래프와 차트 등을 편리하게 추가할 수 있는 모니터링 시각화 솔루션입니다.

- 구글의 4가지 황금 신호는 대시보드에 1) Latency(반응 속도) 2) Traffic(접속량) 3) Errors(오류) 4) Saturation(포화량) 정보를 포함하는 것을 권장합니다.

- 대시보드는 1) 단순하고 직관적인 질문에 답할 수 있고 2) 이해하기 쉽게 이름을 지정하고 3) 한눈에 전체 서비스 현황을 파악할 수 있도록 다양한 그래프를 포함하는 것이 편리합니다.

- 프로메테우스-스택 헬름 차트는 노드와 파드의 자원 사용량, 쿠버네티스 컨트롤 플레인 노드 애플리케이션 모니터링 등 다양한 대시보드를 포함하고 있어 별다른 추가 작업을 하지 않고도 각종 대시보드를 사용할 수 있습니다. 자주 사용하는 대시보드는 즐겨찾기에 등록하면 편리합니다. 특히 'kube-state-metrics' 대시보드는 클러스터 전반의 정보를 제공하기 에 유용합니다.

- 애플리케이션 모니터링을 등록하기 위해서는 애플리케이션을 설치할 때 프로메테우스 Exporter 파드를 추가해야 합니다. 기존 파드에 수동으로 추가해서 설치하거나 Exporter가 포함된 애플리케이션 헬름 차트를 이용할 수 있습니다.

- 프로메테우스는 서비스모니터를 이용해 특정 애플리케이션 모니터링을 추가할 수 있습니다. 기존 프로메테우스 설정을 변경하지 않고도 불변 인프라(Immutable Infra)의 개념을 사용해 필요한 애플리케이션 모니터링만 추가할 수 있으므로 서비스 안정성이 뛰어납니다. 이처럼 쿠버네티스는 불변 인프라 원칙을 다양하게 활용합니다.

- 그라파나 공식 홈페이지에서는 사용자가 공유하는 다양한 애플리케이션 대시보드를 제공합니다. 원하는 대시보드를 검색해서 로컬 환경에 편리하게 설치할 수 있습니다.

얼럿매니저 –
쿠버네티스 경보 서비스

프로메테우스는 장애 등의 메시지 전달 기능을 얼럿매니저(alertmanager)로 분리해서 관리합니다. 프로메테우스는 임곗값 설정에 의해 경고 메시지가 발생하면 이를 얼럿매니저에게 푸시 이벤트로 전달하고, 얼럿매니저는 이를 그룹화, 일시 중지(silence) 등의 가공 과정을 거쳐 이메일, 슬랙(Slack)[1] 등으로 전달합니다.

그림 19.1 얼럿매니저의 구조

얼럿매니저의 기능을 확인하기에 앞서 경고 시스템의 요건을 알아봅니다. 경고 시스템은 어떠한 요건을 갖춰야 할까요? 만약 현재 운영 중인 경고 시스템이 있으면 어떤 장단점이 있는지 잠시 생각해봅니다.

일반적인 경고 시스템의 구성 요건은 다음과 같습니다.

---

1 https://slack.com/

1. **사용자가 빠르게 이해할 수 있는 메시지**

   시스템 경고 메시지만으로 운영자는 장애의 근본 원인을 빠르게 파악할 수 있어야 합니다. 슬랙처럼 다양한 사람들이 사용하는 시스템에서 모호한 메시지를 전송한다면 장애 원인을 파악하기가 어려워 장애 처리 시간이 늘어납니다. 예를 들어, 시간에 따른 변화량을 그래프 등으로 직관적으로 나타내면 좀 더 빠르게 원인을 파악할 수 있습니다.

2. **심각도 구분, 경고 주기 설정**

   시스템을 운영할 때 흔히 경험하는 너무 잦은 경고 메시지 발송은 담당자에게 피로감을 줍니다. 이는 정작 필요한 메시지를 놓치는 상황으로 이어집니다. 심각도와 발송 주기를 적절하게 관리해야 합니다.

3. **효과적인 채널 선택: 이메일, 문자, 슬랙 등**

   예전에는 흔히 시스템 관제 담당자가 이메일이나 문자를 수동으로 발송하는 경우가 많았습니다. 메시지를 전달받은 시스템 엔지니어는 다시 상황실에 전화를 걸어 상황을 확인하곤 했습니다. 그에 비해 슬랙과 같은 메신저 채널로 전달받으면 문자보다 좀 더 상세한 내용을 확인할 수 있고, 이메일에 비해 담당자별 구분 및 이력 관리가 쉬워서 이전 처리 내역을 참조해서 처리하기가 수월합니다.

4. **정확한 담당자에게 전달**

   에러 메시지별로 구분해서 프런트엔드/백엔드/데이터베이스 담당자, 보안 담당자 등에게 적절하게 전달돼야 합니다. 물론 심각도에 따라 전체 시스템 담당자가 조회할 수도 있어야 합니다.

쿠버네티스 환경의 경보 시스템에서 한 가지 유의할 점은 쿠버네티스는 자동 복구 기능이 뛰어나다는 것입니다. 파드가 다운돼도 쿠버네티스 디플로이먼트 컨트롤러가 해당 내용을 감시해서 자동으로 파드를 재시작합니다. 기존의 가상 머신 환경이라면 애플리케이션 프로세스가 다운되면 경고 메시지를 발송하고 메시지를 받은 운영자는 수동으로 서비스를 재시작해야 합니다. 하지만 쿠버네티스는 자동으로 파드를 재시작하므로 파드 다운 메시지를 굳이 운영자에게 실시간으로 알리지 않아도 됩니다. 물론 주기적으로 이 같은 상황이 반복된다면 상세한 원인 파악이 필요하므로 사후 확인이 필요하기는 합니다.

파드뿐 아니라 노드가 다운돼도 쿠버네티스는 해당 노드에서 실행 중인 파드를 다른 노드로 이전해서 파드가 자동으로 재시작합니다. 기본 파드 구성은 항상 이중화 혹은 삼중화로 구성되므로 한 파드가 다른 노드로 이전되는 시간에도 전체 서비스는 이상이 없습니다.[2] 이처럼 사전에 고가용성 구성이 적용돼 있고, 이를 검증한 서비스는 시스템 경고 메시지의 레벨도 적절하게 최적화할 수 있습니다.

그럼 이번 장에서는 얼럿매니저가 이러한 기능을 어떻게 구현하는지 실습을 통해 알아보겠습니다.[3]

---

[2] 파드를 재시작할 때 서비스에 이상이 없도록 사전에 애플리케이션 고가용성 테스트가 필요합니다. 해당 내용은 23장에서 자세히 다룹니다.

[3] 참고로 이전 장에서 설치한 그라파나에서도 시스템 경고 기능을 지원합니다. 사용 환경에 따라 적절하게 선택하면 됩니다. 참고로 저는 두 가지 모두 사용합니다.

01 프로메테우스와 얼럿매니저의 시스템 경보 기능

이번 절에서는 프로메테우스와 얼럿매니저의 웹서비스에서 제공하는 Alerts 메뉴로 시스템 경보 기능
에 대해 살펴보겠습니다. 먼저 프로메테우스 웹서비스에 접속하면 화면 상단의 Alerts 메뉴를 확인할
수 있습니다. 프로메테우스는 해당 메뉴에서 시스템 경고 메시지를 관리합니다. 간략하게 기능을 알아
봅니다.

프로메테우스 웹서비스에 접속하기 위해 노드의 IP 주소와 포트를 확인합니다.

```
## 먼저 ch19 디렉터리로 이동합니다.
[spkr@erdia22 nginx-12.0.4 (ubun01:nginx)]$ cd ../../ch19
[spkr@erdia22 ch19 (ubun01:nginx)]$


## kgn for k get node -o wide
## 노드의 IP를 확인합니다.
[spkr@erdia22 ch19 (ubun01:nginx)]$ kgn
NAME          STATUS   ROLES          AGE     VERSION   INTERNAL-IP     EXTERNAL-IP    OS-IMAGE
KERNEL-VERSION      CONTAINER-RUNTIME
ubun20-01     Ready    control-plane  5d2h    v1.24.1   172.17.29.61    <none>         Ubuntu
20.04.2 LTS   5.4.0-113-generic   containerd://1.6.4
ubun20-02     Ready    control-plane  5d2h    v1.24.1   172.17.29.62    <none>         Ubuntu
20.04.2 LTS   5.4.0-113-generic   containerd://1.6.4
```

```
ubun20-03    Ready    control-plane    5d2h    v1.24.1    172.17.29.63    <none>         Ubuntu
20.04.2 LTS    5.4.0-120-generic    containerd://1.6.4


## kgs for k get svc
## 노드포트 번호를 확인합니다.
[spkr@erdia22 ch19 (ubun01:nginx)]$ kgs -n monitoring
NAME                                          TYPE           CLUSTER-IP       EXTERNAL-IP    PORT(S)
AGE    SELECTOR
(생략)
prometheus-kube-prometheus-prometheus         NodePort       10.233.5.118     <none>
9090:30090/TCP                  11h    app.kubernetes.io/name=prometheus,prometheus=pro-
metheus-kube-prometheus-prometheus
```

웹 브라우저로 172.17.29.61:30090으로 접속해 상단의 [Alerts] 메뉴를 선택합니다.

그림 19.2 프로메테우스 웹서비스의 Alerts 메뉴

1. 경고(Alerts)

   시스템 경고 메시지 관련 내역은 화면 상단의 [Alerts] 메뉴에서 확인할 수 있습니다. 프로메테우스는 시스템 경고 설정에 관한 정책을 별도의 리소스인 prometheusrules CRD로 관리합니다. prometheusrules에 대한 자세한 내용은 이어지는 절에서 설명합니다.

2. 비활성화(Inactive)

   prometheusrules에 등록한 메시지 중에서 경고가 활성화되지 않은 정상적인 상태를 의미합니다. 개별 항목을 선택하면 경고 정책의 세부 사항을 확인할 수 있습니다.

3. 지연(Pending)

   설정된 임곗값을 초과해서 시스템 경고 상황이 발생했으나 경고 메시지를 전달하기까지 설정한 임곗값 시간을 초과하지 않은 상태입니다. 프로메테우스는 경고 상황 발생과 실제 경고 전달 간의 시간 간격을 설정해서 오탐 혹은 자동 복구된 에러 메시지 등을 처리합니다.

4. 경보(Firing)

   임곗값과 임계 시간을 초과해서 경보가 발생한 메시지입니다. 해당 메시지는 얼럿매니저에 전달되어 얼럿매니저를 통해 슬랙 등의 사전에 등록된 채널로 담당자에게 전달됩니다.

메시지 중에서 경보 메시지만 보려면 다음과 같이 [Firing] 항목만 선택하고 다른 비활성화(Inactive), 지연(Pending) 항목은 선택 해제합니다.

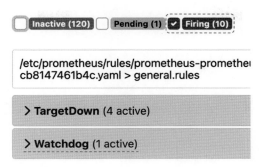

그림 19.3 얼럿매니저에서 경보 메시지만 확인

프로메테우스 경고 시스템은 기본 설정으로 위와 같이 항상 탐지견(Watchdog) 메시지가 경보(Firing) 상태로 활성화됩니다. 실제 장애와 상관없이 사용자가 얼럿매니저의 정상 동작 여부를 시각적으로 빠르게 확인하는 용도로 사용합니다.

다음으로 얼럿매니저 웹서비스를 확인하겠습니다. 관리자는 얼럿매니저 웹서비스에서 현재 시스템 경고 상태, 경고 메시지 일시 중지(silence) 설정, 상세 얼럿매니저 설정 등을 확인할 수 있습니다.

얼럿매니저가 사용하는 노드포트 번호를 서비스를 이용해 확인합니다.

```
## monitoring 네임스페이스로 변경합니다.
[spkr@erdia22 ch19 (ubun01:nginx)]$ k ns monitoring
Context "ubun01" modified.
Active namespace is "monitoring".

[spkr@erdia22 ch19 (ubun01:monitoring)]$ k get svc
NAME                                            TYPE        CLUSTER-IP      EXTERNAL-IP    PORT(S)
AGE
(생략)
prometheus-kube-prometheus-alertmanager         NodePort    10.233.41.158   <none>
9093:30903/TCP                    11h
```

웹 브라우저에서 172.17.29.61:30903으로 접속합니다.

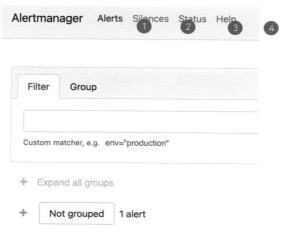

그림 19.4 얼럿매니저 웹서비스

1. **경고(Alerts)**

    시스템에 문제가 발생하면 해당 경고 메시지 목록을 확인할 수 있습니다. 메시지를 클릭하면 좀 더 상세한 내용을 확인할 수 있습니다. 메시지는 프로메테우스가 전달합니다.

2. **일시 중지(Silence)**

    작업 등의 계획된 서비스 다운으로 특정 시간 동안 경고 메시지를 받지 않고 싶을 때 경고 메시지별로 경고 메시지를 일시 중단하도록 설정할 수 있습니다.

3. **상태(Status)**

    얼럿매니저 상세 설정을 확인할 수 있습니다. 메시지를 전달받을 슬랙 URL, 알람 주기 등 설정에 관련된 사항을 확인할 수 있습니다.

4. **도움말(Help)**

    외부사이트 얼럿매니저 공식 홈페이지의 도움말로 안내합니다.

각 메뉴에 대한 자세한 사항은 실습을 통해 알아보겠습니다.

02 시스템 경고 메시지 전달을 위한 슬랙 채널 및 웹훅 URL 생성

이번 절에서는 시스템 경고 상황이 발생했을 때 얼럿매니저에서 메시지를 전달하는 데 필요한 슬랙 채널을 생성합니다. 경고 메시지를 수신하는 용도의 별도 전용 슬랙 채널을 생성하고, 해당 채널 정보를 얼럿매니저에 등록합니다. 슬랙은 이메일이나 문자 등의 전통적인 채널에 비해 이전의 경고 메시지, 장애 처리 내역, 장애 처리 완료 여부를 확인하기가 쉽습니다. 또한 채널별로 메시지를 분리하고 각 채널 담당자를 구분하면, 예를 들어 데이터베이스 관련 메시지만 분리해서 데이터베이스 담당자를 별도의 채널에 추가하면 좀 더 빠르게 장애를 처리할 수 있습니다.

슬랙과 얼럿매니저 연동은 얼럿매니저에서 경고 메시지가 활성화되면 얼럿매니저에 등록된 슬랙 웹훅 URL로 이벤트를 전달하는 구조입니다.

그림 19.5 얼럿매니저에서 슬랙으로 경고 메시지를 전달

여기서 웹훅(webhook)이란 엔드포인트에서 특정 이벤트가 발생하면 미리 등록한 애플리케이션에 해당 메시지를 전달하고, 해당 메시지를 받은 애플리케이션은 다시 메시지를 받았다는 응답을 보내는 기능[4]입니다.

그럼 슬랙에서 시스템 경고 메시지를 수신하는 용도의 전용 채널을 생성하고 웹훅 URL을 생성하겠습니다.[5]

먼저 슬랙을 실행하고 다음과 같이 새로운 워크스페이스를 생성합니다.

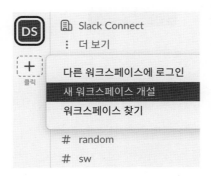

그림 19.6 슬랙에서 새 워크스페이스를 생성

4   https://en.wikipedia.org/wiki/Webhook
5   https://grafana.com/blog/2020/02/25/step-by-step-guide-to-setting-up-prometheus-alertmanager-with-slack-pagerduty-and-gmail/

먼저 이메일부터 입력해 보세요

직장에서 사용하는 이메일 주소로 로그인하는 걸 추천드려요.

| :‿' @spkr.co.kr | ✓ |

계속

계속 진행하면 Slack의 고객 서비스 약관, 사용자 서비스 약관, 개
인정보 보호 정책, 및 쿠키 정책에 동의하는 것으로 간주됩니다.

그림 19.7 슬랙에서 사용할 이메일 주소를 입력

그림 19.8 새 워크스페이스의 이름을 지정

새로 생성한 워크스페이스에서 얼럿매니저의 경고를 수신할 전용 채널을 생성합니다. 채널 생성은 다
음 그림을 참조합니다.

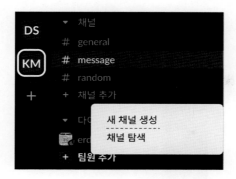

그림 19.9 채널 생성

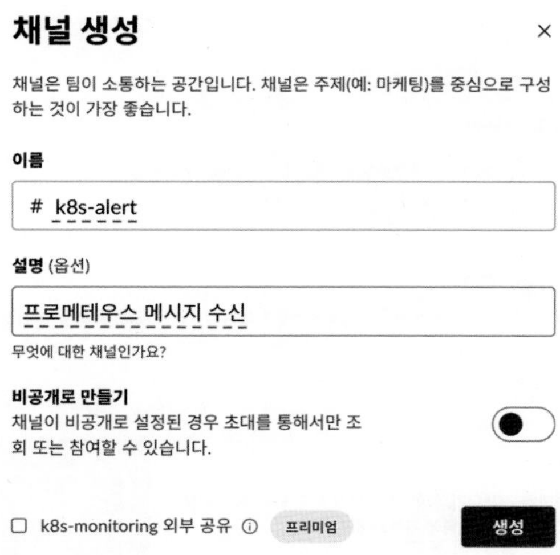

채널 생성 ×

채널은 팀이 소통하는 공간입니다. 채널은 주제(예: 마케팅)를 중심으로 구성하는 것이 가장 좋습니다.

이름

k8s-alert

설명 (옵션)

프로메테우스 메시지 수신

무엇에 대한 채널인가요?

비공개로 만들기
채널이 비공개로 설정된 경우 초대를 통해서만 조회 또는 참여할 수 있습니다.

☐ k8s-monitoring 외부 공유 ⓘ   프리미엄   생성

그림 19.10 채널 이름 입력

채널을 생성하고 웹훅 URL을 추가하기 위해 해당 채널을 선택하고 마우스 오른쪽 버튼을 클릭한 후 메뉴에서 [채널 세부정보 보기]를 선택합니다.[6] 채널 세부정보 창에서 [통합(Integrations)] → [앱 추가(Add an App)]를 차례로 선택합니다.

---

6   메뉴명은 설치하는 시점의 슬랙 버전에 따라 달라질 수 있습니다.

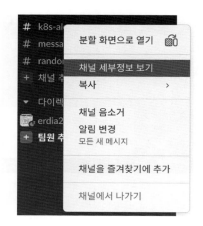

그림 19.11 채널 세부정보 보기

그림 19.12 통합 – 앱추가 메뉴 선택하기

이어지는 창에서 'webhook'으로 검색하고 검색 결과의 'Incoming WebHooks'의 오른쪽에 있는 [설치(Install)] 버튼을 클릭합니다. 그럼 웹 브라우저를 통해 외부 슬랙 웹페이지로 연결됩니다.

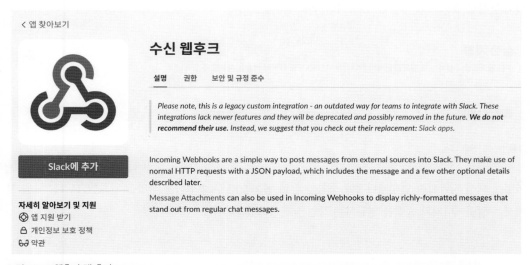

k8s-alert
에 앱 추가

앱 디렉터리 보기

🔍 webhook ⊗

앱 디렉터리에서

Incoming WebHooks
Send data into Slack in real-time.

설치

Cronhooks
Schedule on time or recurring webhooks

설치

그림 19.13 슬랙 웹훅 메뉴 선택

< 앱 찾아보기

수신 웹후크

설명   권한   보안 및 규정 준수

*Please note, this is a legacy custom integration - an outdated way for teams to integrate with Slack. These integrations lack newer features and they will be deprecated and possibly removed in the future. **We do not recommend their use.** Instead, we suggest that you check out their replacement: Slack apps.*

Incoming Webhooks are a simple way to post messages from external sources into Slack. They make use of normal HTTP requests with a JSON payload, which includes the message and a few other optional details described later.

Message Attachments can also be used in Incoming Webhooks to display richly-formatted messages that stand out from regular chat messages.

Slack에 추가

자세히 알아보기 및 지원
◎ 앱 지원 받기
🔒 개인정보 보호 정책
📄 약관

그림 19.14 웹훅 슬랙 추가

이어지는 페이지에서 메시지를 받을 채널을 선택합니다.

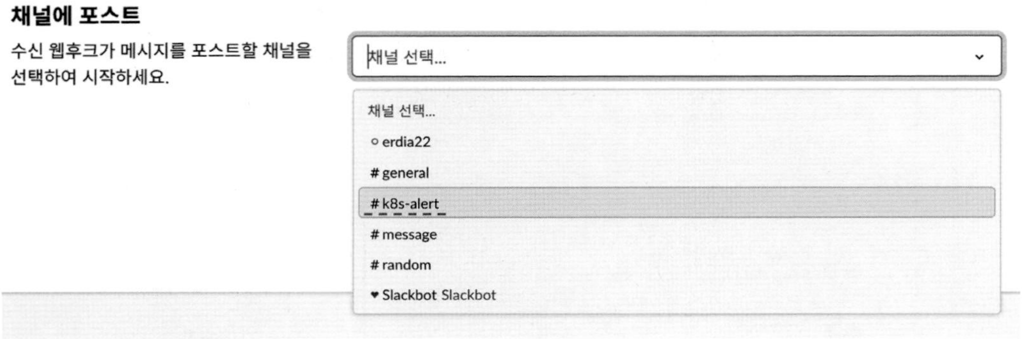

채널에 포스트

수신 웹후크가 메시지를 포스트할 채널을
선택하여 시작하세요.

채널 선택...

채널 선택...
○ erdia22
general
k8s-alert
message
random
♥ Slackbot Slackbot

그림 19.15 메시지를 받을 채널 선택

이제 마지막으로 얼럿매니저에 등록할 웹후크 URL이 생성됩니다. 해당 URL 정보를 얼럿매니저 설정 파일에 등록할 것이므로 해당 URL을 어딘가에 복사해 둡니다.

설정 지침   닫기

수신 웹후크를 구성하는 데 필요한 단계가 안내되므로 Slack으로 데이터 전송을 시작할 수 있습니다.

웹후크 URL   https://hooks.slack.com/services/T031

그림 19.16 웹훅 URL

이렇게 해서 지금까지 얼럿매니저에 등록할 슬랙 웹훅 URL을 설정하는 작업을 완료했습니다. 다음 절에서는 얼럿매니저와 슬랙을 연동하는 작업을 진행하겠습니다.

03 얼럿매니저 설정 파일에 슬랙 웹훅 URL 등록

얼럿매니저는 경고 메시지 전달을 위한 슬랙 채널 등록 등의 설정을 얼럿매니저 설정 파일(alertmanager.yaml)에서 관리합니다. 해당 파일은 프로메테우스 헬름 차트의 템플릿 변수 파일(my-values.yaml)에서 수정합니다. 해당 파일을 수정하고 프로메테우스 헬름 차트를 업데이트합니다.

헬름 차트는 지난 17장에서 프로메테우스를 설치할 때 사용한 헬름 차트를 이용합니다. 기존 설치 파일과 구분하기 위해 기존 템플릿 변수 파일(my-values.yaml)을 복사해서 새로운 얼럿매니저 설정 파일(my-alert-values.yaml)을 생성합니다.

```
## 이전 17장의 프로메테우스 디렉터리에 values.yaml 파일이 있습니다.
[spkr@erdia22 ch19 (ubun01:monitoring)]$ cd ../ch17 && pwd
/home/spkr/kube-books/ch17

## my-values.yml 파일을 확인할 수 있습니다.
[spkr@erdia22 ch17 (ubun01:monitoring)]$ cd kube-prometheus-stack-36.0.3/
[spkr@erdia22 kube-prometheus-stack-36.0.3 (ubun01:monitoring)]$ ls
CONTRIBUTING.md  Chart.lock  Chart.yaml  README.md  charts  crds  my-values.yaml  templates
values.yaml

## 새로운 얼럿매니저 템플릿 변수 파일(my-alert-values.yaml)을 만듭니다.
[spkr@erdia22 kube-prometheus-stack-36.0.3 (ubun01:monitoring)]$ cp my-values.yaml my-alert-
values.yaml
```

비주얼 스튜디오 코드를 열어서 my-alert-values.yaml 파일을 편집[7]합니다.

```
## Configuration for alertmanager
## ref: https://prometheus.io/docs/alerting/alertmanager/
##
alertmanager:
(생략)
  ## Alertmanager configuration directives
  ## ref: https://prometheus.io/docs/alerting/configuration/#configuration-file
  ##       https://prometheus.io/webtools/alerting/routing-tree-editor/
  ##
  config:
    global:
      resolve_timeout: 5m
      slack_api_url: 'https://hooks.slack.com/services/T02N3EHEMJN/B02N0GM95S9/XXXXXXXXX'
(생략)
    route:
      group_by: ['job']
      group_wait: 30s
      group_interval: 5m
      repeat_interval: 12h
      receiver: 'slack-notifications'
```

---

7 얼럿매니저 설정 파일(alertmanager.yaml)의 전체 예제: https://prometheus.io/docs/alerting/latest/configuration/#receiver

```
    routes:
    routes:
    - receiver: 'slack-notifications'
      matchers:
        - alertname =~ "InfoInhibitor|Watchdog"
  receivers:
  - name: 'null'[8]
  - name: 'slack-notifications'
    slack_configs:
    - channel: '#k8s-alert'
      send_resolved: true
```

- config:

  얼럿매니저 설정 파일은 헬름 템플릿 변수 파일의 config: 블록에서 수정합니다.

- slack_api_url:

  슬랙 API에서 생성한 슬랙 웹훅 URL을 등록합니다. URL은 개별 설정에 따라 달라집니다. 참고로 여기서는 보안상 URL을 임의로 'XXXXXXXXX'로 수정했습니다.

- receiver: 'slack-notifications'

  전송 채널로 슬랙을 사용하므로 slack-notifications를 등록합니다. 이메일을 사용한다면 email_configs를 사용합니다.

- name: 'slack-notifications'

  슬랙 채널의 설정 정보를 등록합니다.

- channel: '#k8s-alert'

  경고 메시지를 받는 슬랙 채널 이름을 등록합니다.

설정 파일을 수정하고 나면 헬름 차트를 재배포합니다. 헬름 템플릿 변수 파일을 수정하고 재배포하려면 helm update 명령어를 이용합니다. helm update를 사용하면 기존 애플리케이션을 재설치할 필요 없이 변경된 부분만 적용되어 편리합니다.

```
[spkr@erdia22 kube-prometheus-stack-36.0.3 (ubun01:monitoring)]$ helm upgrade prometheus -f my-
alert-values.yaml .
```

---

8 prometheus operator 에러로 name: 'null' 설정을 추가합니다. 참고: https://giters.com/prometheus-community/helm-charts/issues/1096

- helm upgrade prometheus -f my-alert-values.yaml .

  헬름 업그레이드에 사용하는 헬름 템플릿 변수 파일을 얼럿매니저 관련 슬랙 채널 정보를 추가한 '-f my-alert-values.yaml'로 지정합니다.

명령어를 실행하면 정상적으로 기존 헬름 차트가 수정됩니다. 참고로 설치가 완료되면 반드시 다음과 같이 my-alert-values.yaml 파일을 삭제합니다. 개인정보인 슬랙 토큰 정보가 포함되어 외부에 공개되면 다른 사람들이 임의로 해당 채널을 사용할 수 있기 때문입니다.

```
$ (* ¦ubun01:nginx) rm my-alert-values.yaml
```

슬랙 채널이 정상적으로 반영됐는지 확인합니다. 얼럿매니저 파드의 상세 정보에서 설정 내역을 확인할 수 있습니다.

```
$ (* ¦ubun01:nginx) k describe pod alertmanager-prometheus-kube-prometheus-alertmanager-0
...
  config-reloader:
    Container ID:  cri-o://14e1ec0f8c0a148d2aa9a7451c5ceb0a43668f6a0b89d49a7fc8a8976823efb9
    Mounts:
      /etc/alertmanager/config from config-volume (ro)
...
Volumes:
  config-volume:
    Type:        Secret (a volume populated by a Secret)
    SecretName:  alertmanager-prometheus-kube-prometheus-alertmanager-generated
```

- config-reloader: /etc/alertmanager/config from config-volume (ro)

  config-reloader 파드는 config-volume이라는 이름으로 config 파일을 마운트합니다.

- config-volume: Type: Secret

  config-volume은 시크릿 타입의 변수를 사용합니다.

- SecretName: alertmanager-prometheus-kube-prometheus-alertmanager-generated

  해당 시크릿 이름으로 config 설정이 저장됩니다.

시크릿 설정 파일을 확인하면 얼럿매니저 설정 파일인 alertmanager.yaml을 확인할 수 있습니다.

```
$ (* ¦ubun01:nginx) k get secrets alertmanager-prometheus-kube-prometheus-alertmanager-generated
-o yaml

apiVersion: v1
data:
  alertmanager.yaml:
Z2xvYmFs(중략)Cg==
kind: Secret
...
```

보다시피 시크릿 내용은 4줄이며, 여기서는 보안상 상세 내용은 생략했습니다. 해당 시크릿 내용을 디코드하면 다음과 같이 설정한 슬랙 웹훅 URL을 확인할 수 있습니다.

```
## 보안상 슬랙 URL의 일부를 가렸습니다.
$ (* ¦ubun01:nginx) echo -n "Z2xvYmFs(중략)Cg=="¦base64 --decode

global:
  resolve_timeout: 1m
  slack_api_url: https://hooks.slack.com/services/T02N3EHEMJN/B02N0GM95S9/XXXXXXXXXX
...
```

정상적으로 얼럿매니저 설정 파일이 수정됐습니다. 슬랙 채널에 정상적으로 얼럿매니저 메시지가 전달되는지 확인합니다.

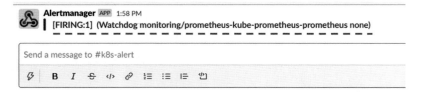

그림 19.17 슬랙에서 얼럿매니저의 경고 메시지를 수신

위와 같이 정상적으로 Watchdog 메시지가 수신됩니다.

이렇게 해서 얼럿매니저와 슬랙의 설정이 완료됐습니다. 다음으로 실제 장애 상황을 가정하고 실습을 진행하겠습니다.

04 얼럿매니저 기능 검증

이번 절에서는 임의 노드를 종료시켰을 때 발생하는 경고 메시지로 프로메테우스와 얼럿매니저의 상세 설정과 기능을 확인합니다. 노드를 다운시킨 후 슬랙 채널의 경고 메시지와 상세 시스템 경고 정책 설정 파일(prometheusrules.yaml)을 확인해 전송 주기 등의 구체적인 설정을 파악합니다. 그리고 일시 중지(silence) 기능을 사용해 경고 메시지가 발송되지 않는 기능을 테스트합니다.

19.4.1 임의의 노드를 다운시킨 후 슬랙 채널 메시지를 확인

실습을 위해 얼럿매니저와 프로메테우스가 실행되지 않은 노드를 선택하고 종료합니다.[9] 그럼 얼럿매니저와 프로메티우스가 실행되지 않는 노드 정보를 어떻게 확인할 수 있을까요? 아래와 같이 'k get pod -o wide' 옵션을 입력하면 파드가 실행 중인 노드의 정보까지 함께 파악할 수 있습니다.

```
$ (* |ubun01:monitoring) k get pod -o wide
NAME                                                       READY   STATUS    RESTARTS   AGE    IP
NODE            NOMINATED NODE    READINESS GATES
alertmanager-prometheus-kube-prometheus-alertmanager-0     2/2     Running   0          45h
10.233.118.143   ubun20-02     <none>            <none>
prometheus-prometheus-kube-prometheus-prometheus-0         2/2     Running   0          45h
10.233.118.146   ubun20-02     <none>            <none>
```

얼럿매니저와 프로메테우스 파드 모두 ubun20-02 노드에서 실행 중입니다. 여기서는 해당 노드를 피해 ubun20-03 노드의 전원을 다운시키겠습니다. 서버 호스트명은 개별 설정에 따라 달라집니다.

```
$ (* |ubun01:monitoring) ssh spkr@ubun20-03
...
spkr@ubun20-03:~$ sudo poweroff
```

잠시 후 쿠버네티스에서 서버의 상태를 확인하면 다음과 같이 'NotReady' 상태로 표시됩니다.

```
$ (* |ubun01:monitoring) k get node
NAME        STATUS    ROLES                   AGE     VERSION
ubun20-01   Ready     control-plane,master    6d22h   v1.23.6
```

---

9 실제 운영 환경에서는 얼럿매니저와 프로메테우스를 이중화해서 특정 노드가 다운되더라도 정상적으로 경고 메시지가 전달되도록 설정합니다.

```
ubun20-02    Ready      control-plane,master    6d22h    v1.23.6
ubun20-03    NotReady   control-plane,master    6d22h    v1.23.6
```

프로메테우스 웹서버의 [Alerts] 메뉴에서 다음과 같이 새로 발생한 지연(Pending) 메시지를 확인할 수 있습니다. 각 시스템 경고 정책(prometheusrules)에 설정된 지연 시간 동안 지연 메시지에 머무르다 해당 시간이 초과하면 시스템 경보(Firing) 상태로 이동합니다. 경보 단계로 이동한 메시지는 얼럿 매니저에 푸시 이벤트로 전달됩니다. 상세한 내용은 이어지는 절에서 다룹니다.

그림 19.18 프로메테우스의 경고 메뉴 확인

기본 설정 시간인 15분이 경과하면 지연(Pending) 메시지가 경보(Firing)로 변경되면서 새로운 경고 메시지가 발생합니다.

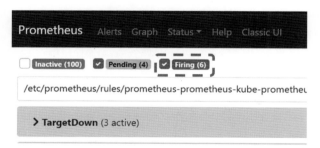

그림 19.19 프로메테우스의 경보(Firing) 메시지

해당 메시지는 얼럿매니저 웹서버에서도 확인할 수 있습니다.

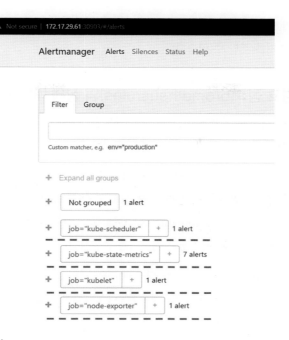

그림 19.20 얼럿매니저 경보 화면

이제 슬랙 채널을 확인하면 해당 경고 메시지가 정상적으로 전달된 것을 확인할 수 있습니다.

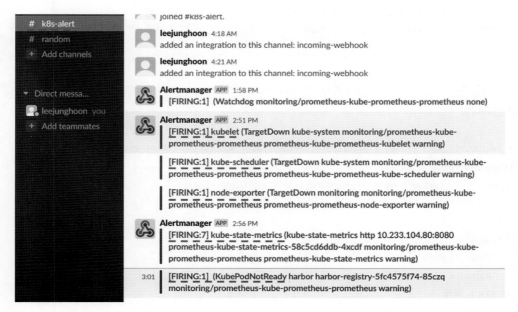

그림 19.21 슬랙 채널에 전달된 시스템 경고 메시지

이처럼 시스템 장애가 발생하면 슬랙 채널에서 해당 메시지를 받을 수 있습니다. 해당 메시지를 참조해서 담당자는 적절한 조치를 취할 수 있습니다.

19.4.2 시스템 경고 정책(prometheusrules)의 상세 내용 확인

프로메테우스와 얼럿매니저는 어떻게 해당 경고 메시지를 전달했을까요? 경고 상태를 정의하는 임곗값과 지연 메시지 설정 시간, 메시지 제목 등은 어떻게 설정할까요?

프로메테우스는 시스템 경고 정책을 별도의 prometheusrules라는 CRD로 관리합니다. 헬름 차트로 프로메테우스-스택을 설치하면 다양한 시스템 경고 정책, 예를 들어 노드 다운, 파드 실행 지연, 시스템 자원 부족 등이 자동으로 prometheusrules CRD에 등록됩니다. 이렇게 prometheusruless에 등록된 정책은 설정한 임곗값이 초과하면 경고 메시지를 발생시킵니다.

prometheusrules는 쿠버네티스 리소스로서 다음과 같이 확인할 수 있습니다. 사용자는 헬름 차트에 기본적으로 포함되는 정책으로 사용자가 추가한 애플리케이션에 대한 경고 정책을 제외하고 대부분의 장애 상황에 경고 메시지를 받을 수 있습니다.

```
$ (* |ubun01:monitoring) k get prometheusrules.monitoring.coreos.com
NAME                                                      AGE
prometheus-kube-prometheus-alertmanager.rules             45h
prometheus-kube-prometheus-config-reloaders               45h
prometheus-kube-prometheus-general.rules                  45h
...
```

노드 다운으로 발생한 경고 메시지는 prometheus-kube-prometheus-general.rules에서 상세 정책을 확인할 수 있습니다.

```
$ (* |ubun01:monitoring) k describe prometheusrules.monitoring.coreos.com prometheus-kube-
prometheus-general.rules
Name:          prometheus-kube-prometheus-general.rules
...
Spec:
  Groups:
    Name:  general.rules
    Rules:
## Alert 이름
      Alert:  TargetDown
```

```
    Annotations:
        Description:  {{ printf "%.4g" $value }}% of the {{ $labels.job }}/{{ $labels.service }}
targets in {{ $labels.namespace }} namespace are down.
        runbook_url: https://github.com/kubernetes-monitoring/kubernetes-mixin/tree/master/run-
book.md#alert-name-targetdown


## 프로메테우스 모니터링 대상(target) 다운
        Summary:       One or more targets are unreachable.


## 시스템 경고 상세 정책. up 메트릭이 '0' 상태이면 경고를 발생시킵니다.
        Expr:          100 * (count(up == 0) BY (job, namespace, service) / count(up) BY (job,
namespace, service)) > 10


## 10분간 Pending 상태를 지속하면 Pending에서 Firing 상태로 변경됩니다.
        For:           10m
```

프로메테우스는 이벤트를 감시하다 위에 설정한 임곗값을 초과하면 경보를 발생시킵니다. 위와 동일한 형식으로 시스템 자원 초과 등 다양한 상황에서 시스템 경고 메시지가 발송하도록 설정돼 있습니다. 사용자는 해당 형식을 참고해서 새로운 경고 메시지를 생성할 수 있습니다. 사용자 정의 정책 설정은 다음 절에서 다룹니다.

19.4.3 얼럿매니저의 일시 중지 기능 사용하기

시스템 유지보수 등과 같이 서비스를 계획적으로 중단할 경우 경고 메시지 전송 기능을 일시 중지 (silence)할 수 있습니다. 얼럿매니저의 일시 중지 기능은 얼럿매니저 웹 서비스에서 다음과 같이 UI를 통해 편리하게 지정할 수 있습니다.

그림 19.22 얼럿매니저의 일시 중지 기능

이 메뉴를 선택하고 다음과 같이 설정 기간(Duration)과 작성자, 내용을 작성하고 [Create] 버튼을 누르면 해당 알람에 대해 설정 기간 동안 알람이 발생하지 않습니다.

그림 19.23 얼럿매니저 일시 중지 기능의 상세 설정

일시 중지된 메시지는 얼럿매니저의 [Alerts] 메뉴에서 사라지고 [Silence] 메뉴에서 확인할 수 있습니다. 해당 에러는 이제 슬랙 채널로 전송되지 않습니다.

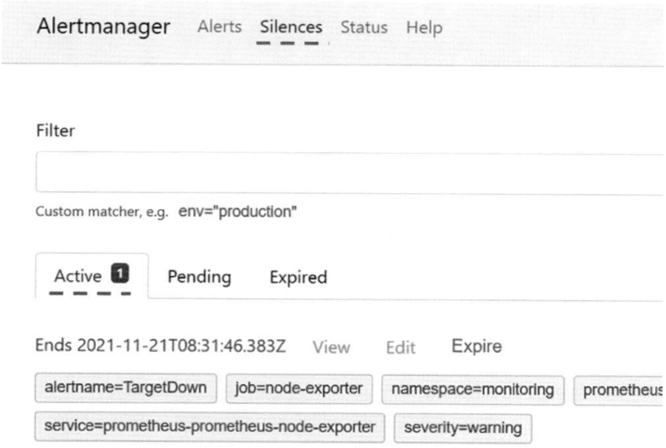

그림 19.24 얼럿매니저의 Silence 항목

이렇게 해서 임의의 노드를 다운시켜 슬랙 채널에 경고 메시지가 전달되는 것을 확인하고 프로메테우스의 상세 경고 정책(prometheusrules) 확인 및 얼럿매니저의 일시 중지 기능을 확인했습니다. 테스트가 완료되면 앞에서 전원을 내린 서버를 다시 켭니다. 전원이 들어오면 쿠버네티스에서도 다시 정상적으로 노드를 확인할 수 있습니다.

```
$ (* |ubun01:monitoring) k get nodes
NAME        STATUS    ROLES                 AGE      VERSION
ubun20-01   Ready     control-plane,master  6d22h    v1.23.6
ubun20-02   Ready     control-plane,master  6d22h    v1.23.6
ubun20-03   Ready     control-plane,master  6d22h    v1.23.6
```

시스템이 다시 정상 상태가 되면 슬랙 채널에 기존 경고 메시지에 대해 해결(Resolved)됐다는 메시지가 전달됩니다. 관리자는 'Resolved' 메시지로 해당 에러가 조치 완료됐는지 확인할 수 있습니다.

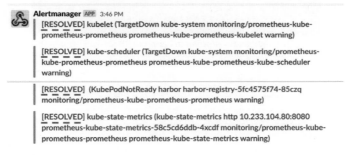

그림 19.25 슬랙 채널에 전달된 Resolved 메시지

05 사용자 정의 prometheusrules 정책 설정: 파일시스템 사용률 80% 초과 시 시스템 경고 발생시키기

이전 절에서는 헬름 차트에 기본적으로 제공되는 prometheusrules를 이용해 시스템 경고 메시지를 발생시켰습니다. 이번 절에서는 사용자가 임의로 promehtuesrules를 만들고 이를 이용해 시스템 경고 메시지를 전달하는 실습을 진행하겠습니다.

사용자가 설치한 애플리케이션에서도 파드가 다운되는 등의 상황이 발생하면 기본 정책으로 경고 메시지를 발송합니다. 하지만 NGINX 웹서버 커넥션 수, 데이터베이스의 느린 쿼리(slow query) 등 애플리케이션 고유의 메트릭에 대해서는 사용자가 수동으로 prometheusrules를 등록해야 합니다. 그럼 각 애플리케이션 고유의 prometheusrules는 어떻게 만들까요?

다행히도 인터넷에서 검색해 보면 다양한 애플리케이션의 prometheusrules를 확인할 수 있습니다. 특히 'Awesome Prometheus alerts'[10] 사이트에서는 NGINX, MySQL, Redis, Elastic 등 거의 모든 애플리케이션에 적용할 수 있는 다양한 시스템 경고 정책 모범 사례를 제공합니다.

이 책에서는 추가 애플리케이션을 설치하는 대신 임의로 노드의 파일 시스템 사용률이 80% 이상인 경우 시스템 경보를 발생시키는 예제를 실습합니다. 시스템 경고 정책을 생성하기 위해 기존의 prometheusrules를 수정해서 새로운 정책을 생성합니다. 헬름 차트가 기본으로 제공하는 prometheusrules의 파일 시스템 관련 부분을 검색합니다. 다음과 같이 프로메테우스 웹 서비스의 [Alerts] 메뉴에서 'filesystem'으로 검색하면 다양한 정책을 확인할 수 있습니다.

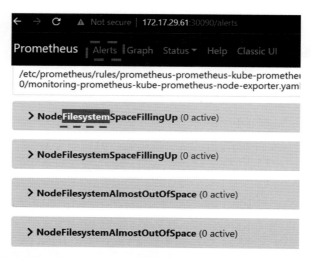

그림 19.26 프로메테우스의 Alerts에서 파일시스템 관련 시스템 경고 정책을 검색

기존 파일시스템 관련 정책을 확인하면 여유 공간이 5% 미만인 경우 시스템 경고를 발생시키도록 돼 있습니다. 상세 설정의 expr 항목을 수정해서 사용량이 80% 이상이면 시스템 경고를 발생시키도록 새로운 정책을 생성합니다.

---

10 https://awesome-prometheus-alerts.grep.to/

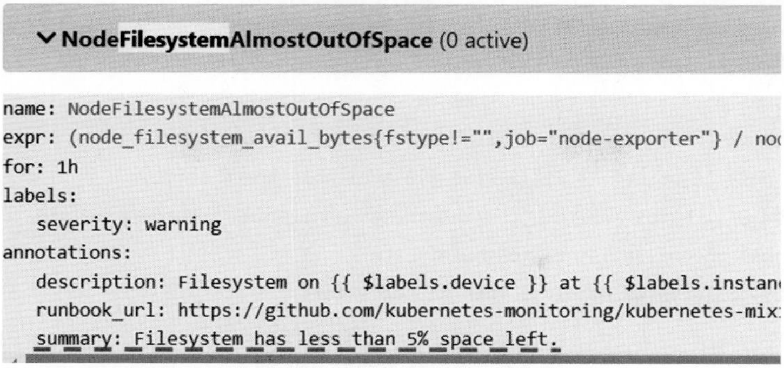

그림 19.27 프로메테우스의 Alerts에서 파일시스템 관련 시스템 경고 정책의 상세 내용

앞에서도 언급했듯이 prometheusrules 역시 쿠버네티스 리소스입니다. 다른 오브젝트를 수정하는 것처럼 YAML 파일로 내려받아 수정하고 다시 적용하면 기존 리소스 내용을 수정할 수 있습니다.

그럼 기존 정책을 YAML 파일 형태로 내려받아 여유 공간이 20% 미만이면 경고를 발생하도록 수정합니다. 파일시스템 관련 정책이 등록된 prometheus-kube-prometheus-node-exporter를 다음과 같이 YAML 파일로 내려받습니다.

```
## 디렉터리 구분을 위해 ch19로 이동합니다.
$ (* ¦ubun01:monitoring) cd ../ch19

## 'prometheus-kube-prometheus-node-exporter'를 YAML 파일로 익스포트합니다.
$ (* ¦ubun01:monitoring) k get prometheusrules.monitoring.coreos.com prometheus-kube-pro-
metheus-node-exporter -o yaml ¦k neat > node-exporter-prometheusrules.yaml
```

이전 장에서 했던 작업과 동일하게 YAML 파일로 내려받고 파일을 수정한 후 수정된 YAML을 적용해 새로운 리소스를 생성합니다. 기존 파일시스템 관련 설정 파일을 확인하면 5% 미만이면 경고를 발생하도록 돼 있습니다. 그리고 한 가지 더 주의해서 봐야 할 부분이 for[11] 설정입니다. for 설정은 처음 경고가 발생하면 지연(Pending) 상태로 유지하다 for 설정에 지정한 시간이 경과하면 경보(Firing) 상태가 됩니다. 기존 설정은 1시간(1h)인데, 상황에 따라 1시간은 길 수도 있으므로 해당 변수도 함께 수정합니다.

---

11 https://prometheus.io/docs/prometheus/latest/configuration/alerting_rules/#defining-alerting-rules

예제 19.1 기존 파일시스템 시스템 경고

```
    - alert: NodeFilesystemAlmostOutOfSpace
      annotations:
        description: Filesystem on {{ $labels.device }} at {{ $labels.instance }}
          has only {{ printf "%.2f" $value }}% available space left.
        runbook_url: https://github.com/kubernetes-monitoring/kubernetes-mixin/tree/master/run-
book.md#alert-name-nodefilesystemalmostoutofspace
        summary: Filesystem has less than 5% space left.
      expr: |-
        (
```

5% 미만인 경우 경고를 발생시킵니다.

```
          node_filesystem_avail_bytes{job="node-exporter",fstype!=""} / node_filesystem_size_
bytes{job="node-exporter",fstype!=""} * 100 < 5
          and
          node_filesystem_readonly{job="node-exporter",fstype!=""} == 0
        )
```

지연 상태를 1시간 유지합니다.

```
      for: 1h
      labels:
        severity: warning
```

위 정책을 참고해서 새로운 정책을 복사해서 붙여넣는 방식으로 위 정책 바로 밑에 아래와 같은 새로운
정책을 추가합니다.

예제 19.2 사용자 지정 파일시스템 시스템 경고[12]

```
    - alert: NodeFilesystemAlmostOutOfSpace-20
      annotations:
        description: Filesystem on {{ $labels.device }} at {{ $labels.instance }}
          has only {{ printf "%.2f" $value }}% available space left.
        runbook_url: https://github.com/kubernetes-monitoring/kubernetes-mixin/tree/master/run-
book.md#alert-name-nodefilesystemalmostoutofspace

        summary: Filesystem has less than 20% space left.
      expr: |-
```

---

12 https://github.com/wikibook/kubepractice/blob/main/ch19/node-exporter-prometheusrules.yaml

```
        (
```

여유 공간이 20% 미만이면 경고를 발생시킵니다.

```
        node_filesystem_avail_bytes{job="node-exporter",fstype!=""} / node_filesystem_size_
bytes{job="node-exporter",fstype!=""} * 100 < 20
        and
        node_filesystem_readonly{job="node-exporter",fstype!=""} == 0
        )
```

10분 동안 동일한 상태이면 경고를 발생시킵니다.

```
    for: 10m
    labels:
      severity: warning
```

수정한 YAML 파일을 적용해 새로운 prometheusrules 경고 정책을 추가합니다.

```
$ (* |ubun01:monitoring) ka node-exporter-prometheusrules.yaml
prometheusrule.monitoring.coreos.com/prometheus-kube-prometheus-node-exporter configured
```

이제 노드에 접속해서 임의의 큰 파일을 생성해서 여유 공간이 20% 미만이 되게 합니다. 전체 파일시
스템 용량은 개별 설정에 다르므로 적절한 크기의 파일을 생성합니다.

```
$ (* |ubun01:monitoring) ssh spkr@ubun20-01
spkr@ubun20-01:~$ df -h
Filesystem                      Size  Used Avail Use% Mounted on
udev                            3.9G     0  3.9G   0% /dev
tmpfs                           792M  7.1M  785M   1% /run
/dev/mapper/ubuntu--vg-ubuntu--lv  49G   30G   17G  65% /
...

## 10GB 용량의 파일을 생성합니다.
spkr@ubun20-01:~$ sudo fallocate /var/10g -l 10g
spkr@ubun20-01:~$ df -h
Filesystem                      Size  Used Avail Use% Mounted on
udev                            3.9G     0  3.9G   0% /dev
tmpfs                           792M  7.1M  785M   1% /run
/dev/mapper/ubuntu--vg-ubuntu--lv  49G   40G  6.5G  87% /
```

- fallocate

  리눅스 환경에서 fallocate 명령어를 사용하면 원하는 크기의 파일을 생성할 수 있습니다. 이번 실습에서는 10GB 용량의 파일을 생성했습니다.

설정에 따라 10분이 지나면 다음과 같이 슬랙에 시스템 경고 메시지가 전달됩니다.

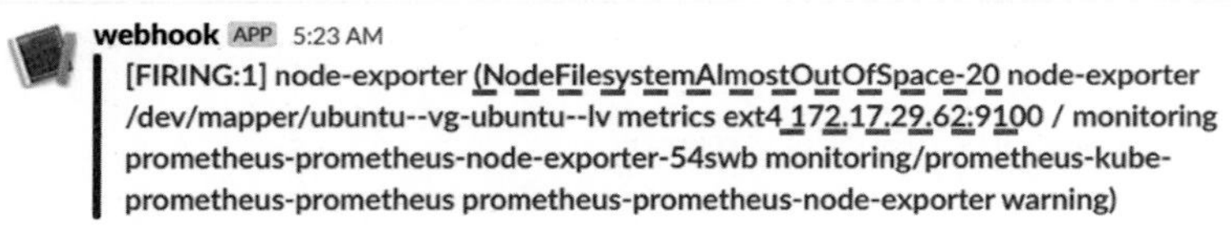

webhook APP 5:23 AM
[FIRING:1] node-exporter (NodeFilesystemAlmostOutOfSpace-20 node-exporter /dev/mapper/ubuntu--vg-ubuntu--lv metrics ext4 172.17.29.62:9100 / monitoring prometheus-prometheus-node-exporter-54swb monitoring/prometheus-kube-prometheus-prometheus prometheus-prometheus-node-exporter warning)

그림 19.28 슬랙에 전달된 파일시스템 경고 메시지

이상으로 기존의 prometheusrules 정책을 참고해서 새로운 경고 메시지 정책을 추가했습니다. 새로운 정책을 추가하는 방법은 기존 정책을 참조하거나 검색을 통해 'Awesome Prometheus alerts' 사이트 등에서 참고합니다.

정리

이번 장에서 배운 내용을 정리합니다.

- 프로메테우스는 시스템 경고를 전달하는 기능을 얼럿매니저로 분리했습니다. 얼럿매니저에서 경고 메시지를 전달할 채널을 설정하거나 시스템 유지보수 작업 등의 상황일 때 메시지 발생을 일시 중단하는 등의 기능을 사용할 수 있습니다.

- 시스템 경고 메시지는 1) 근본 원인에 해당하는 에러를 빠르게 파악할 수 있는 직관적인 경고 메시지여야 하고 2) 효과적인 심각도와 발송 주기를 설정하며 3) 효과적인 채널(슬랙, 이메일, 문자 등)을 통해 4) 정확한 담당자에게 전달하는 등의 요소를 갖춰야 합니다.

- 프로메테우스는 임곗값, 메시지 발생 간격 설정 등의 시스템 경고 정책을 별도의 prometheusrules CRD로 관리합니다.

- 실습으로 얼럿매니저에 슬랙 웹훅 URL을 시스템 경보 메시지 채널로 등록했습니다. 실제 상황을 가정해서 노드의 전원이 차단된 경우 설정된 슬랙 채널로 정상적으로 경고 메시지가 전달되는지 확인했습니다.

- 사용자 정의 prometheusrules를 생성해서 파일시스템 사용률이 80% 이상이면 시스템 경고 메시지가 발생하는 실습을 진행했습니다.

로키 – 쿠버네티스
로깅 시스템

이번 장에서는 쿠버네티스 환경에서 종료된 파드를 포함한 전체 파드의 로그를 중앙 시스템에서 조회할 수 있는 로키(Loki)[1]를 알아보겠습니다.

그런데 로키를 알아보기에 앞서 먼저 쿠버네티스 환경의 로그의 특징을 살펴보겠습니다. 쿠버네티스, 컨테이너의 로그는 기존 가상 머신 환경과 어떻게 다를까요?

12-Factor App[2] 가이드에 따르면 컨테이너 환경의 로그는 표준 출력(stdout)과 표준 에러(stderr)로 보내는 것을 권고합니다. 해당 권고에 따라 작성된 컨테이너 애플리케이션의 로그는 해당 파드 안으로 접속하지 않아도 사용자는 외부에서 k logs 명령어로 애플리케이션 종류에 상관없이 단일 명령어로 조회할 수 있습니다. 기존 가상 머신 환경에서는 애플리케이션마다 로그 파일 위치가 달라 직접 가상 머신에 접속해서 로그를 조회해야 하는 어려움이 있습니다.

쿠버네티스 환경에서는 k logs로 로그를 편리하게 조회할 수 있으며, 8장에서 살펴본 kubetail 플러그인을 사용하면 여러 파드의 로그도 동시에 조회할 수 있습니다. 하지만 기존 방식은 몇 가지 제약 사항이 있습니다.

---

1 로키는 북유럽 신화에 등장하는 주로 장난을 좋아하는 신입니다. 프로메테우스와 동일하게 신의 이름을 사용합니다. 참고: https://en.wikipedia.org/wiki/Loki

2 https://12factor.net/

먼저, 종료된 파드의 로그를 조회할 수 없습니다. 장애로 인해 파드가 종료되면 로그를 확인해서 원인을 찾아야 하는데 종료된 파드의 로그는 k logs 등으로 조회할 수 없습니다. 또한 kubelet의 기본 설정은 로그 파일의 최대 크기가 10Mi로 10Mi를 초과하는 로그는 전체 로그 조회가 불가능합니다.

```
## Kubelet 로그 크기 설정 확인
$ (⁎ ¦ubun01:monitoring) ssh spkr@ubun20-01
spkr@ubun20-01:~$ sudo cat /etc/kubernetes/kubelet-config.yaml
(생략)
containerLogMaxSize: 10Mi
```

이러한 제약 없이 쿠버네티스 환경에서 사용할 수 있는 다양한 서드파티 로그 통합 시스템이 있습니다. 대표적으로 EFK(Elastic-FluentD-Kibana)와 PLG(Promtail-Loki-Grafana, 이하 로키)가 있습니다. 로그 통합 시스템은 수많은 로그 중에서 내가 필요한 로그를 시스템 자원을 효율적으로 사용하면서 빠르게 찾는 것이 중요합니다.

로키(Loki)[3]는 오픈소스 소프트웨어로서, 가장 큰 특징은 기존 로그 통합 시스템과 달리 전체 로그 파일 단위로 인덱싱하지 않고 레이블 기반의 메타데이터만 인덱싱해서 인덱스에 소요되는 메모리 사용량이 현저하게 적다는 것입니다. 그리고 프로메테우스 조회 언어(PromQL)와 유사한 전용 LogQL(Loki's Log Query Language)을 제공해서 편리하게 원하는 로그만 빠르게 검색할 수 있습니다.

그럼 로키의 상세한 특징과 기능을 다음과 같은 실습을 통해 알아보겠습니다.

⌗ 실습 과제

1. Loki-stack 헬름 차트를 이용해 로키와 Promtail을 설치합니다. 설치 옵션으로 영구 볼륨, PVC를 사용하고 용량은 임의로 10Gi로 지정합니다.

2. 이전 장에서 설치한 NGINX 웹서버 파드의 접속 로그를 로키 그라파나 대시보드를 이용해 조회합니다. 임의로 NGINX 파드를 재시작해서 종료된 NGINX 파드 로그가 조회되는지 확인합니다.

3. 로그 조회 언어(LogQL)를 이용해 1) 특정 네임스페이스(metallb)의 로그, 2) 특정 문구(예: err)만 포함한 로그, 3) 'DEBUG' 문자열이 포함된 로그를 제외하고 조회합니다.

⟨⟩ 소스코드

- https://github.com/wikibook/kubepractice/tree/main/ch20

---

3 https://grafana.com/docs/loki/latest/fundamentals/overview/#loki-features

01 로키 시스템의 구조와 설치

개별 노드에서 실행 중인 여러 파드의 로그를 중앙 서버에 저장하고 이를 조회하는 PLG(Promtail–Loki–Grafana(+logcli)) 스택, 로키 서비스의 구조는 다음과 같습니다.

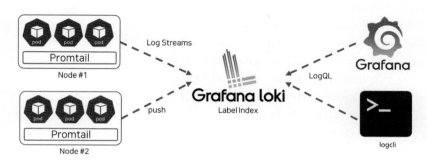

그림 20.1 Promtail–Loki–Grafana 아키텍처

Promtail은 데몬셋으로 실행되며, 운영 중인 모든 노드에 자동으로 설치합니다. 중앙에 있는 로키 서버에 각 노드에서 발생하는 모든 로그를 보내는 에이전트 역할을 합니다. 이때 쿠버네티스 네임스페이스, 파드 이름, 워크로드에 할당한 레이블 등을 애플리케이션 로그에 자동으로 결합해서 스트림 형태로 중앙 로키 서버로 전달합니다. Promtail은 쿠버네티스 환경에 특화된 에이전트로서 필요에 따라 로키에서는 Promtail 외에도 도커, FluentD 등 다른 로그 수집 에이전트도 사용할 수 있습니다.

로키는 다양한 에이전트로부터 전달받은 로그를 자체 데이터스토어에 저장합니다. 로키는 Elastic 등다른 로그 수집 장치와 달리 전체 로그 텍스트 기반으로 인덱스를 생성하지 않고 메타데이터를 기준으로 인덱스를 생성함으로써 자원 사용량이 현저히 적습니다. 로키에 저장한 로그는 전용 조회 언어인 LogQL을 이용해 조회할 수 있습니다. LogQL은 프로메테우스에서 사용한 PromQL과 유사하며, 프로메테우스를 사용해본 적이 있다면 곧바로 사용할 수 있습니다. 사용자는 그라파나 웹 GUI 혹은 로그 조회 전용 CLI인 logcli를 이용해 로그를 조회할 수 있습니다.

그럼 설치 실습을 진행하면서 자세한 내용을 알아봅니다. 로키 역시 헬름 차트를 이용해 설치합니다. 로키 헬름 차트는 로키를 지원하는 그라파나에서 직접 제공합니다.

```
## loki 전용 네임스페이스에 설치합니다.
[spkr@erdia22 ~ (ubun01:monitoring)]$ k create ns loki
namespace/loki created
```

```
[spkr@erdia22 ~ (ubun01:monitoring)]$ k ns loki
Context "ubun01" modified.
Active namespace is "loki".

## 관리 편의를 위해 별도의 ch20 디렉터리에서 작업합니다.
[spkr@erdia22 ch19 (ubun01:loki)]$ cd ../ch20
[spkr@erdia22 ch20 (ubun01:loki)]$ helm repo add grafana https://grafana.github.io/helm-charts
[spkr@erdia22 ch20 (ubun01:loki)]$ helm repo update
[spkr@erdia22 ch20 (ubun01:loki)]$ helm pull grafana/loki
[spkr@erdia22 ch20 (ubun01:loki)]$ tar xvfz loki-2.12.2.tgz
[spkr@erdia22 ch20 (ubun01:loki)]$ rm -rf loki-2.12.2.tgz
[spkr@erdia22 ch20 (ubun01:loki)]$ mv loki loki-2.12.2
[spkr@erdia22 ch20 (ubun01:loki)]$ cd loki-2.12.2/
[spkr@erdia22 loki-2.12.2 (ubun01:loki)]$ cp values.yaml my-values.yaml
```

비주얼 스튜디오 코드를 열어서 my-values.yaml 파일을 편집합니다.

예제 20.1 로키 헬름 템플릿 변수 파일(my-values.yaml)[4]

```
persistence:
  enabled: true
  size: 20Gi
replicas: 2
```

- persistence: enabled: true

  로키 파드가 재시작되더라도 로그를 유지하도록 persistence 설정을 true로 변경합니다.

- size: 20Gi

  전체 파드의 로그 파일을 저장하므로 스토리지 용량 관리가 중요합니다. 이 책에서는 테스트 용도로 로그 파일 보관 용량을 20Gi로 지정했습니다. 참고로 제가 실제로 운영하는 클러스터 중 하나는 4주 동안 보관하는 것을 기준으로 약 700Gi를 사용합니다. 개별 환경에 따라 적절한 용량 관리가 필요합니다.

- replicas: 2

  고가용성을 위해 파드 수량을 2개로 지정합니다.

앞에서 살펴본 설정으로 loki 헬름 차트를 설치합니다.

---

4   https://github.com/wikibook/kubepractice/blob/main/ch20/loki-2.12.2/my-values.yaml

```
[spkr@erdia22 loki-2.12.2 (ubun01:loki)]$ helm install loki -f my-values.yaml .
```

설치가 완료되면 파드가 정상적으로 실행됩니다.

```
[spkr@erdia22 loki-2.12.2 (ubun01:loki)]$ k get pod
NAME      READY   STATUS    RESTARTS   AGE
loki-0    1/1     Running   0          3m19s
loki-1    1/1     Running   0          112s
```

로키를 설치한 후 마찬가지로 헬름 차트를 이용해 Promtail을 설치합니다.

```
## 편의를 위해 상위 디렉터리인 'ch20'로 이동합니다.
[spkr@erdia22 loki-2.12.2 (ubun01:loki)]$ cd ..
[spkr@erdia22 ch20 (ubun01:loki)]$ helm pull grafana/promtail
[spkr@erdia22 ch20 (ubun01:loki)]$ tar xvfz promtail-6.0.0.tgz
[spkr@erdia22 ch20 (ubun01:loki)]$ rm -rf promtail-6.0.0.tgz
[spkr@erdia22 ch20 (ubun01:loki)]$ mv promtail promtail-6.0.0
[spkr@erdia22 ch20 (ubun01:loki)]$ cd promtail-6.0.0/
[spkr@erdia22 promtail-6.0.0 (ubun01:loki)]$ cp values.yaml my-values.yaml
```

비주얼 스튜디오 코드로 my-values.yaml 파일을 편집합니다.

예제 20.2 Promtail 헬름 템플릿 변수 파일(my-values.yaml)[5]

```
tolerations:
  - key: node-role.kubernetes.io/master
    operator: Exists
    effect: NoSchedule
  - key: node-role.kubernetes.io/control-plane
    operator: Exists
    effect: NoSchedule

defaultVolumes:
- name: docker
  hostPath:
    path: /var/lib/docker/containers
- name: pods
```

---

5 https://github.com/wikibook/kubepractice/blob/main/ch20/promtail-6.0.0/my-values.yaml

```
  hostPath:
    path: /var/log/pods

config:
  clients:
    - url: http://loki-headless:3100/loki/api/v1/push
```

- tolerations:

  control-plane 노드에도 promtail 파드가 실행되도록 tolerations가 기본으로 설정돼 있습니다.

- volumes: name: pods, path: /var/log/pods

  컨테이너를 구동하는 런타임으로 도커 외에 cri-o, ContainerD를 사용하는 경우 파드의 로그는 /var/log/pods에 저장됩니다. 해당 로그를 Promtail이 중앙 로키 서버에 전송합니다.

- config: clients: - url: http://loki-headless:3100/loki/api/v1/push

  로키 파드와 연결하기 위한 로키의 서비스 이름과 포트 번호를 입력합니다.

Promtail 설치를 진행합니다.

```
[spkr@erdia22 promtail-6.0.0 (ubun01:loki)]$ helm install promtail -f my-values.yaml .

## 정상적으로 promtail 파드를 확인할 수 있습니다.
[spkr@erdia22 promtail-6.0.0 (ubun01:loki)]$ k get pod
NAME              READY    STATUS     RESTARTS    AGE
loki-0            1/1      Running    0           17m
loki-1            1/1      Running    0           16m
promtail-6xfwg    1/1      Running    0           43s
promtail-74grx    1/1      Running    0           43s
promtail-f79mc    1/1      Running    0           43s
```

Promtail은 전체 노드의 로그를 가져오기 위해 전체 노드에서 자동으로 실행되는 데몬셋 형태로 실행됩니다.

```
[spkr@erdia22 promtail-6.0.0 (ubun01:loki)]$ k get daemonsets.apps
NAME       DESIRED    CURRENT    READY    UP-TO-DATE    AVAILABLE    NODE SELECTOR    AGE
promtail   3          3          3        3             3            <none>           75s
```

사용자는 로키에 저장된 로그를 로키에서 바로 조회하지 못하고 그라파나를 이용해서 조회합니다. 로키는 데이터를 저장하고, 해당 데이터를 조회하는 데는 그라파나 시각화 솔루션을 사용합니다. 이를 위해 그라파나에서 로키 데이터를 조회할 수 있도록 그라파나 데이터 소스에 로키를 등록합니다. 그라파나 등록 작업을 위해 그라파나의 로드밸런서 IP를 확인합니다.

```
[spkr@erdia22 promtail-6.0.0 (ubun01:loki)]$ k get svc -n monitoring
NAME                                  TYPE            CLUSTER-IP      EXTERNAL-IP    PORT(S)
AGE
prometheus-grafana                    LoadBalancer    10.233.10.179   172.17.29.79
80:31514/TCP                 2d9h
```

웹 브라우저에 172.17.29.79를 입력해서 그라파나 웹 페이지에 접속합니다. 웹 페이지에 접속한 후 로키 데이터 소스는 다음과 같이 그라파나 메인 페이지의 왼쪽에 있는 [Data sources] 메뉴를 통해 추가합니다. 프로메테우스 데이터 소스를 등록하는 것과 같은 메뉴입니다.

그림 20.2 그라파나의 데이터 소스 메뉴

이어지는 화면에서 'loki'를 입력하고 아래 [Core] 버튼을 클릭합니다.

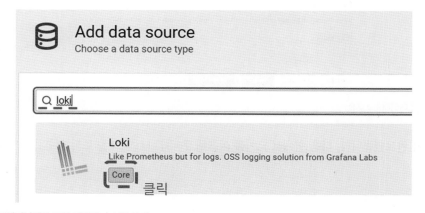

그림 20.3 그라파나에서 로키 데이터 소스를 추가

로키를 등록하기 위한 서비스 이름은 다음과 같이 서비스 목록을 통해 조회합니다.

```
## 그라파나에 등록하는 로키 서비스 이름으로 loki, loki-headless 둘 다 사용할 수 있습니다.
[spkr@erdia22 promtail-6.0.0 (ubun01:loki)]$ k get svc
NAME             TYPE        CLUSTER-IP      EXTERNAL-IP    PORT(S)    AGE
loki             ClusterIP   10.233.56.206   <none>         3100/TCP   20m
loki-headless    ClusterIP   None            <none>         3100/TCP   20m
```

그림 20.4 그라파나의 로키 서비스 URL 등록

- 앞에서 살펴봤듯이 쿠버네티스 내부 파드 간의 통신에는 서비스 이름을 사용합니다. HTTP 항목의 URL 입력란에 '로키의 서비스 이름 + 네임스페이스 이름'인 loki-headless.loki와 포트 번호인 3100을 입력합니다.

HTTP URL을 입력한 후 화면 하단의 [Save & test] 버튼을 클릭하면 로키 데이터가 그라파나에 등록됩니다.

그림 20.5 로키 데이터소스 저장

이제 준비가 완료됐습니다. 다음 절에서 로키를 이용해 쿠버네티스 로그를 조회합니다.

02 로키를 이용한 쿠버네티스 로그 검색

그럼 이번 절에서는 실제 쿠버네티스 파드의 로그를 로키를 이용해 검색하겠습니다. 로그를 조회할 파드는 앞에서 설치한 NGINX 파드를 이용합니다. 만약 NGINX 파드가 설치돼 있지 않다면 6장을 참조해서 헬름 차트로 NGINX를 설치합니다. 그럼 실행 중인 NGINX 파드를 확인합니다.

```
## NGINX 네임스페이스로 변경합니다.
[spkr@erdia22 promtail-6.0.0 (ubun01:loki)]$ k ns nginx
Context "ubun01" modified.
Active namespace is "nginx".

$ (* ¦ubun01:loki) k ns nginx
Context "ubun01" modified.
Active namespace is "nginx".

## NGINX 헬름 차트를 확인합니다.
[spkr@erdia22 promtail-6.0.0 (ubun01:nginx)]$ helm ls
NAME     NAMESPACE      REVISION UPDATED                                    STATUS    CHART
APP VERSION
nginx    nginx          1        2022-06-21 17:52:28.844720116 +0000 UTC    deployed  ng-
inx-12.0.4      1.22.0

## NGINX 파드 목록을 확인합니다.
[spkr@erdia22 promtail-6.0.0 (ubun01:nginx)]$ kgp
NAME                   READY  STATUS   RESTARTS  AGE   IP              NODE        NOMI-
NATED NODE   READINESS GATES
nginx-7546775df8-24ngl 2/2    Running  0         2d1h  10.233.118.109  ubun20-02   <none>
<none>
```

로키를 이용해 로그를 확인하기 전에 먼저 콘솔에서 웹 서버 로그를 조회할 수 있는지 알아봅니다. 외부 클라이언트에서 curl을 통해 접속하고 해당 내역을 k logs 명령어로 확인합니다. 앞에서 nginx 파드를 실행했을 때 서비스 타입을 LoadBalancer로 지정해서 외부에서 nginx 파드에 접속할 수 있습니다.

```
## NGINX 로드밸런서 IP 확인
[spkr@erdia22 promtail-6.0.0 (ubun01:nginx)]$ k get svc
NAME    TYPE          CLUSTER-IP      EXTERNAL-IP    PORT(S)                   AGE
nginx   LoadBalancer  10.233.16.199   172.17.29.70   80:30123/TCP,9113:32296/TCP  2d1h
```

```
## curl을 이용한 NGINX 웹 서버 접속
[spkr@erdia22 promtail-6.0.0 (ubun01:nginx)]$ curl 172.17.29.70
(생략)
<title>Welcome to nginx!</title>
```

curl 접속과 동시에 윈도우 터미널(macOS에서는 iTerms)의 화면을 분할한 후 다른 화면에서 k logs를
입력하면 좀 더 편리하게 실시간으로 로그를 확인할 수 있습니다. (참고로 윈도우 터미널 환경의 화면
분할 단축키는 Alt + Shift + −[6]입니다.)

```
## 'k logs -f(follow)' 옵션을 사용하면 실시간 로그를 확인할 수 있습니다.
[spkr@erdia22 loki-2.12.2 (ubun01:nginx)]$ k logs -f nginx-7546775df8-24ngl
(생략)
nginx 17:52:31.93 INFO  ==> ** Starting NGINX **
10.233.88.0 - - [23/Jun/2022:19:47:46 +0000] "GET / HTTP/1.1" 200  615 "-" "curl/7.68.0" "-"
```

NGINX 접속 로그(access log)를 k logs를 통해 정상적으로 확인할 수 있습니다. 이제 그라파나 대시
보드를 이용해 로키로 로그를 확인합니다. 다시 그라파나 로드밸런서의 IP 주소를 입력해서 그라파나
사이트에 접속합니다. 그라파나 사이트에서 로그를 검색하려면 화면 왼쪽의 [Explore(탐색)]을 선택합
니다.

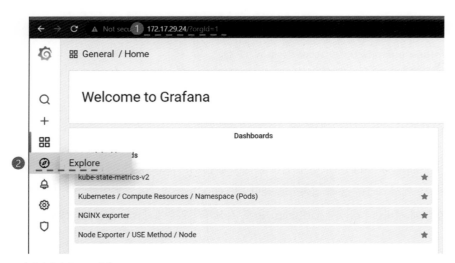

그림 20.6 그라파나에서의 로그 탐색

---

6 macOS의 iTerm2에서는 cmd + D를 입력하면 좌우 분할을, shift + cmd + D를 입력하면 상하 분할입니다.

이어지는 화면에서 화면 상단의 데이터 소스를 'Loki'로 변경합니다. 그라파나는 다양한 데이터 소스를 시각화하는 솔루션으로서 설정에 따라 다양한 데이터 소스를 선택할 수 있습니다. 숫자 기반의 프로메테우스 메트릭 데이터를 선택하면 그래프 등으로 조회할 수 있으며, 로키를 선택하면 텍스트 기반의 로그를 검색할 수 있습니다.

그림 20.7 그라파나의 로키 데이터 소스 선택

이후로 [Log browser] 검색란에 원하는 파드의 로그를 입력합니다.

그림 20.8 그라파나에서 NGINX 파드 로그를 검색

[Log browser] 메뉴의 '>' 화살표를 클릭하면 화면에 다음과 같이 화살표 방향이 아래로 바뀌면서 전체 레이블 목록이 출력됩니다. 레이블 이름을 수동으로 입력하지 않고 화면의 출력된 레이블 중 'job'을 선택하고 {job="nginx/nginx"}를 입력합니다. 이때 중괄호와 쌍따옴표는 반드시 입력해야 합니다. 명령어를 입력할 때 자동 완성 기능을 지원하므로 이를 적절히 활용하면 편리합니다.

그림 20.9 그라파나에서 NGINX 파드의 로그를 검색

보다시피 [Log browser] 메뉴를 선택하고 화살표 방향을 아래로 변경하면 로키에서 사용 가능한 로그의 전체 레이블 목록을 조회할 수 있습니다. 레이블을 입력하고 Shift + Enter를 입력하면 해당 조건의 로그가 조회됩니다.

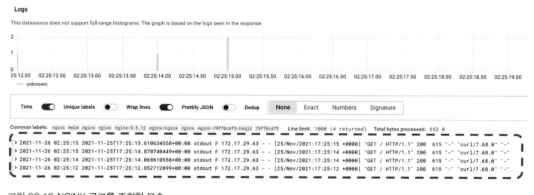

그림 20.10 NGINX 로그를 조회한 모습

실제 로키가 저장하는 로그는 다음과 같이 '시간 정보 + 레이블 정보 + 실제 로그 텍스트'로 구성됩니다. 로키는 실제 로그 파일에 자동으로 시간과 레이블을 포함해서 저장합니다. 시간과 레이블은 인덱스로 별도로 저장하므로 사용자는 인덱스 정보를 기준으로 빠르게 검색할 수 있습니다. 자동으로 포함되

는 레이블은 프로메테우스에서 사용하는 레이블과 동일한 형식입니다. 사용자는 레이블 단위, 개별 IP 정보 등으로 빠르게 인덱스를 사용할 수 있습니다.

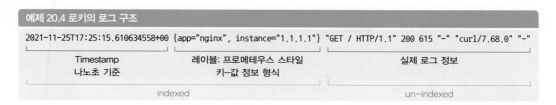

예제 20.4 로키의 로그 구조

```
2021-11-25T17:25:15.610634558+00 {app="nginx", instance="1.1.1.1"} "GET / HTTP/1.1" 200 615 "-" "curl/7.68.0" "-"
```

Timestamp 나노초 기준	레이블: 프로메테우스 스타일 키-값 정보 형식	실제 로그 정보
indexed		un-indexed

임의의 로그 파일 중 하나를 선택하고 클릭하면 다음과 같이 개별 로그 파일의 전체 레이블 정보 등의 상세 로그 파일 정보를 확인할 수 있습니다. 상세 메시지를 확인하면 각 노드에 설치된 로그 에이전트인 Promtail이 전달한 로그의 전체 레이블을 확인할 수 있습니다. 파드의 레이블 정보뿐만 아니라 네임스페이스, 잡(job), 파드 등이 자동으로 레이블에 포함돼 있는데, 이렇게 자동으로 추가된 레이블은 인덱스로 저장됩니다. 로키는 이처럼 전체 로그 텍스트 기반이 아닌 레이블을 기준으로 인덱스를 생성합니다.

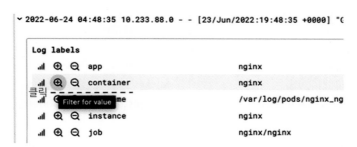

그림 20.11 상세 로그 파일의 레이블 추가

기존의 로그 조회 검색문에 레이블을 더욱 빠르게 추가하는 방법으로 상세 로그를 검색했을 때 나타나는 화면에 임의의 레이블 하나를 선택하고 돋보기 메뉴를 클릭하면 해당 레이블이 로그 검색창에 자동으로 추가됩니다. 출력된 로그 중 해당 레이블을 기준으로 한번 더 필터링하는 용도로 편리하게 사용할 수 있습니다.

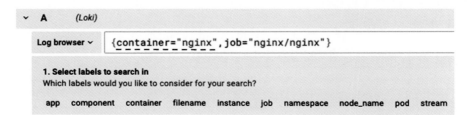

그림 20.12 로그 검색 레이블을 자동으로 추가

다음 절에서는 원하는 로그를 빠르게 조회하기 위한 로그 조회 언어인 LogQL의 상세 문법을 알아보겠습니다.

03 LogQL 사용법 익히기: 특정 네임스페이스의 로그 및 정규 표현식을 이용한 로그 검색

우리가 흔히 접하는 로그에 관한 문제는 로그가 너무 많다는 것입니다. 수많은 로그 중에서 우리가 원하는 로그를 빠르게 검색하는 능력이 필요합니다. 로키는 로그 조회 전용 언어인 LogQL을 지원함으로써 사용자가 빠르게 원하는 로그만 필터링할 수 있습니다. 사용법도 프로메테우스에서 사용하는 PromQL과 비슷해서 익히는 데 따르는 부담이 적습니다. 그럼 먼저 기본적인 사용법을 알아보겠습니다.[7]

예제 20.5 LogQL의 기본 문법

```
{cluster="us-central1","job=~"dev/loki-*" |="trace_id=7ca877dbda"|~"SeriesStore.*"

Label matchers                          Filter Expressions
· = contains string                     · |= contains string
· != does not contains string           · != does not contains string
· =~ matches regular string             · |~ matches regular string
· =! does not match regular string      · !~ does not match regular string
```

LogQL은 레이블을 선택하는 부분과 로그 메시지를 필터링(리눅스 명령어인 grep과 유사)하는 부분으로 나뉩니다. 둘 다 기본적인 정규 표현식을 지원합니다. 레이블을 선택할 때는 대괄호로 시작하고 파드에 정의한 레이블 혹은 네임스페이스, 잡 이름 등 로키가 자동으로 포함하는 레이블을 입력합니다. 그라파나 로그 조회 화면에서 전체 레이블 목록을 확인할 수 있으므로 원하는 레이블을 직접 입력하지 않아도 마우스로 선택할 수도 있습니다.

레이블 선택이 완료되면 이제 로그의 텍스트 중 우리가 원하는 부분만 필터링할 수 있습니다. 리눅스 명령어인 grep과 유사하게 파이프(|)를 입력하고 원하는 문자열을 포함한 로그 파일 혹은 포함하지 않는 로그를 검색할 수 있습니다.

그럼 실습을 통해 자세한 로그 검색 방법을 알아보겠습니다.

---

7   https://grafana.com/go/webinar/intro-to-loki-like-prometheus-but-for-logs/

1. 전체 로그 중 `metallb` 네임스페이스의 로그만 검색합니다.

2. 그중 대소문자를 구분하지 않고 'err'라는 문자열을 포함한 로그를 검색합니다.

3. 그중 'DEBUG' 문자열이 포함된 로그를 제외하고 검색합니다.

이쯤에서 잠시 책을 덮어두고 직접 실습해 보시길 권고합니다. 책을 덮고 눈이 아닌 손과 머리를 사용해서 직접 문제를 해결하다 보면 손과 머리는 힘들지언정 실력은 향상됩니다. 검색을 통해 'LogQL 문법' 등을 찾아보면 참고할 만한 글도 발견할 수 있습니다.

`metallb`는 네임스페이스 이름이므로 레이블을 선택하는 부분에 다음과 같이 중괄호를 입력하고 네임스페이스 인덱스에 'metallb'를 입력합니다. 앞에서 말씀드렸듯이 레이블은 큰따옴표("")로 감쌉니다.

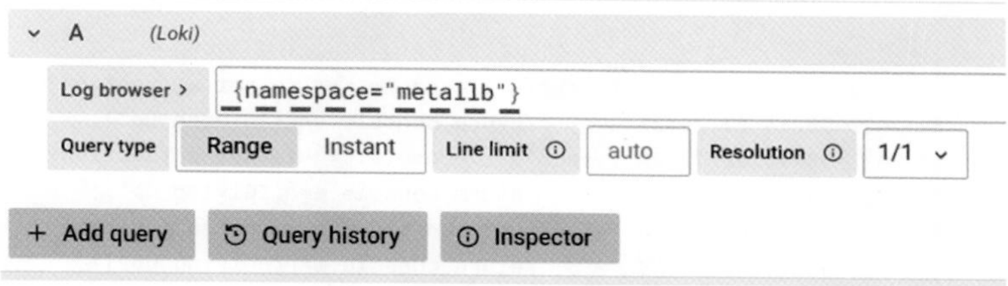

그림 20.13 로키에서 'metallb' 네임스페이스의 로그를 검색

위와 같이 특정 레이블을 선택하는 것은 어렵지 않습니다. 하지만 최근 5분으로 제한해서 검색했는데 로그가 1,000줄 넘게 출력됐습니다. 로그 필터링이 필요합니다. 이어서 "ERROR"라는 문자열을 포함한 로그만 검색하겠습니다. 하지만 에러 로그는 대부분의 경우 대소문자를 구분하지 않는 경우가 많으며 'stderr' 등과 같이 'error'가 아니라 'err'까지만 포함하는 경우도 있습니다. 이런 경우에는 정규 표현식을 이용할 수 있는데, 복잡한 정규 표현식이 아니라 간단한 정규 표현식만으로 문제를 해결할 수 있습니다.[8]

예제 20.6 특정 문자열을 포함하는 정규 표현식 활용

```
{namespace="metallb"} |~"(?i)err"
```

- `|`

  레이블이 아닌 로그 텍스트의 정보를 필터링할 때는 파이프(`|`)를 이용합니다. 리눅스 명령어인 grep과 사용법이 동일하므로 친숙합니다.

---

8 https://grafana.com/docs/loki/latest/logql/

- !=, ~

  !=는 반드시 동일한 문자열을 포함하는 경우이며, !~는 정규 표현식을 사용하는 경우에 사용합니다.

- (?i)

  ?는 0번 또는 1번 이상 문자를 포함하는 경우를 나타내는 정규 표현식이며, i(ignore)는 대소문자를 구분하지 않을 때 사용합니다. 따라서 ?i로 같이 쓰면 대소문자를 구분하지 않고 0번 또는 1번 이상 나타나는 문자를 검색합니다.

- err

  대소문자를 구분하지 않고 'err'를 포함한 모든 문자열을 검색합니다. 위와 같이 검색하면 로그 파일 중 'ERR', 'stderr' 등의 로그를 모두 검색할 수 있습니다.

이처럼 정규 표현식을 이용해 대소문자를 구분하지 않고 'err'라는 특정 문자열만 포함하는 로그를 검색하면 다음과 같이 'ERR', 'stderr'를 포함한 전체 로그를 검색할 수 있습니다.

```
> 2022-08-14 07:29:23 TypeError: console.err is not a function
> 2022-08-14 07:29:23         return console.err("Giving up");
> 2022-08-14 07:12:40 TypeError: console.err is not a function
> 2022-08-14 07:12:40         return console.err("Giving up");
> 2022-08-14 06:55:58 TypeError: console.err is not a function
> 2022-08-14 06:55:58         return console.err("Giving up");
```

그림 20.14 정규 표현식을 이용한 로그 검색 결과

다음으로 특정 문자열을 포함하지 않는 로그를 검색해 봅시다. DEBUG 로그는 상세 레벨의 로그로서 이 로그까지 포함하면 로그 내용이 너무 길어집니다. 빠르게 에러 로그만 검색하려면 DEBUG 로그를 제외할 필요가 있습니다.

예제 20.7 특정 문자열을 제외한 로그 검색

```
{namespace="metallb"} !="DEBUG"
```

- !

  특정 문자열을 포함하지 않는 경우 ! 기호를 사용합니다.

- =

  정규 표현식이 아니라 정확하게 일치하는 문자열을 검색하는 경우 = 기호를 사용합니다. DEBUG 레벨 로그는 일반적으로 로그 텍스트에 'DEBUG'로 적혀 있으므로 정규 표현식을 사용하지 않고 'DEBUG' 문자열을 그대로 지정합니다.

그럼 다음과 같이 DEBUG 레벨의 로그만 제외하고 의도한 대로 ERROR, INFO, WARNING 레벨의 로그만 검색됩니다.

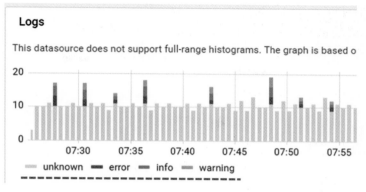

그림 20.15 DEBUG 레벨의 로그를 제외한 로그 검색 결과

이렇게 해서 로그 검색을 위한 LogQL에 정규 표현식을 사용해 로그를 검색해봤습니다. 로그는 항상 너무 많아서 곤란하므로 적절하게 필터링해서 원하는 로그를 빠르게 찾을 수 있는 연습이 필요합니다.

정리

이번 장에서 배운 내용을 정리합니다.

- 쿠버네티스 클러스터의 파드 로그는 표준 출력, 표준 에러 형태로 저장됩니다. 사용자는 애플리케이션 종류에 상관없이 쿠버네티스 환경에서는 k logs라는 동일한 명령어로 조회할 수 있습니다.

- 로키는 오픈소스 로그 통합 시스템으로서 로그 텍스트 전체를 인덱싱하지 않고 메타데이터 레이블 정보만 인덱싱해서 자원 소요량이 적은 것이 가장 큰 장점입니다. 그리고 프로메테우스와 개념 및 사용법이 비슷해서 사용하기가 편리합니다.

- 로키는 네임스페이스 이름, 파드 이름 등 쿠버네티스 리소스 기반으로 레이블을 생성합니다. 해당 레이블 정보를 인덱스로 생성하므로 사용자는 편리하게 레이블 정보로 빠르게 로그를 검색할 수 있습니다. 로키에 저장된 로그는 그라파나를 이용해서 조회합니다. 로키는 로그 검색 전용 언어인 LogQL을 지원하므로 정규 표현식 등을 사용해 더욱 상세하게 원하는 로그만 필터링해서 검색할 수 있습니다.

- 실습으로 헬름 차트를 이용해 로키를 설치하고 그라파나를 이용해 NGINX 파드의 로그를 조회했습니다. 정규 표현식을 사용해 대소문자 구분 없이 'err' 문자열을 포함한 로그를 검색하고 'DEBUG' 문자열을 포함한 로그를 제외하고 검색했습니다.

쿠버네티스 보안 시스템 구축

5부에서는 쿠버네티스 운영에 필요한 보안 설정을 알아봅니다. 쿠버네티스 설치에 필요한 다양한 구성요소를 설치하고 각 구성요소 간 연결 작업을 마무리하면 다음으로 가장 중요한 문제는 보안입니다. 일반적으로 보안 관련 설정은 까다롭습니다. 하지만 다행히도 쿠버네티스를 중심으로 다양한 생태계가 구축돼 있어 보안 관련 도구를 사용하면 좀 더 편하게 보안 관련 작업을 할 수 있습니다. 이번 5부에서는 폴라리스, Kubescape 등 쿠버네티스 보안 도구를 활용해 좀 더 안전하게 쿠버네티스를 운영하는 방법을 알아보겠습니다.

5부의 구성

- 21장 쿠버네티스 보안 도구 활용

- 22장 역할 기반 접근 제어(RBAC) 설정

쿠버네티스 보안 도구 활용

이번 장에서는 쿠버네티스 보안 도구를 알아보겠습니다. 클러스터 내부에 실행 중인 모든 파드는 기본 설정으로 클러스터 내 다른 모든 파드와 통신이 가능합니다. 따라서 특정 파드가 외부 공격자에 노출되면 같은 노드 내 다른 파드는 물론 통신이 가능한 클러스터 전체의 다른 노드에서 실행 중인 모든 파드까지 영향을 끼칩니다.

다음은 쿠버네티스의 기본 설정이 가진 대표적인 취약점입니다.

- 컨테이너는 호스트 노드와 커널을 공유하므로 부적절하게 설정된 컨테이너의 root 권한은 호스트 노드에 영향을 끼칠 수 있습니다.

- 클러스터 내에서 실행 중인 파드는 노드 간 이동이 자유로워 특정 파드에 문제가 발생하면 전체 노드로 문제가 확산될 수 있습니다.

- 온프레미스 쿠버네티스 또는 매니지드 클라우드 서비스 등 다양한 환경으로 구성된 쿠버네티스 환경은 통일된 보안 구성을 유지하기가 어렵습니다.

쿠버네티스 클러스터의 보안 적용 대상은 다음과 같이 크게 4가지로 줄여서 4C라고 불리며, 클라우드(Cloud), 클러스터(Cluster), 컨테이너(Container), 코드(Code)의 각 계층마다 각각 보안 설정이 필요합니다. 각 단계마다 적절한 보안 설정을 적용해 전체적으로 안전한 시스템을 만들 필요가 있습니다.

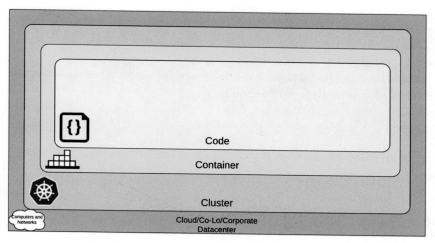

그림 21.1 클라우드 네이티브 보안의 4C[1]

개인적인 경험상 보안 관련 작업은 그리 유쾌하지 않았습니다. 서비스 오픈 일정은 항상 촉박한데 보안 점검은 더디게 진행되고, 사소한 방화벽 오픈 작업조차 늘 까다로웠습니다. 무엇보다 사전에 보안 점검 내용이 공유되지 않아 어떤 부분을 미리 준비해야 하는지 알 수 없어 답답했습니다. 그리고 점검 후 자세한 취약점 관련 내용을 전달받지 못하는 경우도 많았습니다.

보안팀은 개발팀, 운영팀과 서로 분리되어 있고 각 팀의 우선순위가 달라 팀 간에 의견 충돌이 잦은 편이었습니다. 데브옵스(DevOps)는 각 팀이 서로 사일로(silo)[2]로 분리되지 않고 개발팀과 운영팀이 서로 공동의 목표를 공유하는 것을 지향합니다. 유사하게 보안 분야까지 확장한 DevSecOps의 개념은 보안팀까지 함께 일하는 문화를 필요로 합니다. 특히 CI/CD의 도입으로 애플리케이션의 변화가 잦은 클라우드 네이티브 환경에서는 매번 배포할 때마다 예상되는 보안 이슈까지 함께 점검하는 것이 더욱 필수입니다.

쿠버네티스 환경의 보안 취약점을 확인하고 이를 해결할 수 있는 다양한 오픈소스 솔루션이 있습니다. 이러한 솔루션을 잘 활용하면 수시로 현재의 보안 취약점을 대시보드 형태로 확인할 수 있어 사전에 충분히 준비할 수 있습니다. 그중 Kubescape는 미국 NSA(National Security Agency)/CISA(Cybersecurity and Infrastructure Security Agency)에서 발행한 쿠버네티스 보안 체크리스트를 기준으로 현재 클러스터의 취약점을 점검하고 이를 대시보드 형태로 리포트합니다. 다음으로 폴

---

1 https://kubernetes.io/docs/concepts/security/overview/#the-4c-s-of-cloud-native-security
2 사일로란 곡식을 저장하는 굴뚝 모양의 원통형 창고를 가리킵니다. 사일로 효과란 팀 간 의사소통 및 공통의 비즈니스 목표를 공유하지 않고 자기 부서의 내부적인 이익을 추구하는 부서 이기주의를 뜻하는 용어로 사용됩니다.

라리스(Polaris)는 보안 체크리스트 뿐만 아니라 가용성, 안정성 측면에서 모범 사례(best practice) 대비 현재 매니페스트 YAML 파일의 부족한 점을 파악할 수 있습니다. 또한 해결 방법도 다른 도구에 비해 좀 더 직관적인 편입니다.

그럼 실습을 통해 각 도구의 기능을 확인해 봅시다.

▶_ 실습 과제

1. kubescape를 설치하고 실행합니다. NSA/CISA 보안 권고 사항 대비 현재 클러스터의 보안 취약점을 확인합니다. 취약점에 대한 상세한 조치 가이드는 온라인을 통해 확인할 수 있습니다.

2. 헬름 차트를 이용해 레디스(Redis) 애플리케이션을 설치합니다. 이후 보안 점검도구 폴라리스를 이용해 레디스 파드의 취약점을 확인하고 이를 수정합니다.

</> 소스코드

- https://github.com/wikibook/kubepractice/tree/main/ch21

---

01 kubescape – NSA/CISA 프레임워크 기반 보안 점검 도구

NSA/CISA는 2021년 8월 쿠버네티스 클러스터의 보안 가이드를 발표했습니다.[3] 이 가이드에서는 쿠버네티스 시스템을 안전하게 운영하기 위한 일련의 표준 보안 규정을 제시합니다. 주요 보안 권고 사항은 다음과 같습니다.

- 컨테이너의 root 사용자 권한 제거

- 컨테이너 내부 파일 시스템 쓰기 권한 제거(불변 컨테이너 파일 시스템)

- 컨테이너의 불필요한 추가 특권(privilege) 제거

- 리소스 제한(limits) 설정

- 불필요한 외부 접속 제한을 위한 네트워크 정책(Network Policy) 적용

- 호스트 노드 보안 강화(SELinux 등 사용)

---

3 https://www.nsa.gov/Press-Room/News-Highlights/Article/Article/2716980/nsa-cisa-release-kubernetes-hardening-guidance/

kubescape[4]는 위와 같은 보안 권고 사항 대비 현재 클러스터의 취약점을 점검하는 도구입니다. NSA 보안 체크리스트 외에도 MITRE ATT&CK[5], 자체적으로 제공하는 추가 보안 프레임워크까지 이용할 수 있습니다. kube-bench[6] 등의 다른 보안 점검 툴에 비해 사용법이 간단하고 온라인 서비스까지 제공하기에 편리합니다. kubescape는 단일 바이너리 파일 형태로 다음과 같이 간단하게 설치할 수 있습니다.

```
[spkr@erdia22 promtail-6.0.0 (ubun01:nginx)]$ curl -s https://raw.githubusercontent.com/armosec/
kubescape/master/install.sh | /bin/bash
```

설치가 완료되면 즉시 명령어를 실행할 수 있습니다.

```
[spkr@erdia22 promtail-6.0.0 (ubun01:nginx)]$ kubescape
Kubescape is a tool for testing Kubernetes security posture. Docs: https://hub.armo.cloud/docs

Usage:
  kubescape [command]

Available Commands:
  completion   generate the autocompletion script for the specified shell
  config       Set configuration
  download     Download framework/control
  help         Help about any command
  scan         Scan the current running cluster or yaml files
  submit       Submit an object to the Kubescape SaaS version
  version      Get current version
```

주요 명령어는 다음과 같습니다.

- download
  오프라인 상태에서 보안 취약점을 확인합니다.

- scan
  현재 클러스터 또는 YAML 파일의 보안 취약점을 확인합니다.

---

4 https://github.com/armosec/kubescape

5 https://www.microsoft.com/security/blog/2021/03/23/secure-containerized-environments-with-updated-threat-matrix-for-kubernetes/

6 https://github.com/aquasecurity/kube-bench

- submit

   kubescape 오픈소스를 제공하는 ARMO사의 클라우드 서비스를 이용해 온라인에서 현재 취약점에 대한 개선 방안, 점검 내역 히스토리, 예외 처리 적용 내역 등을 확인합니다.

- version

   보안 점검은 버전에 따라 결과가 다르므로 현재 버전 정보를 확인하는 것이 필요합니다.

보안 취약점 및 점검 툴은 계속 업데이트되므로 가능하면 항상 최신 버전을 사용하는 것이 좋습니다. 이 책을 쓰는 2022년 6월을 기준으로 최신 버전은 v2.0.158입니다.

```
[spkr@erdia22 promtail-6.0.0 (ubun01:nginx)]$ kubescape version
Your current version is: v2.0.158
```

그럼 kubescape를 이용해 보안 취약점을 확인해 보겠습니다.

```
[spkr@erdia22 promtail-6.0.0 (ubun01:nginx)]$ kubescape scan framework nsa -e kube-sys-
tem,kube-public
```

다음은 테스트 클러스터의 보안 점검 결과입니다.

```
Controls: 19 (Failed: 16, Excluded: 0, Skipped: 2)


+-----------+----------------------------------+-----------------+----------------
-----+----------------+--------------+
| SEVERITY |             CONTROL NAME          | FAILED RESOURCES | EXCLUDED RE-
SOURCES | ALL RESOURCES | % RISK-SCORE |
+-----------+----------------------------------+-----------------+----------------
-----+----------------+--------------+
| Critical | Disable anonymous access to Kubelet service |        0        |        0
|     0     |    skipped*    |
| Critical | Enforce Kubelet client TLS authentication   |        0        |        0
|     0     |    skipped*    |
| High     | Applications credentials in configuration files |    6        |        0
|    109    |      5%        |
| High     | Cluster-admin binding                       |        2        |        0
|    80     |      3%        |
| High     | Privileged container                        |        2        |        0
|    45     |      4%        |
```

```
| Medium |  Allowed hostPath                         |  |    2    |  |    0
|   45   |        4%       |
| Medium |  Automatic mapping of service account     |  |   67    |  |    0
|   81   |       84%       |
| Medium |  Cluster internal networking              |  |   17    |  |    0
|   17   |      100%       |
| Medium |  Container hostPort                        |  |    2    |  |    0
|   45   |        4%       |
| Medium |  Exec into container                       |  |    3    |  |    0
|   80   |        4%       |
| Medium |  Host PID/IPC privileges                   |  |    1    |  |    0
|   45   |        2%       |
| Medium |  HostNetwork access                        |  |    3    |  |    0
|   45   |        6%       |
| Medium |  Ingress and Egress blocked                |  |   45    |  |    0
|   45   |      100%       |
| Medium |  Insecure capabilities                     |  |    1    |  |    0
|   45   |        2%       |
| Medium |  Linux hardening                           |  |   39    |  |    0
|   45   |       87%       |
| Medium |  Non-root containers                       |  |   40    |  |    0
|   45   |       91%       |
| Low    |  Immutable container filesystem            |  |   37    |  |    0
|   45   |       81%       |
| Low    |  Resource policies                         |  |   44    |  |    0
|   45   |       98%       |
+--------+---------------+---------------+---------------+-----------------+----------------
-----+---------------+---------------+
|        |                 RESOURCE SUMMARY           |  |   104   |  |    0
|  245   |    28.32%      |
+--------+---------------+---------------+---------------+-----------------+----------------
-----+---------------+---------------+

FRAMEWORK NSA
```

생각보다 많은 보안 취약점이 발견됐습니다. 다음은 파드의 CPU와 메모리의 limits 취약점에 대한 설정 권고 사항 예시입니다.

```
## 조치 방안 예시
[control: Resource policies] failed
Description: CPU and memory resources should have a limit set for every container to prevent
resource exhaustion. This control identifies all the Pods without resource limit definition.
...
```

하지만 문제는 보안 문제 해결을 위한 조치 사항이 간단하지 않다는 것입니다. 모호한 수정 사항이 많으며 수정할 경우 서비스가 제대로 동작하지 않는 경우도 있습니다. 'hostnetwork access' 등 서비스 성격에 따라 예외 처리를 하고 서비스해야 하는 경우도 많습니다. 보안 담당자를 별도로 지정하고 담당자가 충분히 조사해서 해당 조치로 인한 서비스 영향도를 면밀히 검토해야 합니다. 회사나 조직마다 환경이 다르므로 각 환경에 적합한 보안 권고 사항을 적용하는 것이 중요합니다.

kubescape는 추가로 다음과 같은 웹 서비스를 제공합니다.

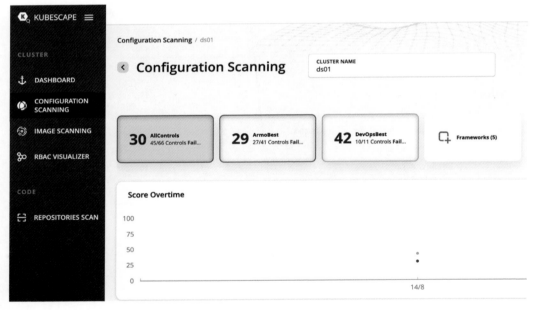

그림 21.2 kubescape의 웹 서비스

웹 브라우저에서 portal.armo.cloud에 접속한 후 회원 가입을 하고 kubescape 실행 결과를 업로드하면 위와 같이 온라인으로 상세 내역을 확인할 수 있습니다. 사용법은 첫 페이지의 화면 왼편 아래의 [REPOSITORIES SCAN] 메뉴를 선택하면 개별 계정에 따른 명령어 예시가 출력됩니다. 해당 명령어를 로컬 클러스터에서 실행하면 kubescape 실행 결과가 자동으로 업로드됩니다. 참고로 민감한 정보인 보안 취약점 리포트를 온라인에 공유하므로 다단계 인증(Multi-Factor Authentication)을 설정할 것을 권장합니다.

CODE
REPOSITORIES SCAN
DEPLOY KUBESCAPE:
curl -s https://raw.githubusercontent.com/armosec/kubescape/master/install.sh | /bin/bash
SCAN A CLONED REPOSITORY FROM A LOCAL DIRECTORY:
kubescape scan <path/to/directory> --submit --account 7329

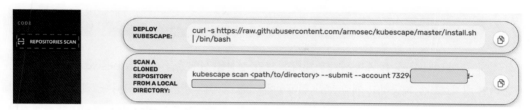

그림 21.3 kubescape 리포트 결과를 업로드하는 방법

출력된 상세 보안 점검 내용 중 부가 설명이 필요한 부분은 해당 내용을 클릭하면 좀 더 상세한 설명과 처리 방법을 확인할 수 있습니다.

Failed
C-0039
Malicious admission controller (mutating)
Attackers may use mutating webhooks t...
1
Critical
Ensure all the webhooks are...

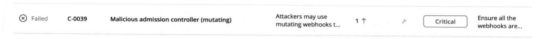

그림 21.4 kubescape의 보안 점검 세부 내용

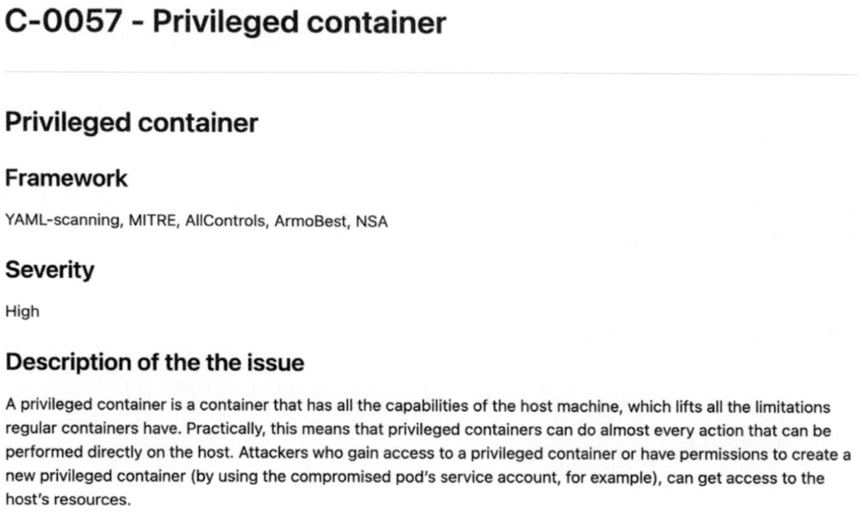

C-0057 - Privileged container
Privileged container
Framework
YAML-scanning, MITRE, AllControls, ArmoBest, NSA
Severity
High
Description of the the issue
A privileged container is a container that has all the capabilities of the host machine, which lifts all the limitations regular containers have. Practically, this means that privileged containers can do almost every action that can be performed directly on the host. Attackers who gain access to a privileged container or have permissions to create a new privileged container (by using the compromised pod's service account, for example), can get access to the host's resources.

그림 21.5 'Privileged container' 상세 설명

이번 절에서는 kubescape 도구를 이용해 클러스터에 대한 보안 점검을 수행했습니다. 보안 담당자와 협력해서 각 회사의 상황에 맞는 보안 점검이 필요합니다.

02 폴라리스 활용

이전 절에서는 kubescape를 사용해 쿠버네티스 보안 점검을 실행했습니다. kubescape는 GUI 기반의 온라인 대시보드를 제공하고 개별 보안 취약점에 대해 상세한 설명을 제공합니다. 하지만 구체적인 조치 방안이 나오지 않아 조치를 위해서는 추가 조사 작업이 필요합니다. 이에 비해 쿠버네티스 환경의 오픈소스 보안 점검 도구인 폴라리스[7]는 kubescape에 비해 좀 더 직관적인 해결 방안을 제공합니다. 폴라리스는 Fairwinds사에서 제공하는 오픈소스 프로젝트로서 운영 중인 워크로드의 YAML 파일을 분석해서 모범 사례 대비 부족한 부분을 점검합니다.

LIVE YAML 코드 Best-Practice 비교 취약점 리포트 제공

그림 21.6 폴라리스의 보안 취약점 확인 방식

쿠버네티스에서 애플리케이션을 설치할 때는 주로 해당 솔루션 제공 업체의 헬름 차트를 이용해 설치합니다. 하지만 이러한 공식 헬름 차트도 보안 측면에서 부족한 부분이 있습니다. 폴라리스는 모범 사례를 기준으로 12개 이상의 검사를 실시합니다.

여기서는 인메모리 기반 데이터베이스인 레디스(Redis)[8]를 헬름 기반으로 설치하고 보안 취약점을 폴라리스로 분석하는 실습을 진행합니다. 먼저 레디스를 설치합니다.

21.2.1 레디스 헬름 차트 설치

레디스 역시 헬름 차트로 설치하며, 설치 과정은 다른 애플리케이션과 동일합니다. 레디스 헬름 차트는 Bitnami[9]에서 제공합니다.

---

7 https://www.fairwinds.com/polaris
8 https://ko.wikipedia.org/wiki/레디스
9 https://github.com/bitnami/charts/tree/master/bitnami/redis

```
## 작업 편의를 위해 새로운 디렉터리(ch21)에서 진행합니다.
[spkr@erdia22 promtail-6.0.0 (ubun01:nginx)]$ cd ../../ch21
[spkr@erdia22 ch21 (ubun01:nginx)]$ helm repo add bitnami
[spkr@erdia22 ch21 (ubun01:nginx)]$ helm repo update
[spkr@erdia22 ch21 (ubun01:nginx)]$ helm pull bitnami/redis
[spkr@erdia22 ch21 (ubun01:nginx)]$ tar xvfz redis-16.12.3.tgz
[spkr@erdia22 ch21 (ubun01:nginx)]$ rm -rf redis-16.12.3.tgz
[spkr@erdia22 ch21 (ubun01:nginx)]$ mv redis redis-16.12.3
[spkr@erdia22 ch21 (ubun01:nginx)]$ cd redis-16.12.3/
[spkr@erdia22 redis-16.12.3 (ubun01:nginx)]$ cp values.yaml my-values.yaml
```

이번 절에서는 쿠버네티스 보안 설정이 주제이므로 레디스와 관련된 상세 설정을 변경하지 않고 기본 설정으로 레디스를 설치합니다.

```
# 레디스 네임스페이스를 새로 생성하고 해당 네임스페이스에 설치합니다.
[spkr@erdia22 redis-16.12.3 (ubun01:nginx)]$ k create ns redis
namespace/redis created

[spkr@erdia22 redis-16.12.3 (ubun01:nginx)]$ k ns redis
Context "ubun01" modified.
Active namespace is "redis".

[spkr@erdia22 redis-16.12.3 (ubun01:redis)]$ helm install redis -f my-values.yaml .
```

레디스는 스테이스풀셋(statefulset) 워크로드로 파드가 이름순으로 순차적으로 redis-replicas-0, redis-replicas-1, redis-replicas-2로 실행됩니다. 약 3분이 경과하면 마스터 파드 1개와 3개의 레플리카 파드가 설치됩니다.

```
## kgp for k get pod -o wide
[spkr@erdia22 redis-16.12.3 (ubun01:redis)]$ kgp
NAME               READY   STATUS    RESTARTS   AGE    IP               NODE        NOMINATED
NODE    READINESS GATES
redis-master-0     1/1     Running   0          3m12s  10.233.118.119   ubun20-02   <none>
<none>
redis-replicas-0   1/1     Running   0          3m12s  10.233.118.118   ubun20-02   <none>
<none>
redis-replicas-1   1/1     Running   0          2m25s  10.233.88.121    ubun20-03   <none>
```

```
<none>
redis-replicas-2   1/1      Running    0           50s      10.233.99.88    ubun20-01   <none>
<none>
```

이렇게 해서 레디스 설치가 완료됐습니다. 그럼 이어지는 절에서는 많은 사람들이 사용하는 Bitnami 헬름 차트로 설치한 레디스 애플리케이션이 보안, 고가용성, 안정성 측면에서 모범 사례와 대비해서 잘 설정됐는지 폴라리스로 검증합니다.

21.2.2 폴라리스 설치 및 레디스의 보안 취약점 확인

다음으로 폴라리스를 설치하고 앞서 설치한 레디스의 보안 취약점을 확인합니다. 폴라리스 역시 헬름[10]으로 설치합니다.

```
## 작업 편의를 위해 기존 레디스 디렉터리에서 상위 디렉터리로 이동합니다.
[spkr@erdia22 redis-16.12.3 (ubun01:redis)]$ cd ..
[spkr@erdia22 ch21 (ubun01:redis)]$ helm repo add fairwinds-stable https://charts.fairwinds.
com/stable
[spkr@erdia22 ch21 (ubun01:redis)]$ helm repo update
[spkr@erdia22 ch21 (ubun01:redis)]$ helm pull fairwinds-stable/polaris
[spkr@erdia22 ch21 (ubun01:redis)]$ tar xvfz polaris-5.1.0.tgz
[spkr@erdia22 ch21 (ubun01:redis)]$ rm -rf polaris-5.1.0.tgz
[spkr@erdia22 ch21 (ubun01:redis)]$ cd polaris-5.1.0/
[spkr@erdia22 polaris-5.1.0 (ubun01:redis)]$ cp values.yaml my-values.yaml
```

헬름 템플릿 변수 파일(my-values.yaml)을 편집합니다.

예제 21.1 폴라리스의 헬름 템플릿 변수 파일(my-values.yaml)[11]

```
service:
  # dashboard.service.type -- Service Type
  type: NodePort
```

다른 부분은 변경하지 않고 서비스 타입만 기존의 ClusterIP에서 NodePort로 변경합니다. 퍼블릭 클라우드 환경에서는 LoadBalancer 타입 또는 인그레스를 사용합니다. 그럼 설치를 진행합니다.

---

10 https://polaris.docs.fairwinds.com/dashboard/#installation
11 https://github.com/wikibook/kubepractice/blob/main/ch21/polaris-5.1.0/my-values.yaml

```
## 폴라리스 네임스페이스를 생성하고 설치를 진행합니다.
[spkr@erdia22 polaris-5.1.0 (ubun01:redis)]$ k create ns polaris
[spkr@erdia22 polaris-5.1.0 (ubun01:redis)]$ k ns polaris
[spkr@erdia22 polaris-5.1.0 (ubun01:polaris)]$ helm install polaris -f my-values.yaml .
```

설치가 완료되면 폴라리스 파드를 확인할 수 있습니다.

```
[spkr@erdia22 polaris-5.1.0 (ubun01:polaris)]$ k get pod
NAME                                  READY   STATUS    RESTARTS   AGE
polaris-dashboard-8fbf7cd4d-22vns     1/1     Running   0          26s
polaris-dashboard-8fbf7cd4d-pbf4c     1/1     Running   0          25s
```

폴라리스는 웹 대시보드를 제공합니다. 접속을 위해 포트 번호와 노드의 IP 주소를 확인합니다.

```
## 폴라리스의 웹서비스 포트를 확인합니다.
[spkr@erdia22 polaris-5.1.0 (ubun01:polaris)]$ k get svc
NAME                 TYPE       CLUSTER-IP      EXTERNAL-IP   PORT(S)       AGE
polaris-dashboard    NodePort   10.233.2.243    <none>        80:31981/TCP  45s

## 노드 IP 주소는 'k get nodes -o wide'로 편하게 확인할 수 있습니다.
[spkr@erdia22 polaris-5.1.0 (ubun01:polaris)]$ k get nodes -o wide
NAME       STATUS   ROLES          AGE     VERSION   INTERNAL-IP     EXTERNAL-IP   OS-IMAGE
KERNEL-VERSION       CONTAINER-RUNTIME
ubun20-01  Ready    control-plane  7d12h   v1.24.1   172.17.29.61    <none>        Ubuntu
20.04.2 LTS   5.4.0-113-generic   containerd://1.6.4
(생략)
```

노드포트 타입의 서비스에 접속하기 위한 IP 주소는 클러스터 노드 IP 중 임의로 선택할 수 있습니다.
웹 브라우저에 IP 주소와 포트 번호(172.17.29.61:31981)를 입력하면 폴라리스 대시보드에 접속할 수 있
습니다.

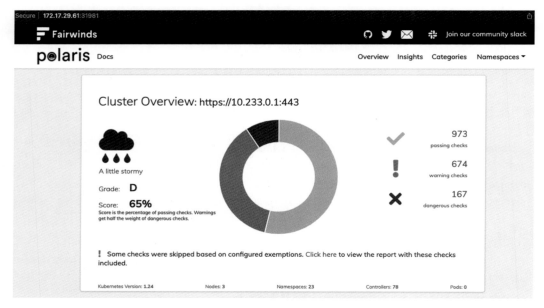

그림 21.7 폴라리스 대시보드

- Score

  모범 사례 대비 전체 클러스터 구성 내역을 쉽게 점수로 환산해서 보여줍니다. 권고 사항에 따라 수정하면 점수가 상승합니다.

- Passing/Warning/Dangerous Checks

  폴라리스는 위험도를 등급별로 나눠서 현재 구성의 취약점을 구분합니다. 참고로 필자는 불가피한 예외 설정을 제외하고 위험(dangerous) 단계의 취약점은 반드시 수정합니다.

그럼 앞에서 설치한 레디스 애플리케이션을 예시로 보안 취약점을 수정합니다. 폴라리스에서는 각 네임스페이스 단위로 취약점을 구분해서 조회할 수 있습니다. 화면 오른쪽 상단 메뉴에서 [Namespaces] → [redis]를 차례로 선택합니다.

그림 21.8 폴라리스 네임스페이스 선택

레디스 네임스페이스를 선택하면 해당 레디스 애플리케이션의 상세한 권고 사항을 확인할 수 있습니다. 등급별로 위험(Dangerous), 경고(Warning), 적합(Passing)으로 구분됩니다. Bitnami 헬름 차트로 설치한 레디스는 Readiness/Liveness Probe 설정 등 많은 부분을 기본으로 포함하지만 'filesystem readonly' 등의 보안 설정은 적용돼 있지 않습니다.

그림 21.9 레디스 상세 점검 사항

상세 내용 중 우측의 물음표(?) 아이콘을 선택하면 해당 사항에 대한 자세한 설명을 별도의 창에서 Fairwinds 사의 공식 문서를 통해 확인할 수 있습니다.

privilegeEscalationAllowed	danger	Fails when securityContext.allowPrivilegeEscalation is true.

그림 21.10 privilegeEscalationAllowed 항목에 대한 상세 권고 사항

privilegeEscalationAllowed 항목의 경우 위험 등급이며 파드 YAML 파일에 `securityContext.allowPrivilegeEscalation` 설정을 추가해야 한다는 것을 알 수 있습니다. 구체적인 조치 방안을 확인하기 위해 폴라리스 파드의 설정을 참조합니다. 폴라리스 파드의 매니페스트 YAML 파일은 모범 사례로 구성돼 있으며, 해당 YAML 파일을 참조해서 다른 애플리케이션을 수정하면 손쉽게 모범 사례를 다른 애플리케이션에 적용할 수 있습니다. 화면 상단 오른쪽의 'polaris' 네임스페이스를 선택하거나 화면을 좀 더 위로 스크롤하면 polaris 설정을 확인할 수 있습니다.

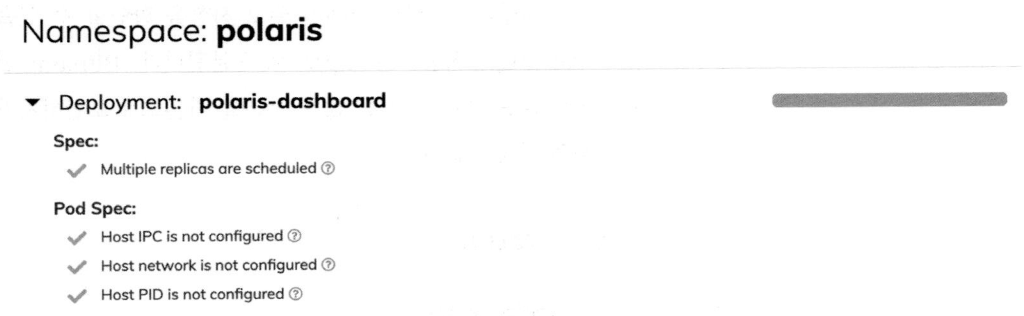

Namespace: **polaris**

▼ Deployment: **polaris-dashboard**

   Spec:

    ✔ Multiple replicas are scheduled ⑦

   Pod Spec:

    ✔ Host IPC is not configured ⑦

    ✔ Host network is not configured ⑦

    ✔ Host PID is not configured ⑦

그림 21.11 폴라리스 대시보드 파드의 보안 설정 내역

그럼 구체적인 YAML 파일 설정을 확인하기 위해 실행 중인 폴라리스 파드 설정을 YAML 파일로 익스
포트합니다.

```
[spkr@erdia22 polaris-5.1.0 (ubun01:polaris)]$ cd ..
[spkr@erdia22 ch21 (ubun01:polaris)]$ k get pod
NAME                                  READY   STATUS    RESTARTS   AGE
polaris-dashboard-8fbf7cd4d-22vns     1/1     Running   0          4m52s
polaris-dashboard-8fbf7cd4d-pbf4c     1/1     Running   0          4m51s

[spkr@erdia22 ch21 (ubun01:polaris)]$ k get pod polaris-dashboard-8fbf7cd4d-22vns -o yaml |k
neat > polaris-dashboard-pod.yaml
```

익스포트한 polaris-dashboard-pod.yml 파일을 확인합니다. 전체 설정 중 보안과 관련된 설정만 확인합
니다.

예제 21.2 폴라리스 파드의 YAML 파일(polaris–dashboard–pod.yml)[12]

```
imagePullPolicy: Always
resources:
  limits:
    cpu: 150m
    memory: 512Mi
  requests:
    cpu: 100m
    memory: 128Mi
```

---

12 https://github.com/wikibook/kubepractice/blob/main/ch21/polaris–dashboard–pod.yaml

```
securityContext:
  allowPrivilegeEscalation: false
  capabilities:
    drop:
    - ALL
  privileged: false
  readOnlyRootFilesystem: true
  runAsNonRoot: true
```

- imagePullPolicy: Always[13]

  파드에 사용하는 이미지를 항상(Always) 리포지토리에서 가져오도록 설정합니다. 기본 설정은 IfNotPresent로서 호스트 노드에 같은 태그의 이미지가 있으면 리포지토리에서 가져오지 않고 노드에서 이미지를 가져옵니다. 호스트 노드에 저장된 이미지는 노드가 외부 공격 등으로 이미지가 변경될 수 있고, 각 호스트 노드마다 태그 정보는 같지만 서로 다른 이미지를 저장할 수 있어 이미지가 다를 수 있습니다. 보안 권고 사항은 리포지토리에서 항상 새로운 이미지를 가져오는 것을 권고합니다. 이 경우 이미지 다운로드에 추가 시간이 소요될 수 있습니다.

- resources: limits, requests

  특정 파드가 자원을 과도하게 사용해서 노드 내 다른 파드에 영향을 끼치지 않도록 자원 제한(limits)과 최소 사용량(requests) 용량을 설정합니다.

- securityContext[14]

  파드 또는 컨테이너의 권한 및 액세스 제어 등에 관한 설정입니다. 파드와 컨테이너 레벨 단위로 각각 설정합니다.

- allowPrivilegeEscalation

  컨테이너의 하위 프로세스가 상위 프로세스보다 많은 권한을 얻을 수 없도록 설정합니다.

- capabilities[15]

  컨테이너를 실행할 때 성능 등의 이유로 호스트 커널 레벨의 수정이 필요한 경우 root 권한으로 전체 커널을 수정하지 않고 특정 커널 권한만 명시적으로 지정해서 사용합니다.

- privileged: false[16]

  true인 경우 호스트의 모든 장치에 접근할 수 있는 권한을 가집니다. 네트워크 스택 조작, 호스트 디스크 접근 등 특수한 기능을 필요로 하는 컨테이너만 해당 옵션을 사용합니다. 컨테이너는 기본 설정으로 root 권한으로 실행하더라도 호스트의 namespace, cgroup으로 격리되어 호스트의 다른 장치에 접근할 수 없습니다.

---

13 https://polaris.docs.fairwinds.com/checks/reliability/#background

14 https://kubernetes.io/docs/tasks/configure-pod-container/security-context/

15 https://kubesec.io/basics/securitycontext-capabilities/

16 https://snyk.io/blog/10-kubernetes-security-context-settings-you-should-understand/

- readOnlyRootFilesystem: true

  컨테이너의 root 파일 시스템에 읽기 권한을 방지해서 변경 불가능(immutable system)하도록 구성합니다.

- runAsNonRoot: true

  root 권한으로 컨테이너를 실행하지 않습니다.

이제 해당 예제를 참고해서 레디스 헬름 차트를 수정합니다.

```
## 기존의 레디스 헬름 차트 디렉터리로 이동합니다.
[spkr@erdia22 ch21 (ubun01:polaris)]$ cd redis-16.12.3/

## 기존 템플릿 변수 파일(my-values.yaml)과 구분하기 위해
## 새로운 파일(new-values.yaml)을 생성합니다.
[spkr@erdia22 redis-16.12.3 (ubun01:polaris)]$ cp my-values.yaml my-new-values.yaml
```

비주얼 스튜디오 코드를 열어서 my-new-values.yaml 파일을 편집합니다.

예제 21.3 레디스의 헬름 차트 템플릿 변수 파일(my-new-values.yaml)[17]

```yaml
master:
  pullPolicy: Always
  resources:
    limits:
      cpu: 150m
      memory: 512Mi
    requests:
      cpu: 100m
      memory: 128Mi
  containerSecurityContext:
    enabled: true
    allowPrivilegeEscalation: false
    capabilities:
      drop:
      - ALL
    privileged: false
    readOnlyRootFilesystem: true
    runAsNonRoot: true
```

---

17 https://github.com/wikibook/kubepractice/blob/main/ch21/redis-16.12.3/my-new-values.yaml

마스터, 레플리카(replica) 파드 스펙을 위와 동일하게 수정합니다. 기존 레디스 헬름 차트를 수정한 템플릿 변수 파일(my-new-values.yaml)로 재배포합니다.

```
## 네임스페이스를 레디스로 변경합니다.
[spkr@erdia22 redis-16.12.3 (ubun01:polaris)]$ k ns redis
Context "ubun01" modified.
Active namespace is "redis".

## 수정된 템플릿 변수 파일로 재설치합니다.
[spkr@erdia22 redis-16.12.3 (ubun01:redis)]$ helm upgrade redis -f my-new-values.yaml .
```

약 2~3분 시간이 지나면 기존 파드가 종료되고 새로운 파드가 실행됩니다. 참고로 레디스 파드는 스테이트풀셋 워크로드로서 종료 시 이름의 역순으로(redis-replicas-2, redis-replicas-1, redis-replicas-0) 종료됩니다. 실행 시간이 파드 이름과 역순으로 정렬되는 것을 확인할 수 있습니다.

```
[spkr@erdia22 redis-16.12.3 (ubun01:redis)]$ k get pod
NAME               READY   STATUS    RESTARTS   AGE
redis-master-0     1/1     Running   0          101s
redis-replicas-0   1/1     Running   0          27s
redis-replicas-1   1/1     Running   0          53s
redis-replicas-2   1/1     Running   0          99s
```

다시 폴라리스 웹사이트에서 변경 사항을 검증합니다.

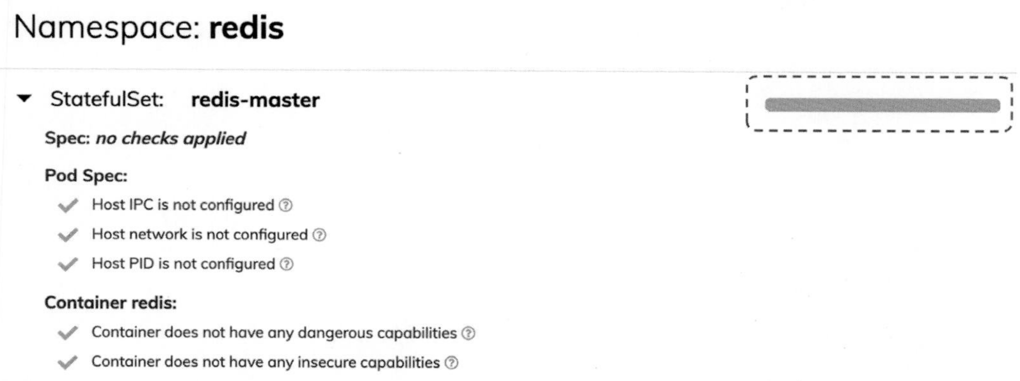

Namespace: redis

▼ StatefulSet: **redis-master**

　Spec: *no checks applied*

　Pod Spec:
　　✓ Host IPC is not configured ⑦
　　✓ Host network is not configured ⑦
　　✓ Host PID is not configured ⑦

　Container redis:
　　✓ Container does not have any dangerous capabilities ⑦
　　✓ Container does not have any insecure capabilities ⑦

그림 21.12 수정된 레디스 폴라리스 대시보드

위와 같이 수정된 템플릿 파일을 적용해 이전의 보안 취약점들이 모두 해결됐습니다. 이처럼 폴라리스 파드의 모범 사례를 참조하면 다른 애플리케이션의 취약점도 손쉽게 해결할 수 있습니다.

물론 이러한 방법은 워크로드가 배포된 후 수동으로 수정하는 방법이라서 최선은 아닙니다. 더 나은 방법은 배포하기 전에 미리 사내 보안 규정 등을 준수하는 YAML 파일만 배포할 수 있도록 내부 정책을 정립하는 것입니다. 쿠버네티스에서는 어드미션 컨트롤러(admission controller)[18]라는 기능을 사용해 좀 더 상세한 정책을 자동으로 설정할 수 있습니다.

정리

이번 장에서 배운 내용을 정리합니다.

- 쿠버네티스 클러스터 내 모든 파드는 기본 설정으로 파드 간 자유로운 통신이 가능합니다. 이는 외부 공격에 노출된 하나의 파드가 다른 모든 파드까지 영향을 끼칠 수 있음을 의미합니다. 그밖의 기본 설정은 다양한 보안 취약점이 있으므로 적절한 보안 정책이 필요합니다.

- 쿠버네티스 오픈소스 보안 점검 도구인 kubescape는 미국 NSA/CISA의 표준 보안 체크리스트를 기준으로 현재 클러스터의 취약점을 분석해서 보안 취약점 리포트를 제공합니다. 다른 툴에 비해 사용하기가 편리하고 공신력 있는 리포트를 제공합니다. 온라인 서비스도 제공하므로 이력 관리도 가능합니다.

- 폴라리스 역시 오픈소스 프로젝트로서 클러스터에 운영 중인 워크로드의 YAML 파일을 분석해 모범 사례 대비 현재 코드의 부족한 점을 웹 대시보드 형태로 제공합니다. 모범 사례 YAML 파일을 참조해서 애플리케이션의 취약점을 개선할 수 있습니다.

---

18 OPA(Open Policy Agent), Kyverno 등의 오픈소스를 활용하면 쿠버네티스 정책을 자동으로 생성할 수 있습니다. 참고: https://www.openpolicyagent.org/, https://kyverno.io/

역할 기반 접근 제어(RBAC)
설정

이번 장에서는 쿠버네티스의 인증(authentication)과 인가(authorization) 기능을 알아봅니다. 먼저 인증이란 로그인 등의 절차를 거쳐서 사용자가 누구인지 확인하는 것이며, 인가란 인증 과정을 거친 사용자가 어떤 권한을 가지는지 확인하는 행위입니다. 쿠버네티스는 해당 기능을 RBAC(Role Based Access Control, 역할 기반 접근 제어)로 구현합니다.

지금까지는 별도의 로그인 절차를 거치지 않고 아무런 제약 없이 쿠버네티스의 모든 기능을 실행했습니다. 일종의 모든 권한을 가지는 슈퍼 어드민(super admin), 즉 관리자 계정을 사용했습니다. 쿠버네티스도 리눅스 환경의 root 사용자처럼 관리자 계정으로 작업이 가능합니다. 물론 쿠버네티스 환경에서도 리눅스의 일반 사용자처럼 특정한 권한을 제한하는 사용자 계정을 생성할 수 있습니다. 사용자 계정에 따라 특정 네임스페이스에만 실행을 제한하거나 get/edit/create 등의 실행 가능한 동작 권한을 상세하게 지정할 수 있습니다.

오픈스택 등의 다른 클라우드 솔루션과 동일하게 쿠버네티스에서도 멀티테넌시(multitenancy)[1] 환경을 지원합니다. 가장 많이 구현하는 멀티테넌시 사례로 사용자별로 권한을 구분해서 네임스페이스(가상 클러스터) 단위로 1) 특정 기능(조회 등)만 가능하도록 제한하거나 2) 네트워크 정책을 통한 외부 네임스페이스에서의 접근을 차단하거나 3) 네임스페이스 단위로 리소스 할당량을 지정해 자원을 제한하는 것이 있습니다. 이번 장에서는 역할 기반 접근 제어를 활용해 특정 네임스페이스에 대해서만 권한을 가지는 사용자를 생성해 보겠습니다.

1　https://kubernetes.io/blog/2021/04/15/three-tenancy-models-for-kubernetes/

이러한 기능을 구현하는 RBAC의 주요 구성요소로는 Role/RoleBinding, ClusterRole/ClusterRoleBinding, ServiceAccount(Token), 쿠버네티스 컨텍스트, User 등이 있습니다. 각 구성요소 간의 관계를 그림으로 나타내면 다음과 같습니다.

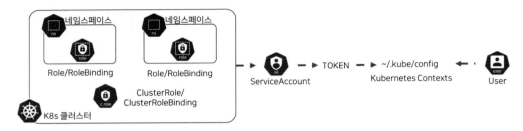

그림 22.1 쿠버네티스에서 지원하는 역할 기반 접근 제어의 주요 구성요소

각 구성 요소에 관한 상세한 설명은 이어지는 실습에서 자세히 알아보겠습니다.

⏵_ 실습 과제

1. 특정 네임스페이스(wordpress)의 모든 권한을 가지는 개발자 계정을 생성하고 해당 계정으로 클러스터에 접속합니다. 새로운 Role(wordpress-namespace-full-access), RoleBinding을 생성해서 wordpress 네임스페이스의 모든 권한을 할당합니다. 새로운 서비스 어카운트(wordpress-sa)을 생성하고 앞에서 언급한 RoleBinding 권한을 지정합니다. 해당 서비스 어카운트의 토큰 정보를 확인합니다. kubeconfig 파일(~/.kube/config)에 새로운 사용자(wordpress-user)를 생성해서 해당 토큰 정보를 등록합니다.

2. kubeconfig(ubun01-wordpress) 파일에 새로운 쿠버네티스 컨텍스트를 생성합니다. 해당 권한으로 wordpress 네임스페이스에서 파드를 생성하고, 생성한 파드가 정상적으로 조회되는지 확인합니다. 다른 네임스페이스에서는 정상적으로 파드를 생성할 수 있는지 비교합니다.

</> 소스코드

- https://github.com/wikibook/kubepractice/tree/main/ch22

---

01 Role/RoleBinding과 ClusterRole/ClusterRoleBinding 이해

쿠버네티스 환경의 사용자 권한 관련 설정, 예를 들어 파드와 네임스페이스의 조회, 생성 등은 역할(Role 또는 ClusterRole)로 지정합니다. 먼저 Role은 특정 네임스페이스에 속하는 파드, 서비스 등의 리소스를 지정하는 경우에 사용하고 두번째 ClusterRole은 네임스페이스에 속하지 않는 노드, PV 혹은 단일 네임스페이스가 아닌 전체 네임스페이스의 파드를 조회(k get pod -all-namespaces)하는 권한 등에 사용합니다.[2]

예를 들어, wordpress라는 네임스페이스에서만 권한을 가지고 다른 네임스페이스에 대해서는 전혀 권한이 없는 Role과 RoleBinding을 만들 수 있습니다.

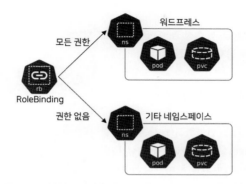

그림 22.2 특정 네임스페이스의 권한을 가지는 Role 및 RoleBinding

다음은 특정 네임스페이스(wordpress)의 전체 리소스에 대해 모든 권한을 가지는 Role YAML 파일 예시입니다.

예제 22.1 wordpress 네임스페이스의 전체 권한을 가지는 Role(full-namespace-role.yml)[3]

```
kind: Role
apiVersion: rbac.authorization.k8s.io/v1
metadata:
  name: wordpress-namespace-full-access
  namespace: wordpress
rules:
- apiGroups: ["", "extensions", "apps"]
  resources: ["*"]
  verbs: ["*"]
- apiGroups: ["batch"]
  resources:
  - jobs
  - cronjobs
  verbs: ["*"]
```

2 https://kubernetes.io/docs/reference/access-authn-authz/rbac/#role-and-clusterrole
3 https://github.com/wikibook/kubepractice/blob/main/ch22/full-namespace-role.yml

- namespace: wordpress

  role은 네임스페이스 단위로 할당하므로 네임스페이스를 지정합니다.

- apiGroups: ["", "extensions", "apps"], resources: ["*"]

  리소스가 속한 apigroup 이름을 명시합니다. 특수문자 '*'를 지원하므로 전체 리소스를 선택할 수 있습니다. apigroup과 해당 그룹에 속한 리소스는 'k api-resources'로 확인할 수 있습니다.

- verbs: ["*"]

  리소스의 생성(create), 조회(get) 등 특정 권한을 동사 형태[4]로 지정합니다. 해당 동사는 HTTP API 동사와 연결됩니다. resources와 동일하게 특수 문자 '*'를 지원합니다.

위 YAML 파일을 적용해 Role을 생성합니다.

```
## 네임스페이스를 wordpress로 변경하고 role을 생성합니다.
[spkr@erdia22 ~ (ubun01:redis)]$ cd kube-books/ch22
[spkr@erdia22 ch22 (ubun01:redis)]$ k ns wordpress
[spkr@erdia22 ch22 (ubun01:wordpress)]$ k apply -f full-namespace-role.yml
role.rbac.authorization.k8s.io/wordpress-namespace-full-access created


[spkr@erdia22 ch22 (ubun01:wordpress)]$ k get role
NAME                             CREATED AT
wordpress-namespace-full-access  2022-06-24T17:49:14Z
```

정상적으로 wordpress-namespace-full-access Role이 만들어졌습니다. 해당 Role을 사용자에게 적용하려면 RoleBinding이 필요합니다. 실제 데이터가 저장되는 PV(PersistentVolume)와 해당 데이터를 파드에 할당하는 PVC(PersistentVolumeClaim)를 서로 분리하듯이 실제 권한을 지정한 Role과 해당 권한을 사용자에게 할당하는 RoleBinding은 서로 분리돼 있습니다. 따라서 Role은 관리자가 생성하고 해당 Role을 사용하는 것은 사용자가 실행할 수 있어 관리 편의성이 증가합니다.

해당 Role을 사용하는 RoleBinding을 생성합니다.

예제 22.2 wordpress 네임스페이스에 대한 RoleBinding(namespace-rolebinding.yml)[5]

```
kind: RoleBinding
apiVersion: rbac.authorization.k8s.io/v1
metadata:
```

---

4 https://kubernetes.io/docs/reference/access-authn-authz/authorization/#determine-the-request-verb
5 https://github.com/wikibook/kubepractice/blob/main/ch22/namespace-rolebinding.yml

```
  name: wordpress-namespace-full-access-rb
  namespace: wordpress
roleRef:
  apiGroup: rbac.authorization.k8s.io
  kind: Role
  name: wordpress-namespace-full-access
subjects:
- kind: ServiceAccount
  name: wordpress-sa
  namespace: wordpress
```

- roleRef: name: wordpress-namespace-full-access

  RoleBinding이 지정하는 Role은 roleRef 항목의 name으로 지정합니다. 방금 생성한 wordpress-namespace-full-access Role을 지정해서 Role과 RoleBinding을 연결합니다.

- subjects: -kind: ServiceAccount

  RoleBinding을 사용하는 주체(subject)를 지정합니다. RoleBinding을 사용하는 주체로는 ServiceAccount, User, Groups가 있습니다. 이번 예제는 토큰을 사용해서 사용자와 연결하기 위해 ServiceAccount를 사용합니다.

- name: wordpress-sa

  서비스 어카운트 이름을 임의로 wordpress-sa로 지정합니다. 서비스 어카운트는 아직 생성하지 않았지만 이처럼 먼저 RoleBinding에 지정할 수 있습니다. RoleBinding을 생성한 후 서비스 어카운트 오브젝트를 만듭니다.

해당 RoleBinding을 생성합니다.

```
[spkr@erdia22 ch22 (ubun01:wordpress)]$ k apply -f namespace-rolebinding.yml
rolebinding.rbac.authorization.k8s.io/wordpress-namespace-full-access-rb created

## RoleBinding 역시 리소스로 'k get'으로 조회할 수 있습니다.
[spkr@erdia22 ch22 (ubun01:wordpress)]$ k get rolebindings.rbac.authorization.k8s.io
NAME                                     ROLE                                      AGE
wordpress-namespace-full-access-rb       Role/wordpress-namespace-full-access      6s
```

이제 wordpress 네임스페이스의 전체 권한을 가지는 Role과 해당 Role을 사용하는 RoleBinding을 생성했습니다. 다음 절에서 해당 권한을 가지는 사용자와 연결하기 위해 서비스 어카운트를 생성합니다.

02 ServiceAccount와 User, kubeconfig 파일 이해: 특정 네임스페이스 권한만 가지는 사용자 생성

이전 절에서 생성한 RoleBinding을 사용하기 위해 서비스 어카운트를 사용합니다. 서비스 어카운트는 사용자가 쿠버네티스 API 서버를 이용하기 위한 인증 과정을 처리하는 역할을 합니다.[6] 그럼 예제 코드로 자세히 설명합니다.

그림 22.3 RoleBinding과 서비스 어카운트 연결

예제 22.3 wordpress 네임스페이스의 서비스 어카운트(namespace–sa.yml)[7]

```
apiVersion: v1
kind: ServiceAccount
metadata:
  name: wordpress-sa
  namespace: wordpress
```

- name: wordpress-sa
  서비스 어카운트 설정은 아주 간단합니다. RoleBinding을 생성할 때 지정한 이름에 맞게 서비스 어카운트를 생성하면 자동으로 RoleBinding과 연결됩니다.

해당 서비스 어카운트를 생성합니다.

```
## 서비스 어카운트를 생성합니다.
[spkr@erdia22 ch22 (ubun01:wordpress)]$ k apply -f namespace-sa.yml
serviceaccount/wordpress-sa created

[spkr@erdia22 ch22 (ubun01:wordpress)]$ k get sa
NAME            SECRETS    AGE
(생략)
wordpress-sa    0          3s
```

6 https://kubernetes.io/docs/tasks/configure–pod–container/configure–service–account/
7 https://github.com/wikibook/kubepractice/blob/main/ch22/namespace–sa.yml

```
## 참고로 RoleBinding 상세 내역을 확인하면 RoleBinding과 연결된
## 서비스 어카운트 리스트(wordpress-sa)를 확인할 수 있습니다.
[spkr@erdia22 ch22 (ubun01:wordpress)]$ k describe rolebindings.rbac.authorization.k8s.io word-
press-namespace-full-access-rb
Name:         wordpress-namespace-full-access-rb
Labels:       <none>
Annotations:  <none>
Role:
  Kind:  Role
  Name:  wordpress-namespace-full-access
Subjects:
  Kind             Name           Namespace
  ----             ----           ---------
  ServiceAccount   wordpress-sa   wordpress
```

이제 앞에서 생성한 서비스 어카운트를 쿠버네티스 사용자와 연결합니다. 서비스 어카운트를 생성하면 해당 서비스 어카운트의 토큰이 생성됩니다. 쿠버네티스는 이 토큰 정보를 kubeconfig 설정 파일({HOME}/.kube/config)의 사용자 토큰 정보에 등록해서 사용자와 서비스 어카운트를 연결합니다. 이전 그림에서 서비스 어카운트와 사용자 부분만 분리하면 다음과 같습니다.

ServiceAccount → TOKEN → ~/.kube/config ← User
                              Kubernetes Contexts

그림 22.4 서비스 어카운트와 사용자의 관계

1.24 이전 버전에서는 서비스 어카운트의 토큰이 자동으로 생성되어 다음과 같이 확인 가능했습니다.[8]

```
## 1.24 이전 버전에서만 실행 가능합니다.
$ (* |ubun01:wordpress) k describe sa wordpress-sa
Name:                wordpress-sa
Namespace:           wordpress
Labels:              <none>
Annotations:         <none>
Image pull secrets:  <none>
```

---

8   1.24 버전의 서비스 어카운트의 토큰 자동 생성: https://itnext.io/big-change-in-k8s-1-24-about-serviceaccounts-and-their-secrets-4b909a4af4e0

```
Mountable secrets:    wordpress-sa-token-5ffp4
Tokens:               wordpress-sa-token-5ffp4
Events:               <none>
```

```
## 하지만 1.24 버전에서는 토큰 정보가 보이지 않습니다.
[spkr@erdia22 ch22 (ubun01:wordpress)]$ k describe sa wordpress-sa
Name:                 wordpress-sa
Namespace:            wordpress
Labels:               <none>
Annotations:          <none>
Image pull secrets:   <none>
Mountable secrets:    <none>
Tokens:               <none>
Events:               <none>
```

서비스 어카운트의 토큰을 수동으로 생성합니다. 토큰을 생성하면 상세 정보를 출력 결과에서 확인할 수 있습니다.

```
[spkr@erdia22 ~ (ubun01:wordpress)]$ k create token wordpress-sa --duration=99999h
eyJhbGciOi
(보안상 중요 내용이므로 생략)
```

1.23 이전 버전의 경우 상세 토큰 정보는 시크릿으로 인코딩되어 저장됩니다.

```
## 1.24 이전 버전의 경우 secrets로 확인합니다.
$ (* |ubun01:wordpress) k describe secrets wordpress-sa-token-5ffp4
Name:          wordpress-sa-token-5ffp4
Namespace:     wordpress
Labels:        <none>
Annotations:   kubernetes.io/service-account.name: wordpress-sa
               kubernetes.io/service-account.uid: 72ecdd05-8c39-4655-8bbf-287a3fcb6820

Type:   kubernetes.io/service-account-token

Data
====
ca.crt:      1099 bytes
namespace:   9 bytes
```

```
token:
eyJhbGciOi(이하 생략)
## 중요 정보로 전체 내용은 생략합니다.
```

해당 토큰 정보를 kubeconfig 파일(~/.kube/config)에 저장합니다. kubeconfig 파일은 기본 설정으로 사용자 홈 디렉터리({HOME})의 숨김 디렉터리(~/.kube)에 저장됩니다. 이 책에서는 spkr이라는 계정을 사용하고 있으므로 다음과 같이 /home/spkr/.kube에서 config 파일을 확인할 수 있습니다.

```
[spkr@erdia22 ch22 (ubun01:wordpress)]$ ls -al ~/.kube
total 28
drwxrwxr-x  5 spkr spkr 4096 Jun 24 18:18 .
drwxr-xr-x 15 spkr spkr 4096 Jun 24 06:56 ..
drwxr-x---  4 spkr spkr 4096 Jun 16 18:33 cache
-rw-------  1 spkr spkr 5591 Jun 24 18:18 config
drwxr-x---  3 spkr spkr 4096 Jun 21 09:05 http-cache
drwxrwxr-x  2 spkr spkr 4096 Jun 16 18:45 kubens
```

이 파일을 비주얼 스튜디오 코드로 편집합니다. 참고로 윈도우 환경의 경우 해당 파일은 윈도우 내 파일이 아닌 윈도우 내 리눅스(Window Subsystem for Linux; WSL) 파일이므로 다음과 같이 WSL 경로(\\wsl$\Ubuntu\home\spkr\.kube\config)로 지정합니다.

그림 22.5 WSL에서의 kubeconfig 파일 경로

파일을 열면 다음과 같은 형식을 확인할 수 있습니다..

예제 22.4 kubeconfig 파일

```
apiVersion: v1
clusters:          # [1]
- cluster:
    certificate-authority-data: LS0tLS1CRUdJTiBDRVJUSUZJQ0FURS0tLS0tCk1JSUMvakNDQWVhZ0F3SU-
JBZ0lCQURBTkJna3Foa2
(생략)
```

```
  server: https://172.17.29.61:6443
    name: ubun01
contexts:              # [2]
- context:
      cluster: ubun01
      namespace: wordpress
      user: ubun01
    name: ubun01
current-context: ubun01
kind: Config
preferences: {}
users:                 # [3]
- name: ubun01
    user:
      client-certificate-data: LS0tLS1CRUdJTiBDRVJUSUZJQ0FURS0tLS0tCk1JSURJVENDQWdtdZ0F3SU-
JBZ0lJRWxrrTFcweTNrb
(생략)
      client-key-data: LS0tLS1CRUdJTiBSU0EgUFJJVkFURSBLRVktLS0tLQpNSUlFcEFJQkFBS0NBUUVBdm-
RuM05NSk5ZeX
(생략)
```

이전 1장에서 살펴본 kubeconfig[9] 파일입니다. 주요 구성 요소는 다음과 같습니다.

- clusters:

  원격 클러스터의 API 파드 IP와 포트 정보를 입력합니다. 복수의 클러스터가 있으면 각각 해당 정보를 입력합니다. 여기서 클러스터 이름을 이어지는 컨텍스트 정보에 입력합니다.

- contexts:

  context를 한국어로 번역하면 '문맥'입니다. kubeconfig 파일의 컨텍스트는 클러스터, 네임스페이스, 사용자 정보입니다. 외부에서 API로 접속했을 때 사용하게 되는 클러스터, 네임스페이스, 사용자 정보를 컨텍스트를 이용해 지정합니다.

- users:

  사용자 정보입니다. 쿠버네티스 환경에서 인증은 아이디/패스워드 방식이 아니라 파일 기반입니다. 이때 파일은 x509 인증서, 토큰 방식 등을 사용합니다. 앞서 생성한 서비스 어카운트의 토큰 정보를 사용합니다.

---

9 https://kubernetes.io/ko/docs/concepts/configuration/organize-cluster-access-kubeconfig/

이제 특정 네임스페이스에서만 모든 권한을 가진 새로운 사용자를 생성합니다. 해당 권한을 위해 이전에서 Role, RoleBinding, ServiceAccount, 토큰 순으로 리소스를 생성했습니다. 서비스 어카운트의 토큰 정보를 사용자와 연결합니다. 사용자 이름은 임의로 정하고 해당 사용자 이름과 클러스터 이름을 새로운 컨텍스트에 매핑합니다. 다음과 같이 새로운 context와 users를 생성합니다.

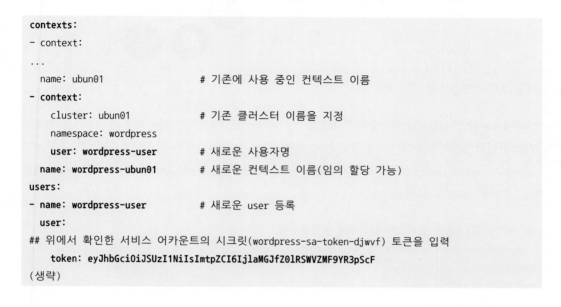

```
contexts:
- context:
...
  name: ubun01                      # 기존에 사용 중인 컨텍스트 이름
- context:
    cluster: ubun01                 # 기존 클러스터 이름을 지정
    namespace: wordpress
    user: wordpress-user            # 새로운 사용자명
  name: wordpress-ubun01            # 새로운 컨텍스트 이름(임의 할당 가능)
users:
- name: wordpress-user              # 새로운 user 등록
  user:
## 위에서 확인한 서비스 어카운트의 시크릿(wordpress-sa-token-djwvf) 토큰을 입력
    token: eyJhbGciOiJSUzI1NiIsImtpZCI6IjlaMGJfZ0lRSWVZMF9YR3pScF
(생략)
```

kubeconfig 파일에 새로운 context와 user(wordpress-user)가 생성됐습니다. 해당 사용자는 wordpress 네임스페이스에서만 권한을 가지고 다른 네임스페이스에 대해서는 권한을 가지지 않습니다.

03 멀티테넌시 환경의 쿠버네티스 구성: 사용자별 네임스페이스 단위의 권한 제한

쿠버네티스 환경의 멀티테넌시(다중 사용자 환경) 구현은 일반적으로 네임스페이스 단위로 구분합니다. 사용자마다 구분해서 특정 네임스페이스에서만 권한을 가지고 다른 네임스페이스의 리소스는 조회하거나 생성하지 못하도록 설정합니다. 이전 절에서 생성한 사용자 계정으로 멀티테넌시 실습을 진행하겠습니다.

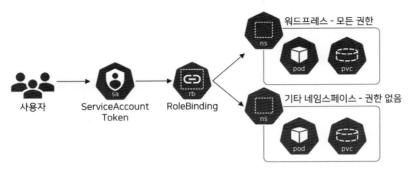

그림 22.6 네임스페이스 단위 사용자 권한 제어

먼저 사용자를 변경합니다. 앞에서 설치한 'k ctx(context)'를 사용하면 편리하게 컨텍스트를 변경할 수 있어 컨텍스트에 포함되는 사용자도 함께 변경됩니다. 만약 'k ctx'를 설치하지 않았다면 'k config current-context, k config set-context, k config use-context wordpress-ubun01' 등의 여러 'k config' 명령어를 사용해야 하므로 불편합니다.

```
## 현재 사용 가능한 컨텍스트의 목록을 출력합니다.
[spkr@erdia22 ch22 (ubun01:wordpress)]$ k ctx
ubun01
wordpress-ubun01
```

새롭게 생성한 wordpress-ubun01 컨텍스트를 확인할 수 있습니다. 해당 컨텍스트로 변경합니다.

```
[spkr@erdia22 ch22 (ubun01:wordpress)]$ k ctx wordpress-ubun01
Switched to context "wordpress-ubun01".
```

컨텍스트가 'wordpress-ubun01'로 변경됐습니다. 이제 해당 컨텍스트에 속한 사용자 권한을 사용합니다.

```
## wordpress 네임스페이스에서 deployment 리소스를 생성합니다.
[spkr@erdia22 ch22 (wordpress-ubun01:wordpress)]$ k get pod
No resources found in wordpress namespace.

[spkr@erdia22 ch22 (wordpress-ubun01:wordpress)]$ k create deployment nginx --image=nginx
deployment.apps/nginx created


[spkr@erdia22 ch22 (wordpress-ubun01:wordpress)]$ k get pod
NAME                   READY   STATUS    RESTARTS   AGE
nginx-8f458dc5b-7r6wr  1/1     Running   0          18s
```

wordpress 네임스페이스에서는 위와 같이 정상적으로 명령어가 실행되어 nginx 파드가 실행됩니다. 하지만 다른 네임스페이스에서는 파드 조회나 생성 등의 명령어를 실행하면 다음과 같이 에러가 발생합니다.

```
## get 명령어 실행 시 에러가 발생
[spkr@erdia22 ch22 (wordpress-ubun01:wordpress)]$ k get pod -n default
Error from server (Forbidden): pods is forbidden: User "system:serviceaccount:wordpress:word-
press-sa" cannot list resource "pods" in API group "" in the namespace "default"

## 리소스 생성도 불가합니다.
[spkr@erdia22 ch22 (wordpress-ubun01:wordpress)]$ k create deployment nginx --image=nginx -n
default
error: failed to create deployment: deployments.apps is forbidden: User "system:serviceac-
count:wordpress:wordpress-sa" cannot create resource "deployments" in API group "apps" in the
namespace "default"
```

기존의 어드민 컨텍스트(ubun01)에서는 정상적으로 실행됐던 명령어인데 실행되지 않는 것을 확인할 수 있습니다. 또한 wordpress-ubun01 컨텍스트는 네임스페이스 단위의 권한을 가지는 Role만 설정돼 있고 전체 클러스터 단위의 ClusterRole은 설정되지 않았습니다. 따라서 전체 네임스페이스 단위의 권한이 필요한 namespace, persistentvolume 등의 리소스는 조회되지 않습니다.

```
## 네임스페이스 조회 시 에러가 발생
[spkr@erdia22 ch22 (wordpress-ubun01:wordpress)]$ k get ns
Error from server (Forbidden): namespaces is forbidden: User "system:serviceaccount:word-
press:wordpress-sa" cannot list resource "namespaces" in API group "" at the cluster scope

## PV 조회 에러
[spkr@erdia22 ch22 (wordpress-ubun01:wordpress)]$ k get pv
Error from server (Forbidden): persistentvolumes is forbidden: User "system:serviceaccount:word-
press:wordpress-sa" cannot list resource "persistentvolumes" in API group "" at the cluster
scope

## 실습을 종료하면 kubeconfig 컨텍스트를 기존 어드민 컨텍스트인 'ubun01'로 변경합니다.
[spkr@erdia22 ch23 (wordpress-ubun01:wordpress)]$ k ctx ubun01
Switched to context "ubun01".
```

이처럼 개별 네임스페이스별로 권한을 가지는 사용자를 생성함으로써 클러스터 관리자는 멀티테넌시 환경의 가상 클러스터를 운영할 수 있습니다.

정리

이번 장에서 배운 내용을 정리합니다.

- 쿠버네티스 역시 리눅스의 사용자 계정과 유사하게 관리자 계정과 사용자 계정으로 분리해서 각 계정마다 권한을 할당할 수 있습니다. 쿠버네티스는 역할 기반 접근 제어(RBAC)의 개념을 사용해 좀 더 상세하게 리소스와 권한을 부여합니다. 개별 역할은 서비스 어카운트(SerivceAccount)와 매핑해서 할당합니다.

- 쿠버네티스는 특정 네임스페이스에 한정하는 Role과 전체 클러스터 단위의 권한이 필요한 ClusterRole이라는 두 가지 Role을 제공합니다. Role과 ClusterRole은 RoleBinding과 ClusterRoleBinding으로 나눠서 역할(role)과 역할을 지정하는(rolebinding) 리소스를 구분합니다. 마치 PV(PersistentVolume)와 PVC(PersistentVolumeClaim)를 나누는 것과 유사합니다.

- 쿠버네티스는 서비스 어카운트에 RoleBinding 또는 ClusterRoleBinding을 지정합니다. 서비스 어카운트는 토큰 정보를 가지며, 해당 정보를 kubeconfig 파일(~/.kube/config)의 user 항목에 지정함으로써 사용자는 해당 서비스 어카운트에 지정된 권한으로 쿠버네티스에 접속합니다.

- 쿠버네티스에서는 특정 네임스페이스 혹은 여러 네임스페이스 단위로 사용자 권한을 지정해서 멀티테넌시 용도로 클러스터를 분리해서 사용할 수 있습니다. 다른 네임스페이스의 리소스와 네트워크를 분리(NetworkPolicy)하고 ResourceQuotas로 자원 사용량을 제한함으로써 멀티테넌시 형태의 가상 클러스터 환경을 구성할 수 있습니다.

실제 서비스 운영에
필요한 기술

이 책의 마지막 6부에서는 실제 서비스를 운영하기 전후에 필요한 사항을 알아봅니다. 먼저 정식 서비스를 오픈하기 전에 서비스가 부하를 어느 정도 견딜 수 있는지, 그리고 장애 발생에 대비해서 고가용성 구성이 돼 있는지 확인할 필요가 있습니다. 이는 부하 테스트를 통해 검증할 수 있으며, 이때 코드 기반으로 부하 테스트를 실행하면 재사용 하기가 쉽습니다. 그리고 서비스의 규모가 늘어 노드 증설이 필요한 경우 이에 어떻게 대처하는지 실습을 통해 알아보겠습니다.

6부의 구성

- 23장 애플리케이션 부하 테스트와 고가용성 테스트

- 24장 쿠버네티스 노드의 변경과 추가

애플리케이션 부하 테스트와
고가용성 테스트

이번 장에서는 실제 서비스를 오픈하기 전에 서비스를 점검하는 데 필요한 애플리케이션 부하 테스트 및 고가용성 테스트를 알아봅니다. 쿠버네티스는 실제 운영 시 발생하는 다양한 문제, 예를 들어 파드 다운, 노드 재시작 등의 장애가 발생했을 때 사람이 개입하지 않아도 다양한 상황에서 자동으로 문제가 해결되도록 많은 기능을 제공하고 있습니다. 예를 들어, 노드가 다운되면 노드에서 실행 중인 모든 파드는 다른 노드로 이전해서 자동으로 해당 파드가 재실행됩니다. 그리고 서비스 안정성을 위해 같은 노드에 애플리케이션이 배포되지 않도록 'affinity' 등의 고급 스케줄러 옵션을 설정할 수 있습니다. 그 밖에도 도메인 이름 기반의 서비스 디스커버리, Readiness/Liveness Probe 등 안정적인 서비스 운영을 위한 여러 기능을 제공합니다.

하지만 모든 일이 그렇듯이 이러한 기능을 잘 사용하려면 사전에 충분한 검증이 필요합니다. 필자가 참여한 프로젝트에서는 실제 서비스를 오픈하기 전에 전체 개발자와 운영자 등이 모여서 1~2일에 걸쳐 부하 테스트와 고가용성 테스트를 진행했습니다. 실제로 디스크, 전원 케이블, 네트워크 케이블 등을 뽑아보면서 운영 상황에서 발생할 수 있는 여러 상황에 대비했습니다.

이러한 테스트를 진행하다 보면 항상 예기치 않은 돌발 상황이 발생합니다. 파드 이중화, 노드 이중화 등에 대해 사전에 꼼꼼히 준비했지만 특정 파드는 장애 복구(failover) 시간이 예상보다 많이 소요되는 등 다양한 문제가 발생합니다. 물론 실수로 인한 설정 파일 누락 등의 인재 역시 어쩔 수 없었습니다.

마이크로서비스 아키텍처가 적용되어 수백 ~ 수천 개가 넘는 애플리케이션을 운영하는 클라우드 네이티브 애플리케이션 환경에서는 이처럼 전체 애플리케이션을 대상으로 하는 테스트가 아닌 개별 애플리케이션 단위의 단위 테스트가 꼭 필요합니다. 특히 애플리케이션을 변경하는 작업이 잦은 환경에서는 더욱 필수입니다. 변경이 잦은 환경에서는 고가용성 테스트 또한 자동으로 실행하는 것이 필요하므로 카오스-엔지니어링[1] 솔루션을 사용할 수 있습니다. 필자도 오픈소스 카오스 엔지니어링 솔루션인 리트 머스(Litmus)[2]를 제한적이나마 사용한 바 있습니다.

그럼 이어서 서비스를 오픈하기 전에 반드시 필요한 애플리케이션 부하 테스트 및 고가용성 테스트를 실습을 통해 알아보겠습니다.

📇 실습 과제

1. 데모 용도의 방명록 서비스를 설치합니다.
2. 부하테스트 도구인 k6를 이용해 방명록 서비스의 부하 테스트를 수행합니다(초당 500명 사용자 접속).
3. 노드 내에서 실행 중인 모든 파드를 다른 노드로 이전(drain)합니다. 방명록 서비스를 구성하는 전체 파드를 순차적으로 다운시키면서 서비스 이상 여부를 확인합니다. 서비스 이상 여부는 while, curl 스크립트를 이용해 1초마다 접속해서 검증합니다.
4. 특정 노드를 다운시켜 서비스 이상 여부를 확인합니다.

📇 소스코드

- https://github.com/wikibook/kubepractice/tree/main/ch23

01 데모 용도의 방명록 서비스 설치

이번 절에서는 먼저 부하 테스트 및 고가용성 테스트를 위한 데모 용도의 방명록 서비스를 설치합니다. 방명록 서비스는 프런트엔드와 레디스에 각각 3개의 파드로 구성됩니다. 다음의 YAML 파일을 이용해 설치합니다.

방명록 서비스

그림 23.1 방명록 서비스 구성

---

1   https://en.wikipedia.org/wiki/Chaos_engineering
2   https://litmuschaos.io/

```
apiVersion: v1
kind: Service
metadata:
  name: frontend
  labels:
    app: guestbook
spec:
## 서비스 타입은 LoadBalancer 혹은 NodePort를 사용합니다.
  type: LoadBalancer
  ports:
  - port: 80
  selector:
    app: guestbook
---
apiVersion: apps/v1
kind: Deployment
metadata:
  name: frontend
spec:
  selector:
    matchLabels:
      app: guestbook
## 서비스 고가용성 구성을 위해 3개의 프런트엔드 서비스용 파드를 설치합니다.
  replicas: 3
  template:
    metadata:
      labels:
        app: guestbook
    spec:
      containers:
      - name: php-redis
## 데모 용도의 방명록(guestbook) 서비스는 구글에서 제공합니다.
        image: gcr.io/google-samples/gb-frontend:v4
        resources:
          requests:
            cpu: 100m
```

---

3 https://github.com/wikibook/kubepractice/blob/main/ch23/guestbook-front.yml

```
        memory: 100Mi
    env:
    - name: GET_HOSTS_FROM
      value: dns
    ports:
    - containerPort: 80
```

방명록 서비스에 사용할 guestbook 네임스페이스를 생성하고 프런트엔드 서비스용 파드를 설치합니다.

```
[spkr@erdia22 ch22 (ubun01:wordpress)]$ cd ../ch23

[spkr@erdia22 ch23 (ubun01:wordpress)]$ k create ns guestbook
namespace/guestbook created

[spkr@erdia22 ch23 (ubun01:wordpress)]$ k ns guestbook
Context "ubun01" modified.
Active namespace is "guestbook".

[spkr@erdia22 ch23 (ubun01:guestbook)]$ k apply -f guestbook-front.yml
service/frontend created
deployment.apps/frontend created
```

다음으로 백엔드 용도의 레디스를 설치합니다. 레디스는 프라이머리(primary) 파드 1개와 세컨더리
(secondary) 파드 2개로 총 3개의 파드로 구성합니다.

예제 23.2 방명록 서비스용 레디스 YAML 파일[4]

```
apiVersion: v1
kind: Service
metadata:
  name: redis-master
  labels:
    app: redis
    role: master
spec:
  ports:
  - port: 6379
```

---

4 https://github.com/wikibook/kubepractice/blob/main/ch23/guestbook-redis.yml

```yaml
      targetPort: 6379
    selector:
      app: redis
      role: master
---
apiVersion: apps/v1
kind: Deployment
metadata:
## Redis Master 파드를 설치합니다.
  name: redis-master
spec:
  selector:
    matchLabels:
      app: redis
      role: master
  replicas: 1
  template:
    metadata:
      labels:
        app: redis
        role: master
    spec:
      containers:
      - name: master
        image: k8s.gcr.io/redis:e2e  # or just image: redis
        resources:
          requests:
            cpu: 100m
            memory: 100Mi
        ports:
        - containerPort: 6379
---
apiVersion: v1
kind: Service
metadata:
  name: redis-slave
  labels:
    app: redis
    role: slave
```

```
spec:
  ports:
  - port: 6379
  selector:
    app: redis
    role: slave
---
apiVersion: apps/v1
kind: Deployment
metadata:
## Redis Slave 파드를 설치합니다.
  name: redis-slave
spec:
  selector:
    matchLabels:
      app: redis
      role: slave
  replicas: 2
  template:
    metadata:
      labels:
        app: redis
        role: slave
    spec:
      containers:
      - name: slave
        image: gcr.io/google_samples/gb-redisslave:v1
        resources:
          requests:
            cpu: 100m
            memory: 100Mi
        env:
        - name: GET_HOSTS_FROM
          value: dns
        ports:
        - containerPort: 6379
```

이어서 다음과 같은 명령어로 레디스 마스터, 슬레이브 파드를 설치합니다.

```
[spkr@erdia22 ch23 (ubun01:guestbook)]$ k apply -f guestbook-redis.yml
service/redis-master created
deployment.apps/redis-master created
service/redis-slave created
deployment.apps/redis-slave created
```

정상적으로 설치가 완료되면 다음과 같이 총 6개의 파드를 확인할 수 있습니다.

```
[spkr@erdia22 ch23 (ubun01:guestbook)]$ k get pod
NAME                           READY   STATUS    RESTARTS   AGE
frontend-f7d9c57d4-97jzb       1/1     Running   0          12m
frontend-f7d9c57d4-g6ccw       1/1     Running   0          12m
frontend-f7d9c57d4-xcfwf       1/1     Running   0          12m
redis-master-7f9d665c5d-4lwn9  1/1     Running   0          4m48s
redis-slave-68d96fd5c4-9g5k2   1/1     Running   0          4m48s
redis-slave-68d96fd5c4-sx7l8   1/1     Running   0          4m48s
```

이제 외부에서 접속이 가능하므로 방명록 서비스의 로드밸런서 IP 주소를 확인하고 웹 브라우저로 접속합니다.

```
[spkr@erdia22 ch23 (ubun01:guestbook)]$ k get svc
NAME       TYPE           CLUSTER-IP     EXTERNAL-IP    PORT(S)       AGE
frontend   LoadBalancer   10.233.18.55   172.17.29.80   80:30210/TCP  12m
(생략)
```

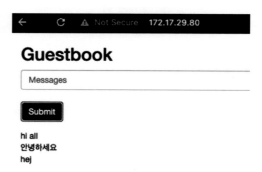

그림 23.2 방명록 서비스에 접속한 모습

위와 같이 메시지를 입력하면 저장되는 간단한 방명록 서비스입니다. 해당 서비스를 대상으로 부하 테스트와 고가용성 테스트를 실행합니다.

02 k6를 이용한 웹 부하 테스트

이번 절은 앞서 설치한 방명록 서비스에 부하 테스트 도구인 k6[5]를 이용해 웹 부하 테스트를 실행합니다. k6는 부하 테스트 도구로 많이 사용되던 JMeter 등과 같은 GUI 기반이 아닌 스크립트 기반이라 자동화하기가 용이합니다. 아마존, 마이크로소프트, 깃랩 등에서 사용되고 있습니다.

그럼 실습에 앞서 간단히 부하 테스트를 실행하는 이유를 알아봅니다. 부하 테스트는 왜 필요할까요?

당연한 이야기지만 부하 테스트는 우리 서비스가 몇 명의 사용자에게 어느 정도의 응답 속도를 제공할 수 있는지 알아보기 위해 수행합니다. 이처럼 제공 가능한 서비스 수준을 정량적으로 정의한 것을 서비스 수준 목표(Service Level Object; SLO)라고 합니다. 그리고 서비스 수준 목표를 측정하기 위한 정량적인 판단 기준을 서비스 수준 척도(Service Level Indicator; SLI)라 합니다. 참고로 이렇게 내부적으로 선정한 SLO, SLI를 바탕으로 외부 고객에게 공개하는 것을 서비스 수준 협약(Service Level Agreement; SLA)이라고 합니다. SLA는 계약 수준을 만족하지 못하면 비용을 지불해야 하는 피해 보상 부분을 포함합니다.[6]

한 가지 유의해야 할 점은 SLI는 시스템 운영자 관점의 CPU, 메모리, 디스크 I/O 등 자원 사용량이 아닌 서비스를 사용하는 사용자 관점의 서비스 응답 속도, 수용 가능한 동시/활성 사용자 등이어야 한다는 것입니다. SLO 역시 사용자 관점에서 정의해야 하고 최대한 단순하게 정의할 필요가 있습니다. 앞에서 설치한 테스트 용도의 방명록 서비스를 예를 들면 사용자 응답 속도 측면의 SLO는 다음과 같이 정의할 수 있습니다.

- SLO: 동시 사용자 10,000명 접속 시 첫 페이지 응답 속도의 99%가 1초 이내여야 한다.

SLO/SLI/SLA는 개별 상황에 따라 다양한 정의가 있습니다. 각 사이트 특성에 맞게 초당 트랜잭션 처리량, 응답 시간, 가용성, 내구성 등 다양한 지표를 검토해서 선정합니다. 이때 다양한 상황을 고려해서 신중하게 정의할 필요가 있습니다. 만약 여건이 여의치 않아 정확한 목표 설정이 어려우면 단순한 목표

---

5 https://k6.io/

6 https://www.atlassian.com/incident-management/kpis/sla-vs-slo-vs-sli

라도 목표를 설정하는 것이 목표를 설정하지 않는 것보다 내부 의사소통에 큰 도움이 되므로 반드시 목표 수준을 정의하는 것을 권고합니다. 이상적인 목표가 아닌 현실적으로 달성 가능한 목표를 설정하고, 이를 달성하기 위한 다양한 방안을 논의하면 시스템 개선을 위한 여러 가지 아이디어를 도출할 수 있습니다.

이제 부하 테스트 도구인 k6를 이용해 서비스 수준 목표를 측정합니다. k6 설치는 공식 홈페이지 가이드를 참조합니다.[7] 다음은 WSL 환경의 우분투를 기준으로 설치하는 예시이며 macOS 등의 환경에서는 홈페이지에 안내된 내용을 참조합니다.

```
[spkr@erdia22 ch23 (ubun01:guestbook)]$ sudo gpg --no-default-keyring --keyring /usr/share/
keyrings/k6-archive-keyring.gpg --keyserver hkp://keyserver.ubuntu.com:80 --recv-keys
C5AD17C747E3415A3642D57D77C6C491D6AC1D69

[spkr@erdia22 ch23 (ubun01:guestbook)]$ echo "deb [signed-by=/usr/share/keyrings/k6-archive-key-
ring.gpg] https://dl.k6.io/deb stable main" | sudo tee /etc/apt/sources.list.d/k6.list

[spkr@erdia22 ch23 (ubun01:guestbook)]$ sudo apt-get update

[spkr@erdia22 ch23 (ubun01:guestbook)]$ sudo apt-get install k6
```

항상 그렇듯이 새로운 도구를 설치하면 대략적인 명령어 사용법을 확인합니다. 다음은 k6[8]의 주요 명령어 목록입니다.

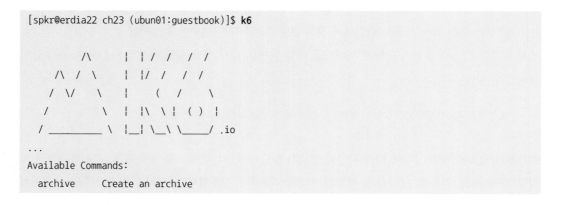

```
[spkr@erdia22 ch23 (ubun01:guestbook)]$ k6


        /\      |  ¦ |/  /   /  /
     /\  /  \     |  ¦ |/  /   /  /
    /  \/    \    ¦    (  /     \
   /          \ ¦ |\  \ ¦ ( )  ¦
  / _____ \ ¦_¦ \_\ \____/ .io
...
Available Commands:
  archive     Create an archive
```

---

7 https://k6.io/docs/getting–started/installation/
8 k6 명령어를 실행하면 산 모양의 아스키 아트가 출력되는 것이 흥미롭습니다. k6가 파키스탄에 있는 산 이름을 의미하기 때문입니다. 참고: https://en.wikipedia.org/wiki/K6_(mountain)

```
cloud        Run a test on the cloud
convert      Convert a HAR file to a k6 script
help         Help about any command
inspect      Inspect a script or archive
login        Authenticate with a service    # 클라우드 로그인
pause        Pause a running test
resume       Resume a paused test
run          Start a load test
scale        Scale a running test
stats        Show test metrics
status       Show test status
version      Show application version
```

- cloud

  로컬 환경뿐만 아니라 클라우드 환경에서도 실행할 수 있습니다. 별도의 비용을 지불하고 클라우드를 사용하면 다양한 클라이언트를 사용할 수 있어 웹 사이트 부하를 증가할 수 있습니다. 추가로 상세한 성능 리포트, 테스트 이력 등을 확인할 수 있습니다.

- login

  클라우드 환경의 테스트를 진행하려면 k6 클라우드 시스템에 로그인할 필요가 있습니다.

- run

  로컬 환경에서 부하 테스트를 실행할 때 사용합니다. k6 run은 명령어 인자로 스크립트를 지정해서 부하 테스트를 실시합니다.

부하 테스트를 위한 스크립트를 확인하기에 앞서 부하 테스트를 실행할 방명록 서비스의 IP 주소를 다시 한 번 확인합니다. IP는 방명록 서비스의 로드밸런서 타입의 External-IP입니다.

```
[spkr@erdia22 ch23 (ubun01:guestbook)]$ k get svc -n guestbook
NAME       TYPE           CLUSTER-IP     EXTERNAL-IP    PORT(S)      AGE
frontend   LoadBalancer   10.233.18.55   172.17.29.80   80:30210/TCP  17m
(생략)
```

이 책의 실습 환경에서 guestbook 네임스페이스의 frontend 로드밸런서 IP 주소는 이와 같이 172.17.29.80입니다. 해당 IP 주소를 대상으로 부하 테스트를 실행합니다.

k6를 이용해 부하 테스트를 수행하려면 스크립트가 필요합니다. 다음은 k6의 부하 테스트 스크립트로서 자바스크립트 기반입니다.[9]

예제 23.3 k6의 웹 부하 테스트용 스크립트(stages-k6.js)[10]

```javascript
// k6, http 모듈을 불러옵니다.
import http from 'k6/http';
import { check, sleep } from 'k6';

// 3단계로 나눠서 부하 테스트를 실행합니다.
export const options = {
  stages: [
    { duration: '1m', target: 500 },
    { duration: '2m', target: 500 },
    { duration: '30s', target: 0 },
  ],
};

export default function () {
  const res = http.get('http://172.17.29.80/');
  check(res, { 'status was 200': (r) => r.status == 200 });
  sleep(1);
}
```

- stages:

  정확한 부하 테스트를 위해 준비, 실행, 중지의 3단계로 나눕니다.

- duration: '1m', target: 500

  duration: '2m', target: 500

  duration: '30s', target: 0

  duration은 실행 시간이며, target은 부하 테스트를 실행하는 가상 유저 수입니다. "duration: '1m', target: 500"은 1분간 500명의 유저로 부하를 발생시켜 테스트를 실행한다는 의미입니다. 가상 유저 생성에 시간이 소요되므로 초기 준비 단계로 1분 동안 500명의 가상 유저를 생성하는 시간을 뒀습니다. 이후로 2분 동안 500명의 유저로 실제 테스트를 수행합니다. 마지막 30초 동안 유저를 0명까지 감소시킵니다. 참고로 k6에서 부하 테스트를 실행하는 사용자를 VU(Virtual User)라 하며 스크립트에서는 이를 target이라 합니다.

---

9 홈페이지에서 다양한 k6 스크립트 예제를 확인할 수 있습니다. https://k6.io/docs/using-k6/http-requests/

10 https://github.com/wikibook/kubepractice/blob/main/ch23/stages-k6.js

- const res = http.get('http://172.17.29.80/')

  부하 테스트 측정 대상이 되는 IP(혹은 URL)를 지정합니다. IP는 앞에서 확인한 방명록 서비스의 LoadBalancer IP로서 각자의 환경에 맞게 수정합니다. http.get 메서드를 사용하고 필요에 따라 get 외에도 아이디/패스워드 입력을 위한 post, put 등 다양한 HTTP 메서드를 사용할 수 있습니다.[11]

- check[12]

  테스트 성공/실패 여부를 기록합니다. 실패가 발생해도 테스트를 중지하지 않고 실패 횟수를 기록합니다. 본 테스트에서는 HTTP 응답 코드 200(정상 접속) 리턴 여부를 확인합니다.

- sleep(1);

  1초 간격으로 500명의 가상 유저가 부하 테스트를 실행합니다.

스크립트가 준비되면 테스트를 실행합니다. 명령어 형식은 k6 run + {스크립트 이름}입니다.

```
[spkr@erdia22 ch23 (ubun01:guestbook)]$ k6 run stages-k6.js


          /\      | | / / / /
     /\ / \     | |/ / / /
    / \/   \    |   ( /   \
   /       \   | |\  \ | ( ) |
  / _____ \  |_| \_\ \____/ .io
(생략)
   scenarios: (100.00%) 1 scenario, 500 max VUs, 4m0s max duration (incl. graceful stop):
          * default: Up to 500 looping VUs for 3m30s over 3 stages (gracefulRampDown: 30s,
gracefulStop: 30s)
running (3m30.7s), 000/500 VUs, 76459 complete and 0 interrupted iterations
default ✓ [===============================] 000/500 VUs  3m30s


     ✓ status was 200


     checks.........................: 100.00%  76459      ✗ 0
     data_received..................: 91 MB    430 kB/s
     data_sent......................: 6.0 MB   28 kB/s
     http_req_blocked...............: avg=183.43μs min=2.29μs med=7.7μs  max=1.08s
p(90)=17.39μs p(95)=21.4μs
     http_req_connecting............: avg=169.82μs min=0s     med=0s     max=1.08s   p(90)=0s
```

---

11 https://k6.io/docs/using-k6/http-requests/

12 https://k6.io/docs/using-k6/checks/

```
           p(95)=0s
               http_req_duration..............: avg=82.74ms  min=1.6ms   med=3.58ms  max=46.53s   p(90)=6.16ms
           p(95)=7.67ms
                 { expected_response:true }...: avg=82.74ms   min=1.6ms   med=3.58ms  max=46.53s   p(90)=6.16ms
           p(95)=7.67ms
               http_req_failed................: 0.00%   ✓ 0            ✗ 76459
               http_req_receiving.............: avg=128.77µs min=17.6µs  med=95.1µs  max=16.96ms
           p(90)=227.7µs  p(95)=313.9µs
               http_req_sending...............: avg=45.73µs   min=6.3µs   med=25.4µs  max=16.04ms
           p(90)=69.8µs   p(95)=129.9µs
               http_req_tls_handshaking.......: avg=0s        min=0s      med=0s      max=0s       p(90)=0s
           p(95)=0s
               http_req_waiting...............: avg=82.56ms   min=1.51ms  med=3.41ms  max=46.53s   p(90)=5.92ms
           p(95)=7.39ms
               http_reqs......................: 76459    362.908107/s
               iteration_duration.............: avg=1.08s     min=1s      med=1s      max=47.53s  p(90)=1s
           p(95)=1s
               iterations.....................: 76459    362.908107/s
               vus............................: 10       min=9       max=500
               vus_max........................: 500      min=500     max=500
```

- **500 max VUs**

  k6에서 부하 테스트를 실행하는 사용자는 VUs(Virtual Users)입니다. 스크립트(stages.js)의 target으로 지정한 500 사용자와 동일합니다.

- **checks: 100.00% ✓ 76459   ✗ 0**

  스크립트에 설정한 HTTP 응답 코드 200의 확인 결과를 표시합니다. 총 76459번 접속했으며, 모두 응답 코드 200(정상 접속)으로 정상적으로 접속됐습니다.

- **http_req_duration**

  avg=82.74ms min=1.6ms   med=3.58ms max=46.53s   p(90)=6.16ms   p(95)=7.67ms

  응답 속도는 http_req_duration = http_req_sending + http_req_waiting + http_req_receiving로 계산합니다. k6는 기본 설정으로 각각 응답 속도의 평균, 최솟값, 중간값, 최댓값, p(90), p(95)를 나타냅니다. p(90), p(95)는 응답 속도 분포로서 가장 빠른 속도에서 시작해서 90번째, 95번째 응답 속도를 의미합니다. 분포(percentiles) –p(90), p(95)–는 사용자가 변경할 수 있으며, 99%로 변경 가능합니다. 참고로 단순한 정적 페이지로 95%의 사용자 응답 속도가 7.67ms으로 굉장히 빠른 편입니다.

측정 결과, 95% 사용자의 응답 속도가 7.67밀리초입니다. SLO(서비스 수준 목표) 설정 목표에 따라 목표 달성 여부를 확인할 수 있습니다.

서비스 담당자는 서비스 중에서 중요한 페이지를 대상으로 위와 같은 테스트를 실행해 서비스가 제공 가능한 서비스 수준 목표(SLO)를 확인할 수 있습니다. 측정 결과에 따라 병목의 원인이 되는 소스코드의 로직을 개선하는 등 다양한 활동을 수행합니다. 물론 여러 대의 노트북이나 서버 등을 준비해서 500명의 사용자가 아닌 1,000 ~ 10,000명의 사용자를 대상으로 검증하는 것도 필요합니다. 이때 k6 클라우드 서비스를 이용하면 사용자 추가 작업을 손쉽게 할 수 있습니다.

이상으로 간단하게 부하 테스트에 대해 알아봤습니다. 변경이 잦은 실 서비스 환경에서는 CI/CD 프로세스에 해당 프로세스를 포함해서 소스코드가 바뀔 때마다 부하 테스트를 실시할 필요가 있습니다.

03 애플리케이션 고가용성 테스트

이번 절에서는 장애 등의 상황으로 노드와 파드가 종료됐을 때 애플리케이션 서비스에 이상이 없는지 확인하는 고가용성 테스트를 알아봅니다. 기본적으로 쿠버네티스 환경에서는 예외적인 경우를 제외하고 모든 파드에 이중화 구성을 적용하는 것을 권장합니다. 이중화된 파드로 이뤄진 서비스는 서버 메모리 교체 작업 등의 하드웨어 작업을 수행하더라도 해당 노드에서 실행 중인 파드는 재시작되지만 전체 파드는 이중화돼 있기에 서비스에 이상이 없습니다.

하지만 모든 일이 그렇듯이 사전 점검이 필수입니다. 예를 들어, 파드가 특정 단일 노드에서 모두 실행 중이거나 노드의 로컬 디스크를 사용한다면 특정 노드에 종속되어 해당 노드에 장애가 발생할 경우 노드에서 실행 중인 파드까지 장애가 발생합니다. 이 같은 다양한 문제점을 확인하려면 사전에 애플리케이션에 대한 고가용성 테스트가 필수적입니다.

23.3.1 특정 노드 내에서 실행 중인 모든 파드 종료하기

특정 노드에서 실행 중인 모든 파드를 종료하는 쿠버네티스 명령어는 kubectl drain[13]입니다. 'drain'을 사전에서 찾아보면 '물을 빼다, 고갈하다'라는 뜻입니다. kubectl drain은 노드에서 실행 중인 전체 파드를 종료하고 다른 노드로 이전할 때 사용합니다. 일반적으로 하드웨어 작업이나 버전 업그레이드 등 계획된 서버 작업이 필요한 경우 사용합니다.

---

13 안전한 노드 drain 실행 가이드: https://kubernetes.io/docs/tasks/administer-cluster/safely-drain-node/

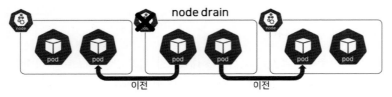

그림 23.3 노드 종료(drain)

그럼 고가용성 테스트에 앞서 현재 실행 중인 전체 파드의 목록을 확인합니다.

```
[spkr@erdia22 ~ (ubun01:guestbook)]$ k get pod -o wide -A
NAMESPACE       NAME                                            READY    STATUS
RESTARTS        AGE     IP              NODE       NOMINATED NODE  READINESS GATES
argocd          argocd-application-controller-0                 1/1      Running
0               3d22h   10.233.99.80    ubun20-01  <none>          <none>
(생략)
```

모든 네임스페이스에서 실행 중인 파드를 확인하는 옵션은 -A(또는 -all-namespaces)입니다. 간단히 각 노드마다 실행 중인 파드의 개수를 확인합니다.

```
# grep {노드이름}, wc -l 옵션을 이용해 실행 중인 파드의 수량을 확인합니다.
[spkr@erdia22 ~ (ubun01:guestbook)]$ k get pod -o wide -A¦grep ubun20-01¦wc -l
55
[spkr@erdia22 ~ (ubun01:guestbook)]$ k get pod -o wide -A¦grep ubun20-02¦wc -l
48
[spkr@erdia22 ~ (ubun01:guestbook)]$ k get pod -o wide -A¦grep ubun20-03¦wc -l
26
```

1번 노드와 2번 노드에서 실행 중인 파드의 수가 비슷합니다. 편의상 1번 노드의 파드를 종료(drain)합니다.

```
[spkr@erdia22 ch23 (ubun01:guestbook)]$ k drain ubun20-01
node/ubun20-01 cordoned
error: unable to drain node "ubun20-01" due to error:[cannot delete Pods with local storage (use
--delete-emptydir-data to override): argocd/argocd-application-controller-0,
(생략)
```

추가 옵션을 지정하지 않고 drain 명령어를 실행하면 위와 같이 명령어가 실행되지 않고 '--delete-emptydir-data', '--ignore-daemonsets' 에러가 발생합니다. '--delete-emptydir-data'는 파드를 실행했을 때 로컬 디렉터리(empty directory)를 사용하는 파드는 해당 데이터를 사용하지 못하므로 다른 노드에서 정상적으로 실행되지 않을 수 있다는 경고 메시지입니다.[14] '--ignore-daemonsets'은 데몬셋으로 실행되어 데몬셋 정의상 모든 노드에서 실행되기 때문에 다른 노드에서 중복 실행되지 않는다는(ignore) 경고 메시지입니다.

해당 경고 메시지를 통해 다른 노드에서 실행되지 않고 종료되는 파드 목록을 확인했으므로 해당 옵션을 추가해서 drain 명령어를 실행합니다. 화면을 분할해서 다른 화면에서 파드의 변화 상태를 확인(k get pod -o wide -A -w)하면 좀 더 직관적으로 파드의 상태를 확인할 수 있습니다. 참고로 윈도우 터미널을 위/아래 화면으로 분할하는 단축 명령어는 Alt + Shift + −입니다.

```
## --delete-emptydir-data, --ignore-daemonsets 옵션을 추가하면 정상적으로 drain 명령어를 수행할
수 있습니다.
[spkr@erdia22 ch23 (ubun01:guestbook)]$ k drain ubun20-01 --delete-emptydir-data --ignore-dae-
monsets
node/ubun20-01 already cordoned
(생략)
```

노드를 종료한 후 실행 중인 파드를 확인하면 다음과 같이 정상적으로 실행되지 못하는 파드를 확인할 수 있습니다.

```
[spkr@erdia22 ch23 (ubun01:guestbook)]$ k get pod -A |grep -i pending
gitlab          gitlab-minio-74dfc6b6c7-4sldq                      0/1      Pending
0                  2m16s
gitlab          gitlab-postgresql-0                                0/2      Pending
0                  103s
gitlab          gitlab-redis-master-0                              0/2      Pending
0                  2m2s
redis           redis-replicas-2                                   0/1      Pending
0                  110s
```

위와 같이 gitlab, redis 파드들은 정상적으로 파드가 실행되지 않고 있습니다. 파드 메시지를 확인하면 Pending 상태입니다. 왜 그럴까요?

---

14 또는 기존 데이터를 사용하지 않고 다른 노드에서 새롭게 빈(empty) 데이터 상태로 실행되도록 애플리케이션에서 수정할 수 있습니다.

현재 클러스터의 스토리지 클래스는 openebs-hostpath입니다. openebs-hostpath는 이름에서도 알 수 있듯이 이 클러스터 외부의 스토리지를 사용하지 않고 파드가 실행되는 호스트 노드의 로컬 디스크를 사용합니다. 따라서 노드를 종료하면 다른 노드에는 기존에 파드가 사용하는 데이터가 없어서 다른 노드에서 실행되지 못하고 위와 같이 Pending 에러가 발생합니다. openebs-hostpath 스토리지 클래스를 사용하는 파드는 위와 같이 노드를 변경해서 실행할 수 없습니다. MariaDB처럼 애플리케이션 계층에서 데이터 동기화 설정이 가능한 파드만 다른 노드에서 정상적으로 실행됩니다.

그림 23.4 호스트패스 사용 시 노드 간 파드 이전 불가

```
## sc(stoageclass) 설정 확인
[spkr@erdia22 ch23 (ubun01:guestbook)]$ k get sc
NAME                      PROVISIONER       RECLAIMPOLICY   VOLUMEBINDINGMODE    ALLOWVOL-
UMEEXPANSION    AGE
openebs-device            openebs.io/local  Delete          WaitForFirstConsumer  false
5d17h
openebs-hostpath (default) openebs.io/local Delete          WaitForFirstConsumer  false
5d17h
```

이처럼 사전에 노드 종료 테스트를 하면 애플리케이션이 정상적으로 다른 노드로 이동한 후 정상적으로 서비스가 가능한지 확인할 수 있습니다.

테스트를 완료했으므로 다시 노드의 상태를 복원합니다.

```
## ubun20-01는 drain 설정으로 파드 실행이 금지(cordon)됐습니다.
[spkr@erdia22 ch23 (ubun01:guestbook)]$ k get nodes -o wide
NAME         STATUS                  ROLES         AGE   VERSION   INTERNAL-IP    EXTER-
NAL-IP   OS-IMAGE         KERNEL-VERSION    CONTAINER-RUNTIME
ubun20-01    Ready,SchedulingDisabled  control-plane  8d    v1.24.1   172.17.29.61   <none>
Ubuntu 20.04.2 LTS    5.4.0-113-generic    containerd://1.6.4
(생략)
```

```
## 'SchedulingDisabled'된 노드를 다시 ready 상태로 복원하는 명령어는 uncordon입니다.
[spkr@erdia22 ch23 (ubun01:guestbook)]$ k uncordon ubun20-01
node/ubun20-01 uncordoned
```

명령어로 uncordon을 사용했습니다. 'cordon'은 '저지선', '비상 경계선'이라는 뜻입니다. 즉, 해당 노드
에 파드가 실행되지 않도록 저지선을 친다는 것을 의미합니다. 따라서 uncordon 명령어는 저지선을 제
거해서 다시 파드가 실행되는 것을 의미합니다.

파드의 상태를 확인하면 이전에 에러가 발생해서 Pending 상태였던 파드들이 다시 자동으로 이전 노
드에서 정상적으로 실행된 것을 확인할 수 있습니다.

```
[spkr@erdia22 ch23 (ubun01:guestbook)]$ k get pod -o wide -A¦grep ubun20-01
gitlab          gitlab-minio-74dfc6b6c7-4sldq                         1/1      Running
0               6m57s    10.233.99.104    ubun20-01    <none>         <none>
gitlab          gitlab-postgresql-0                                   2/2      Running
0               6m24s    10.233.99.106    ubun20-01    <none>         <none>
gitlab          gitlab-redis-master-0                                 2/2      Running
0               6m43s    10.233.99.107    ubun20-01    <none>         <none>
(생략)
```

이상으로 노드 종료 테스트를 완료합니다.

23.3.2 파드 삭제 및 노드 종료 시 서비스 이상 여부 검증

이번 절에서는 파드 삭제 및 노드의 전원을 종료했을 때 해당 애플리케이션 서비스에 이상이 없는지 확
인해 보겠습니다. 애플리케이션 파드를 이중화 구성하면 단일 파드 혹은 노드가 다운되더라도 전체 서
비스에는 이상이 없어야 합니다. 이러한 가정을 실습으로 검증합니다.

먼저 서비스 검증용 애플리케이션으로 앞에서 설치한 방명록 서비스를 이용합니다.

```
## 앞에서 설치한 방명록 서비스의 파드 목록을 확인합니다.
[spkr@erdia22 ch23 (ubun01:guestbook)]$ k get pod
NAME                        READY    STATUS    RESTARTS    AGE
frontend-f7d9c57d4-97jzb    1/1      Running   0           31m
frontend-f7d9c57d4-d4ccn    1/1      Running   0           7m59s
frontend-f7d9c57d4-xcfwf    1/1      Running   0           31m
redis-master-7f9d665c5d-4lwn9  1/1   Running   0           24m
redis-slave-68d96fd5c4-9g5k2   1/1   Running   0           24m
redis-slave-68d96fd5c4-sx7l8   1/1   Running   0           24m
```

서비스 확인에는 간단한 while, curl 스크립트를 사용합니다. 1초마다 curl 명령어를 이용해 서비스 이상 여부를 확인하도록 while 반복문 스크립트를 사용합니다. 방명록 서비스의 로드밸런서 IP(172.17.29.80)를 타깃으로 1초마다 응답 여부를 확인합니다.

```
[spkr@erdia22 ch23 (ubun01:guestbook)]$ while true; do curl --silent -I 172.17.29.80|grep -i
date; sleep 1;done
Date: Fri, 24 Jun 2022 19:14:24 GMT
(생략)
```

while 무한 루프를 사용하고 curl 옵션으로 -silent, -I를 지정합니다. grep 명령어 인자로 date를 지정해서 응답 여부를 1초 단위로 확인합니다. 물론 앞에서 사용한 부하 테스트 도구인 k6를 이용해 서비스 이상 여부를 측정할 수도 있습니다. 각자 편한 도구를 사용해 서비스 이상 여부를 확인합니다.

앞의 절과 동일하게 화면을 두 개로 나누고 한 화면에서는 while 반복문을 실행하고 다른 화면에서는 파드를 순차적으로 종료합니다. 파드를 종료하면 방명록 서비스에는 어떤 영향을 끼칠까요?

항상 테스트를 실행하기에 앞서 미리 가설을 세우고 결과를 예상하면 실험 결과를 좀 더 잘 이해할 수 있습니다. 모든 파드는 2개 이상의 파드로 구성돼 있어 실 서비스에는 이상이 없을 것입니다. 실제로도 그런지 테스트로 검증합니다.

```
## 방명록 서비스의 프런트엔드 파드를 순차적으로 하나씩 종료합니다.
[spkr@erdia22 ~ (ubun01:guestbook)]$ k delete pod frontend-f7d9c57d4-97jzb
[spkr@erdia22 ~ (ubun01:guestbook)]$ k delete pod frontend-f7d9c57d4-d4ccn
[spkr@erdia22 ~ (ubun01:guestbook)]$ k delete pod frontend-f7d9c57d4-xcfwf
```

예상대로 실 서비스의 HTTP 응답은 이상이 없습니다.

```
[spkr@erdia22 ch23 (ubun01:guestbook)]$ while true; do curl --silent -I 172.17.29.80|grep -i
date; sleep 1;done
Date: Fri, 24 Jun 2022 19:18:04 GMT
Date: Fri, 24 Jun 2022 19:18:05 GMT
Date: Fri, 24 Jun 2022 19:18:06 GMT
Date: Fri, 24 Jun 2022 19:18:07 GMT
Date: Fri, 24 Jun 2022 19:18:08 GMT
Date: Fri, 24 Jun 2022 19:18:09 GMT
Date: Fri, 24 Jun 2022 19:18:10 GMT
(생략)
```

1초의 서비스 단절 없이도 모든 curl 요청에 정상적으로 응답합니다. 동일하게 백엔드 레디스 파드도 하나씩 종료합니다.

```
[spkr@erdia22 ~ (ubun01:guestbook)]$ k delete pod redis-master-7f9d665c5d-4lwn9
[spkr@erdia22 ~ (ubun01:guestbook)]$ k delete pod redis-slave-68d96fd5c4-9g5k2
[spkr@erdia22 ~ (ubun01:guestbook)]$ k delete pod redis-slave-68d96fd5c4-sx7l8
```

역시 동일하게 모든 요청에 정상적으로 응답합니다. 만약 HTTP PUT 메서드를 이용해 방명록을 직접 작성하는 시나리오였다면 레디스 마스터 노드를 다운시켰을 때 서비스 단절이 발생합니다. 하지만 단순히 조회만 하는 시나리오에서는 하나의 레디스 파드의 종료에 상관없이 정상적으로 응답합니다. 이처럼 방명록 서비스는 프런트엔드, 백엔드 파드의 단일 파드 다운과 상관없이 정상적으로 응답합니다. 단순한 단일 파드 장애는 서비스 고가용성에 영향을 미치지 않음을 확인할 수 있습니다.

다음으로 실제 노드에 접속해서 노드의 전원을 내려보겠습니다. 특정 노드의 전원을 끄면 서비스에 어떤 영향이 있을까요?

방명록 파드가 전체 노드에 분산되어 실행 중이면 단일 노드가 다운되더라도 다른 노드의 파드는 정상이므로 전체 방명록 서비스는 이상 없습니다. 하지만 프런트엔드 서비스의 로드밸런서를 담당하는 MetalLB의 파드가 실행 중인 노드가 다운되면 서비스 장애가 발생합니다. 이처럼 애플리케이션뿐만 아니라 애플리케이션과 관련된 모든 인프라도 확인해야 합니다.

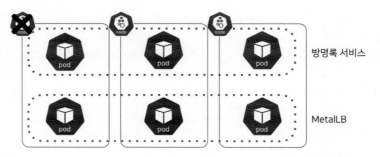

그림 23.5 노드 간 파드 분산

그럼 테스트로 확인해 보겠습니다. 먼저 metallb 파드 중 어떤 파드가 guestbook의 로드밸런서 서비스의 IP를 응답하는지 확인합니다. guestbook 서비스를 삭제한 후 재시작해서 metallb의 로그를 확인합니다.

```
## guestbook 네임스페이스의 frontend 서비스를 삭제합니다.
[spkr@erdia22 ch23 (ubun01:guestbook)]$ k delete svc frontend
```

```
service "frontend" deleted

## 터미널 창을 하나 더 열어서 frontend 서비스를 실행했을 때
## 어떤 파드가 응답하는지 실시간으로 확인합니다.
## 특정 네임스페이스의 전체 파드의 로그를 확인하려면
## 'kubetail -n {네임스페이스이름}' 명령어를 사용합니다.
[spkr@erdia22 ~ (ubun01:guestbook)]$ kubetail -n metallb
(생략)


## frontend 서비스를 다시 실행합니다.
[spkr@erdia22 ch23 (ubun01:guestbook)]$ k apply -f guestbook-front.yml
service/frontend created
deployment.apps/frontend unchanged
```

metallb 네임스페이스의 로그를 확인하면 metallb 파드 중 어떤 파드가 새로운 frontend 로드밸런서 서
비스를 처리하는지 확인할 수 있습니다.

```
[spkr@erdia22 ~ (ubun01:guestbook)]$ kubetail -n metallb
(생략)
[metallb-controller-6c9749d779-zr6jw] {"caller":"level.go:63","event":"ipAllocated","ip":["172
.17.29.80"],"level":"info","msg":"IP address assigned by controller","service":"guestbook/fron-
tend","ts":"2022-06-25T01:44:56.498569009Z"}
[metallb-controller-6c9749d779-zr6jw] {"caller":"level.go:63","event":"serviceUpdat-
ed","level":"info","msg":"updated service object","service":"guestbook/frontend","ts":"2022-06-
25T01:44:56.578711833Z"}
[metallb-speaker-q87c2] {"caller":"level.go:63","event":"serviceAnnounced","ips":["172.17.29.80
"],"level":"info","msg":"service has IP, announcing","pool":"default","protocol":"layer2","ser-
vice":"guestbook/frontend","ts":"2022-06-25T01:44:56.578915225Z"}
```

metallb 로그를 확인하면 metallb 컨트롤러가 IP를 할당하고 metallb-speaker-q87c2 파드가 해당 IP를 처
리하는 것을 알 수 있습니다. metallb-speaker-q87c2 파드는 'k get pod -n metallb -o wide' 명령어로 확인
하면 ubun20-01 노드에서 실행 중인 것을 확인할 수 있습니다.

```
[spkr@erdia22 ch23 (ubun01:guestbook)]$ k get pod -n metallb -o wide
NAME                                  READY   STATUS    RESTARTS      AGE    IP
NODE            NOMINATED NODE   READINESS GATES
metallb-controller-6c9749d779-zr6jw   1/1     Running   0             6h3m   10.233.99.143
ubun20-01       <none>           <none>
```

```
metallb-speaker-m49qz            1/1    Running   16 (6h3m ago)   6d5h   172.17.29.63
ubun20-03    <none>        <none>
metallb-speaker-q87c2            1/1    Running   0               6d5h   172.17.29.61
ubun20-01    <none>        <none>
metallb-speaker-rs55p            1/1    Running   4 (6h23m ago)   6d5h   172.17.29.62
ubun20-02    <none>        <none>
```

그럼 해당 노드의 전원을 내려서 애플리케이션 이상 여부를 확인합니다.

```
[spkr@erdia22 ch23 (ubun01:guestbook)]$ ssh spkr@ubun20-01
(생략)
spkr@ubun20-01:~$
```

이번에도 화면을 둘로 나눠서 서비스 이상 여부를 실시간으로 확인합니다.

```
## 노드의 전원을 끕니다.
spkr@ubun20-01:~$ sudo poweroff
spkr@ubun20-01:~$ Connection to ubun20-01 closed by remote host.
Connection to ubun20-01 closed.

## 노드 전원오프와 동시에 서비스 이상 여부를 확인합니다.
[spkr@erdia22 ~ (ubun01:guestbook)]$ while true; do curl --silent -I 172.17.29.80|grep -i date;
sleep 1;done

Date: Sat, 25 Jun 2022 01:57:28 GMT
Date: Sat, 25 Jun 2022 01:57:29 GMT


Date: Sat, 25 Jun 2022 01:59:46 GMT
Date: Sat, 25 Jun 2022 01:59:47 GMT


## 테스트가 완료되면 원격 콘솔로 접속해서 전원을 내렸던
## ubun20-01 노드를 다시 켭니다.
```

서비스를 확인하면 위와 같이 약 1분 17초(01:57:29 ~ 01:59:46) 동안 응답하지 못했습니다.[15] 이처럼 노드 전원을 내리면 해당 서비스의 파드뿐만 아니라 관련된 모든 파드(로드밸런서, 스토리지, 데이터베이스 등) 서비스도 함께 확인할 필요가 있습니다.

---

15 1분 17초 동안 서비스 장애가 발생하므로 실 서비스 환경에서는 MetalLB Layer2 모드가 아닌 BGP 모드로 사용하는 것을 권장합니다.

이렇게 해서 파드와 노드를 다운시켰을 때 방명록 서비스의 이상 여부를 확인했습니다. 방명록 서비스는 프런트엔드, 백엔드(레디스) 파드가 다중화로 구성되어 파드가 다운됐을 때도 서비스에 이상이 없었습니다. 하지만 관련된 전체 구성요소에 무중단 구성이 적용된 것은 아니라서 파드와 노드가 다운됐을 때 서비스 단절이 발생합니다. 따라서 실 서비스에 투입하기 전에는 반드시 확인이 필요합니다.

정리

이번 장에서 배운 내용을 정리합니다.

- 실제 서비스를 오픈하기 전에 부하 테스트와 고가용성 테스트를 실시해 사전에 서비스 이상 여부를 확인하는 작업이 반드시 필요합니다. 애플리케이션 변경 작업이 잦은 환경에서는 CI/CD 프로세스에 해당 테스트를 포함해서 주기적으로 검증하는 작업을 수행합니다.

- 서비스 수준 목표(SLO), 서비스 오픈 척도(SLI), 서비스 수준 협약(SLA)을 사전에 수립하고 정량적인 목표를 기반으로 부하 테스트를 실시합니다. 애플리케이션이 수용 가능한 사용자, 응답 속도 등을 측정함으로써 서비스 지연 원인을 확인할 수 있습니다. 부하 테스트 측정 도구로 스크립트 기반의 k6을 이용하면 GUI 기반의 서비스보다 자동화하기가 쉽습니다.

- 실 서비스 중에 발생 가능한 다양한 장애 상황에 대비해 파드와 노드 등을 내려서 전체 서비스 이상 여부를 파악합니다. 단일 노드에 파드가 실행되거나 애플리케이션 외의 다른 공통 요소 등으로 인한 장애 등 예측하지 못한 다양한 상황에 미리 대비할 수 있습니다. 카오스 엔지니어링 도구를 활용하면 다양한 장애 상황을 시뮬레이션해서 고가용성 테스트를 자동화할 수 있습니다.

쿠버네티스 노드 변경과
추가

이번 장에서는 실제 운영 환경에서 발생하는 쿠버네티스 노드의 변경 및 추가 작업에 대해 알아보겠습니다.

운영 환경에서 사용자가 증가해서 노드를 증설해야 하는 경우가 자주 발생합니다. 이벤트 기간의 이커머스 서비스, 대학교 수강신청 사이트 등이 대표적입니다. EKS(Elastic Kubernetes Service), AKS(Azure Kubernetes Service), NKS(NHN Kubernetes Service) 등 퍼블릭 클라우드 서비스를 이용하면 각 업체에서 제공하는 클러스터 오토스케일러(Cluster Autoscaler[1]) 서비스를 이용해 노드를 증가시킬 수 있습니다. 클러스터 오토스케일러는 사용량에 따라 쿠버네티스 노드를 자동으로 증가혹은 감소하는 기능입니다. 하지만 트래픽이 증가하는 시간은 10초 내외인데 노드를 증가하는 시간이 2~3분 소요된다면 정상적으로 트래픽을 처리할 수 없으므로 사전에 잘 준비해야 합니다.

퍼블릭 클라우드 환경이 아닌 온프레미스 환경은 일반적으로 여유 노드가 충분하지 않아 클러스터 오토스케일러 환경을 구축하기가 어렵습니다. 따라서 이번 장에서는 수동으로 클러스터 노드를 추가하는 실습을 진행합니다. 그리고 사용자 실수나 디스크 장애 등의 상황이 발생했을 때 필요한 클러스터 노드를 변경하는 실습도 함께 진행합니다.

---

1 https://github.com/kubernetes/autoscaler

1. 기존 클러스터 노드 중 컨트롤 플레인 노드를 새로운 노드로 변경합니다. 노드 교체는 클러스터 설치에 사용한 kubespray 도구를 사용합니다. 노드 변경 작업 이후 워커 노드를 추가하는 실습을 진행합니다.

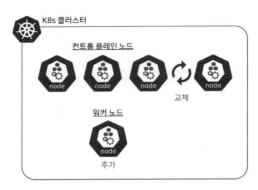

그림 24.1 클러스터 컨트롤 플레인의 노드 교체 및 워커 노드 추가

01 컨트롤 플레인 노드 변경과 워커 노드 추가

이번 절에서는 기존 클러스터의 컨트롤 플레인 노드를 변경하는 실습을 진행합니다. 클러스터 운영 중 사용자 실수나 디스크 장애 등으로 노드 자체를 교체해야 하는 경우가 가끔 발생합니다. 이때 노드를 교체할 경우 1) 대체 노드 준비 2) 기존 kubespray 도구의 인벤토리 노드 편집 3) 기존 노드 삭제 4) 새로운 노드 추가 작업 순으로 진행합니다.[2]

그럼 기존 노드를 변경하기 위해 새로운 노드를 준비합니다. vagrant나 EC2 등 개별 사용자 환경에 맞춰 새로운 가상 머신을 생성합니다. 필자는 다음과 같이 ubun20-04라는 호스트명으로 새로운 가상 머신을 준비했습니다. 각자의 환경에 따라 적절한 호스트명의 가상 머신을 생성합니다. 노드 변경 작업에는 클러스터를 생성할 때 사용한 kubespray 도구를 사용합니다. kubespray는 앤서블 기반으로, 사전에 1) /etc/hosts 등록과 2) 패스워드 없이 노드 접속 및 sudo 작업 권한을 설정하는 작업이 필요합니다.

---

2   kubespray 컨트롤 플레인, etcd 노드 변경 공식 가이드: https://github.com/kubernetes-sigs/kubespray/blob/master/docs/nodes.md

클러스터를 생성할 때 사용한 1번 노드의 /etc/hosts 파일에 새로 생성한 가상 머신[3]의 IP 주소와 호스트명을 등록하고 패스워드 없이 ssh를 통해 접속할 수 있게 ssh-copy-id 명령어를 실행합니다.

```
## IP와 호스트명은 개별 환경에 맞게 수정해서
## /etc/hosts 파일에 새로 생성한 노드를 추가합니다.
[spkr@erdia22 ch23 (ubun01:guestbook)]$ ssh ubun20-01
(생략)
spkr@ubun20-01:~$ sudo vi /etc/hosts
(생략)
172.17.29.61    ubun20-01
172.17.29.62    ubun20-02
172.17.29.63    ubun20-03
172.17.29.64    ubun20-04

## 패스워드를 입력하지 않고도 ssh 접속이 가능하도록 SSH 키를 등록합니다.
spkr@ubun20-01:~$ ssh-copy-id spkr@ubun20-04
(생략)

## 패스워드를 입력하지 않아도 ssh 접속이 가능한지 확인합니다.
spkr@ubun20-01:~$ ssh ubun20-04
```

다음으로 앞에서 새로 생성한 ubun20-04 노드에서 패스워드 없이 sudo 명령을 실행할 수 있게 /etc/sudoers 파일을 다음과 같이 수정합니다.

```
$ (* ¦ubun01:guestbook) ssh spkr@ubun20-04

## 임의의 줄에 아래 줄을 추가합니다. 계정 정보(spkr)로는 각자의 계정을 사용합니다.
spkr@spk:~$ sudo vi /etc/sudoers
...
spkr    ALL=(ALL)        NOPASSWD:ALL
```

새로운 노드를 준비했으므로 쿠버네티스 클러스터에서도 추가합니다. 노드 정보를 포함하는 인벤토리 파일을 수정합니다.

---

3   가상 머신을 생성하는 방법은 서문의 실습 환경 구축 내용을 참조합니다.

```
## 쿠버네티스 클러스터 생성을 위한 kubespray 작업은
## ubun20-01 가상 머신에서 진행했습니다.
$ (* ¦ubun01:guestbook) ssh spkr@ubun20-01
spkr@ubun20-01:~$ cd kubespray/

spkr@ubun20-01:~/kubespray$ cp inventory/mycluster/hosts.yml inventory/mycluster/hosts-new01.yml

spkr@ubun20-01:~/kubespray$ vi inventory/mycluster/hosts-new01.yml
```

예제 24.1 신규 kubespray 인벤토리 파일(hosts-new01.yml)[4]

```
all:
  hosts:
    ubun20-01:
      ansible_host: ubun20-01
    ubun20-02:
      ansible_host: ubun20-02
    ubun20-04:
      ansible_host: ubun20-04
  children:
    kube_control_plane:
      hosts:
        ubun20-01:
        ubun20-02:
        ubun20-04:
    kube_node:
      hosts:
        ubun20-01:
        ubun20-02:
        ubun20-04:
    etcd:
      hosts:
        ubun20-01:
        ubun20-02:
        ubun20-04:
    k8s_cluster:
      children:
        kube_control_plane:
```

---

4 https://github.com/wikibook/kubepractice/blob/main/ch01/kubespray-v2.19.0/inventory/mycluster/hosts-new01.yml

```
        kube_node:
        calico_rr:
    calico_rr:
      hosts: {}
```

- ▪ 호스트 노드 등록
  새 노드의 호스트명인 ubun20-04를 all: hosts: 블록에 추가합니다. 기존 노드인 ubun20-03은 인벤토리 파일에서 제거합니다.

- ▪ 컨트롤 플레인 노드, 워커 노드, etcd 노드
  쿠버네티스 클러스터 노드는 컨트롤 플레인 노드(kube_control_plane), 워커 노드(kube_node), etcd 노드로 구성합니다. 새 노드를 각 노드의 멤버로 추가합니다.

컨트롤러 교체 작업에 앞서 기존의 ubun20-03 노드에서 실행 중인 파드를 k drain 명령어를 사용해 다른 노드로 이동합니다.

```
[spkr@erdia22 ch23 (ubun01:guestbook)]$ k drain ubun20-03 --delete-emptydir-data --ignore-dae-
monsets
```

파드 이동이 완료되면 앞에서 수정한 인벤토리 파일을 기준으로 처음 클러스터를 설치할 때 사용한 kubespay 스크립트를 아래 옵션으로 다시 한 번 실행합니다.

```
## kubespray 작업은 ubun20-01 노드에서 실행합니다.
spkr@ubun20-01:~/kubespray$ ansible-playbook -i inventory/mycluster/hosts-new01.yml cluster.yml
--become --become-user=root --limit=etcd,kube_control_plane -e ignore_assert_errors=yes
(생략)
Saturday 25 June 2022  03:02:40 +0000 (0:00:00.128)        0:14:52.020
```

약 14분 52초 소요됐습니다. 처음 설치와 다르게 이번에는 etcd 노드가 변경되어 클러스터를 재구성하는 작업이 필요합니다. 아래 upgrade-cluster.yml 파일도 한번 더 실행합니다. 참고로 노드 재구성 작업을 진행하므로 노드에서 실행 중이던 파드는 종료 후 재실행되는 작업을 각 노드에서 반복합니다.[5]

```
spkr@ubun20-01:~/kubespray$ ansible-playbook -i inventory/mycluster/hosts-new01.yml upgrade-
cluster.yml -b -v --limit=etcd,kube_control_plane -e ignore_assert_errors=yes
...
```

---

5   etcd 노드 교체 작업에는 서비스 중단이 필요합니다.

```
ubun20-01                    : ok=695  changed=18   unreachable=0    failed=0    skipped=1629 res-
cued=0    ignored=2
ubun20-02                    : ok=621  changed=18   unreachable=0    failed=0    skipped=1350 res-
cued=0    ignored=2
ubun20-04                    : ok=625  changed=23   unreachable=0    failed=0    skipped=1346 res-
cued=0    ignored=2


Saturday 25 June 2022  03:02:40 +0000 (0:00:00.128)      0:17:47.609
```

이전보다 시간이 조금 더 소요되어 17분 47초가 걸렸습니다. 작업이 종료되면 기존 노드인 ubun20-03 노드는 삭제되고 새로 생성한 ubun20-04 노드가 control-plane, master 노드로 클러스터에 조인됩니다.

```
## 클러스터 상태는 로컬호스트에서 확인합니다. ubun20-01 노드에서 빠져나옵니다.
spkr@ubun20-01:~/kubespray$ exit
logout
Connection to ubun20-01 closed.

## 사용하지 않는 기존 ubun20-03 노드는 이제 클러스터에서 완전히 삭제(delete)합니다.
[spkr@erdia22 ch23 (ubun01:guestbook)]$ k delete node ubun20-03
node "ubun20-03" deleted

## 새로운 노드 ubun20-04를 클러스터에서 확인할 수 있습니다.
[spkr@erdia22 ch23 (ubun01:guestbook)]$ k get nodes -o wide
NAME       STATUS    ROLES          AGE    VERSION   INTERNAL-IP    EXTERNAL-IP   OS-IMAGE
KERNEL-VERSION     CONTAINER-RUNTIME
ubun20-01  Ready     control-plane  8d     v1.24.1   172.17.29.61   <none>        Ubuntu 20.04.2
LTS   5.4.0-121-generic   containerd://1.6.4
ubun20-02  Ready     control-plane  8d     v1.24.1   172.17.29.62   <none>        Ubuntu 20.04.2
LTS   5.4.0-121-generic   containerd://1.6.4
ubun20-04  Ready     control-plane  64m    v1.24.1   172.17.29.64   <none>        Ubuntu 20.04.2
LTS   5.4.0-120-generic   containerd://1.6.4
```

이처럼 컨트롤 플레인 노드의 변경에도 클러스터 생성에 사용한 kubespray를 사용할 수 있습니다.

다음으로 사용자 증가 등의 상황으로 클러스터에 새로운 노드를 추가하는 실습을 진행합니다. 노드 등록 역시 기존과 동일하게 앤서블 기반의 kubespray를 사용하므로 1번 노드(ubun20-01)의 /etc/hosts에 호스트명과 IP 주소를 등록하고, 패스워드 없이 ssh 접속하고 sudo 실행을 가능하게 하는 작업을 진행합니다. 먼저 새로운 노드인 ubun20-05를 준비하고 다음과 같은 작업을 수행합니다.

```
## 노드 추가 작업은 ubun20-01 노드에서 실행합니다.
[spkr@erdia22 ch23 (ubun01:guestbook)]$ ssh spkr@ubun20-01

## 새로 생성한 ubun20-05 노드를 /etc/hosts 파일에 추가합니다.
spkr@ubun20-01:~$ sudo vi /etc/hosts
172.17.29.61    ubun20-01
172.17.29.62    ubun20-02
172.17.29.63    ubun20-03
172.17.29.64    ubun20-04
172.17.29.65    ubun20-05

## 패스워드를 입력하지 않아도 ssh 접속이 가능하도록 설정합니다.
spkr@ubun20-01:~$ ssh-copy-id ubun20-05

## 패스워드를 입력하지 않아도 ssh 접속이 가능합니다.
spkr@ubun20-01:~$ ssh ubun20-05

## ubun20-05 노드에서 패스워드를 입력하지 않아도 sudo 실행이 가능하도록 설정합니다.
spkr@ubun20-05:~$ sudo vi /etc/sudoers
...
spkr    ALL=(ALL)       NOPASSWD:ALL
```

새로 추가한 노드를 인벤토리 파일에 추가합니다. 이전과 동일하게 관리 편의를 위해 새로운 인벤토리 파일(hosts-new02.yml)을 생성합니다.

```
## ubun20-01에서 kubespray 설정 작업을 합니다.
$ (* ¦ubun01:guestbook) ssh spkr@ubun20-01
spkr@ubun20-01:~$ cd kubespray/
spkr@ubun20-01:~/kubespray$ cp inventory/mycluster/hosts-new01.yml  inventory/mycluster/hosts-new02.yml

spkr@ubun20-05:~/kubespray/inventory/mycluster$ vi hosts-new02.yaml
```

```
all:
  hosts:
    ubun20-01:
```

---

6 https://github.com/wikibook/kubepractice/blob/main/ch01/kubespray-v2.19.0/inventory/mycluster/hosts-new02.yml

```
        ansible_host: ubun20-01
    ubun20-02:
        ansible_host: ubun20-02
    ubun20-04:
        ansible_host: ubun20-04
    ubun20-05:
        ansible_host: ubun20-05
  children:
    kube_control_plane:
      hosts:
        ubun20-01:
        ubun20-02:
        ubun20-04:
    kube_node:
      hosts:
        ubun20-01:
        ubun20-02:
        ubun20-04:
        ubun20-05:
    etcd:
      hosts:
        ubun20-01:
        ubun20-02:
        ubun20-04:
    k8s_cluster:
      children:
        kube_control_plane:
        kube_node:
        calico_rr:
    calico_rr:
      hosts: {}
```

- 새로운 노드(ubun20-05)를 all:hosts와 kube_node에 추가합니다. 새로운 노드는 컨트롤 플레인 노드가 아닌 워커 노드 (kube_node)에만 추가됩니다. 컨트롤 플레인 노드, etcd 노드와 다르게 kube_control_plane, etcd 노드에는 호스트명 을 추가하지 않습니다.

인벤토리 파일의 수정이 완료되어 클러스터 구성 스크립트를 실행합니다. 스크립트 실행 옵션으로 기 존 컨트롤 플레인 노드 변경 작업과 다르게 scale.yml 파일을 사용합니다.

```
## 신규 노드만 환경변수 정보를 업데이트하기 위해 facts.yml를 먼저 실행합니다.
spkr@ubun20-01:~/kubespray$ ansible-playbook -i inventory/mycluster/hosts-new02.yml -b facts.yml

## 기존 노드는 제외하고 새 노드(ubun20-05)를 대상으로 스크립트를 실행합니다.
spkr@ubun20-01:~/kubespray$ ansible-playbook -i inventory/mycluster/hosts-new02.yml -b --lim
it=ubun20-05 scale.yml

...
PLAY RECAP
ubun20-05                    : ok=490  changed=94  unreachable=0   failed=0   skipped=839  res-
cued=0   ignored=2

Saturday 25 June 2022  17:53:05 +0000 (0:00:00.130)       0:07:41.847 *********
```

- facts.yml

  앤서블은 각 노드의 IP 주소와 호스트명 등의 정보를 facts 파일에 저장합니다. facts.yml 옵션을 먼저 실행하면 전체 노드의 정보를 업데이트하지 않습니다.

- --limit=ubun20-05

  새로 추가되는 ubun20-05 노드만 kubespray 스크립트를 실행하기 위해 -limit 옵션을 지정합니다.

- scale.yml

  컨트롤 플레인 노드 변경과 다르게 워커 노드 추가에는 scale.yml 옵션을 사용합니다.

단일 노드만 추가하는 작업으로 약 7분 41초가 경과한 후 정상적으로 스크립트 실행이 완료됐습니다. 추가된 노드는 다음과 같이 k get nodes -o wide 명령어로 확인할 수 있습니다. 참고로 노드 추가는 기존 클러스터에 실행 중인 파드에 영향을 주지 않으므로 온라인 상에서 진행 가능합니다.

```
[spkr@ubun20-05 ~ (ubun01:guestbook)]$ k get nodes -o wide
NAME         STATUS    ROLES          AGE     VERSION    INTERNAL-IP     EXTERNAL-IP   OS-IMAGE
KERNEL-VERSION        CONTAINER-RUNTIME
ubun20-01    Ready     control-plane  8d      v1.24.1    172.17.29.61    <none>        Ubuntu
20.04.2 LTS   5.4.0-121-generic   containerd://1.6.4
ubun20-02    Ready     control-plane  8d      v1.24.1    172.17.29.62    <none>        Ubuntu
20.04.2 LTS   5.4.0-121-generic   containerd://1.6.4
ubun20-04    Ready     control-plane  14h     v1.24.1    172.17.29.64    <none>        Ubuntu
20.04.2 LTS   5.4.0-120-generic   containerd://1.6.4
ubun20-05    Ready     <none>         107s    v1.24.1    172.17.29.65    <none>        Ubuntu
20.04.2 LTS   5.4.0-113-generic   containerd://1.6.6
```

파드를 배포하면 다음과 같이 새로 추가한 노드에 정상적으로 파드가 배포됩니다.

```
[spkr@ubun20-05 ~ (ubun01:guestbook)]$ k ns default
Context "ubun01" modified.
Active namespace is "default".

[spkr@ubun20-05 ~ (ubun01:default)]$ k create deployment nginx --image nginx --replicas 5
deployment.apps/nginx created

[spkr@ubun20-05 ~ (ubun01:default)]$ k get pod -o wide
NAME                            READY    STATUS      RESTARTS    AGE    IP
NODE            NOMINATED NODE  READINESS GATES
nginx-8f458dc5b-8jr9x            1/1      Running     0           46s    10.233.95.6
ubun20-05       <none>          <none>
nginx-8f458dc5b-lpklr            1/1      Running     0           46s    10.233.118.39
ubun20-02       <none>          <none>
nginx-8f458dc5b-rlzgf            1/1      Running     0           46s    10.233.95.5
ubun20-05       <none>          <none>
nginx-8f458dc5b-rp9zb            1/1      Running     0           46s    10.233.115.75
ubun20-04       <none>          <none>
nginx-8f458dc5b-rs6wk            1/1      Running     0           46s    10.233.99.13
ubun20-01       <none>          <none>
```

이렇게 해서 kubespray 도구를 이용해 노드를 추가하는 작업을 진행했습니다.

정리

이번 장에서 배운 내용을 정리합니다.

- 클러스터 운영 중 사용자 실수나 디스크 장애 등으로 기존에 운영 중이던 노드를 변경해야 하는 경우가 발생합니다. 클러스터 설치에 사용한 kubespray 도구를 사용하면 기존 컨트롤 플레인 노드를 포함해서 새로운 노드로 변경할 수 있습니다. 앤서블 인벤토리 파일을 수정하고 컨트롤 플레인 노드를 변경하는 경우 스크립트 실행 옵션으로 cluster.yml, upgrade-cluster.yml을 지정합니다.

- 사용자 증가 등으로 클러스터의 워커 노드를 증가시키는 경우에도 동일하게 kubespray를 사용할 수 있습니다. 노드 증가 시 kubespray 옵션으로 scale.yml을 사용합니다.

찾아보기